Elmar R. Gruber
Holger Kersten

DER
UR-JESUS

Elmar R. Gruber
Holger Kersten

DER UR-JESUS

Die buddhistischen Quellen
des Christentums

Mit 36 Abbildungen

Langen Müller

Bildnachweis:

A. H. Dani   26, 27
E. R. Gruber   2–5, 8, 11–16, 21–25, 30, 31, 33–36, Vor- und Nachsatz
H. Kersten   17–20, 32
H. W. Schumann   1, 6, 7, 28
Musée Borély   9, 10
F. Petrie   29

Vor- und Nachsatz:

Buddha und Jesus: zwei Meister, eine Lehre.

Gedruckt auf chlorfrei gebleichtem Papier

© 1994 Albert Langen/Georg Müller Verlag
in der F. A. Herbig Verlagsbuchhandlung GmbH, München
Alle Rechte vorbehalten
Umschlagentwurf: Wolfgang Heinzel
Satz: Schaber Satz- und Datentechnik, Wels
Gesetzt aus der 10,5/12,5 Punkt September auf Scantext 2000
Druck: Jos. C. Huber KG, Dießen
Binden: R. Oldenbourg, München
Printed in Germany
ISBN 3-7844-2504-6

Inhalt

Vorwort

Das Interesse, das gegenwärtig im Westen dem Buddhismus entgegengebracht wird, handeln die Kirchen meist unter der Rubrik »modische Trendreligion« ab, auf die angeblich unerfüllte Sehnsüchte projiziert werden. Die Kirche ist blind für das, was die spirituell Suchenden zutiefst bewegt. Die Wahrheit ist, daß in der Orientierung zum Buddhismus ein Unbehagen mit der christlichen Tradition und das Gefühl von größerer Authentizität der buddhistischen Religion deutlich wird.

Der Jesus, den uns die Kirche vermittelt, ist nicht der wirkliche Jesus. Er ist eine Kunstgestalt, zusammengesetzt aus wahren und unwahren Fragmenten seiner Biographie, aus authentischen und nichtauthentischen Aussagen und aus sehr viel Erfindungsgabe christlicher Schriftsteller. Wenn das Christentum behauptet, sich auf Jesus zurückführen zu können, dann nur auf Jesus als literarisches Produkt. Das Eigentliche, die geschichtliche Person »Jesus« und sein Anliegen, ist verborgen wie ein Porträt unter Firnisschichten, die 2000 Jahre Kirchengeschichte darübergezogen haben. Wenn wir sie ablösen, vorsichtig wie ein Restaurator, ohne das kostbare Original zu zerstören, kommen nach und nach die ursprünglichen Farben zum Vorschein. Sie leuchten in anderen Tönen als jene, die uns die christlichen Kirchen zu sehen gelehrt haben.

Der holländische Schriftsteller Janwillem van de Wetering, der lange Zeit in einem japanischen Kloster verbrachte, berichtet davon, wie ein Mönch des Zen-Buddhismus seinem Abt, der weder Lesen und Schreiben gelernt noch je vom Christentum gehört hatte, die Bergpredigt vorlas. Der Zen-Meister zeigte sich tief beeindruckt.

Lange Zeit nachdem der Mönch zu Ende gelesen hatte, verharrte der Meister in tiefem Schweigen. Endlich sagte er: »Ich weiß nicht, wer das geschrieben hat, aber wer es auch war, es war entweder ein Buddha oder ein Bodhisattva. Was du mir da vorgelesen hast, ist der Kern von all dem, was ich euch hier beizubringen versuche.« Für jene, die den Buddhismus kennen, sind es die Aussagen Jesu, wie sie sich vor allem in der Bergpredigt verdichtet haben, die unmittelbar die innere Verwandtschaft mit den Lehren Buddhas wachrufen. Die Parallelen zwischen buddhistischem Gedankengut und gewissen neutestamentlichen Erzählungen, zu Gleichnissen Jesu und seinen Aussprüchen, sind freilich keine neue Entdeckung. Sie waren aufmerksamen Gelehrten bereits zu Beginn des letzten Jahrhunderts ins Auge gesprungen. Man wußte nicht recht, was davon zu halten war, aber die Übereinstimmungen erwiesen sich in vielen Punkten als so frappierend, daß immer mehr Stimmen laut wurden, die von einer direkten Beeinflussung des Christentums durch den Buddhismus überzeugt waren.

Der berühmte deutsche Indologe Max Müller hat in sehr gelehrten Abhandlungen gezeigt, wie indische Fabeln und anderes Erzählgut in den Westen kamen und bis in die Gegenwart lebendig geblieben sind. Auch hat er den Einfluß Indiens im Alten Testament nachgewiesen, etwa im Namen des Pfaues. Eine Beeinflussung des Christentums allerdings wollte der vom Missionseifer getriebene, gläubige Christ jahrelang kategorisch ausschließen. Solche Beispiele gibt es viele. Sie zeigen, von welchen Vorurteilen belastet die Erforschung der Hintergründe des Christentums ist, wie sehr unsere christlich-abendländische Erziehung bereits das objektive Hinterfragen der Person Jesu, seiner Gottessohnschaft und der Verkündigung behindert, ja im Keim ersticken läßt. Jesus einfach als Menschen zu betrachten und viele evangelische Berichte vielleicht als Ausschmückungen und Dichtungen bloßzustellen – eine Unmöglichkeit? Die Abhängigkeit christlicher Lehren von einer anderen Religion ergründen – ein Sakrileg? Sein ganzes Leben lang will Max Müller vergeblich nach historischen Kanälen für einen indischen Einfluß im Christentum gesucht haben. Gegen Ende seines Lebens blieb auch diesem hartnäckigen Skeptiker nichts anderes übrig, als einen solchen zuzugestehen. Freilich mit etlichen Einschränkungen.

Heute ist die Beweislast dafür erdrückend. Im Johannesevangelium etwa begegnet man Satz für Satz buddhistischen Ideen. Es ist in einer Weise davon durchdrungen, daß sich der Theologe J. Edgar Bruns dazu veranlaßt sah, ein ganzes Buch zu schreiben, das den Titel trägt: *Der christliche Buddhismus des hl. Johannes.* Ein erstaunlicher Befund für christliche Ohren! Ein noch erstaunlicherer für die Kirche. Das Staunen wandelt sich indes bald in Verblüffung, wenn man Entlehnungen begegnet wie denen des Buddha-Wortes:»Wer den Dharma sieht, sieht mich. Wer mich sieht, sieht den Dharma.« Der johanneische Christus spricht:»Wer mich sieht, sieht den, der mich gesandt hat« (Joh 12,45). Der Dharma, das ist das große kosmische Gesetz, dem unsere Welt unterliegt, und entspricht dem Begriff des Logos im Johannesevangelium, in dem es zu Beginn heißt,»der Logos war Gott«.

Auf dem Weg, den wir mit diesem Buch beschritten haben, um ans Fundament der buddhistischen Lehren im Neuen Testament vorzudringen, mußten wir unweigerlich die»Gretchenfrage« an Jesus stellen:»Nun sag, wie hast du's mit der Religion?« Denn wie sich auf unserer aufregenden Entdeckungsreise durch das Labyrinth der Geistesgeschichte herausstellte, sind die buddhistischen Elemente im Neuen Testament nicht das Resultat eines eigenartigen Spiels des Zufalls. Sie sind vielmehr zuerst von Jesus selbst verbreitet worden, so daß man provokant formulieren kann: Jesus war kein Christ – er war Buddhist!

Doch lassen Sie uns langsam voranschreiten und Schritt für Schritt das Unvorstellbare vorstellbar, das Unverständliche verstehbar machen. Lassen Sie uns die Schichten späterer Mythologie, Theologie, Dichtung und fabelhafter Erhöhung vom Bilde Jesu abziehen und sehen, was von seiner Person und seiner Lehre bleibt. Lassen Sie uns entdecken, wer der Ur-Jesus war.

Teil I

Indien und der Westen

… so kam
Das Wort aus Osten zu uns,
Und an Parnassos' Felsen und am Kithäron hör ich,
O Asia, das Echo von dir …

Hölderlin, Am Quell der Donau

Jesus, das große Rätsel

Kaum ein Thema hat die Gemüter auf dieser Welt so bewegt wie die Person des »Jesus von Nazareth«, über kaum ein Thema wurden so viele Bücher geschrieben, wurde so heftig und leidenschaftlich diskutiert. Und doch ist die Persönlichkeit des historischen Jesus in tiefes Dunkel gehüllt. Eineinhalb Jahrtausende lang gab es nur solche Berichte, die Jesus getreu der offiziellen kirchlichen Theologie darstellten und die mit dem Ziel verfaßt worden waren, den Glauben der Christen zu stärken oder andere Menschen zum christlichen Glauben zu bekehren. In der europäischen Neuzeit traten dann kritische Denker hervor, und in der Zeit der Aufklärung, im 17. und 18. Jahrhundert, wurden erstmals Schriften veröffentlicht, die sogar bezweifelten, daß »Jesus von Nazareth« wirklich gelebt habe. Ausgangsort dieser Ansichten war vor allem Frankreich durch antikatholische Aufklärer wie Voltaire und Holbach. Später hat sich selbst Goethe in die Diskussion eingeschaltet und bezweifelt, daß Jesus wahrhaft die christliche Religion begründet habe. Er meinte, seine Jünger hätten die Lehre selbst geformt und dem Nazarener untergeschoben.

Im 19. Jahrhundert wurden die Bücher des Neuen Testaments erstmals mit den Methoden der historischen Wissenschaft untersucht. Damit begann die systematische Leben-Jesu-Forschung, in der die deutsche evangelische Theologie am weitesten vorgedrungen ist. Die evangelische Kirche warf der katholischen vor, sie sei eine heidnische Verfälschung des Christentums und wollte diesen Standpunkt untermauern, indem sie den Nachweis zu führen suchte, daß Jesus anderes im Sinn hatte, als das, was die katholische Kirche daraus gemacht hat. Als Ansatzpunkt sollte zunächst die Erhellung der historischen Gestalt des »Jesus von Nazareth« dienen. Im Jahr 1835 veröffentlichte David Friedrich Strauß sein einflußreiches Buch *Das Leben Jesu*. Bewaffnet mit einer kompromißlosen rationalistischen Kritik lehnte er die Geschichtlichkeit der Evangelien rundweg ab. Für ihn waren sie nichts als Legenden und fromme Geschichten um die Gestalt Jesu, inspiriert durch das Alte Testament. Mitte des 19. Jahrhunderts erreichten diese Überlegungen ihre radikalste Konsequenz. Bruno Bauer verbannte die Figur Jesu vollständig aus der Geschichtsforschung und erklärte den Stifter des »Neuen Bundes« schlichtweg zu einer mythischen Erfindung: Jesus und Paulus seien nichts als literarische Fiktionen. Das Christentum sei durch eine fanatische Gruppe geboren worden, die diese um die erdichteten Figuren von Jesus und Paulus aus jüdischen, griechischen und römischen religiösen Überlieferungen zusammengeschmiedet hätten.

Der bekannteste Forscher auf diesem Gebiet, der Arzt und Theologe Albert Schweitzer, ließ sich durch solche Urteile nicht entmutigen. Für ihn war die Erforschung des Lebens Jesu das Gewaltigste, was die religiöse Selbstbesinnung je gewagt und geleistet hatte. Heute können wir kaum mehr ermessen, welche geistigen Schranken die historische Anschauung des Lebens Jesu damals überwinden mußte. In der Erforschung des Lebens Jesu sah Albert Schweitzer, »für die Kirche die Schule der Wahrhaftigkeit«, ein schmerzliches und kämpferisches Ringen um die Wahrheit.

Heute existieren weit über 80 000 Monographien zum Thema Jesus, doch bei der Erhellung der historischen Gestalt sind die Ergebnisse mehr als bescheiden. Wer war Jesus? Wann wurde er geboren? Wie sah er aus? Wann wurde er gekreuzigt? Wann, wie und wo starb er? Antworten auf diese Fragen stellten sich bald als ein schier unlösbares Problem dar. In den Büchern, die in den ersten beiden Jahrhunderten unserer Zeitrechnung geschrieben wurden, finden sich kaum Hinweise auf den realen Menschen Jesus. Auch die späteren Quellen sind fast ausschließlich theologische Schriften, die den Glauben an Jesus Christus als den Messias und Sohn Gottes voraussetzen. Wirklich unvoreingenommene literarische Zeugnisse existieren also praktisch nicht, und die

Wissenschaft ist darum bis heute nicht in der Lage, auch nur das genaue Geburtsjahr Jesu zu nennen. Zur Debatte stehen die Jahre zwischen 4 und 7 vor unserer Zeitrechnung, denn man weiß sicher, daß Jesus noch während der Regierungszeit des Herodes (37–4 v. Z.) geboren wurde. Kindheit und Jugendzeit, diese für die Charakterbildung eines Menschen so wichtige Phase, werden in den kanonischen Evangelien kaum berücksichtigt. Auch in den Berichten über die kurze Zeit seines öffentlichen Wirkens finden wir nur sehr spärlich biographische Informationen über Jesus. Den zeitgenössischen Historikern scheint Jesus beinahe vollkommen unbekannt oder zumindest nicht erwähnenswert – wie ist es möglich, daß sie von all den großartigen Wundertaten und außergewöhnlichen Vorgängen, von denen die Evangelien zu erzählen wissen, keine Notiz nahmen? Von Jesu Zeitgenossen Philo Judaeus (20 v. Z.–50 n. Z.) sind uns zwar etwa fünfzig Werke erhalten, die viel interessantes Material über Geschichte, Philosophie und Religion wiedergeben, aber nirgends in seinen Schriften erwähnt er Jesus, obwohl er ausführlich über Pilatus schreibt. Wir müssen bis zum 2. Jahrhundert warten, bis wir von Jesus aus einer unabhängigen, nichtchristlichen Quelle hören. Der römische Geschichtsschreiber Tacitus berichtet in seinen *Annalen* (ca. 117/118 n. Z.) über die »abergläubische Sekte« der Christen, die ihren Namen auf einen gewissen Christus zurückführe. Dieser sei zur Zeit des Kaisers Tiberius unter dem Landpfleger Pontius hingerichtet worden. Der Bericht entstand etwa 80 bis 90 Jahre nach der Kreuzigung und stützte sich auf im 2. Jahrhundert umlaufende Erzählungen. In einem Brief an Kaiser Trajan von 110 n. Z. schreibt Plinius der Jüngere (62–113 n. Z.) zwar über Christen in Bithynien, erwähnt aber keineswegs den Gründer ihrer Sekte. Sueton (70–140 n. Z.) hatte als Kanzleichef von Kaiser Hadrian Zugang zu den Staatsarchiven und notierte mit Hilfe der dort gelagerten Dokumente, was sich in den Regierungszeiten früherer Kaiser an bemerkenswerten Ereignissen zugetragen hatte. Aus der Zeit des Kaisers Claudius (41–54 n. Z.) berichtete er, der Kaiser habe die Juden aus Rom vertrieben, weil sie unter dem Einfluß eines gewissen »Chrestos« Unruhe gestiftet hätten. Demnach steht immerhin fest, daß es bereits um das Jahr 50 n. Z. in Rom Anhänger der christlichen Religion gab.

Der jüdische Geschichtsschreiber Joseph Ben Mathias, der römischer Bürger geworden und den Namen Flavius Josephus angenommen hatte (37–ca. 100 n. Z.), veröffentlichte um das Jahr 93 sein Werk *Jüdische Altertümer*, eine Art Weltschau von der Schöpfung bis zum Regierungsantritt des Kaisers Nero, die nicht-jüdische Leser mit der Geschichte der Juden vertraut machen sollte. Er beschreibt darin detailliert Politik und Gesellschaft der Zeit Jesu und berichtet von Johannes dem Täufer, Herodes und Pilatus. Als er die Steinigung eines Mannes namens Jakobus beschreibt, erwähnt er Jesus, »den man Christus nennt«, als dessen Bruder. Und weiter heißt es im 18. Buch der *Altertümer:* »Zu dieser Zeit lebte Jesus, ein weiser Mensch, wenn man ihn einen Menschen nennen darf. Unerhörte Taten tat er nämlich, war ein Lehrer von Menschen, die mit Freude die Wahrheit annehmen, und gewann viele Juden und auch Griechen für sich. Er war der Christus ...« Dieses berühmte *Testimonium Flavianum* (»Zeugnis des Flavius«), das Jesus als Wundermann und als erfolgreichen Lehrer charakterisiert, stammt mit Sicherheit nicht aus der Feder des Josephus. In der späteren Antike war das Interesse an Josephus groß, und für die christlichen Theologen war es unabdingbar, daß ein so genauer Chronist der Zeit etwas über Jesus geschrieben haben mußte. Etwa im 3. Jahrhundert wurde deshalb das *Testimonium Flavianum* in die *Altertümer* als eine Aussage eingefügt, die der sonst geäußerten Meinung des Juden Josephus geradezu entgegenläuft. Die Aussagen, er sei »Christus« und seine Natur nicht nur menschlich gewesen, sind eindeutige Hinweise auf die, im übrigen überaus plumpe, Arbeit eines kirchlichen Redakteurs, und Josephus, der sogar nach dem Urteil des Kirchenvaters Origenes nicht an Jesus als den Christus glaubte, konnte sie unmöglich geschrieben haben.

Wir stehen hier vor einem Beispiel, das die Arbeit des Historikers erschwert. Die Redakteure der christlichen Kirche traten bereits in den ersten Jahrhunderten als Veränderer und Verdreher schriftlicher Überlieferungen in Erscheinung. Zumeist fielen die wenigen Abschriften großer Werke der Vergangenheit in die Hände der gelehrten Theologen. Durch ihre Schreibstuben wurden sie weiter verbreitet. Die Bedeutung von Propaganda zum Zweck der Popularisierung einer Idee kannte man schon damals allzu gut. Darum war es ein beliebtes Mittel, heidnische bzw. außerkirchliche Autoren, die in hohem Ansehen standen, nachträglich als Zeugen für die eigene Sache zu gewinnen. Dafür wurden vor allem die Schriften von Historikern herangezogen, die für ihre genauen Beschreibungen von Ereignissen einen besonderen Ruf genossen. Diese eigneten sich in hervorragender Weise als »neutrale« Zeugen für die Geschichtlichkeit einer religiösen Botschaft. Die unter den Händen eifriger Kopisten aus den Werkstätten in alle Welt gebrachten Abschriften waren keine Originale mehr, sondern getarnte Werbeschriften – Flugblättern gleich, die ihren Dienst unter Ungläubigen und Wankelmütigen (aber zumeist Gebildeten) viel besser taten als unverhüllte Programmschriften. Erst die moderne Textkritik legt nach und nach Einschübe offen, die nicht in den Stil, die Zeit, die Lebensumstände oder das Denken von Autoren passen, und entlarvt sie so als kirchliche Unterschübe.

Ein Zeitgenosse des Josephus, der jüdische Schriftsteller Justus von Tiberias, lebte in Tiberias bei Kapernaum, wo sich Jesus öfter aufgehalten haben soll. Er verfaßte eine umfangreiche Chronik, die sich von Moses bis in seine Tage erstreckte, doch erwähnte auch er Jesus mit keinem Wort. Durch den erbitterten Christenfeind Celsus (Ende des 2. Jh.) erfahren wir einige angebliche Begebenheiten, die für den »erhabenen« Christus aber wenig schmeichelhaft sind.

So blieben die Schriftensammlungen des Neuen Testaments zunächst die einzige Quelle für historische Forschungen.

Das Neue Testament enthält vier Evangelien, die nach Matthäus, Markus, Lukas und Johannes benannt sind. Sie stellen eine willkürliche Auswahl aus einer weit größeren Zahl von Evangelien dar, die vor der Kanonisierung in den verschiedenen frühchristlichen Gemeinden in Gebrauch waren. In der Frühzeit der christlichen Bewegung war die Vielfalt der oft widersprüchlichen Schriften so groß, daß einige führende Köpfe der jungen Kirche nur eine Lösung sahen, die Gemeinde vor der Zersplitterung in zahlreiche Sekten zu bewahren: die Zusammenstellung eines Schriftkanons und die Vernichtung der apokryph (»verborgen«) genannten, ausgesonderten Texte.

Der zu den »Apostolischen Vätern« gerechnete Papias von Hierapolis unternahm einen solchen Versuch um das Jahr 110, doch scheiterte er am Widerstand der einzelnen Gemeinden. Auch die erste in syrischer oder griechischer Sprache abgefaßte Evangelienharmonie, das sogenannte *Diatesseron* (griech. »durch vier«), die um 170 n. Z. durch Tatian zusammengestellt wurde, erlangte keine allgemeine Gültigkeit. Ende des 2. Jahrhunderts gelang es Bischof Irenäus von Lyon, die vier bis heute gültigen Evangelien zu kanonisieren, indem er als Kriterium für deren Authentizität angab, daß diese vier auf jeweils einen Jünger Jesu zurückzuführen seien. Das erwies sich sicher schon damals als problematisch, denn wann und wie diese Evangelien entstanden sind, ließ und läßt sich nicht ermitteln, da weder eine Urschrift noch frühe Hinweise auf eine solche Urschrift vorhanden waren. Selbst eine ungefähre Datierung läßt sich nicht mit Sicherheit erstellen. Als Entstehungszeit des Markusevangeliums ergaben die Forschungen den Zeitraum kurz nach dem Jahr 70, etwa 20 Jahre vor Matthäus und Lukas. Der Johannestext wurde erst zu Beginn des 2. Jahrhunderts verfaßt. Zwischen der Kreuzigung Jesu um das Jahr 30 und den ersten schriftlichen Aufzeichnungen über ihn liegen also zwei bis drei Generationen.

Drei Evangelien sind einander sehr ähnlich, das Matthäus-, das Markus und das Lukasevangelium, wobei Matthäus und Lukas ihre Inhalte zum großen Teil dem Markustext entnahmen. Zudem benutzten Matthäus und Lukas noch eine Sammlung von Sprüchen Jesu, die Markus nicht bekannt war und aus der sie übereinstimmend zitierten. Dieser Text wird die »Spruchquelle«, kurz Q, genannt, und er wird uns noch ausführlich beschäftigen. Die Autoren dieser drei Evangelien verfolgten offenbar verschiedene Absichten. Das Matthäusevangelium stellt Jesus als Vollender der mosaischen Religion dar, als den von den Propheten verkündeten Messias. Lukas wendet sich hauptsächlich an Griechen und Römer. Jesus ist bei ihm nicht mehr nur nationaler Messias, sondern der Heiland der Welt. Auch der Lukastext ist keine zusammenhängende Biographie, selbst wenn der Verfasser geschichtliche Ereignisse in den Lebensbericht Jesu einfließen läßt. Die Evangelisten hätten auch nur wenige verläßliche Daten zur Verfügung gehabt, hätten sie eine klare Biographie Jesu verfassen wollen. Schon die frühe christliche Gemeinde verfügte nicht mehr über solches Material, war damals doch das Bild des historischen Jesu längst zugunsten religiöser Motive in den Hintergrund gerückt.

Das Johannesevangelium ist der jüngste aller kanonischen Berichte vom Leben Jesu. Frühchristliche Schriften berichten zum ersten Mal um die Mitte des 2. Jahrhunderts von seiner Existenz. Ein von dem englischen Historiker Grenfell entdeckter griechischer Papyrus läßt seine Entstehung zu Beginn des 2. Jahrhunderts vermuten. Es baut auf den ersten drei Evangelien auf und bindet authentische Berichte vom Leben Jesu in eine mystisch geprägte Philosophie ein. Irenäus behauptet, Jesu Lieblingsjünger Johannes sei der Verfasser. Das ist jedoch mit Sicherheit auszuschließen. Der einfache Fischer aus Galiläa war weder in der Philosophie noch in der griechischen Sprache so gebildet wie der Autor dieses Evangeliums.

Älter als die Evangelien jedoch sind die Paulus zugeschriebenen Schriften. Sie stellen die frühesten Dokumente dar, die Bezug auf Jesus nehmen. Paulus entstammte einer reichen jüdischen Familie und hatte über seinen Vater das römische Bürgerrecht erhalten, das ihm gestattete, seinen jüdischen Namen Saul in Paulus umzunennen. Er wurde im pharisäischen Sinn erzogen, erhielt eine umfassende Bildung, beherrschte Griechisch souverän und kannte sich gut in Dichtung und Philosophie aus. Im Alter von etwa 18–20 Jahren ging er nach Jerusalem, wo er als Schüler Gamaliels I. Theologie studierte. Er war strenggläubiger Jude, geradlinig und gesetzestreu, und bekämpfte die frühen christlichen Sekten mit äußerster Vehemenz. Um die Anhänger Jesu auch außerhalb der Stadtmauern Jerusalems verfolgen zu können, erbat er eines Tages vom Hohepriester eine Sondervollmacht, denn er sah darin eine Chance, sich in den Augen der jüdischen Priesterschaft hervorzutun. Ein Erlebnis vor den Toren von Damaskus, in den Schriften als Erscheinung des Herrn überliefert, wandelte ihn jedoch zum überzeugten Anhänger Jesu. Vielleicht war Paulus einfach von der Möglichkeit fasziniert, zum geistigen Führer einer gerade entstehenden religiösen Massenbewegung zu werden.

Viele der dem Paulus später zugeschriebenen Briefe hat die moderne Forschung als Fälschungen oder als Stückwerk aus wenigen echten Textfragmenten entlarvt. Als unecht gelten die Briefe an Timotheus, an Titus und an die Hebräer, während die Echtheit des Epheserbriefs, des Kolosserbriefs und des zweiten Thessalonicherbriefs stark umstritten ist. Die religiöse Lehre wiederum, die in den Paulusbriefen dargelegt ist, unterscheidet sich grundlegend von dem, was die Forschung als authentische Aussagen Jesu erkannt hat und auf die wir im Laufe dieses Buchs noch detailliert eingehen werden.

Was wir heute als Christentum kennen, das ist nicht die Lehre dieser authentischen Jesus-Worte, es ist die von Paulus und den Redakteuren seiner Briefe geschaffene Theologie von der Erbsünde, dem Sühnetod Gottes am Kreuz und der Verwaltung seines Leibes – und damit der Erlösung – durch eine Hierarchie von Priestern. Mit der Lehre vom Opfer des »erstgeborenen« Gottes und der Verteilung seines Körpers an die Gläubigen zum gemeinsamen Verzehr schöpft diese Theologie nicht mehr aus den Worten Jesu über die Nächstenliebe, sondern aus der Vorstellungswelt altmediterraner und frühsemitischer Stammeskulte, die von jedem Vater das blutige Opfer des Erstgeborenen verlangten.

Der Theologe Eduard Grimm schrieb:»Wie tief sich auch diese Lehre unter den Christen eingebürgert hat, so hat doch der wirkliche Jesus nichts davon gewußt.«[1] Und der Religionshistoriker Wilhelm Nestle drückt dies so aus:»Christentum ist die von Paulus gegründete Religion, die an Stelle des Evangeliums Jesu ein Evangelium von Jesus setzt«[2] – eine Religion, die man darum besser *Paulinismus* nennt. Dieser Paulinismus ist eine Mißdeutung und Verfälschung der wirklichen Lehre Jesu – eine Tatsache, die auch die moderne theologische Forschung anerkannt hat:»Alle schönen Seiten des Christentums knüpfen sich an Jesus, alle unschönen an Paulus.«[3]

Über Jesus existieren also nur einige unbedeutende, spärlich kommentierte Zeilen, selbst wenn sich die Lebensdaten anderer Persönlichkeiten aus sogar noch früheren Zeitepochen lückenlos nennen lassen. Der Neutestamentler Ernst Käsemann faßt das Ergebnis der Leben-Jesu-Forschung deshalb nüchtern wie folgt zusammen: Auf den »historischen Jesus selbst gehen nur wenige Worte der Bergpredigt, der Auseinandersetzung mit dem Pharisäismus, eine Anzahl von Gleichnissen und allerlei verstreutes Gut mit größerer Wahrscheinlichkeit zurück«.[4] Als Konsequenz daraus zog der bedeutende kritische Theologe Rudolf Bultmann den Schluß, daß ein anschauliches Bild der Persönlichkeit und des Lebens Jesu nicht mehr erkennbar sei.

Müssen wir also die Waffen strecken und die Hoffnung darauf, den historischen Jesus und seine wahre Lehre aus dem Dunkel der Geschichte heben zu können, ein für alle Mal begraben? Wir müssen es nicht. Vielmehr haben die letzten Jahrzehnte auf den Gebieten der Textanalyse und archäologischer Funde so viele Neuerungen erbracht, daß wir beginnen können, das von Käsemann beklagte »verstreute Gut« zu sammeln. Und in der Tat fügen sich die wenigen authentischen Worte Jesu und die Einblicke in die Soziologie der frühen Jesus-Bewegungen zu einem klaren Bild; ein Bild jedoch, das gar nicht zu dem passen will, was die paulinische Kirche seit fast 2000 Jahren als Lehre Jesu verwaltet. Wer diese authentischen Worte Jesu liest, der erfährt nichts über

Erbsünde, Sühnetod und Auferstehung, viel jedoch über Nächstenliebe und die Verwirklichung des Reiches Gottes. Und wer sich einmal mit der Weisheit des Ostens befaßt hat, der wird an einen Mann denken, der mehr als 500 Jahre vor Jesus im Tal des Ganges eine erstaunlich ähnliche Lehre verkündete: Siddhartha Gautama, genannt *Buddha*.

Gautamas Erwachen

Von alters her war das indische religiöse Denken von einer vielgestaltigen Mythologie und einem dicht besiedelten Götterhimmel geprägt. Im Lauf der Zeit gewann die Priesterkaste der Brahmanen, die in den frühen Tagen der vedischen Religion keine sonderlich einflußreichen priesterlichen Ämter innehatten und hauptsächlich die alten Hymnen sangen, immer mehr an Einfluß. Sie stiegen auf zu den Bewahrern eines dunklen spirituellen Erbes und nährten die Vorstellung, Glück, Nachkommenschaft, Ruhm und Reichtum ließe sich nur durch den rechten Kontakt mit den Göttern erlangen. Diesen könnten allein die Brahmanen herstellen mit ihrer Kenntnis der Hymnen und der richtigen Opferhandlungen. Die Stelle der alten Verehrung von Bäumen, Bergen und Flüssen, des Glaubens an eine beseelte Natur im endlosen Kreislauf von Werden und Vergehen, nahm der Opferkult der Brahmanen ein, die behaupteten, außerhalb der von ihnen vollzogenen Rituale gäbe es keinen Weg zum Heil. Als im 6. Jahrhundert vor der Zeitenwende die alten Stammesverbände zerfielen, kleine Fürstentümer und Republiken ihre Plätze einnahmen und Städte entstanden, deren Bevölkerung einen bis dahin unbekannten Wohlstand genoß, kamen die vedischen und brahmanischen Religionsvorstellungen in Bewegung. In der Bevölkerung machte sich Unmut breit über die Macht und Kontrolle, welche die bestimmende Kaste der Brahmanen ausübte.
Die Veränderungen veranlaßten viele Menschen über Dinge nachzudenken, die merkwürdig modern klingen. Ging es ihnen

durch den neuen städtischen Reichtum tatsächlich besser als zuvor? Lag der Weg zum Glück wirklich in magischen Ritualen und
Opfern an die Götter? Standen Weisheit und Erkenntnis wirklich
nur denen offen, die in die Kaste der Brahmanen geboren und
dadurch berechtigt waren, die heiligen Schriften der Veden zu
studieren? War für die meisten, insbesondere für jene der niederen Kasten oder die Masse der kastenlosen Urbevölkerung, eine
Verbesserung ihrer sozialen Lage im Diesseits nicht zu erwarten,
so konnten ihnen die Tröstungen auf eine zukünftige Existenz
oder die zahllosen priesterlichen Rituale keine wahre Hoffnung
gewähren. Gottsucher hatte es entlang des heiligen Flusses Ganges schon seit Jahrhunderten zuhauf gegeben. Jetzt aber vermehrten sie sich zusehends. Von einer unerklärlichen Unruhe er-
faßt, wandten sie sich von den Brahmanen und den Tempeln ab,
zogen aus, um selber nach spiritueller Befreiung zu suchen. Für
die meisten waren die Perspektiven auf Erden nicht sonderlich
erbaulich, also stürzten sie sich in asketische Übungen, um durch
Erlernen von Gleichmut angesichts des Leids die Überwindung
der materiellen Existenz zu erlangen. Sie wollten nicht weniger,
als den im Körper gefesselten Geist, den großen inneren Menschen, befreien. Viele erachteten es als notwendige Voraussetzung, sich vollständig vom weltlichen Leben zurückzuziehen.
Keine menschlichen Bindungen sollten sie auf ihrem langen, dor-
nenreichen Weg zur geistigen Vollkommenheit behindern. Sie
entschlossen sich, keine Schuld auf sich zu laden durch Handlungen (*Karma*) oder gar durch das Töten von Lebewesen. In der
Einsamkeit, den Blick der Welt abgewandt, Hunger und Durst,
Hitze und Kälte, Begierden und Wünschen gleichgültig widerste-
hend, richteten sie ihren Geist allein auf das Ziel, die große Täuschung, die man »Wirklichkeit« zu nennen gewohnt war, zu
überwinden.
Im ganzen Gangestal begegnete man den religiösen »Ausstei-
gern« – Fatalisten, Materialisten, Theisten, Pantheisten. Manche
praktizierten die Kunst der Konzentration (*Dharana*), der Meditation (*Dhyana*) und der Versenkung (*Samadhi*), um magische

Fähigkeiten zu erlangen, die sich durch Übungen einstellen sollten: die Kenntnis von früheren Leben; das Eindringen in die Gedanken und Vorstellungen eines anderen; Hunger und Durst zum Verschwinden bringen; Zukünftiges und Verborgenes aufzudecken; sich selbst unsichtbar zu machen oder sein eigenes Bewußtsein vom Körper zu lösen und in einen anderen Leib zu senken; die Kräfte eines Elefanten erlangen; das Wissen von der Welt und von der Ordnung der Gestirne sowie die Schau des Vollkommenen zu gewinnen.

Unter den bunten Haufen von spirituellen Schwarmgeistern und ernsthaft Suchenden mischte sich ein Mann edler Herkunft, der Prinz Siddhartha Gautama aus dem Reich der Shakya und deshalb auch Shakyamuni genannt (»der Weise aus dem Geschlecht der Shakyas«). Wie unzählige andere suchte er in den Lehren der wandernden Asketen nach Antworten auf die existentiellen Grundfragen des Menschen.

Vom kleinen Stammesfürstentum im heutigen Nepal kam Siddhartha nach Magadha (die heutige Provinz Bihar). Er war der Sohn des Fürsten Shuddhodana, dessen Stammbaum auf den sagenumwobenen König Ikshvaku zurückgeführt wurde. Als das Ende von Mayas Schwangerschaft nahte, machte sie sich, wie es Tradition war, auf den Weg zu ihrem Elternhaus, um das Kind dort zu gebären. Von ihrer Schwester in der goldenen Sänfte begleitet, ließ die Königin im blühenden Hain von Lumbini bei Kapilavastu, von dessen Schönheit Maya überwältigt war, für eine kurze Rast anhalten. Sie stieg aus und lief zu einem Baum hinüber, als plötzlich die Wehen einsetzten, und während sie sich an den Ästen des Baumes festhielt, gebar die Königin ihr Kind. Man schrieb das Jahr 563 vor der Zeitenwende.[5]
Bald nach der Geburt verstarb Maya, und ihre Schwester Mahaprajapati kümmerte sich fortan um den kleinen Siddhartha. Die Legende erzählt, daß Siddhartha Gautama mit allen Reichtümern und Freuden des irdischen Lebens, von der Außenwelt völlig abgeschirmt hinter den Mauern des Palastes aufgezogen wurde, denn man habe seinem Vater geweissagt, sein Sohn werde

entweder ein Welteroberer oder ein Welterleuchter werden. Um zu verhindern, daß sich Siddhartha religiösen Fragen zuwende, sollten Wachen dafür sorgen, daß ihm kein leidvoller Anblick widerfahre. Er wurde mit Sandelöl aus Benares gesalbt, in feines Musselin gewandet, bei Tag und bei Nacht hielten Diener einen weißen Schirm über ihn. Es stand ihm ein Palast für den Sommer, einer für den Winter und einer für die Regenzeit zur Verfügung. Während der Regenzeit blieb er im Palast und ließ sich die Zeit von Musikantinnen vertreiben. In jungen Jahren wurde er mit seiner Kusine Yashodhara Gopa verheiratet, und er hatte einen Harem voller schöner Mädchen. Glücklich hat ihn auch dies nicht gemacht. Die Fülle des wunschlosen Lebens befriedigte ihn nicht, vielmehr erinnerte sie ihn tagtäglich an die Vergänglichkeit aller Schönheit, aller Genüsse und Freuden. Er fragte sich, ob es nicht etwas gebe, das frei von Alter, Krankheit und Tod war, etwas Unwandelbares inmitten des tosenden Seins. Die Legende berichtet allerdings, daß sich Siddhartha diese Fragen erst stellte, als er bei vier Ausfahrten nacheinander einem Greis, einem Kranken, einem Leichnam und einem Asketen begegnet war. Bei der Rückkehr von der vierten Fahrt erfuhr er, daß ihm Yashodhara einen Sohn, Rahula, geboren hatte. Doch sein Entschluß, der Welt des schönen Scheins den Rücken zu kehren, stand unverrückbar fest. Selbst die Fessel eines Sohnes vermochte ihn nicht zu halten. Also verließ er im Alter von 29 Jahren den Palast, ließ all seine Habe, den Vater, die Frau und seinen Sohn ohne Abschied zurück. Er zog »aus dem Haus in die Hauslosigkeit«. Dieser Hinauszug (*Pabbajja*) wurde zum Grundstein, zur ersten Entscheidung, der später all jene folgen sollten, die den Weg des Buddha gehen würden. Drei Königreiche durchfuhr er mit seinem Wagenlenker Chandaka, bis er sich am Fluß Anavama seiner fürstlichen Kleider entledigte, sein Haar schor und im Bettlergewand zu Fuß weiterzog.

Siddharta Gautama war einer unter vielen Suchenden in den Landstrichen am Ganges geworden. Er schloß sich einem Lehrer an, Arada Kalama, und mußte bald feststellen, daß er von ihm nichts mehr lernen konnte. Auch sein zweiter Meister, Udraka Ramaputra, konnte ihn nicht lange halten. Beide asketischen Philosophen strebten eine Existenz »ohne Form« und »ohne Gedanken« an, in der Siddhartha Gautama zwar einen Hinweis auf die Wahrheit vernahm, nicht aber ihre Anwesenheit, zumal immer noch individuelles Dasein vorhanden war und damit die Möglichkeit einer Wiedergeburt in einer niederen Lebensform, also eine Fortsetzung des Leidens. Was Buddha jedoch suchte, das war die Bedingung, die Wiedergeburt und Tod unmöglich machte, und er entschied sich aus diesem Grund für ein einsames Wanderleben.

Lange war er umhergezogen auf der Suche nach der Wahrheit, eine Suche, die ihn zu vielen berühmten Lehrern, Yogis und Philosophen seiner Zeit geführt hatte, bis er schließlich mit fünf Gefährten in den Weiler Uruvela gelangte, gegenüber dem heutigen Bodh Gaya am anderen Ufer des Nirañjana-Flusses. Sechs Jahre lang unterzog er sich hier schmerzvollen Kasteiungen und strengen asketischen Übungen, bis ihm eines Tages, nach langem Fasten zum Skelett abgemagert, die Erinnerung an einen Moment seiner Kindheit in den Sinn kam, in dem er selbstvergessen glücklich gewesen war, völlig im Einklang mit dem Sein. Damals hatte er in seinem Palast, im Schatten eines Rosenapfelbaumes, die erste Stufe der Versenkung erreicht.

Als Sujata, die Tochter des Oberhaupts eines benachbarten Dorfes, ihm an diesem Tag eine Schüssel mit Reispudding anbot, nahm er sie an. Die Wahrheit, das hatte er erkannt, lag nicht in Selbstkasteiung und Askese, sie war ein inneres Ereignis. Von der süßen Gabe gestärkt, überquerte er den Fluß und gelangte an einen Feigenbaum. Er setzte sich unter ihn, mit dem festen Entschluß, erst dann wieder aufzustehen, wenn er die Wahrheit erkannt habe.

Während dieser Zeit erlangte er die Erkenntnis: »Glück ist die Einsamkeit des Zufriedenen, der die Lehre gehört und erschaut hat. Nichtschädigen ist Glück in der Welt; gegenüber den Lebewesen (Selbst-)Zügelung. Glück ist Leidenschaftslosigkeit in der

26

Welt, der Begierden Überwindung. Des Ichbewußtseins Beseitigung ist fürwahr das höchste Glück.«[6]
In einer Vollmondnacht im Mai, am Morgen des 49. Tages, »erwachte« Siddhartha Gautama. Er erlangte die Einsicht in das Wesen der Dinge, des Daseins, des Ichs und wurde damit zum »Buddha«, zu einem »Erwachten«. In drei Nachtwachen gingen ihm die Erinnerung an seine früheren Daseinsformen auf, die Erkenntnis der Wiederverkörperung in andere Wesen, das Wissen um die »vier edlen Wahrheiten« und die Vernichtung der »drei Grundübel«: Sinnenlust, Werdelust und Nichtwissen.
In seliger Verzückung saß der Buddha sieben Tage lang reglos unter dem Bodhibaum (vgl. Abb. 1). In dieser Zeit, erzählt die Legende, wurde er vom Teufel Mara versucht, denn die Periode unmittelbar nach der Erleuchtung war richtungweisend über Wert oder Wertlosigkeit seiner Anstrengungen. Offenbar hatte sich der Buddha zunächst damit zufriedengegeben, ein »für sich allein Erlöster« (Paccekabuddha) zu sein. Die Vorstellung, seine Einsicht verkünden und als Lehrer wirken zu müssen, bereitete ihm Verdruß. In dieser Zeit der Entscheidung bat ihn aber der Gott Brahma Sahampati, mit Rücksicht auf jene Menschen, die aufgeschlossen sind für die Verkündung der Wahrheit, seine Einsichten nicht für sich zu behalten. Mara, der die Gefahr witterte, die von der Verbreitung der Lehre ausgehen würde, umgarnte den still Sitzenden und pries die Glückseligkeit, die er erlangen könnte, wenn er sogleich ins Nirvana (»Verlöschen«) eingehen würde. Buddha aber erhob sich von seinem Platz der Erleuchtung, um die »Tore des Unvergänglichen für die, welche hören wollen« aufzustoßen, und wurde so zu einem »vollkommen Erwachten« (Sammasambuddha).
Von Bodh Gaya aus wanderte Buddha dann zum Tierpark Isipatana bei Benares, wo er die fünf Asketen wiedertraf, die ihn zuvor wegen seiner Aufgabe der Kasteiungen verlassen hatten. Mit der berühmten, als »Predigt von Benares« in die Geschichte eingegangenen Lehrrede (Dhammacakkappavattanasutta), durch welche die fünf Asketen zu seinen ersten Schülern wurden, setzte

Buddha hier »das Rad der Lehre in Bewegung« (vgl. Abb. 2). Seine Unterweisung an die fünf Jünger begann er mit den Worten: »Diesen zwei Extremen, o Mönche, darf von einem, der hinausgezogen ist, nicht gefrönt werden. Welche zwei sind das? Da ist einmal die Hingabe an die Lust der Sinnesfreuden, niedrig, gemein, weltlich, unedel, nicht zum Ziel führend. Da ist zum anderen die Hingabe an die Selbstpeinigung, leidvoll, unedel, nicht zum Ziel führend. Ohne diesen beiden Extremen, o Mönche, zu folgen, ist ein mittlerer Pfad vom Vollendeten entdeckt worden, der Sehen bewirkt, Wissen bewirkt, zur Beruhigung, zur Einsicht, zur Erleuchtung, zum Verlöschen hinführt.«[7]
Den mittleren Pfad zu beschreiten, so führte der Buddha in der Predigt von Benares weiter aus, setzt die Einsicht in die vier edlen Wahrheiten, die ihm in Uruvela zuteil wurden, voraus: die Wahrheit vom Leiden, die Wahrheit von der Entstehung des Leidens, die Wahrheit von der Aufhebung des Leidens und die Wahrheit vom mittleren Weg, der zur Aufhebung des Leidens führt. Die vier Wahrheiten besagen in anderen Worten:

1. Alle Existenz ist leidvoll, alle Freuden und Vergnügungen sind flüchtig, ohne bleibenden Wert.
2. Das Leiden hat eine Ursache, wobei jedes Element unserer Erfahrung in Abhängigkeit von seinem Vorgänger in einem fortgesetzten zyklischen Prozeß entsteht.
3. Die Ursache für das Leiden kann festgestellt werden.
4. Das Leiden kann beseitigt werden, wenn man dem Weg folgt, den Shakyamuni als den »edlen achtfältigen Pfad« bezeichnet hat.

Dieser edle achtfältige Pfad ist das Kernstück von Buddhas Lehre. Auf ihn bauen Lebensweise, moralische Einstellung und religiöse Übung des Buddhisten auf. Der achtfältige Pfad fordert den Menschen auf zu rechter Einsicht, rechtem Entschluß, rechter Rede, rechtem Handeln, rechter Lebensführung, rechtem Streben, rechter Aufmerksamkeit und rechter Versenkung.

Rechte Einsicht meint die Einsicht in die vier edlen Wahrheiten und in die Unpersönlichkeit des Daseins. Der rechte Entschluß bezieht sich vor allem auf die Entsagung gegenüber weltlichen Dingen und auf Nicht-Schädigung von Lebewesen. Die rechte Aufmerksamkeit oder Wachsamkeit ist ein zentrales Konzept Gautamas, das sich nicht nur auf meditative Übungen bezieht, sondern das ganze Leben des Buddhisten überstrahlen soll: vollkommene Achtsamkeit (*Smriti*) auf Körper, Gefühle und Denken.

Vor Buddha war in Indien die Ansicht verbreitet, die innerste Natur der menschlichen Seele, das individuelle Selbst (*Atman*), sei mit der unverwandelbaren Natur des Absoluten (*Brahman*) identisch. Atman und Brahman transzendieren die Kategorien von Raum und Zeit und entziehen sich jeder Beschreibung. Auf diesem Boden entstand die Lehre des Buddha. Buddha akzeptierte nicht die Lehre vom ewigen, unwandelbaren Selbst, sondern sah alle Existenz als ein nicht endendes Fließen von Wandel und Leiden. Vom anfangslosen Anfang wandern die Menschen im Rad der Wiedergeburten (*Samsara*) ohne Hoffnung, jemals mit einem wie auch immer gearteten ewigen *Brahman* vereint zu werden. Buddha bot keine Flucht aus der Wandelbarkeit aller Dinge, einer Wandelbarkeit, die man nicht vermeiden kann, indem man sein Heil in einer Theorie eines ewigen, unwandelbaren Selbst sucht. Vielmehr verneinte Buddha die wahre Existenz eines »Selbst«, sowohl als inneres Fundament der Person als auch als äußeres Fundament des Universums, und lehrte das Nicht-Selbst (*Anatman*).

Im Grunde genommen liegt aber im achtfachen Pfad die gesamte Lehre Buddhas beschlossen. Um das Wesen des Buddhismus verstehen zu können, muß man sich immer wieder die Anforderungen des achtfältigen Weges ins Gedächtnis rufen. Er ist ein Angelpunkt der Lehre Buddhas, wie die Bergpredigt den Angelpunkt für die Lehre Jesu darstellt.

Buddha war 36 Jahre alt, als er die Inhalte der Lehre zum ersten Mal darlegte, sich die fünf Asketen bekehrten und die ersten

Mitglieder des *Sangha,* der Ordensgemeinde der Mönche, wurden. 44 Jahre zog er durch die Landstriche Indiens als Bettelmönch umher. Oft suchte er auf dem Geiergipfel oberhalb von Rajagriha (heute Rajgir) in den heißen Sommertagen Zuflucht (vgl. Abb. 6). Dann strömten von überall her Menschen zu ihm, um seine Unterweisungen zu hören.

Nicht jeder fand Aufnahme in seinen Orden. Nur jene, denen er die psychische Kraft zur Einhaltung der Regeln zutraute, nahm er auf. Andere, die sich seiner Lehre zugeneigt fühlten, führten ihr gewöhnliches Leben weiter. Sie wurden Laienanhänger, für welche die Anforderungen des Weges milder gefaßt waren.

Buddha Shakyamunis Anhänger kamen aus allen Schichten der Bevölkerung, von Kastenlosen bis hin zu den Mitgliedern seines Standes, der Kriegerkaste. Sogar der König von Koshala, Prasenajit, der König von Magadha, Bimbisara, und dessen Sohn Ajatashatru gehörten zu den Verehrern und Anhängern des Buddha. Das Interesse, das er unter den Edelleuten zu erwecken imstande war, verhalf dem Orden in der Anfangszeit zu großzügigen Schenkungen, welche die Errichtung von Klöstern und den Fortbestand des *Sangha* garantierten. Ein reicher Händler kaufte und schenkte Buddha den Park des Prinzen Jeta bei Shravasti, wo sich der Erhabene stets gerne aufhielt (vgl. Abb. 3).

Bei einem Besuch zu Hause bekehrte er seinen Vater, seine Stiefmutter, seinen Sohn und seine Vettern Ananda und Devadatta. Die beiden letzteren spielen in der Biographie des Buddha eine bedeutende, wenngleich gegensätzliche Rolle. Während Ananda in einfacher Weise aus reinem Herzen die Lehre des Erhabenen lebte und ihm selbst in Liebe zugetan und stets um ihn war, nahm Devadatta die Rolle des finsteren Ehrgeizigen an, der ihm, als der Buddha ihn im Alter nicht zum Nachfolger ernennen wollte, nach dem Leben trachtete und die Gemeinde zu entzweien suchte.

Buddha hat seine Lehre nicht aufgezeichnet. Er sprach wahrscheinlich Magadhi, den Dialekt der Region. Seine Lehrreden (Sanskr. *Sutra,* Pali *Sutta*) waren in einer poetischen Form gehalten, die auf den heutigen Leser oft ermüdend und monoton wirkt. Ihr charakteristisches Merkmal sind häufige und langatmige Wiederholungen. Wenn man aber bedenkt, daß nur eine verschwindend geringe Anzahl von Menschen zu Siddhartha Gautamas Lebzeiten lesen und schreiben konnte, lernt man den Wert der richtigen Form für eine dauerhafte mündliche Tradition schätzen. Buddhas Reden waren in einer Weise gehalten, daß man sie leicht erinnern konnte. Der Begründer des Buddhismus hatte seinen Anhängern den Auftrag gegeben, die Lehre überall zu verbreiten, um sie allen leidenden Kreaturen zugänglich zu machen. Damit schuf er die erste Religion mit einem Missionsauftrag. Für den Erfolg eines solchen Unternehmens war es entscheidend, eine mündliche Tradition zu begründen, deren Inhalte möglichst »originalgetreu« weitergetragen wurden.

Unmittelbar nach dem Nirvana Buddhas versammelten sich die Mönche in Rajagriha, wo Ananda, Buddhas Lieblingsschüler, alle Lehrreden seines Meisters wortgetreu wiedergab. Seinem hervorragenden Gedächtnis verdanken wir das Entstehen des *Suttapitaka,* des Kernstücks der Lehren Buddhas. In Ashvaghoshas *Leben des Buddha* wird die Zusammenkunft der 500 *Arhats* (Heilige) nach Buddhas Verlöschen geschildert und ihr Unwissen über das, was Buddha eigentlich gelehrt hatte. Sie gingen zur Sattapanni-Höhle am Nordhang des Vebhara-Berges und einigten sich darauf, daß der ehrwürdige Ananda alle Predigten des Buddha, von der ersten bis zur letzten, berichten solle. Zunächst sollte Ananda nicht einmal zum Konzil zugelassen werden, weil er die sterblichen Überreste Buddhas öffentlich ausgestellt hatte, um die Anhänger zu einer spirituelleren Einstellung zu bewegen.[8] Nachdem er durch große geistige Anstrengung am Abend vor der Versammlung die Heiligkeit erlangte, bestieg Ananda den Löwenthron und begann die Lehrreden Gautamas wiederzugeben, genau nach Ort, Zeit und der jeweils sprechenden Person. Darum beginnen alle Reden in ihrer schriftlichen Fassung mit der Einleitungsformel: »So habe ich es gehört …« Auf diese Weise wurde das ganze *Suttapitaka* niedergelegt.

Das *Suttapitaka* gehört mit den beiden anderen Abteilungen *Vinayapitaka* und *Abhidhammapitaka* zum buddhistischen Kanon, der nach der Pali-Sprache, einem mittelindischen Dialekt, in dem er abgefaßt wurde, als Pali-Kanon bekannt geworden ist. Wegen seiner drei umfangreichen Abteilungen wird er *Tipitaka* (»drei Körbe«) genannt, weil die auf ungebundenen Palmblättern geschriebenen Texte tatsächlich in Körben gesammelt wurden. Die spätesten Teile dieser Sammlung wurden im 1. Jahrhundert v. Z. niedergeschrieben. Der älteste Text ist wohl das *Vinayapitaka* (»Korb der Disziplin«), das die Regeln über das Zusammenleben von Mönchen und Nonnen umfaßt. Hermann Oldenberg, ein genauer Kenner der buddhistischen Paliurkunden Ceylons, hält es sogar für möglich, daß das den *Vinaya* eröffnende Buch in seinem Kern auf Buddhas Lebenszeit zurückgeht. Dieser Teil, der unter dem Titel *Patimokkha* eine Beichtliturgie und eine Sammlung von Verboten enthält, ist wahrscheinlich während der Beichtfeiern entstanden, die Buddha mit seinen Jüngern abhielt. Spätestens unmittelbar nach dem Tode Buddhas muß dieser Abschnitt in geschriebener Form vorgelegen haben. Nach Ansicht der Fachleute spiegelt sich im *Vinayapitaka* der ursprüngliche Buddhismus in reiner Form wieder. Man kann das daran erkennen, daß manche der ältesten Lehrreden die Kenntnis der *Patimokkha*-Regeln voraussetzen.

Die Lehre Buddhas heißt in Sanskrit *Dharma* (Pali *Dhamma*). Dieser wesentliche Begriff des Buddhismus wird in verschiedenen Bedeutungen gebraucht. Zum einen ist der Dharma die »Große Ordnung«, das kosmische Gesetz, dem unsere Welt unterliegt. Dann ist er Buddhas Lehre, weil diese die Wahrheit des kosmischen Gesetzes verkündet. Der Dharma ist aber auch die Manifestation aller Dinge, die Welt des Phänomenalen, insofern diese ja die Ausfaltung des kosmischen Gesetzes ist. Zum Dharma nimmt der Gläubige Zuflucht, den Dharma zu erlangen wünschen jene, die buddhistische meditative Praxis üben. Wir werden, wie es zu einer gebräuchlichen Regel geworden ist, meistens die Sanskrit-Schreibweise Dharma verwenden und nur dann den

Pali-Ausdruck Dhamma, wenn die Stelle ein Zitat aus einer Pali-Schrift darstellt.

In den Jahrhunderten nach Buddhas Verlöschen breitete sich die Lehre des Erwachten über ganz Indien aus und gelangte schließlich in alle Teile Süd- und Ostasiens. Bald jedoch erstarkte die vom Buddhismus zurückgedrängte Hindu-Religion wieder auf dem indischen Subkontinent, und in dem jahrhundertelangen Machtkampf zwischen der Priesterkaste der Brahmanen und den buddhistischen Mönchen gewannen schließlich die Brahmanen die Oberhand. Ab dem 11. Jahrhundert drangen islamische Heere von Westen her nach Indien ein. Das war das Ende für die Lehre des Erwachten in ihrer Heimat. Der Buddhismus wurde in die entlegenen Winkel des Subkontinents abgedrängt und Buddha fortan von den Hindus als Erscheinungsform des Gottes Vishnu verehrt.

Buddha war nicht der einzige große Lehrer in Magadha, der angetreten war, die alten Religionen abzulösen. Gemessen an der gegenwärtigen Bedeutung des Buddhismus war er ohne Zweifel der erfolgreichste. Zu den wichtigsten zählen seine Zeitgenossen Gosala und Mahavira. Gosala lehrte das Heil im freudigen Annehmen des Lebens, angesichts eines alles vorherbestimmenden Schicksals. Sein *Ajivika*-Orden wurde eine einflußreiche religiöse Strömung, verschwand allerdings im Mittelalter wieder. Mahaviras *Jain*-Gemeinde hingegen überlebte mit einer kleinen Anhängerschar bis in unsere Tage. Mahaviras Werdegang und Ideen zeigen viele Ähnlichkeiten mit jenen Buddhas. Sie sind ein Hinweis darauf, daß die Zeit für diese Einsichten reif war. Mahavira war wie Gautama ein Prinz, der mit 30 Jahren seinen Palast verließ, um als wandernder Asket die Wahrheit zu suchen (vgl. Abb. 11). Zwölf Jahre lang zog er durch die nordindische Ebene, bis er unter einem Banyanbaum die Erleuchtung erlangte und zum *Jina* wurde, zum »Sieger über sich selbst«. Er starb nach 30 Jahren des Lehrens und hinterließ eine wohlorganisierte Gemeinde aus Mönchen und Laien, die sich *Jain* nannten, »Anhänger des Jinas«.

Gautama und Mahavira lebten und wirkten zur selben Zeit, und beide hielten sich häufig in der Hauptstadt von Magadha auf, Rajagriha. Zu jener Zeit war das von Hügeln umgebene Rajagriha eine der 16 großen Städte des antiken Indiens, regiert von König Bimbisara, der beiden Meistern große Verehrung entgegenbrachte. Einige Kilometer außerhalb entstand in den ersten Jahrhunderten nach der Zeitenwende eine der größten und ältesten Universitäten der Welt, das Kloster Nalanda. Sieben Jahrhunderte lang war es das geistige Zentrum Südasiens, mit 10 000 Studenten, die von über 2000 Lehrern in Fächern wie Medizin, Naturwissenschaft, Jura und den Philosophien aller religiösen Schulen unterrichtet wurden. Ein von Westen kommendes moslemisches Heer, das die Mönche in ihren roten Roben für Soldaten hielt, brannte im Jahre 1199 die Anlage nieder. Die Bibliothek, in der neun Millionen Manuskripte aufbewahrt wurden, soll ein halbes Jahr lang geraucht haben. Die Mönche setzten den Lehrbetrieb noch 50 Jahre lang fort, bis schließlich einige Brahmanen nach einem Streit mit den Mönchen ein zweites Mal Feuer legten.

In der heißen, trockenen und staubigen Landschaft der indischen Bundesstaaten Gujarat und Rajasthan sind die weißgekleideten Jain-Mönche und -Nonnen auch heute noch ein alltäglicher Anblick, mit ihrer Bettelschale, einem Holzstab und einem Pfauenfederwedel als einzigem Besitz. Behutsam kehren sie mit dem Wedel den Weg, um bei ihrer täglichen Wanderung keine Insekten zu zertreten. Viele tragen sogar eine Mullbinde vor dem Mund, um beim Einatmen nicht Fliegen zu verschlucken. Acht Monate im Jahr ziehen sie so von Ort zu Ort, Nomaden auf der Suche nach der Erleuchtung, der Befreiung vom Kreislauf eines leidvollen Daseins. Nur die Regenzeit von Juli bis Oktober verbringen sie an einem festen Ort, in einem der zahllosen Klöster, welche die Jains ihren Mönchen in Indien errichtet haben, oft prächtige Marmorgebäude, die vom Reichtum dieser Glaubensgemeinschaft zeugen.

Die Erfolge von Buddha und Mahavira waren nicht zuletzt darauf zurückzuführen, daß das von den Brahmanen repräsentierte religiöse Leben in Ritualen erstarrt war. Darüber hinaus kamen ihre Lehren, so sehr sie sich auch dem Anschein hingaben, einen ausgewählten Stand anzusprechen, der einfachen Bevölkerungsschicht entgegen. Ihre Grundgedanken waren sozialpolitisch revolutionär, in einem Land, in dem seit alters her die Menschen in Kasten voneinander geschieden wurden und die dravidischen Ureinwohner, die von den Eroberern vorgefunden wurden, kurzerhand zu kastenlosen Dienern der neuen Herrenklasse erklärt worden waren. Sie überwanden das strenge, über Jahrhunderte festgefügte, nach Kasten gegliederte System der Gesellschaft und mußten als Zumutung auf die herrschenden Kasten der Brahmanen und der Krieger gewirkt haben: Sollte es nach Buddha oder Mahavira gehen, dann mußten die Krieger ihre Waffen ablegen und all ihre Zeit dem Fortkommen auf dem Weg zu ihrem privaten Heil widmen. Die herrschende Schicht war gehalten, ihre überkommenen Standesaufgaben zu verleugnen. In den Augen der gebietenden Minderheit hatten solche Ansichten eine gefährliche revolutionäre Komponente. Hätten die Heilswege, die Buddha und Mahavira vorgezeichnet hatten, nicht einen so überzeugenden Geist der Sanftmut und der Ehrfurcht verbreitet, wäre mit Sicherheit eine strenge Opposition durch die Herrscherhäuser des indo-arischen Adels zu erwarten gewesen sein. Aber die Kriegerkaste der alten Eroberer ist ihrer eigenen Bestimmung langsam erlegen. Nach einigen Jahrhunderten ständiger Fehden und Familienkämpfe hatte sie sich selbst dezimiert und die Kraft zu politischer Selbstbehauptung allmählich verloren. Die Massenbevölkerung war ohnedies den ständigen Unterwerfungen und Kämpfen zwischen den zahlreichen kleinen Fürstentümern, die sich um das alte Maghada drängten, längst überdrüssig geworden und für eine soziale wie geistige Erneuerung mehr als bereit. In dieses Vakuum eines religiös wie politisch allmählich verdörrenden arischen Erbes strömten die neuen Lehren wie ein frischer Lebenshauch.

Von Natur aus, lehrte Buddha, sind alle Menschen gleich. Diese

Gleichheit gilt es im Inneren zu verwirklichen, ins Zentrum dieser Gleichheit vorzustoßen, das in der Leere, in der Überwindung des Rades der Wiedergeburten, im Eintritt ins Nirvana besteht. Buddhas Lehre ist die Antwort auf die Verstrickung der Wesen in den leidvollen Kreislauf des Daseins. Ihm zufolge besteht das Dasein aus drei Merkmalen: Das Leben ist vergänglich, nichtwesenhaft (unpersönlich) und daher leidhaft. Durch Begehren und Unwissenheit entsteht die Leidhaftigkeit des Daseins. Die Erkenntnis dieser drei Wahrheiten steht am Beginn des buddhistischen Weges, der zur Befreiung vom Leid des Daseins durch die Verwirklichung des Nirvanas führt.

Zur Mitte des 4. Jahrhundert v. Z. hatte bereits der Prozeß der Abspaltung verschiedener buddhistischer Schulen begonnen. Sekten bildeten sich, die allein das reine Buddha-Wort gelten lassen wollten, andere waren theologisch orientiert und suchten den Dharma einem übergeordneten Rahmen anzupassen. Auf einem Konzil in Vaishali versuchte man sich auf eine einheitliche Lehre zu einigen. Schon damals wurde deutlich, daß die große Verschiedenheit der Meinungen in den an religiösen Vorstellungsbildern so überaus reichen Völkerschaften Indiens nicht leicht zu vereinheitlichen war. Manche der Irrlehren wurden angeblich von als Buddhisten verkleideten Brahmanen in die Welt gesetzt, weil sie durch die religiöse Konkurrenz ihre königliche Unterstützung reduziert sahen.

Disziplinäre Uneinigkeiten gaben den Ausschlag für die Einberufung des Konzils. Einige Mönche hatten entgegen den Regeln von Laienanhängern Gold und Silber angenommen, zu unrechter Zeit Nahrung aufgenommen, hatten alkoholische Getränke genossen und die Vorschriften für die Fastenfeiern (*Uposatha*) mißachtet. Yasha, ein Schüler des Ananda, der diese Anschuldigungen erhoben hatte, veranlaßte die Zusammenkunft von 700 *Arhats* in Vaishali. Die Mönche von Vaishali, denen die Vorwürfe galten, bekannten sich für schuldig und spalteten sich von den übrigen Anhängern ab, ein Schisma, das schließlich beim dritten Konzil unter König Ashoka zum tiefgreifenden Auseinanderstreben von zwei buddhistischen Lehrmeinungen führte, jener der *Sthavira* (»Anhänger der Ältesten«) und der *Mahasanghika* (Anhänger der »großen Gemeinde«). Bei diesem dritten Konzil wurde der Grundstein gelegt für die weitere, 300 Jahre später erfolgte Trennung in zwei große Hauptrichtungen: den *Hinayana*, der aus dem *Sthavira* hervorging, und den *Mahayana*, der die natürliche Weiterentwicklung der Ideen des *Mahasanghika* darstellte.

Die Entwicklungen im 4. Jahrhundert v. Z. zeigen, daß der Buddhismus bereits zu diesem Zeitpunkt eine beachtliche mönchische Bewegung geworden war mit einer noch bedeutend höheren Zahl an Laienanhängern. Da die Mönche und *Arhats* dem Ideal ihres Stifters nacheiferten, begaben sie sich auf ausgedehnte Wanderschaften und entwickelten eine Kultur der Verkündigung des Buddha-Wortes. So entstand das charakteristische Erscheinungsbild der Religion: »Hauslose«, wandernde Mönche lehrten, das gelbe Gewand umgeworfen, die Bettlerschale in der Hand, in allen Landesteilen die Einsichten des Buddha. Sie sprachen von den vier edlen Wahrheiten, vom edlen achtfachen Pfad und verkündeten in den Lehrreden des Erwachten Weisheit, Ethik und Versenkung. So verbreitete sich die Kunde rasch über weite Landstriche, und auch die Anhängerschar wuchs jenseits der Grenzen von Maghada.

Von den Schulen des Buddhismus sind die beiden Hauptrichtungen *Hinayana* (»Kleines Fahrzeug«) und *Mahayana* (»Großes Fahrzeug«), die sich 400 Jahre nach Buddhas Nirvana bildeten, die bedeutendsten. Der Hinayana-Buddhismus enthielt sich jeder metaphysischen Spekulation, er sah die Welt und das menschliche Leid als real an und lehrte, die Erlösung daraus sei nur im Mönchsleben möglich. Der Hinayana wurde so zur Religion für eine Elite, in der die Erleuchtung den wenigen vorbehalten war, die es sich leisten konnten, weltliche und familiäre Bindungen aufzugeben. Die ursprüngliche Gleichheit aller Menschen, die Buddha gelehrt hatte, war wieder verschüttet worden. Der Mahayana demokratisierte die Erlösungsidee. Er lehrte viele mögliche Wege zur Erlösung, war doch in jedem Menschen das »Buddha-Bewußtsein« vorhanden, wenn auch meist unerkannt. Der Mahayana entstand um die Zeitenwende in Gandhara, der Landschaft zwischen Peshawar und Srinagar am mittleren Induslauf, wo Indien über große Zeiträume hindurch mit westlichen Kulturen – Babyloniern, Persern, Griechen – in Austausch stand. Früher nannte man, der geographischen Lage des Entstehungsortes wegen, den Mahayana auch den »nördlichen Buddhismus« und den Hinayana den »südlichen Buddhismus«.

Für die Mystiker des Mahayana waren Erscheinungswelt und menschliches Leid nur Schein, Illusion. Wirklich war allein der transzendente, eigenschaftslose, aus sich selbst existierende Urgrund, aus dem alle Phänomene hervorgingen. Im Mittelpunkt des Mahayana-Erlösungsweges steht das uneingeschränkte Mitgefühl allen lebenden Wesen gegenüber als eine großartige, auf die Verwirklichung des Erbarmens und der allumfassenden Liebe gegründete Konzeption. Während im Hinayana die eigene Erlösung im Vordergrund steht, will der Mahayana-Buddhist die Befreiung erlangen, um sich zum Wohl der anderen für deren Erlösung einzusetzen. Diese Haltung wird im Ideal des Bodhisattva (»Erleuchtungswesen«) verkörpert. Ein Bodhisattva ist ein Mensch, der dem buddhistischen Pfad bis an sein Ende gefolgt ist, doch er verzichtet selbstlos auf das endgültige Eingehen ins Nirvana. Er kehrt freiwillig zurück ins Rad der Wiedergeburten, bis alle Wesen erlöst sind. Sein Handeln bestimmt die Eigenschaft des Erbarmens, getragen von höchster Einsicht und Weisheit.

Es war vor allem diese Ausformung der Lehre Buddhas, die zu den Vergleichen mit dem Christentum Anlaß gegeben hat. Alles, was Jesus als moralische Erneuerung des Lebens predigte, findet sich in Buddhas Lehre dargelegt, alles, was er in seinem Handeln verwirklichte, im Mahayana vorgeformt.

Indische Lehren in der Bibel?

Der Orient ist traditionell die Weltregion der phantastischen Erzählungen. Wenn man orientalische Geschichten liest, dann wird man förmlich hypnotisiert von ihrer »barocken« Üppigkeit, hat bisweilen das Gefühl, in einen langsameren Zeitstrom eingestimmt zu werden, wenn etwa der Erzähler just an der spannendsten Stelle ohne die geringste Hast in aller Ausführlichkeit die wunderschöne Verarbeitung einer Satteldecke zu beschreiben beginnt. Zu den schönsten Beispielen orientalischer Erzähltradition gehören die Geschichten aus *1001 Nacht.* In Indien hat erzählerische Meisterschaft ein hohes Alter. Man braucht nur einen Blick in die großen Epen zu werfen, wie das *Ramayana* und das *Mahabharata.* Sie sind voll wunderbarer Fabeln und erstaunlicher Geschichten. Keine andere Dichtkunst kann der Sanskrit-Literatur in dieser Hinsicht das Wasser reichen. Unter den Buddhisten waren Fabeln, Märchen, Anekdoten, Abenteuergeschichten und fromme Legenden als instruktive Erzählungen, die leicht im Gedächtnis behalten werden konnten, sehr wichtig und wurden gern von Wanderpredigern eingesetzt. Viele von ihnen sind in den *Jatakas* überliefert, einer Sammlung von Legenden über die früheren Existenzen Buddhas, die vielleicht auf das 4. Jahrhundert v. Z. zurückgehen. In späteren Jahrhunderten, als der Buddhismus in Indien an Bedeutung verlor, übernahmen die Brahmanen das buddhistische Fabelmaterial und komponierten es für ihre Zwecke um. Viele dieser Fabeln finden sich in zwei großen Sanskrit-Sammlungen aufgezeichnet, dem *Pañcatantra* (»Fünfbuch«) und dem *Hitopadesa* (»freundliche Belehrung«), wobei das *Pañcatantra* nach dem Urteil der Literaturgeschichte[9] zu den bedeutendsten Werken der Weltliteratur zählt.

Die Fremden, die nachts in der Karawanserei beim Feuer saßen, werden sich mit Freude die Zeit vertrieben haben, als sie den Erzählungen und Liedern lauschten. Und viele haben die Geschichten mit in ferne Länder genommen, sie erzählt und wieder erzählt. Angereichert durch örtliches Kolorit wanderten solche Geschichten durch Landstriche und Zeiten. Sie änderten ihre Erscheinungsformen nach Landessitte und Zeitgeschmack, aber sie behielten ihren Kern und ihren zumeist moralischen Lehrgehalt.

Max Müller, der bedeutende Indologe, konnte nachweisen, daß einige der alten indischen Fabeln auf vielen Stationen durch Kleinasien, Griechenland und Rom ihren Weg bis in die Gegenwart nach Italien, Deutschland, England oder Frankreich gefunden haben.[10] Noch in den berühmten Fabeln La Fontaines und in den Märchen der Gebrüder Grimm spürt er der Wanderung des alten indischen Erzählgutes nach, das sich als »Variation über ein Thema« bis in unsere Zeit erhalten hat.

Die ältesten Schriften des Neuen Testaments wurden gegen Ende des 1. Jahrhundert n. Z. abgefaßt. Ihre endgültige Gestalt, wie wir sie heute kennen, erhielten sie erst im 4. Jahrhundert nach vielen theologisch begründeten Änderungen. Lange Zeit davor bewegte sich der mächtige Fabelstrom nach Westen, war indisches religiöses Gedankengut in Palästina wie im Abendland verbreitet worden.

Der christlichen Kirche waren in jedem Fall bereits im 2. Jahrhundert die äußeren und inneren Ähnlichkeiten zwischen dem Buddhismus und den neutestamentlichen Texten aufgefallen. In der Folge setzte die Kirche alles daran, diese Übereinstimmungen zu leugnen. Denn die Religion Buddhas, so viel wußten die Kirchenväter, war viel älter als jene, die sie auf Jesus Christus zurückführten. Was Jesus verkündete, das war in ihrem Verständnis nicht eine Lehre neben anderen, keine Philosophie, Weltanschauung oder sogar Religion, die man mit anderen vergleichen könnte. Es war nicht mehr und nicht weniger als das Wort Gottes, dargebracht von seinem inkarnierten Sohn. Auf diese Weise war die Einmaligkeit und grundsätzliche Unvergleichbarkeit von Jesu Verkündigung ein für alle Mal festgelegt. Jede Ähnlichkeit zu anderen Lehren mußte zufällig oder aber vom Christentum abhängig sein.

Fast zweitausend Jahre vergingen, bis das christliche Europa eine Idee von der Reichhaltigkeit religiöser Anschauungen der Völker

40

bekam. Erst die Reisenden im Zeitalter der Aufklärung brachten die Kunde ins Abendland, daß Europa nicht von lauter barbarischen Völkern umgeben ist, die allein durch die frohe Botschaft gerettet werden können. Zum ersten Mal erhielt man ausführliche Informationen über orientalische Religionen und lernte ihre heiligen Bücher kennen. Sogleich wurde die Aufmerksamkeit wieder auf das Thema ihrer Beziehungen zum Christentum gelenkt. Während die Verteidiger des christlichen Erbes in den Übereinstimmungen zwischen dem Buddhismus und ihrer eigenen Religion die Reste einer »primitiven Offenbarung« vermuteten, die Gott auch anderen Völkern angedeihen ließ, behaupteten die Anhänger des Buddhismus, es gebe ohnehin nur einen *Dharma,* ein »großes religiöses Gesetz«, von dem sich alle Kulte und Religionen der anderen Völker ableiten ließen.

Im naturwissenschaftlich orientierten Klima der Aufklärung verlor die Idee der Offenbarung ihren unantastbaren Charakter, man suchte nach neuen Hypothesen und fand jene der Entlehnung. Auch hier wurden keine neuen Pfade beschritten. Die Entlehnung geistigen Guts, vor allem wenn es sich um bedeutende moralische oder künstlerische Konzeptionen handelte, wurde schon in der Antike heftig diskutiert. Zur Zeit des Ptolemaios VI. Philometer (um 170–150 v. Z.) lebte in Alexandria, *der* intellektuellen Hauptstadt der Epoche, der gelehrte Jude Aristobul. In einem verlorengegangenen Buch soll er den Nachweis zu führen versucht haben, daß die Philosophie der Nachfolger des Aristoteles (Peripatetiker) von Moses und den anderen alttestamentlichen Propheten abhängig sei. Die Entlehnungstheorie des Aristobul hat Schule gemacht, und selbst ein so kluger Kopf wie Philo von Alexandria, ein Zeitgenosse Jesu, wiederholte dessen Ansicht, Moses sei der wahre Lehrmeister der Menschheit, von dem die griechischen Philosophen das Gute und Richtige in ihren Ansichten übernommen hätten. Um 140 v. Z. führte diese Theorie zu grotesken Anschuldigungen, in denen die jüdische Sibylle dem seit vielen Jahrhunderten verstorbenen Homer unterstellte, er habe ihre Verse geplündert.

Als man sich der Entlehnung indischer Ideen im Neuen Testament zuwandte, hatte man mittlerweile eine genauere Kenntnis über die geschichtlichen Zusammenhänge, und so wurden eine Reihe von Theorien vorgelegt, um den Ursprungsort fremder Elemente im Neuen Testament aufzuspüren.

Zu den ersten Spurensuchern nach indisch-abendländischen Abhängigkeiten zählte der äußerst gebildete Hannoveraner Frances Wilford, der seit 1772 in Indien in englischen Diensten stand. Viele von ihm angeführte Beziehungen und etymologische Deutungen erscheinen, vom gegenwärtigen Kenntnisstand aus betrachtet, abenteuerlich und grundlos. So identifizierte er etwa Prithu mit Noah, deutete Deukalion aus dem Sanskrit-Begriff Deva-Cala-Yavana und sprach von Beziehungen eines Salivahana zu Christus. Damals war die indische Gedankenwelt noch ein wenig erforschtes Gebiet, und es muß auch für einen kenntnisreichen Mann ungeheuer schwierig gewesen sein, die unglaublich reiche mythologische Welt der verschiedenen indischen Religionen richtig einordnen zu können oder die atemberaubende Fülle des Schrifttums nach Alter, Bedeutung und Einfluß zu sichten. Wilford hat sich damit auch nicht aufgehalten, sondern stützte seine Arbeiten in der Hauptsache auf Auszüge aus den *Puranas* (»altes Erzählungswerk«), die ihm ein Pandit (ein Sanskritgelehrter) lieferte. Freilich, über das Alter der darin enthaltenen Erzählungen oder gar über ihre Stellung im spirituellen System des Hinduismus war nichts zu erfahren.

In derselben Zeit entdeckten die westlichen Gelehrten das Sanskrit, die kultivierte Hoch- und Kunstsprache Altindiens, und es begann eine aufregende Phase vergleichender Philologie. Die ersten in Europa bekannt gewordenen Sanskrit-Texte waren die *Vairagya-Shatakas* und *Niti-Shatakas* von Bhartrihari, die der Holländer Abraham Roger 1651 in Leiden veröffentlichte. Roger war von 1630 bis 1647 calvinistischer Missionar in Indien. Sein Buch erschien in mehreren Sprachen, eine deutsche Ausgabe unter dem Titel *Offene Tür zu dem Verborgenen Heydenthum* wurde 1663 publiziert. Johann Gottfried Herder griff in seinem Werk

Gedanken einiger Brahmanen im Jahr 1792 auf diese Sanskrit-Epigramme zurück und machte sie dadurch zu einem Bestandteil der Weisheitsliteratur.

Es dauerte nicht lange und man stieß auf merkwürdige Übereinstimmungen der christlichen mit den indischen Religionen. Natürlich gingen die meisten westlichen Denker von der stillschweigenden Übereinkunft aus, alle religiöse Wahrheit könne nur vom Alten Testament kommen. So wurden die ersten Stimmen laut, welche die Ansicht vertraten, der Brahmanismus sei vom Alten Testament abhängig. Die gegenteilige Ansicht wurde zum ersten Mal in einem 1779 in London veröffentlichten Werk vertreten, das viele Elemente sowohl des Alten als auch des Neuen Testaments auf Brahmanismus und Buddhismus zurückführt.[11]

Je mehr die gelehrte Welt über das Alter des indischen Schrifttums und die Inhalte der religiösen Anschauungen erfuhr, desto offenkundiger wurden für viele die Ähnlichkeiten vor allem mit dem Christentum. Die Möglichkeit, daß sich die christlichen Autoren »Inspirationen« von indischen, besonders buddhistischen Werken geholt haben, wurde immer offener diskutiert. Im 19. Jahrhundert mit seiner anfänglich romantischen, später naturalistischen Begeisterung begannen einzelne Forscher, die von dogmatischen Anschauungen unbeeinflußt waren, diese Studien auf eine wissenschaftlich respektable Basis zu stellen.

Von großem Gewicht waren die Untersuchungen des bedeutenden Denkers Arthur Schopenhauer (1788–1860), dem der Buddhismus mit seinem weltverneinenden Unterton zur Rechtfertigung seiner pessimistischen Philosophie diente. Schopenhauer machte gleichzeitig keinen Hehl aus seiner Ansicht, das Neue Testament müsse auf eine indische, insbesondere auf eine buddhistische Quelle zurückgeführt werden. Alle wichtigen Elemente des Neuen Testaments seien verblüffende Entsprechungen indischer Vorbilder: Die asketische Einstellung zum Leben, das ethische System, der pessimistische Grundton und sogar die Vorstellung, daß sich das göttliche Bewußtsein in irdischer Form inkarniert, seien typisch indisch. Schopenhauer behauptete darüber hinaus, der Brahmanismus, der Buddhismus und das Neue Testament seien wesensgleich.

Zur gleichen Zeit, als Schopenhauer seine Gedanken über Indien und das Christentum niederschrieb, kam der russische Staatsrat Isaak Jakob Schmidt (1779–1847) als Handlungsgehilfe der Brüdergemeinde zu Sarepta unter die Kalmücken Zentralasiens. Bald wurde er zu einem der bedeutendsten Kenner der mongolischen und tibetischen Sprache und Literatur, übersetzte sogar nach seiner Rückkehr Bibelteile ins Mongolisch-Kalmückische. Seine Studien erlitten einen herben Rückschlag, als er durch einen Brand Moskaus seine wertvolle Handschriftensammlung verlor. Dennoch verfaßte er eine sehr gelehrte Abhandlung, die bis heute wegweisend geblieben ist.[12] In ihr führt er den Nachweis, daß die christlich-gnostischen Gedankensysteme, die um die Zeitenwende allenthalben zwischen Alexandria und Syrien wie Pilze aus dem Boden schossen, eine enge Verwandtschaft zum Buddhismus aufweisen. Darüber hinaus trug er durch seine buddhismuskundlichen Schriften über Schopenhauer nicht wenig dazu bei, daß die abendländische Philosophie sich ernsthaft mit den von Schopenhauer behaupteten Abhängigkeiten auseinandersetzte.

Es wäre sehr verwunderlich, wenn die Untersuchungen zu diesem Themenkreis alle von vergleichbarer Gründlichkeit und wissenschaftlicher Redlichkeit gewesen wären. Vielmehr trübten alsbald konfessionelle Auseinandersetzungen den klaren Blick auf das, was zurecht vertreten werden konnte, und das, was mehr oder minder als gut verpackte Propaganda zu gelten hat.

Es war Louis Jacolliot vorbehalten, der eine Zeitlang Gerichtspräsident in der französischen Kolonie Chandernagore bei Kalkutta gewesen war, ein Werk über die indischen Wurzeln biblischer Berichte zu schreiben, das bald in aller Munde sein sollte. Sein Bestseller *La Bible dans l'Inde*, 1869 in Paris veröffentlicht, rief enthusiastische Befürworter und grimmige Kritiker auf den Plan. Auf alle Fälle hatten die Thesen Jacolliots zur Folge, daß die Beziehung von Buddhismus und Christentum in wissen-

44

schaftlichen Kreisen intensiver diskutiert wurde, zum Teil auch deshalb, um seinen Behauptungen zu widersprechen. Diese Entwicklung führte zu der fruchtbarsten Phase der Untersuchungen auf diesem Gebiet, die etwa von den letzten beiden Jahrzehnten des 19. Jahrhunderts bis zum Ersten Weltkrieg andauerte.

Jacolliot hatte die gelehrte Welt herausgefordert, weil er in dreister Weise von außerordentlichen und für gläubige Christen erschreckenden Entlehnungen durch die biblischen Autoren berichtete. So gibt er etwa einen brahmanischen Schöpfungsmythos wieder, in dem es heißt, der Gott Brahma habe den ersten Menschen Adima und seine Begleiterin Heva erschaffen und ihnen die Insel Ceylon zur Heimat gegeben. Im Sanskrit heißt *adima* »der erste«, eine Bedeutung die Adam im Hebräischen nicht besitzt. Natürlich waren solche Entdeckungen, untermauert durch den Sinnzusammenhang, dazu angetan, wenig informierte Leser zu überzeugen und die Gelehrten zur Prüfung zu zwingen. In der Tat findet man diesen Schöpfungsbericht im sogenannten *Bhavisyat-Purana*. Die in Bombay veröffentlichte Ausgabe dieses Puranas von 1897 enthält den ganzen Anfang des Alten Testaments von den ersten Menschen im Paradies bis hin zur Sintflut, bei der Noah unter dem Namen Nyuha auftaucht. Hatte Jacolliot also recht? Waren schon die ersten Seiten der Bibel eine für jüdische Interessen umgemünzte brahmanische Überlieferung? Weit gefehlt. Jeder Kenner des indischen Schrifttums weiß, daß die Purana-Texte eine äußerst flexible Literaturgattung darstellen, die sich dem Zug der Zeiten anpaßt, fremde Inhalte aufnimmt und etwa Prophezeiungen künftiger Ereignisse bis auf die Gegenwart weiterführt. Die vorgeblich alten Texte (in der Tat ist ein Bhavisyat-Purana bereits um 400 v. Z. bekannt) erscheinen in ihrer langen Traditionsgeschichte immer wieder in aktualisiertem Gewand. So enthält die genannte Ausgabe von 1897 Abbildungen von Dschingis-Khan (1155–1227), von Timur (1336–1405), vom heiligen Kabir (16. Jahrhundert), von König Akbar (1556–1605), und sogar der russische Zar wird berücksichtigt. Auf gleiche Weise ist die biblische Schöpfungsgeschichte erst in späterer Zeit in die Sammlung aufgenommen worden. Aber man darf nicht dem Trugschluß verfallen, den Fortführern des Werkes literarischen Betrug zu unterstellen. Die Entlehnung religiöser Überlieferungen ist das »Markenzeichen« dieser Literaturgattung, auf sie greift sie immer wieder zurück.[13]

Jacolliot, der sich in seiner Freizeit dem Studium des Sanskrit und der heiligen Bücher der Hindus widmete, beging den Fehler, zu viele seiner Ideen aus Gesprächen mit Brahmanen zu beziehen. Die schlitzohrigen Gesprächspartner tischten dem leichtgläubigen Jacolliot die tollsten Dinge auf. So zitiert Jacolliot Passagen aus den Veden, die sich in keinem Veda finden, und er garniert seine aufregenden Entdeckungen mit etymologischen Analysen von Sanskrit-Worten, die mit Sanskrit nichts zu tun haben oder etwas völlig anderes bedeuten, als er meint.

Im Zuge der unkritischen Begeisterung ob solcher Aufschlüsse wurden Arbeiten veröffentlicht, die haarsträubende Behauptungen aufstellten. So bezog Th. J. Plange um die Jahrhundertwende in seinem Buch mit dem provokanten Titel *Christus – ein Inder?* die ganzen Zivilisationen der alten Ägypter, Perser, Griechen, Römer, Juden und Germanen in ihren wichtigsten Zügen auf Indien, und selbst Moses sei in Ägypten in die Geheimnisse der indischen Lehre eingeführt worden.

Auf der anderen Seite hatte Jacolliot Anlaß gegeben, besonnene Erforschungen des Problems ins Leben zu rufen. Zu den bedeutendsten Wegbereitern dafür zählt der Religionshistoriker und Professor für Philosophie an der Universität Leipzig, Rudolf Seydel (1835–1892), der sich durch eine hervorragende Darstellung und Beurteilung der Philosophie Schopenhauers hervorgetan hat. Ihm gelang es in zwei sehr gelehrten Untersuchungen[14] nachzuweisen, daß die Evangelien voller Entlehnungen aus buddhistischen Texten sind. Als Ergebnis seiner minutiösen Arbeiten kam Seydel zu der Überzeugung, daß den Autoren des Neuen Testaments eine Schrift als Grundlage gedient haben muß, die er als ein christlich bearbeitetes Buddha-Evangelium charakterisierte. Das würde bedeuten, daß noch vor den Niederschriften der

Evangelien in Syrien/Palästina ein buddhistischer Text zirkulierte, der von den Jesus-Anhängern ihren Vorstellungen entsprechend umgearbeitet worden war!

Damit war die gelehrte Welt herausgefordert. Die Ergebnisse Seydels ließen sich nicht einfach abtun wie die Arbeiten von Jacolliot und seiner Epigonen. Für viele sonst durchaus rational urteilende Wissenschaftler galt es als ein Sakrileg, die religiösen Überzeugungen des Christentums in Frage zu stellen. Es war, als hätte Seydel eine Grenze überschritten, die für einen »christlichen Forscher« unantastbar sein muß. Der Indologe Leopold von Schroeder beispielsweise, der selber keine Probleme damit hatte, den Nachweis zu erbringen, daß Pythagoras sein gesamtes Wissen aus Indien bezogen hatte, wollte die Tatsache einer Beeinflussung des Christentums durch den Buddhismus einfach nicht akzeptieren und bezeichnete die Seydelschen Theorien als »hart an der Grenze des Wahnwitzes«. Wie schwer die religiösen Vorurteile abzulegen sind, belegen solche Meinungen. Sie spiegeln den Grad der Verunsicherung angesichts von Tatsachen, die an dem ältesten Selbstverständnis der abendländischen Kultur rütteln. Zum Glück bewog eine Reihe von Forschern das Urteil des ernstzunehmenden Wissenschaftlers Seydel, seine Thesen näher zu beleuchten. Dabei mußten viele dem Leipziger Professor recht geben, wenngleich die Bedeutung einzelner Entlehnungen unterschiedlich bewertet wurde. Zu den wichtigsten und wegweisenden Arbeiten zählen die Bücher von G. A. van den Bergh van Eysinga, Richard Garbe und Hilko Wiardo Schomerus.[15] Eine Fundgrube besonderer Art stellen die Vergleiche dar, die der amerikanische Privatgelehrte Albert J. Edmunds vorgelegt hat.[16] Ohne die Frage von Abhängigkeiten zu klären, hat er einfach aus dem großen Schatz buddhistischen Schrifttums Texte ausgewählt und sie neutestamentlichen Abschnitten gegenübergestellt. Die Analyse der oftmals verblüffenden Übereinstimmungen überließ er anderen Forschern.

Die große Unruhe

Bevor wir die Prüfung der Übernahmen buddhistischen Materials in Angriff nehmen, wollen wir uns auf eine Reise in die Vergangenheit begeben. Es wird eine spannende Entdeckungsfahrt durch die großen Kulturräume der alten Zivilisationen, auf der Suche nach ihren Verbindungen, nach dem Austausch von Ideen und Weltbildern; auf der Suche nach Antworten auf die Fragen, ob in dieser tiefen Vergangenheit die fernen Völker überhaupt voneinander wußten und ob es ihnen möglich war, fremdes Geistesgut aufzunehmen und zu verarbeiten. Immerhin waren viele Seewege in andere Kontinente noch vor wenigen Jahrhunderten unbekannt, und längere Reisen galten als lebensbedrohende Abenteuer. Wie schwierig müssen Kontakte über große Distanzen erst in Epochen gewesen sein, deren technische Hilfsmittel weit weniger entwickelt waren.

In der Zeit von 800–200 v. Z. kommt es zu einem einzigartigen Bruch in der Geistesgeschichte. Der Philosoph Karl Jaspers spricht von einem »geschichtlichen Geheimnis«: Unabhängig voneinander können wir vergleichbare, zusammengehörige Entwicklungen in drei Gebieten ausmachen.[17] Jaspers nennt diese Epoche die »Achsenzeit«. Die »Achsenzeit« brachte in verschiedenen Teilen der Erde große Persönlichkeiten und Ideen hervor, von denen die nachfolgenden Jahrhunderte bis in die Gegenwart entscheidend geprägt wurden: Buddha, Konfuzius, Laotse, Plato, Sokrates, Zarathustra, Elias, Jeremias usw. Sie alle einte die Fähigkeit, Welt und Dasein rational zu begreifen und zu dem Schluß zu kommen, daß alles in zwei fundamental verschiedene Bereiche zerfällt, in Subjekt und Objekt, in Geist und Materie, in Bewußtsein und Körper, und daß sich das wahre Subjekt nach Erlösung vom Schrecken des unvollkommenen In-der-Welt-Seins sehnt: »Es ist der *eigentliche Mensch,* der im Leibe gebunden und verschleiert, durch Triebe gefesselt, seiner selbst nur dunkel bewußt, nach Befreiung und Erlösung sich sehnt und sie in der Welt schon erreichen kann …«[18]

48

Freilich ist die Vorstellung, daß die Evolution der Menschheit in der Evolution des Menschheitsbewußtseins gespiegelt ist, eine aufregende These. Sie ist, was die religiösen Erfindungen und kulturellen Leistungen in ur- und vorgeschichtlicher Zeit betrifft, ein unverzichtbares Hilfsmittel, um Licht in ein geheimnisvolles Geschehen zu bringen: Wie kommt es, daß ungefähr um dieselbe Zeit in verschiedenen Teilen der Welt identische Glaubensformen auftauchten, im 10. Jahrtausend v. Z. etwa der Kult der Großen Mutter, und daß zugleich vollkommen vergleichbare sozialpolitische Umwälzungen stattfanden, der Ackerbau und städtische Siedlungsformen die frühen Jäger und Sammler ersetzten? Und das, obwohl keine Verbindungen zwischen den Volksgruppen bestanden? Die Antwort kann allein darin liegen, daß ein natürlicher Evolutionsprozeß nicht nur auf biologischer Ebene abläuft, sondern auch auf der Ebene des menschlichen Geistes, auf der sich gleichermaßen ein in deutlich unterscheidbaren Phasen verlaufender Prozeß der Evolution des Menschheitsbewußtseins vollzieht. Wird eine neue Stufe dieser Entwicklung erreicht, dann verwirklicht sich diese in den Ausdrucksformen des Geistes: Religionssysteme, soziale Organisationen, Kunst, Architektur usw. – kurz in den Errungenschaften, die Zivilisation und Kultur ausmachen.

Jaspers, obwohl er nicht einen stufenweisen Evolutionsprozeß des Geistes im Auge hatte, vertrat die Ansicht, ein solcher völlig neuer »geistiger Sprung« müsse der Grund für die Ausbildung der »Achsenzeit« gewesen sein, und er beruft sich darauf, daß die »Achsenzeit« zeitlich viel genauer faßbar ist als die wesentlich früheren Parallelen in den Entwicklungen der Hochkulturen.

Nun hat diese Ansicht Jaspers' freilich einen richtigen Kern, aber man muß sich fragen, inwiefern die größere Exaktheit der »Achsenzeit« vielleicht ein Produkt veränderter »internationaler« Beziehungen sein könnte. Daß sich heutzutage etwa Modetrends in Windeseile überall auf dem Globus ausbreiten, wird keiner einem geheimnisvollen, unabhängigen gleichzeitigen Auftreten zuschreiben. Unsere moderne Informationskultur macht einen ungeheuer schnellen globalen Austausch möglich. Allerdings begannen die ersten Ansätze dazu vor Jahrtausenden. Die »Achsenzeit« ereignete sich in einer Epoche, die ein prägendes Moment aufwies: eine nie dagewesene Verflechtung weit entfernt lebender Völker und eine ungemeine Mobilität. Diese Beweglichkeit war keineswegs nur äußerer Natur, sie war es auch in geistiger Hinsicht. Natürlich dürfen wir nicht voreilig den Schluß ziehen, die sinnverwandten »Entdeckungen« im Abendland, im Vorderen Orient, in Persien, in Indien und in China seien allesamt das Ergebnis von exportierten Überlieferungen. Aber wir dürfen ebensowenig außer acht lassen, daß die »neue Beweglichkeit« – eine globale Ausmaße annehmende Unruhe unter der Menschheit – die Kehrseite jener Medaille ist, deren anderes Gesicht die Evolution des Bewußtseins zeigt. Beide Entwicklungen entstanden in Abhängigkeit: Der Geist des Menschen entwickelte sich fort, *weil* Völker ihre angestammten Gebiete verließen und in neue Lebensräume zogen, fremde Völker, Bräuche, Ansichten, Pflanzen und Tiere kennenlernten und die Weite der Welt erfuhren. Andererseits waren die großen Bewegungen der Völkerschaften zugleich das Resultat einer Unruhe im Bewußtsein, der das Hergebrachte nicht mehr genügte, die nach neuen Herausforderungen, nach neuen Horizonten verlangte.

Bedeutende Völkerverschiebungen fanden in einer Zeit statt, als die »große Unruhe«, wie wir diesen geistig-physischen Prozeß nennen möchten, bereits eingesetzt hatte. Sie läßt sich, wie wir zeigen werden, schon im 3. Jahrtausend v. Z. feststellen, als erste wichtige Handelsbeziehungen über Land und über das Meer zwischen weit voneinander entfernten Volksgruppen geknüpft wurden mit der Folge, daß bedeutende Hochkulturen entstanden, vor allem entlang der mächtigen Ströme, am Nil, an Euphrat und Tigris und am Indus. Erst in der zweiten Hälfte des 2. Jahrtausends v. Z. wurde die internationale Vernetzung unterbrochen. Aus Nord- und Mittelasien strömten riesige Menschenmassen in fruchtbarere und an Bodenschätzen reichere Gegenden und ließen sich überall im südlichen eurasischen Raum nieder. Wo Hochkulturen vorhanden waren, vermischten sie sich zum Teil mit diesen oder zerstörten sie. Gegen Ende des 2. Jahrtausends und im Übergang zum 1. Jahrtausend v. Z. waren die neuen Bewohner an ihren Siedlungsorten seßhaft geworden, und die Handelsbeziehungen wurden allmählich wieder aufgenommen. Je näher wir in jene Zeiten vorrücken, als die Kontakte zwischen den Volksgruppen enger und regulärer wurden, wird die Einschätzung der Ideengeschichte schwieriger. Wir treffen dann auf Übereinstimmungen, die so frappierend und ausgefallen sind, daß sie mit Jaspers' Verständnis der »Achsenzeit« als »geschichtlichem Geheimnis« nicht mehr zureichend erklärt werden können. Die »internationale« Verflechtung ging mit ungleich größerem Elan voran. Es hat den Anschein, als sei die »große Unruhe« erst richtig in Gang gekommen.

Schon zu Beginn der »Achsenzeit« standen die Völker von Griechenland bis China in einem Austausch, dessen Umfang, gemessen an der Technologie der Zeit, überaus erstaunliche Ausmaße angenommen hatte. Waren aus Südchina gelangten bis in die Hände ägyptischer Kaufleute, religiöse Ideen und philosophische Konzepte erreichten die entferntesten Gegenden und wurden dort zu Quellen neuer Traditionen.

Es ist darum für den Bewußtseinssprung, der durch die »Achsenzeit« markiert wird, viel problematischer, lediglich einen rätselhaften synchronistischen Effekt anzunehmen, als seine Bedeutung eben auf dem Hintergrund der materiellen und geistigen Verwirklichung der »großen Unruhe« zu betrachten. Entscheidend ist, daß die philosophischen und spirituellen Systeme, welche die hervorragendsten Vertreter der »Achsenzeit« ersonnen haben, den intellektuellen Ausdruck eben der »großen Unruhe« darstellen. Sie sprechen zu uns von einer tiefen Sehnsucht, wie Jaspers schrieb, nach Befreiung und Erlösung; einer Sehnsucht nach dem geistigen Ursprungsort, die in irdischer Selbstvergessenheit verlorengegangen war. Die Gleichartigkeit dieser Sehnsucht nach der Wiederherstellung des ursprünglichen Zustands in der wahren inneren Heimat ist unmißverständlich aus den örtlichen und geistigen Veränderungen geboren, denen die Völker ausgeliefert waren. Die Heimstätten waren verlassen, sie wurden mythisch zu den verlorenen »Paradiesen« und verflossenen »goldenen Zeitaltern« umgeformt. Dennoch sind seit dieser Epoche der Menschheitsgeschichte einzelne Details, Ausformungen moralischer Grundsätze, Pfade, die verlorene Ganzheit zurückzugewinnen u. v. m. vielfach Entlehnungen verschiedener intellektueller Modelle, die auf dem Weg der Kommunikation in die eigenen Systeme integriert wurden.

Eine der ersten Fragen, die wir zu beantworten haben, ist die, welcher Art der Kontakt zwischen Indien und dem Mittelmeerraum in vorchristlicher Zeit war. Nur wenn wir hier zu einem klaren Ergebnis kommen, können wir den Quellen der buddhistisch-christlichen Parallelen nachspüren. Wir werden deshalb unseren Blick auf die Ost-West-Kontakte in geschichtlicher Zeit immer mit der Frage im Hinterkopf analysieren, ob indisches religiöses Gut nach Palästina, dem Wirkungsraum Jesu und des entstehenden Christentums, gelangen konnte und wie sich ein solcher Ideentransport tatsächlich gestaltete.

Ein oberflächlicher Blick auf die Geschichte läßt den Eindruck entstehen von großen Machtblöcken, die, weitgehend getrennt von damals als unermeßlich geltenden Räumen, mehr oder minder ein isoliertes Dasein führten. Nur gelegentliche Grenzfehden, bisweilen mutige Vorstöße tief in Feindesland, durchbrachen die relative Abgeschlossenheit. Handel fand in größerem Stil nur mit unmittelbaren Nachbarreichen statt. Bemühen wir uns aber, genauer das Flechtwerk »internationaler« Beziehungen in den Jahrhunderten vor der Zeitenwende zu entblättern, offenbart sich uns ein Netzwerk von vielfältigen Verbindungen, und das, obgleich die Quellen, die wir heute noch zur Verfügung haben, nur spärlich fließen.

Morgenröte der Hochkulturen

Lassen wir nur für einen Augenblick unsere Vorstellungskraft
fünf Jahrtausende zurückreisen. Damals blühten die Zentren der
ersten Hochkulturen entlang großer Ströme: die ägyptische am
Nil, die babylonische im Zweistromland und die Indus-Kultur
am gleichnamigen Fluß, der das heutige Pakistan von Norden
nach Süden durchzieht.

Entlang des Indus war bereits im ausgehenden 4. Jahrtausend
v. Z. die sogenannte Amri-Kultur vollständig ausgebildet. Ihr
folgte die bedeutende Harappa-Kultur, die von der Mitte des
3. bis zur Mitte des 2. Jahrtausends v. Z. ihren Höhepunkt erlebte.
Damals dehnten sich die Induskulturen im oberen Fünfstromland (Punjab) aus. Sie reichten von Rupar am Simla-Gebirge bis
nach Sutkagen Dor im Südwesten über eine Strecke von etwa
1600 Kilometern. Die südliche Abgrenzung bildete die Kathia-
war-Halbinsel. Das sind erstaunliche Dimensionen. Die Indus-
Zivilisation erstreckte sich damit über ein etwa doppelt so großes
Gebiet wie das altägyptische Reich und ein etwa viermal so großes wie das von Sumer und Akkad. Schon im 4. Jahrtausend
v. Z. betrieben die Indus-Bewohner Ackerbau, schirrten Bullen
vor zweirädrige Karren, verwandten Elefanten als Lasttiere und
zähmten Pferde.

Die Harappa-Kultur zählt zu den ältesten Zivilisationen der
Menschheit, die eine außergewöhnlich hohe Entwicklungsstufe
erreichte. Sie zeichnet sich durch hochwertige Tonwaren aus,
komplizierte Stadtgestaltungen, sorgfältig geplante Häuser, Ba-
deeinrichtungen, sanitäre Anlagen und vor allem durch eine Vielzahl von Siegeln mit charakteristischen Abbildungen und einer
ausgebildeten Schrift (vgl. Abb. 15). Die Siegel weisen unzwei-
felhaft darauf hin, daß auch das intellektuelle und religiöse Leben in der Harappa-Zeit in hoher Blüte stand. In ihren wesentlichen Zügen war diese Kultur jenen der sumerischen, ägyptischen
und babylonischen sehr ähnlich.

Nach Harappa läßt sich ein deutlicher Verfall feststellen: In der

Jhukar-Kultur findet sich nur noch eine einfache graue oder dunkle Töpferware, Siegel treten nur noch vereinzelt auf und die Schrift fehlt vollkommen.

Alle drei Hochkulturen in Ägypten, Mesopotamien und im Punjab haben unterschiedliche Ausprägungen erfahren, die sich in Kunst, Architektur, Staatsformen, Schriften und Sprachen verdeutlichen lassen. Sie sind so charakteristisch, daß man auf den ersten Blick etwa ägyptische Hieroglyphen und assyrische Keilschriften auseinanderhält. Und doch zeigen sie auch Ähnlichkeiten, die bisweilen erstaunlich sind, z. B. Pyramiden und Zikkurat, mythologische Motive usw. So erinnern Darstellungen, die in Harappa-Fundstätten in Pakistan entdeckt wurden, an das berühmte Gilgamesch-Epos der Sumerer Mesopotamiens. Wie weit in diesen frühen Zeiten der Zivilisationsentwicklung einzelne Kulturkreise vom Vorhandensein anderer, ebenfalls bedeutender Hochkulturen wußten, läßt sich nur vereinzelt festmachen. Die für uns interessante Fragestellung ist, wann ein nennenswerter Kontakt zwischen dem indischen und dem abendländischen Kulturraum einsetzte und welcher Art diese Beziehung war. Die Frage haben sich Historiker oftmals gestellt, zumal es offensichtliche kulturelle Entsprechungen zwischen den Industal-Kulturen und Mesopotamien gab, die einen Kontakt in historischen Zeiten nahelegen. Der bedeutende Religionshistoriker und Philosoph Radhakrishnan kam in bezug auf die Industal-Kultur sogar zu dem Ergebnis: »Diese Kultur ist mit der von Sumer verbunden, die sich in die babylonische verwandelte und mit ihr die Tradition schuf, die Europa geerbt hat.«[19]

Betrachten wir die aufschlußreichsten Zeugnisse für diese Verbindung, durch welche die asiatische Wiege der Zivilisation auf Entstehung und Entwicklung der abendländischen Kultur Einfluß nahm. Wir finden sie in den Siegeln, mit denen die Bewohner des Zweistromlandes und des Industales ihre Waren kennzeichneten.

Im Herbst des Jahres 1923 fanden Archäologen bei Ausgrabungen in Kish, in der Nähe des Euphrat, ein Siegel, das offenbar

nicht im Zweistromland hergestellt worden war. Wie sich herausstellte, stammte das Siegel aus dem Industal und wurde von den Archäologen auf mindestens 2000 v. Z. datiert.[20] Wie kam das indische Siegel nach Mesopotamien, in ein Gebiet, das auf dem Landweg weit mehr als 2000 Kilometer entfernt liegt, und was bedeutet es, daß die Kennmarke einer fremden Kultur im Zweistromland zurückgelassen wurde? Der Fund war äußerst bedeutsam, denn er unterstrich, daß die kulturellen Entsprechungen nicht unabhängig entstanden sein müssen, sondern durchaus auf gegenseitige Befruchtung zurückgeführt werden können. Natürlich erklärt ein Siegel noch lange nicht weitgehende Übereinstimmungen, die ganze Lebensweisen umfassen. Glücklicherweise blieb es nicht bei der einzelnen Entdeckung. Schon bald berichteten die Archäologen über mehrere ähnliche Funde in Lagash im südlichen Babylonien, in Umma, Tell Asmar, Agrab, Ur und in Susa. In Ur tauchte ein Siegel aus vor-sargonischer Zeit auf (vor 2500 v. Z.), das eine örtliche Imitation eines Indus-Siegels ist. Mehrere dieser Siegel tragen die typischen Industal-Schriftzeichen, insbesondere das häufig auftretende Fischsymbol oder eine männliche Figur mit überlangen fadenartigen Gliedern und Strahlen, die vom Kopf ausgehen, ebenfalls eine charakteristische Darstellungsform für die Siegel aus Mohenjodaro und anderen Ausgrabungsstätten im Industal. Die seltsame lange Figur tritt auf babylonischen Siegeln sonst nicht auf. Sie ist zweifellos indisch oder unter indischem Einfluß entstanden.
1926 kamen bei den Ausgrabungen in Ur der Teil eines Ziegels und ein kleiner Becher aus Steinzeug zum Vorschein mit Schriftzeichen, die zum überwiegenden Teil mit der Indusschrift identisch sind. Auffällig ist zuletzt auch der »astrologische« Charakter mancher Siegel, so etwa das Bild eines Wasserträgers mit zwei Sternen und einem Skorpion über seinen Schultern. »Skorpion« ist in der Industal-Schrift sogar ein Schriftzeichen. Die im Zweistromland gefundenen zodiakalen Siegel tragen auch die an den Ecken zugespitzten Ellipsen, ebenfalls ein wichtiges Industal-Schriftzeichen. In Umma tauchte ein quadratischer Siegelabdruck

mit nicht weniger als zehn typischen Industal-Schriftzeichen auf.[21]

Vielleicht deuten diese Funde darauf hin, daß es auf dem Gebiet der Astrologie frühe Entlehnungen gab. Gewöhnlich gilt Mesopotamien als eine Wiege der Astrologie. Doch unter dem Gesichtspunkt der Siegelfunde mit astrologischer Symbolik in Zusammenhang mit Industal-Schriftzeichen ist es durchaus möglich, daß die Grundzüge der späteren berühmten babylonischen Astrologie auf die Harappa-Kultur des Industals zurückgehen.

Manche Siegel sind zwar in ihren Abbildungen und Schriftzeichen nicht vergleichbar, wohl aber in Material und Form. So fanden sich in Mesopotamien Siegel aus grauem Speckstein von cremiger Oberfläche, die Rückseite kuppelartig erhöht mit einer quer verlaufenden Öse, verziert mit drei vertikalen Streifen und vier Ringen mit Mittelpunkten, welche die Ecken eines virtuellen Quadrats einnehmen. Diese Siegelformen sind absolut typisch für die Indus-Kulturen.

Die ältesten in Mesopotamien gefundenen indischen Siegel stammen aus der Zeit der III. Dynastie von Ur (2047–1939 v. Z.). Neben den Siegeln wurden einige andere Gegenstände, Perlenketten, Terrakottastatuen und Würfel entdeckt, deren Herkunft ebenfalls aus dem Industal wahrscheinlich ist.[22] Eines beweisen die Funde auf jeden Fall unzweideutig, daß reguläre Handelsbeziehungen zwischen diesen beiden Kulturen bereits vor der Isin-Larsa-Babylon Periode (um 2000 v. Z.) bestanden, in einer Zeit, als die Zivilisation von Harappa und Mohenjodaro, die solche Siegel produzierte, blühte (erste Hälfte des 3. Jt. v. Z.).

Ein Problem für eine genauere Einschätzung des Austausches zwischen Fünf- und Zweistromland besteht darin, daß man im Industal kaum Gegenstände aus Vorderasien fand. Zwar wurden einige mesopotamische, ägyptische und kretische Artefakte entdeckt, doch die wenigen Objekte sind keineswegs von jener Beweiskraft wie die am Euphrat gefundenen Industal-Siegel.[23] Vielleicht mag dieser Umstand darauf hindeuten, daß die Bewohner des Industales die aktiveren Händler waren, die weite Reisen nicht scheuten, und daß der frühe kulturelle Austausch speziell ihrer Geschäftigkeit zu verdanken ist.[24] Auf welche Art muß man sich den Austausch zwischen den Kulturen also vorstellen? Erst die Ausgrabungen aus neuerer Zeit in den riesigen Gebieten zwischen Mesopotamien und dem Punjab bieten uns einen Erklärungsrahmen nicht nur für die frühen Verbindungen der beiden Kulturen, sondern für die Entstehung der ersten städtischen Zivilisationen überhaupt. Lange Zeit hatte man die Bedeutung der Elamiter im Zivilisationsprozeß unterschätzt. Das Siedlungsgebiet der Elamiter lag nordöstlich der Einmündung des Euphrat und Tigris im heutigen Iran. Man hielt die Kultur für stark babylonisch beeinflußt und kennt ihren geschichtlichen Stellenwert vor allem durch die Überfälle der Babylonier auf ihr Gebiet. Archäologische Entdeckungen haben nun bewiesen, daß eine proto-elamitische Kultur bereits 200 bis 400 Jahre vor der ältesten Industal-Kultur, der Amri-Kultur, also im 4. Jahrtausend v. Z., florierte und das in Zentren, die nur etwa 1000 Kilometer von der späteren hohen Zivilisation der Harappa-Kultur entfernt lagen.[25] Die Hauptfundorte der Proto-Elamiten liegen im südöstlichen Iran und in Belutschistan. Zum Vorschein kam etwa in Tepe Yahya eine zwischen 4500 und 3300 v. Z. erstaunlich hoch entwickelte Kultur, die sich durch die Verarbeitung und den Export von Bodenschätzen auszeichnete, mit denen die Region ungemein gesegnet war. Zu den zahlreichen Produkten des elamitischen Hochlandes gehörten Holz, Blei, Kupfer, Zinn, Silber, Alabaster, Diorit, Obsidian und Pferde. Im Vergleich dazu war Mesopotamien ausgesprochen arm an Bodenschätzen und natürlichen Ressourcen und darum in seiner Entwicklung auf die Produkte von Elam angewiesen. Das erklärt in späterer Zeit – seit Sargon (um 2300 v. Z.) – die ständigen Versuche, Elam zu erobern und dem babylonischen Reich einzugliedern, was niemals gelang. Die andauernde Nachfrage nach den Gütern Elams zog eine kulturgeschichtlich äußerst interessante sozialpolitische Entwicklung nach sich, die zum Entstehen der städtischen Zivilisation in Mesopotamien führte.

Auf der anderen Seite scheint die proto-elamitische Kultur in vergleichbarer Weise direkt auf die Entwicklung der bedeutenden Harappa-Zivilisation eingewirkt zu haben. Bislang konnten die Archäologen und Vorgeschichtler immer nur mit Erstaunen die »explosionsartige« Evolution der Harappa-Kultur registrieren. Die proto-elamitischen Funde erklären nunmehr, warum am Indus nach vielen Jahrhunderten der Stagnation plötzlich eine Zivilisationsform entstehen konnte, deren hohe Stufe lange Zeit unerklärbar war. Sie wurde durch den Austausch mit den Bewohnern Belutschistans befruchtet, die ihre Zentren in Tepe Yahya, Bampur, Shahar-i-Sokhta, Tal-i-Iblis und Shahdad hatten. Die wachsende Anzahl von Kernsiedlungen, die weiter östlich davon, der Indusregion zu lagen, wie Kulli, Amri, Kot Diji, Mundigak, Shah-i-Tump, sind das Ergebnis der Bedürfnisse nach wechselseitigem Handel, an dessen Ende als Höhepunkt die ausgebildete Harappa-Kultur auftritt.

Wir verstehen nun auch, warum relativ wenige Zeugnisse des Handels zwischen Mesopotamien und dem Industal bekannt sind. Die Handelsrouten über Land führten unweigerlich durch das Gebiet der Proto-Elamiter, später der Elamiter. Diese haben sich die Kontrolle über ihre reichen Umschlagzentren nie nehmen lassen, so daß der Warenaustausch über Land kaum durch direkten Kontakt zwischen den beiden Kulturen stattfand, sondern über die Vermittlung der Elamiter. Sonderbar ist, daß auf elamitischem Gebiet keine Hafenanlagen gefunden wurden. Die Elamiter beschränkten sich offenbar vollständig auf den Landhandel und spielten so das Zünglein an der Waage in den frühgeschichtlichen interkulturellen Beziehungen in Südwestasien. Das zwang die Industalbewohner dazu, den Seeweg durch den Persischen Golf zu erkunden, um auf direktem Weg zu den Handelspartnern an Euphrat und Tigris zu gelangen. Tatsächlich muß diese Seeroute spätestens im 2. Jahrtausend v. Z. bekannt gewesen sein.[26] War der Austausch mit Mesopotamien zunächst über die Pässe des Hindukusch zustande gekommen, so muß die neue Phase der Ost-West-Interaktion über das Meer nicht allzu lange danach eingetreten sein. Wie wir heute wissen, benutzten die Träger der Industal-Kultur ähnliche Schiffe wie die Sumerer, um über das Meer zu fahren.[27] In Lothal am Golf von Cambhay, nördlich von Bombay, wurden die Reste einer 4000 Jahre alten großen Hafenstadt ausgegraben, zu deren Anlagen sogar eine Werft gehörte. Von Häfen wie diesem aus unterhielten die Städte der Harappa-Kultur Handelsbeziehungen bis zum Mittelmeer, wie die vor der Küste von Gujarat entdeckten Schiffsanker vermuten lassen, die syrischen und zyprischen Ankern jener Zeit gleichen.

Die babylonischen Übergriffe auf das Gebiet der Elamiter müssen auch zu weitergehenden Feldzügen bis nach Baktrien (der Norden des heutigen Afghanistans) und ins Industal geführt haben. In einem assyrischen Gebäude bei Birs Nimrud fand sich ein Flachrelief, das Gefangene mit dem baktrischen Kamel, dem Elefanten und dem Nashorn zeigt. Eine Erinnerung daran bewahrte viele Jahrhunderte später Ktesias, allerdings nur noch in mythologischer Einkleidung. Er erzählte von den Feldzügen Ninos, des mythischen Gründers Ninivehs, nach Baktrien und der Semiramis, einer assyrischen Göttin, nach Indien. Semiramis habe die Stadt Kophen oder Archosia gegründet, deren Ruinen in Kandahar (Afghanistan) gefunden wurden und wohl auf einen assyrischen König zurückzuführen sind.

Nach und nach entwirrt sich das Rätsel um die Entstehung der alten Kulturräume in und zwischen den heutigen Staaten Irak und Pakistan, und wir beginnen zu erkennen, daß dort die Menschen schon vor über 5000 Jahren riesige Entfernungen nicht gescheut haben, um mit fremden Völkern in Kontakt zu treten.

Zweifellos bestanden also schon vor über 4000 Jahren bedeutende Kontakte zwischen Indien und einer für damalige Verhältnisse unermeßlich weit entfernten, westlich gelegenen Hochkultur. Daß dieser Verkehr nicht nur kommerziellen Interessen diente, darauf deutet die Übernahme von Siegelabbildungen und Schriftzeichen. Diese haben eine viel weiter reichende kulturelle Bedeutung, sie nehmen Bezug auf mythisch-religiöse Vorstellungskreise und – durch die Schrift – auf intellektuelle Ausdrucksweisen. Wie weit freilich dieser geistige Austausch ging, läßt sich heute nur bruchstückhaft rekonstruieren, und es ist anzunehmen, daß diese frühen Beziehungen nicht kontinuierlich ausgebaut wurden, sondern durch den Untergang von Reichen, Dynastien und ganzen Kulturen versiegten, um zu späteren Zeiten wieder neu aufgebaut zu werden.

Um die Mitte des 2. Jahrtausends v. Z. verschwand die alte Harappa-Kultur, als die Städte im Industal verlassen wurden. Einer der Flüsse, die die Region bewässerten, trocknete aus und hinterließ die Wüste des heutigen Rajasthan. Gleichzeitig drangen von Westen her die vedischen Arier ein, die in mehreren Wellen den indischen Subkontinent erreichten und eine ganz neue Kultur, Religiosität und Lebensform mit sich brachten und die Sprache Sanskrit,[28] in der die uralten religiösen Texte der *Veden* und die Epen *Ramayana* und *Mahabharata* verfaßt sind. Zur gleichen Zeit fielen in den Vorderen Orient die Kassiten, Hurriter und Hethiter ein, deren Sprachen eng mit jener der Indoarier verwandt waren. Die Hurriter brachten Nordmesopotamien, Ostkleinasien, Syrien und Palästina unter ihre Herrschaft. Die I. Dynastie von Babylon fand ihr Ende durch die Kassiten, ein aus dem iranischen Bergland eingewandertes Volk. Die Hethiter herrschten von ca. 1650 bis 1200 v. Z. in Anatolien. Auch die aramäischen Stämme wanderten im 2. Jahrtausend, der Epoche der »großen Unruhe«, wie die anderen Volksstämme im Vorderen Orient, die Ammoniter, Moabiter und Edomiter. Die Stämme, die das damalige Israel bildeten, entstammten aller Wahrscheinlichkeit nach dem Gebiet des mittleren Euphrat. Die kriegerische Landnahme durch Josua, die uns das Alte Testament berichtet, war in Wirklichkeit dieser lang dauernde friedliche Wanderungsprozeß (ca. 14.–12. Jh. v. Z.).

Wegen dieser ausgedehnten Völkerwanderungen haben wir aus den Jahrhunderten nach dem Untergang der III. Dynastie von Ur (1939 v. Z.) bis zum Anbrechen des 1. Jahrtausends v. Z. kaum

60

Kunde von nennenswerten Ost-West-Kontakten. Es war eine Zeit der Umwälzungen durch die großen Wanderbewegungen der Volksgruppen. Natürlich bedeutet das Fehlen von Beweisen für Kulturverbindungen in Form archäologischer Fundstücke nicht, daß es diese kulturellen Beziehungen nicht gab. Auf einer zivilisatorisch hochstehenden Ebene erfuhren sie eine Unterbrechung, aber die Ausbreitung der verschiedenen, vor allem indogermanischen, Volksstämme hat ebenso zum Transport von eigenständigen Kulturgütern und religiösen Vorstellungskreisen in weit entlegene Gegenden geführt.

Auf den Soziologen Alfred Weber geht die These über die reale Einheitlichkeit im eurasischen Block zurück, die sich durch den Einbruch der Streitwagenvölker gegen Ende des 3. Jahrtausends v. Z. und dann der Reitervölker aus Mittelasien um 1200 v. Z. bis in den Iran und nach Indien formte. Das zuvor in diesen Ländern nicht bekannte Pferd führte seiner Meinung nach zur Erfahrung der Weite der Welt mit der Folge, daß man sich der alten Hochkulturen erobernd bemächtigte. Die Verflechtungen in diesem einheitlichen Block haben kühne Spekulationen auf den Plan gerufen. Erstaunliche Ähnlichkeiten zwischen Abbildungen auf Industal-Siegeln und Darstellungen auf keltischen Gegenständen haben zu der Vermutung geführt, daß sich eine vorindogermanische Kultur sogar von Gallien bis nach Indien erstreckt habe. Das gerne ins Feld geführte Beispiel ist die Übereinstimmung zwischen der in »Buddha-Haltung« sitzenden, gehörnten keltischen Gottheit Cernunnos auf dem Kessel von Gundestrup (ca. 2./1. Jh. v. Z.) mit dem sogenannten »Proto-Shiva« auf einem Industal-Siegel der Harappa-Kultur (ca. 2000 v. Z.). Beide Abbildungen weisen große Ähnlichkeiten auf: eine männliche, gehörnte Gestalt im Asketensitz mit einem gestreiften Gewand, umgeben von Tieren (vgl. Abb. 13 u. 14). Vor allem im Zuge der Arbeiten des Keltologen J. Vendryes hat man in dieser Cernunnos-Abbildung eine Übernahme des aus der indischen Mythologie bekannten Pashupati, des »Herrn der Tiere« vermutet, der auf dem Mohenjodaro-Siegel dargestellt sein soll.[29]

Zahlreiche Analogien und Übereinstimmungen mit Indien finden sich auch in der keltischen und kelto-iberischen Religion, die z. B. den Wiedergeburtsgedanken kannte, die vegetarische Ernährung, den Baumkult und das Swastika-Hakenkreuz, ein Symbol, das man heute noch auf den Türpfosten baskischer Bauernhäuser findet. Im Musée Borély in Marseille befinden sich zwei sitzende Steinfiguren, vermutlich Kultidole, die auf das 2. Jahrhundert v. Z. datiert wurden. Man fand sie im benachbarten Roquepertuse, in der Umgebung kleiner, in die glatte Felswand gemeißelter Höhlen. Zwar sind die Statuen ohne Kopf und stellen nach Meinung der Wissenschaftler kelto-iberische Gottheiten dar, doch gleichen sie in erstaunlicher Weise frühen buddhistischen Kunstwerken, nämlich Bodhisattva-Skulpturen mit den typischen Attributen: Sitz in Lotushaltung, Brahmanenschnur über der Schulter und schmückende Reifen als Würdeinsignien um Hals und Oberarme (vgl. Abb. 9 u. 10). Die Haltung der Hände erinnert an die *Mudras* (Gesten) der Buddha-Statuen. Während die eine Hand zur Erde zeigt (*Bhumisparsamudra*), als Zeichen der Bezeugung der Wahrheit der Lehre, ist die andere Hand in der Ermutigungsgeste vor die Brust gehalten (*Abhayamudra*). In einer kelto-iberischen Grabkammer in Südfrankreich soll sogar ein Buddha-Kopf aus der selben Zeit gefunden worden sein.[30]

Ähnliche Spekulationen nehmen an, daß sich auf der frühen Stufe der Amri-Kultur (4. Jh. v. Z.) eine einheitliche Bevölkerungsgruppe, der auch die Sumerer und Subaräer angehörten, auf einen großen Teil Vorderasiens ausgebreitet habe. Manche indische Forscher sind sogar der Meinung, eine arische Invasion habe nie stattgefunden, da bereits die Industal-Kultur arisch gewesen sei. Der in den arischen Veden als heiligster Fluß des Landes besungene Saraswati, der zur Harappa-Zeit die heutige Wüste Thar bewässerte und östlich des Indus in den Persischen Golf mündete, trocknete aus, lange bevor die Arier – und damit die Veden – Indien erreicht haben sollen.

Die vielleicht kühnste Hypothese im Zusammenhang mit der geographischen Ausstrahlung der Industal-Kulturen haben Wissenschaftler in den dreißiger Jahren vertreten, die den Nachweis zu erbringen versuchten, daß die bis heute unentzifferte Schrift ihrer Bewohner mit jener der fernen Osterinseln in enger Beziehung steht.[31]

Die arischen Stämme, die nach dem Untergang der Industal-Kulturen nach Indien zogen, waren ursprünglich halbnomadisch und wurden erst später seßhaft. Mit sich führten sie die Religion des Veda, einer diesseitsbezogenen, lustbetonten, kultisch ausgerichteten Glaubenshaltung, in deren Zentrum Indra als volkstümlichster Gott stand. Sprachwissenschaftler glauben, die Arier seien aus den russischen Steppen gekommen, doch kamen in jüngster Zeit einige Forscher zu dem Schluß, Anatolien und der Nordiran seien die Heimat jener Stämme gewesen. Im Verlauf von beinahe 1000 Jahren schob die vedische Expansion ihr Einflußgebiet immer weiter nach Osten vor, wie es in einem vedischen Text heißt: »Von Westen nach Osten ziehen die Menschen landgewinnend« (*Kathakam* 26,2).

Die in Keilschrift abgefaßten Vertragsurkunden der Hethiter-Könige von Mittani, die in Boghazköi in Kleinasien gefunden wurden und um 1400 v. Z. datiert werden, bewahren ein unvergleichliches Echo, das der geistige Austausch im Laufe von wenigen Jahrhunderten hinterlassen hatte. In ihnen werden die Götter *Mi-it-ra, Ur-w-na, Indar, Na-sa-at-ti-ia* angerufen, allesamt Götter, die unter den gleichen Namen (*Mitra, Varuna, Indra* und die *Nasatyas*) schon im alten Indien verehrt wurden.[32] In der Tat sind die Mythologie, die religiösen Überlieferungen und die sozialen Einrichtungen der vedischen Arier mit jenen der Iraner, sogar der Griechen, später der Römer, Kelten, Germanen und Slawen vergleichbar. Arier (»Edle«) nannten sich auch die alten Perser, deren Sprache sich vom Sanskrit kaum unterschied. Der *Avesta*, die heilige Schrift des antiken Iran, ist in Teilen mit dem *Rig-Veda*, dem ältesten indischen Text, fast identisch. Der indische Gottkönig *Rama* findet sich hier ebenso wie der göttliche Trank *Soma* (altiranisch *Haoma*) und der heilige Strom *Saraswati* (als *Haraquati*).

Nach Berechnungen der astronomischen Hinweise in den alten religiösen Schriften der Arier kamen zwei indische Astronomen zu aufschlußreichen Ergebnissen. Professor R. Kochar glaubt, das *Ramayana* sei um 1500 v. Z. im heutigen Afghanistan entstanden. Der noch ältere Text *Vedanga Jyotisha* wurde seinen Berechnungen nach in Babylon verfaßt. Dr. B. G. Siddharth aus Hyderabad hingegen datiert *Avesta* und *Ramayana* auf das unglaublich klingende Jahr 7000 v. Z. Der *Rig-Veda* entstand seiner Meinung nach sogar noch 1000 Jahre früher in Anatolien. Diese Datierung mag realistischer sein, als sie auf den ersten Blick erscheint: Im türkischen Nevali Cori fand ein Forscherteam der Universität Heidelberg die Überreste einer hochentwickelten Stadtkultur aus dem siebten Jahrtausend v. Z. Zu den dort entdeckten Skulpturen gehört die lebensgroße Darstellung eines Mannes, der alle Merkmale eines Priesters aus der Zeit des Rig-Vedas aufweist.[33]

Pfauen, Gold und Edelhölzer: Salomos Expeditionen nach Indien

Während indogermanische Stämme Anatolien, Persien und Indien besiedelten, traten gleichzeitig (ca. 1400 v. Z.) zum ersten Mal die Juden in die Geschichte ein. Auf Briefen von Tellel-Amarna lesen wir, daß hebräische Nomaden nach Palästina, das unter ägyptischer Herrschaft stand, einsickerten. Die Juden waren damals ein barbarisches Nomadenvolk mit einer nur rudimentären sozialen Ordnung. Die Stämme, die in Ägypten Zuflucht suchten, wurden aller Wahrscheinlichkeit nach weitgehend der Sklaverei unterworfen. Erst der außergewöhnlich charismatische Führer Moses veranlaßte sein Volk, die Vielgötterei aufzugeben, und führte es aus der Unterdrückung. Die frühen Schriften des Alten Testaments bewahren zum Teil sehr deutliche Anklänge an die Kulturen, denen die Juden im Lauf ihrer Geschichte untergeordnet waren. Das im *Deuteronomium* (5. Buch

64

Moses) erläuterte Gesetz ist, dem berühmten Ägyptologen J. H. Breasted zufolge, zum großen Teil eine vereinfachte Version der Gesetze Hammurabis, während die Sprüche Salomonis und zahlreiche Psalmen auf der alten ägyptischen Literatur basieren.

Welche ethnischen Verwandtschaften und Verkehrsverbindungen es in dieser Frühzeit gab, wird wohl noch lange ein Feld für Vermutungen und Hypothesen sein. Weitreichend müssen die Beziehungen dennoch gewesen sein. Die Ägypter gelangten sogar schon im 15. Jahrhundert v. Z. in den Besitz von fernöstlichen Waren, die entweder durch Vermittlung der Sumerer das Land am Nil erreichten oder durch früheste phönizische Expeditionen. In ägyptischen Gräbern der 18. Dynastie, die 1476 v. Z. endete, fanden Archäologen Vasen aus chinesischem Porzellan. Außerdem benutzten die Ägypter zum Färben indisches Indigo, und für ihre Mumien wurde bisweilen indisches Musselin verwendet.[34]

In den folgenden Jahrhunderten, als die nachweisbaren Berührungspunkte zwischen dem indischen Raum und dem Westen immer deutlicher wurden, trat zum ersten Mal der altjüdische Kulturraum in Austausch mit dem Osten. Seit der Regierungszeit König Davids (um 1000 v. Z.) bis zu den Zeiten des Propheten Jesaia (um 740–690 v. Z.) blühte der zwar kleine, aber sehr bedeutende Handel Palästinas mit einem rätselhaften Ort, der als das sprichwörtliche Eldorado gelten konnte: Ophir. Gold, Sandelholz, Edelsteine, Elfenbein, Affen und Pfauen brachten die Schiffe Hirams und Salomos aus Ophir und ihrer Zwillingsstadt Tarshish.[35] Jahrhundertelang haben sich Historiker und Bibelinterpreten den Kopf darüber zerbrochen, wo das sagenumwobene Ophir liegen könnte. Vielerorts will man es lokalisiert haben, in Arabien, in Afrika, in Asien, sogar in Peru. Wohin waren aber die Schiffe wirklich gesegelt, um die wertvollen Güter an den Hof Salomos zu holen?

Werfen wir einen Blick auf die Fakten. Nicht von ungefähr versicherte sich Salomo der tatkräftigen Unterstützung durch die Phönizier. Unabhängig von der Einschätzung der salomonischen Expeditionen bleibt es unbestritten, daß die Meister nicht nur des Mittelmeeres, sondern auch der östlichen Meere in jenen Zeiten die Phönizier waren. Sie waren *die* Handelsfahrer schlechthin. Kein anderes Volk bewegte sich mit solchem Wagemut auf den Meeren, wie sie. Kein anderes Volk zählte so kundige Seeleute in seinen Reihen, die es wie sie gewagt hätten, sogar um Afrika zu segeln. Bezeichnenderweise hatten die Phönizier kein eigentliches Land, auf dem sie siedelten, sondern ein Netz von Schiffsanlegeplätzen, zahlreiche verstreute Niederlassungen an den verschiedensten Gestaden der bekannten Welt. Salomos Beauftragter für die Ophirfahrten war Hiram aus der Phönizierstadt Tyrus. Zweifellos hatte er, im Gegensatz zu den Stämmen am Roten Meer, den Vorteil, ein überaus kundiger Seemann zu sein.

Unvorstellbar weit entfernt mußte Ophir gelegen haben, denn die Reisen dauerten nicht weniger als drei Jahre.[36] Der Ausgangshafen der Expeditionen war Egeon-Gober (Ezjon-Geber) bei Elath am Ufer des Schilfmeeres im Land der Edomiter, die bereits David wegen des Karawanenwegs zum Roten Meer unterworfen hatte und die unter Salomo von Israel abhängig waren.[37] Von dort ging die Reise durch das Rote Meer nach Südosten. Doch wohin? Einen Hinweis über die geographische Lage von Ophir und Tarshish erhalten wir durch die überaus wertvollen Waren, für die man sich, neben dem Gold, nicht scheute, so ungewisse und beschwerliche Unternehmungen auf sich zu nehmen: Almug-Bäume (hebr. *almuggim, algummim*), Pfauen (hebr. *thukkiyim*) und Affen (hebr. *koph*). Alle diese Handelsgüter waren in Indien heimisch. Affen konnten auch aus anderen Gebieten bezogen werden, ob Almug-Bäume jener Qualität, die Salomo wünschte, auch anderweitig beschafft werden konnten, ist nicht zu entscheiden, aber Pfauen, die gab es nur in Indien. Daß dennoch alle drei genannten Waren aus Indien geholt wurden, verraten ihre hebräischen Namen, mit denen sie in der Bibel aufgeführt werden. Sie sind durchweg direkte Ableitungen ihrer indischen Bezeichnungen: bei den Almug-Bäumen handelt es sich um das aromatische, rote indische Sandelholz (Sanskr.

66

valgu), die hebräisch *thukkiyim* genannten Pfauen heißen auf tamilisch *tokei* oder *togai*, im Sanskrit *sikhin,* der *koph* (Affe) auf Sanskrit *kapi,* und der hebräische Begriff für Elfenbein (*shen habbim*) heißt tamilisch *ab.*[38] Außerdem weiß man aus unabhängigen Quellen, daß zur Zeit der Zusammenstellung der alttestamentlichen Bücher, der Chroniken und Könige, aus Indien Pfauen exportiert wurden. Auch andere im Alten Testament erwähnte Handelsgüter kamen offenbar aus Indien, wie an ihren Bezeichnungen abzulesen ist. Das von der Aloe gewonnene Duftharz, hebräisch *ahalim* (Sprüche 7,17, Hohelied 4,14), ist eine Ableitung der Sanskrit-Bezeichnung *agaru.*

Obwohl die Namen der Handelsgüter auf dravidische (tamilische) Worte zurückgehen, muß das nicht bedeuten, daß Ophir in Südindien zu suchen ist, wo die dravidischen Stämme lebten. Das Sandelholz und die Pfauen können durchaus bereits in Indien von dravidischen Händlern bezogen worden sein und so ihre ursprüngliche Bezeichnung beibehalten haben. Denn vieles deutet darauf hin, daß der Zielhafen von Hirams Schiffen im Nordwesten Indiens, in der alten Kulturlandschaft am Ausfluß des Indus lag. Zwei bedeutende Altertumsforscher, Christian Lassen und Sir Alexander Cunningham, identifizierten Ophir mit dem alten *Aberia,* das *Abhira* der Sanskrit-Geographen: Es ist der Name für das Gebiet an der Mündung des Indus.[39]

Wir dürfen uns nicht vorstellen, daß Hiram, als er im Auftrag Salomos nach Ophir ausfuhr, sich als erster auf den Weg in das sagenumwobene Land gemacht hatte. Die Phönizier waren bereits im 2. Jahrtausend v. Z. durch die ständigen Übergriffe der Assyrer gezwungen, den Handel im Mittelmeer auszubauen und neue Meere zu suchen, an deren Ufern sie Kolonien errichteten. Sie besaßen bereits lange Zeit vor David und Salomo Verträge mit den Edomitern, die ihnen erlaubten, deren Häfen am Roten Meer zu benützen. Die Strecke nach Ophir war ihnen nicht unbekannt, und offenbar fuhren sie auf einem Teil der Route entlang des alten Seewegs, auf dem der Handel zwischen Mesopotamien und den Industal-Kulturen stattgefunden hatte.

Die lange Dauer der Unternehmungen war durchaus gerechtfertigt, denn obwohl es scheint, daß die Phönizier bereits die Monsunwinde kannten, fuhren sie nicht direkt zum indischen Subkontinent. Als Seehandelsvolk wußten sie, an allen Zwischenhäfen Geschäfte zu tätigen. Zum anderen werden sie sich in Ophir und Tarshish lange aufgehalten haben, denn die seltenen Waren mußten von weither geholt werden. Demnach segelten Hirams Schiffe entlang der Küste hinunter zum Jemen, schifften wahrscheinlich schon damals über das Kap Guardafui hinaus zur Insel Sokotra, um dann von Aden aus entlang der arabischen Küste nach Nordosten zu fahren. An der Straße von Hormuz setzten sie nicht auf iranisches Gebiet über, sondern fuhren durch den Golf zunächst zu den Bahrain-Inseln, bis sie wieder in östlicher Richtung die Reise nach Ophir und Tarshish fortsetzten. Der Aufenthalt auf den Bahrain-Inseln wäre für Hiram nur zu gut verständlich, zumal Tylos (assyr. Dilmun oder Tilmun) und Aradus, zwei zu Bahrain gehörende Inseln, als die ältesten phönizischen Niederlassungen im Persischen Golf gelten. Archäologische Ausgrabungen auf den Bahrain-Inseln bestätigen, daß sie schon im 3. Jahrtausend v. Z. der zentrale Seehandelsplatz zwischen der Harappa-Kultur und Mesopotamien waren.[40] In der Folge blieben die Bahrain-Inseln ein wichtiger Umschlagplatz für den Güteraustausch zwischen dem Osten und Westen. Akkadische Texte sprechen von den Alik Tilmun, die zwischen Ur und Tilmun Handel trieben. Aus weit entfernten Ländern (Makkan und Meluhha) wurden Elfenbein, Edelhölzer, Baumwolle, Schmuckperlen und Kupfer bezogen. Archäologische Fundstücke sowie lexikalische Befunde und Wirtschaftstexte aus der Regierungszeit des Ibbi-Sîn vom Ende der III. Dynastie von Ur (1963–1939 v. Z.) zeigen eindeutig, daß Makkan/Meluhha mit der Küstenregion des östlichen Belutschistan und dem Gebiet der Indusmündung identisch ist. Die Phönizier schließlich hatten die Handelsplätze Tylos und Aradus als ideale Niederlassungen für ihre Expeditionen in die östlichen Meere in Besitz genommen. Hirams Ziel Ophir war genau jene Gegend, die früher Makkan/

Meluhha genannt und von Tilmun angesteuert wurde. Denn von dort hatten schon die Sumerer über dieselbe Route eine vielbegehrte Holzart und den sehr beliebten »vielfarbigen Vogel aus Meluhha« – den Pfau – bezogen, also genau jene hervorragenden Waren, die Hiram an den Hof Salomos schaffen sollte.

Die Expeditionen nach Ophir sind deutliche Hinweise auf den vielleicht ältesten nennenswerten Ost-West-Seehandel über sehr lange Entfernungen. Es ist durchaus möglich, daß Inder selbst an den Ophirfahrten teilnahmen, da schon in den alten vedischen Texten, etwa im *Rigveda* (12.–10. Jh. v. Z.), weite Meerfahrten auf großen Schiffen erwähnt werden.

Auch das *Sind*-Holz (oder *Sindu*-Holz) und das *Misu*-Holz, mit dem der assyrische König Sanherib (704–681 v. Z.) Säulen und Türen seiner Paläste herstellen ließ, importierte er aus *Makkan*. Altbabylonische und sumerische Texte kennen das Wort Sindu nicht. Sindh ist vielmehr die indo-arische Bezeichnung für den Fluß Indus und die Landschaft, die er durchfließt. Vom Iran, wo *Sindh* durch eine Lautverschiebung zu *Hind* wurde, gelangte der Name nach Griechenland, wo die Bewohner jener Region den Namen *Hindus* bekamen, der heute noch für ihre Religion verwendet wird. *Sind*-Holz wurde ohne Zweifel am Indus geschlagen, wo es an edlem Bauholz überaus reiche Gegenden gab, wie wir aus späteren Berichten von Alexanders Indienfeldzug wissen. Gesucht war in Mesopotamien auch das Harz der Pflanze *Ferula galbaniflua,* das als Heilmittel in hohem Ansehen stand. Die Pflanze selbst war im Ostiran und in Afghanistan beheimatet und mußte von dort geholt werden.

Im Jahre 689 v. Z. wurde Babylon durch Sanherib dem Erdboden gleichgemacht. Es war das Ergebnis einer der zahlreichen assyrischen Strafexpeditionen gegen Revolten im unteren Zweistromland. Nachdem es dem persischen Stamm der Meder gelungen war, den Assyrern eine empfindliche Niederlage beizubringen (625 v. Z.), drängte der semitische Nomadenstamm der Chaldäer an die Herrschaft in Mesopotamien. Unter ihrem Führer Nebukadnezar II. (604–562 v. Z.) weitete sich ihr Reich bis nach Ägypten aus. Die Folge war, daß die Chaldäer zu den führenden Seefahrern im Handel mit Indien aufstiegen. Für die Zeit seit dem 7. Jahrhundert v. Z. gibt es eine Fülle von Beweisen für einen lebhaften Seeverkehr zwischen den beiden Ländern.[41] Offenbar befand sich in dieser Epoche der Seehandel hauptsächlich in der Hand von Dravidiern, obwohl auch Arier daran beteiligt waren. In Schriften, die um 300 v. Z. entstanden – die *Dharmasutras* des Baudhayana und des Gautama – lesen wir von weiten Seereisen, die den orthodoxen Brahmanen bei Kastenverlust untersagt waren. Wir müssen daraus nicht unbedingt schließen, daß sich die arischen Brahmanen von Abenteuern auf fremden Meeren ferngehalten haben. Im Baudhayana-*Dharmasutra* wird eingeräumt, daß sich die nördlichen Arier wenig um diese Vorschriften kümmerten.

Von Agatharchides von Knidos (2. Jh. v. Z.) erfahren wir, daß die Inder von der Indusmündung nach dem Land der Sabäer fuhren, nach *Dvipa sukhatra*. Unter diesem Namen war die Insel Sokotra vor dem Kap Guardafui unter den Indern bekannt. *Sukhatara* bedeutet »sehr glücklich«. Später wurde diese Bezeichnung auf ganz Süd-Arabien, als »Arabia felix«, das glückliche Arabien, angewendet. Daß Inder im Land der Sabäer eine Rolle spielten und dort Handelsniederlassungen besaßen, deutet eine Stadt in Arabien an, die den Sanskritnamen *Nagara* (»Stadt«) trug. Auch an der Ostküste Afrikas finden wir in dieser Zeit Inder und selbst an den Gestaden Chinas. Sie spielten eine Vermittlerrolle in dem geschäftigen Güterverkehr über das Meer, in dem Babylon mit China stand. Deuterojesaja erwähnt die *Sîn* als ein Volk, das Babylon besuchte (Jes 49,12), womit die Chinesen gemeint sein mußten, die von Indern *K'ina* genannt wurden. Verbindungen zwischen China und Babylon mußten notwendigerweise Indien mit einbeziehen. Es ist sogar die Meinung geäußert worden, daß Astrologie und Zauberei aus einer chaldäischen Quelle, vermischt mit indischen Ansichten, über die Händler im erythräischen Meer nach 665 v. Z. nach China gelangt waren. Daß die Herrscher im Zweistromland um die Schätze aus dem fernen Indien bestens Bescheid wußten und sie für ihre prunkvolle Hofhaltung nicht missen wollten, beweisen etwa die Balken aus indischer Zeder, die Nebukadnezar in seinem Palast in Birs Nimrud verwenden ließ. In Ur war der neubabylonische Mondtempel mit indischem Teakholz gedeckt.

Die »Salomonischen Pfauen« begegnen uns wieder in diesem späteren Handel mit Babylonien. Eine frühbuddhistische Erzählung, die sogenannte Baveru-*Jataka*, bestätigt den Export des Pfaus durch indische Kaufleute in das Land Baveru (Babylon). Darin wird erzählt, daß Buddha in einer früheren Existenz als Pfau in das Land Baveru, also nach Babylon, gelangte. Die volkstümliche Erzählung, die der Baveru-*Jataka* zugrunde liegt, muß sehr alt sein. Wir wissen, daß schon lange Zeit vor dem 6. Jahrhundert v. Z. Pfauen nach Babylon importiert wurden. Denn bereits der assyrische Herrscher Tiglatpileser III. (745–727 v. Z.) ließ in seinen Annalen niederschreiben, daß sich unter seinen Tributen »geflügelte Vögel des Himmels, deren Flügel purpurblau gefärbt waren«, befanden – zweifellos indische Pfauen.

Wie intensiv und von welcher kulturell weitreichenden Konsequenz der Verkehr zwischen Mesopotamien und Indien über den Persischen Golf in assyrischer und chaldäischer Zeit war, zeigt die Übernahme von Schriftformen durch die Inder. In der indischen Brahmi-Schrift finden sich älteste Typen der nordsemitischen Schrift wieder. Sie wurde zwischen 890 und 750 v. Z. durch die indischen Kaufleute aus Mesopotamien eingeführt.[42] Diese Schriftart wurde zunächst fast ausschließlich für Verwaltung und Handel eingesetzt. Erst um 250 v. Z. war Brahmi nach bedeutenden Umgestaltungen und Erweiterungen, die zu einem unvergleichlich exakten Alphabet führten, in ganz Indien verbreitet. Mit dem Beginn der achämenidischen Herrschaft unter Achaimenes (um 705–675 v. Z.) setzte sich parallel zu dieser Entwicklung die aramäische Sprache als Beamtensprache im gesamten iranischen Raum durch. Das proto-aramäische Alphabet wurde im Indusgebiet entlehnt und führte spätestens im 3. Jahrhundert v. Z. in diesem Teil Indiens zur Ausbildung der sogenannten Karoshthi-Schrift, die wie das Aramäische linksläufig war. Diese Schrift blieb aber regional beschränkt, während das Brahmi-Alphabet die Grundlage für die heutigen indischen Alphabete, allen voran das Devanagari, wurde. Die indischen Händler, mit denen die nordsemitische Schrift in ihre Heimat kam, brachten auch semitische Legenden nach Hause. Einige von diesen finden sich bereits in den vedischen Schriften der älteren Schichten, in den sogenannten *Brahmanas* (8./7. Jahrhundert v. Z.), wieder. In ihnen begegnet uns die babylonische Sintflutgeschichte (*Satapatha-Brahmana*). Sie scheint über dieselben Kanäle stabiler maritimer Beziehungen nach Indien gebracht worden zu sein.

Es kann also kein Zweifel daran bestehen, daß die Inder, nach Jahrhunderten kontinuierlichen Seehandels mit Mesopotamien, im 6. Jahrhundert v. Z. in Babylon permanente Niederlassungen hatten. Babylon war, wie der chaldäische Baals-Priester Berosus (3. Jahrhundert v. Z.) in seiner berühmten Chronik schrieb, eine Stadt, in der sehr viele Fremde lebten. Das kam nicht von ungefähr. Babylon, bislang vor allem für seine Tempel bekannt, wurde in kurzer Zeit zu einem der größten Warenmärkte der Welt. Nebukadnezar hatte die Stadt wieder aufbauen und großartig gestalten lassen; er hatte sie zum konkurrenzlosen Weltwunder gemacht.

Zu den Juden waren die Beziehungen der Völker im Zweistromland in den vorangegangenen Jahrhunderten weniger wirtschaftlicher, sondern eher politischer Natur. Mitte des 9. Jahrhunderts zog das wiedererstarkte assyrische Reich gegen Palästina und Syrien. Salmanassar III. (859–824 v. Z.), der übrigens bereits indische Elefanten einführen ließ, wurde vorübergehend für Israel und Juda gefährlich, aber im 8. Jahrhundert erlebten die beiden Staaten noch einmal eine Blütezeit, in der verschiedene Aramäerstämme um den Vorrang stritten. Unter Tiglatpileser III. wurden Israel und Juda von den Assyrern unterworfen und zum Vasallentum verdammt.

Als die Chaldäer im Zweistromland herrschten, ereignete sich ein Geschehen, das nicht nur biblische Geschichte geschrieben, sondern die Wandlungen jüdischer religiöser Vorstellungen entscheidend geprägt hat. Nebukadnezar nahm 587 v. Z. Jerusalem ein, und zahlreiche Juden wurden in eine fünfzigjährige Gefangenschaft nach Babylon deportiert (586–536 v. Z.). Für die Lebenserwartung der Zeit entspricht diese Periode zwei Generationen. Auf alle Fälle war der weitaus größte Teil der Juden, der aus der Verbannung nach Palästina zurückkehrte, in der Fremde geboren worden. Sie hatten babylonische Lebensart kennengelernt, waren in der weltoffenen blühenden Metropole, wo ein dichtes Völkergemisch herrschte, groß geworden. Bei allen separatistischen Bemühungen der »Kinder Israel«, sich von fremden Einflüssen fernzuhalten, in Babylon waren sie der Knechtschaft ihrer Eroberer unterworfen und damit notgedrungen ständig der ausländischen kulturellen Eigenart ausgesetzt. Es wäre weitaus erstaunlicher, wenn die Israeliten in Babylon nicht indischen Auswanderern und Händlern begegnet wären, als daß sie mit ihnen in Kontakt kamen. Und es wäre vielleicht noch verblüffender, daß sie nicht Erzählungen, Geschichten und Legenden weitererzählt hätten, die aus dem indischen und anderen asiatischen Räumen in den Straßen Babylons umgingen wie in allen orientalischen Städten. Auch die zarathustrischen Lehren aus dem Iran, denen die Juden aus Opposition zu den Babyloniern und in der Hoffnung auf iranische Befreier zugetan waren, fanden Eingang in den Legendenschatz der Vertriebenen. In der Tat läßt sich nachweisen, daß seit dieser Zeit vermehrt indische, persische und babylonische Elemente in den jüdischen Schriften und im kultisch-religiösen Leben auftauchen. Man vergleiche dazu im alttestamentlichen Jesaia-Buch die Kapitel 40 bis 55, die dem sogenannten Deuterojesaja zugeschrieben werden. Dieser Abschnitt wurde im babylonischen Exil verfaßt. Der Deuterojesaja genannte Autor stammte aus Mesopotamien, und seine Schriften sind von zarathustrischem Gedankengut beeinflußt. Ein Abschnitt aus dem sogenannten Tritojesaja (Jes 66,17) beschreibt sogar eine persische Zeremonie. Auffallend ist weiterhin, daß erst in nachexilischer Zeit in Jerusalem die Vorstellung von einem Erlöser zu einem Kernpunkt jüdischen eschatologischen[43] Glaubens wurde; jener Erlöser, den Zarathustra verheißen hatte und mit dem die Endzeit im großen Kampf und Sieg gegen die Mächte der Finsternis anheben soll. Außerdem kehrten nicht alle Juden nach Palästina zurück, einige blieben im Zweistromland, zogen sogar weiter östlich in persische Gebiete und sogar bis nach Südindien und betätigten sich in der Folge selber als Händler mit der Heimat. Der ständige Austausch mit dem Osten garantierte auch einen ununterbrochenen Transport von Ideen nach Kanaan. Die Danielapokalypse etwa ist einfach eine Anpassung der persischen Apokalypse mit geringfügigen Veränderungen.[44] Das spätjüdische 4. Esra-Buch spricht von der Trennung der Familien am Tag des Gerichts – ein typisch iranisches Motiv.

Die Befreiung aus der Gefangenschaft verdankten die Juden dem König Kyrus (550–530 v. Z.) aus der iranischen Dynastie der Achämeniden. In mächtigem Expansionsdrang unterwarf er Medien und Lydien, nahm 538 v. Z. Babylon ein und begründete damit das persische Weltreich. Unter der Führung von Dareios I. Hystaspes (519–484 v. Z.) dehnte sich das mächtige Reich der Perser bald vom Mittelmeer bis zum Indus aus. Aufgrund des jahrhundertealten Hasses, der Babylonier und Perser trennte, setzte er alles daran, den Glanz Babyloniens ein für allemal zum Erlöschen zu bringen. Mit Anbeginn des 5. Jahrhunderts ließ Dareios Dämme aufschütten, welche die Einfahrt in Euphrat und Tigris versperrten. Die Kanäle im Zweistromland zerfielen. In kürzester Zeit war die lebenswichtige Ader für den Seehandel abgeschnürt und verdorrt. In dieser Notsituation suchten die chaldäischen Kaufleute nach anderen Häfen, um ihr Gewerbe aufrechtzuerhalten. Sie gründeten eine Kolonie in Gerrha, tief unten im Golf, von wo aus sie einen noch aktiveren Handel mit Indien trieben.[45] Wahrscheinlich handelte es sich um den Semitenstamm der Nabatäer, der sich in Gerrha neben den Phöniziern ansiedelte, und es gibt keinen Grund anzunehmen, daß die indischen Händler in Babylon nicht diesem Beispiel folgten. Der

Zeitpunkt der Gründung von Gerrha ist ungewiß, doch sie muß nach der Eroberung Babylons durch die Perser erfolgt sein. Nicht alle Fremden verließen die fruchtbaren Flußtäler Mesopotamiens. Viele verblieben gern in der toleranten, weltoffenen Atmosphäre Babylons und begründeten so eine der ältesten multikulturellen Gesellschaften, deren Einfluß nach Westen in den Vorderen Orient und nach Osten bis nach Indien und China reichte. Wir wissen, daß sich mehr als 100 Jahre nach der Befreiung der Juden aus der babylonischen Gefangenschaft unter Dareios II. (423–404 v. Z.) im unteren Mesopotamien zahlreiche Nationen zusammendrängten. Selbst stationäre Garnisonen permanent anwesender Ausländer aus Armenien, Indien, Afghanistan, Kleinasien und Arabien hatten dort eine neue Heimat gefunden.[46] Der Stern Babylons allerdings war seit langer Zeit im Sinken begriffen. Zur Zeit Strabos (63 v. Z.–26 n. Z.) jedenfalls war Babylon zu einer unbedeutenden Stadt mit großer Vergangenheit herabgesunken.

Die persischen Feldzüge zerstörten nicht nur Babylon, sondern erreichten sogar Ägypten. In diesen Zeiten politischer und wirtschaftlicher Umwälzungen erkannten vor allem die Händler aus dem Jemen die Gunst der Stunde und traten die kommerzielle Erbschaft ihrer Vorgänger im erythräischen Meer an. Der Löwenanteil der Geschäfte mit Indien und Äquatorialafrika wechselte in die Hände der Geschäftsleute von Mouza, Aden und Kane. Im Roten Meer lag damals die Navigation in den Händen eines untergegangenen Volkes, dessen Überreste Theodore Bent in Mashonaland (im Herzen von Südrhodesien) und in der Nähe des Roten Meeres entdeckt hat. In späterer Zeit etablierten die Händler von Mouza ihre Vorherrschaft über die Landschaft Azania (das heutige Somalia), und die Sabäer gründeten Niederlassungen in Indien. Als die Griechen kamen, fanden sie sabäische Festungsanlagen und Faktoreien an der Westküste Indiens.[47]

Im 5. Jahrhundert trat der Handel mit Indien in eine neue Dimension ein. Wir erkennen dies daran, daß zu dieser Zeit bestimmte asiatische Güter in Griechenland unter ihren indischen

Namen bekannt wurden: Reis, ein Hauptexportgut Indiens, war ein allgemein verbreitetes Nahrungsmittel in Griechenland zur Zeit des Sophokles (496–406 v. Z.). Der griechische Begriff für Reis ist identisch mit dem tamilischen *arisi*. Aristophanes erwähnt des öfteren den Pfau. Pfauen und indisches Sandelholz waren, wie bereits gezeigt, in Palästina unter ihren tamilischen Namen bekannt. Um 430 v. Z. wird ganz selbstverständlich und ohne weitere Erklärungen in griechischen Texten von Pfauen und Reis gesprochen. Sie müssen demnach spätestens um 460 oder 470 in Griechenland weite Verbreitung gefunden haben, damit sie um 430 v. Z. in Athen als allgemein bekannt gelten konnten. Diese selbstverständliche Kenntnis indischer Güter ist von großer Bedeutung, da sie in die Epoche unmittelbar nach dem Tode Buddhas fällt und wir die provokante Frage stellen können: Kam mit dem stabilen Verkehr mit dem fernen Indien die erste Kenntnis des Dharma nach Athen?

Die indische Philosophie des Pythagoras

Wir haben von den Handelsbeziehungen gehört und von verschiedenen, kulturell bedeutsamen Übernahmen zwischen Indien und den westlichen Völkern bis ins 5. Jahrhundert v. Z. Trotz der nur noch spärlich vorhandenen Aufzeichnungen konnten weitläufige Verbindungen und überraschende Entlehnungen festgestellt werden. Wenn wir uns fragen, wie weit diese Kontakte Niederschlag im Geistesleben der bedeutendsten mediterranen Kultur der Zeit, jener der Griechen, fanden, kommen wir zu einem verblüffenden Ergebnis. Betrachtet vom Standpunkt der griechischen Philosophie, erscheint die Tragweite der »Indien-Connection« wesentlich bedeutsamer, als alle Handelsverbindungen zeigen können.

Schon bei den ionischen Naturphilosophen treten Leitgedanken in den Vordergrund, die äußerst »indisch« anmuten. Das hat dazu geführt, daß man sich bereits in der Antike erzählte, Thales,

Empedokles, Anaxagoras, Demokrit, Pythagoras und andere hätten orientalische Länder besucht, um sich dort philosophischen Studien hinzugeben. Noch in späterer Zeit bei Plato (427–347 v. Z.), der die Lehre der Seelenwanderung vertritt, lassen sich gewisse Ähnlichkeiten zu den Upanishaden feststellen.

Thales von Milet (ca. 650–560 v. Z.) führte alles Seiende auf das Wasser zurück. In Indien dominierte in vedischer Zeit die mythologische Vorstellung vom Urwasser, aus dem die ganze Welt hervorgegangen ist. Anaximander von Milet (610–540 v. Z.) sah den Urgrund aller Dinge in einem ewigen, unendlichen und unbestimmbaren Urstoff, aus dem die bestimmten Stoffe entstehen und wieder in ihn zurücksinken. Analog dazu spricht die indische Samkhya-Lehre von *Prakriti,* der Urmaterie, aus der sich alle zerstreute Materie entfaltet hat und in die sich alles Gewordene wieder einfaltet. Der Samkhya, ein nüchternes, rationales, fast naturwissenschaftliches System, war eine philosophische Weiterentwicklung der altindischen, vor-arischen Weltanschauung, aus der auch Buddhismus, Jainismus und die Yoga-Philosophie schöpften. Seine Grundzüge finden sich in der *Maitrayani*- und in der *Shvetashvatara-Upanishad.*

Heraklit (ca. 550–480 v. Z.) belegte in einem seiner dunklen Aphorismen den unablässigen Wandel und Wechsel der Erscheinungswelt mit dem berühmten Ausdruck: »Alles fließt.« Trefflicher läßt sich die Lehre von den unzähligen Weltvernichtungen und Welterneuerungen im Samkhya nicht auf eine Formel bringen.

Xenophanes (570–475 v. Z.), der Begründer der eleatischen Schule, ließ in seinen Überlegungen nur den eigenen tiefen Zweifel in bezug auf die Religionen der Völker zu. Die Einsichten seines indischen Zeitgenossen Siddhartha Gautama gingen von einem ganz ähnlichen Denkprozeß aus. Beide waren mit der vorherrschenden volkstümlichen Form des Glaubens zutiefst unzufrieden und gelangten allein durch ihre Reflexion zur selben Schlußfolgerung. Bei Xenophanes führte dies zu der Einsicht, es könne nur einen Gott geben, und dieser sei der höchste unter

Göttern und Menschen. Er sei nichts weiter als Auge und Gedanke. Durch seine geistige Einsicht beherrsche er alle mühelos. Bei Buddha nahm dieselbe Erkenntnis eine etwas andere Form an. Buddha erklärte sich selbst als »den höchsten unter Göttern und Menschen, der höchste Weisheit erlangt habe und der ein alles sehendes Auge (*Samanta chaksu*) besitzt.«[48]

In der Tat zeigt sich die Lehre der Eleaten im Kern mit jener der vorbuddhistischen *Upanishaden* gleich. Beide Systeme vertreten die Ansicht von dem All-Einen in verblüffend ähnlicher Form. Auf diesen augenfälligen Umstand hat der Indologe Richard Garbe hingewiesen.[49] Deutlicher sind die indischen Anklänge noch bei Parmenides (ca. 515–445 v. Z.), der die ganze sinnlich erfahrbare Welt als Täuschung erklärte. Was in der Zerstreuung, in der Vielheit existiert und der Veränderung unterliegt, sei nur Schein. Realität besitze allein das Ungewordene, Unzerstörbare und Allgegenwärtige. Diese Ansicht stimmt in den wesentlichsten Teilen vollkommen mit den *Upanishaden* und der daraus entstandenen Vedanta-Philosophie überein und zählt zu den ältesten überlieferten Vorstellungen Indiens. Fast wörtlich findet sich im Samkhya die Grundaussage der Metaphysik des Demokrit (ca. 460–370 v. Z.): »Aus nichts wird nichts; nichts, was ist, kann vernichtet werden.«

Eine weitere Parallele zeigt sich in der besonderen Bedeutung, die in den *Upanishaden,* wie auch bei einigen griechischen Philosophen der Erforschung des eigenen Wesens zugeschrieben wird. Der Yoga wurde ausgebildet, um Übungen zu schaffen, die solche Selbsterforschung systematisch möglich machen sollten, mit dem Ziel, geistige Einsichten zu erlangen. Im Abendland wurde Selbstreflexion zur moralischen Verpflichtung. Sowohl Thales als auch Sokrates (470–399 v. Z.) wird die Aufforderung zugeschrieben: »Erkenne dich [selbst]«, und Heraklit hatte der ionischen Naturerforschung entgegengehalten: »Ich erforsche mich selbst.«

Diese Übereinstimmungen lassen sich schwer nur auf das geheimnisvolle Wirken der »Achsenzeit« zurückführen. Betrachten wir hingegen die Lehren und Lebensweise des großen Philosophen Pythagoras (ca. 570–480 v. Z.), wird es um vieles schwerer, sie einer rätselhaften Gleichzeitigkeit ohne Kenntnis indischer Lehren zuzuschreiben.

In einer sehr eindrucksvollen Arbeit hat der Indologe Leopold von Schroeder die vielfachen Beziehungen des Pythagoras zur indischen Welt nachgewiesen.[50] Zunächst besticht eine Anschauung des Pythagoras unmittelbar, sie ist gleichsam sein Erkennungszeichen: die Lehre von der Seelenwanderung. Die Idee der Reinkarnation war in Griechenland vor Pythagoras völlig fremd, und die meisten Interpreten haben den Ursprung seiner Anschauung darüber, im Anschluß an Herodot, in Ägypten gesucht. Hekateus von Abdera wußte zu erzählen, daß Pythagoras ein *hieros logos* (»heiliges Buch«) aus Ägypten mitbrachte. Noch zwei Jahrhunderte nach Pythagoras glaubte Alexander der Große, als er am Indus stand, an den Quellen des Nils zu sein, also in Oberägypten. Aufgrund der ungenügenden geographischen Kenntnisse der Zeit könnte es sein, daß der Bericht von Hekateus auf einem ähnlichen Mißverständnis beruht. Mit Sicherheit kam die Reinkarnationslehre des Pythagoras nicht aus Ägypten, denn auch den Ägyptern war der Seelenwanderungsgedanke unbekannt. Ägypten galt aber im Altertum als das geheimnisvolle Land großer Gelehrsamkeit. Für alle ungeklärten Ideen suchte man gern den Ursprung in Ägypten. Die Lehre von der Wiederverkörperung der Seele in anderen Gestalten und Lebewesen wurde jedoch nur in Indien von alters her vertreten, wo sie im religiösen Alltag eine bedeutende Rolle spielte. Leopold von Schroeder schließt darum: Nur von den Indern, »und von ihnen allein kann Pythagoras diese Lehre übernommen haben«.[51]

Schon in der Antike waren Erzählungen im Umlauf, wonach Pythagoras orientalische Länder bereist hätte. Alexander Polyhistor (1. Jh. n. Z.) wußte von Unterredungen des Pythagoras mit Brahmanen in Indien, die ihn über Einsichten in das Wesen von Geist und Körper belehrten. Der überaus gelehrte Clemens von Alexandria (ca. 150–214 n. Z.) schilderte, daß Pythagoras tatsächlich nach Indien gelangt und dort von weisen Brahmanen unterrichtet worden sei, als eine althergebrachte Vorstellung.[52]

Die indische Philosophie des Samkhya und die Religion des Buddha, die genau zur Zeit des Pythagoras entstanden, stellen die Erlösung vom Kreislauf der Wiedergeburten in den Vordergrund. Sie fassen die Seele als im Körper gefangen auf. Nur durch einen Prozeß der Erkenntnis dieses Zustands könne die Seele von ihrem Kerker befreit werden und müsse nicht mehr ins leidvolle körperliche Dasein zurückkehren. Es fällt auf, daß Pythagoras in gleicher Weise glaubt, die Seele sei *zur Strafe* an den Körper gebunden und darin begraben. Auch er faßt den Körper als einen Kerker auf. Empedokles (ca. 500–430 v. Z.), der viele seiner Anschauungen dem Parmenides und dem Pythagoras verdankt, spricht in seiner Mahnrede über die Verkörperung der auf die Erde verbannten Seele sogar vom »fremden Gewand des Fleisches«. Aufgrund von früher angesammelter Schuld wird die Seele bei ihm wieder in den Körper versetzt. Nach dem Tod wird abermals darüber entschieden, ob sie würdig ist, in den Kosmos einzugehen, den Tartarus verdient habe oder zu einer neuen Wanderung durch Menschen- und Tierleiber bestimmt wird. Bei Empedokles ist die Seelenwanderungslehre mit einer Entwicklungstheorie verbunden. Ihr zufolge kann nichts entstehen, was nicht vorher war, und nichts Existierendes vergehen. Auch dies ist wiederum eine sehr charakteristische Analogie zur Lehre von der anfangs- und endlosen Realität der Schöpfung (*Sat-karyavada*) im Samkhya.

In Indien war die Form der Wiederverkörperung in gleicher Weise von vorangegangenen Handlungen (*Karma*) abhängig. Im brahmanischen Denken mag der Seele nach einem vortrefflichen Leben eine himmlische Existenz beschieden sein oder – eigenartigerweise – ein seliges Dasein auf dem Mond. Verblüffenderweise kannten die Pythagoreer auch diese Anschauung. Für sie war der Mond die Wohnstatt der Seligen.

Wie Buddha vermochte auch Pythagoras sich an seine früheren Existenzen zu erinnern. Einstmals, behauptete er, war er Euphor-

1

2

1 Der Bodhibaum von Bodh Gaya, aus Ablegern jenes Baumes, unter dem Gautama die Erleuchtung erlangte, immer wieder neu gezogen. Er wird von einem Steinzaun im Stil des einstigen Ashoka-Zauns geschützt.

2 Buddhas erste Predigt vor seinen fünf Schülern in Isipatana. Moderne Kitsch-Plastiken in Sarnath, der Klosteranlage des ehemaligen Isipatana.

3 Der Park des Prinzen Jeta bei Shravasti wird Buddha zum Geschenk gemacht (Jataka-Szene vom Stupa in Bharhut).

4 Ashokas Löwenkapitell aus Sarnath (3. Jh. v. Z.). Als Verkündiger des Dharma wurde Buddha als brüllender Löwe verstanden.

5 Der große Dhamekh-Stupa, das historisch wichtigste Monument in Isipatana (Sarnath), am Ort der ersten Predigt Buddhas.

6 Der Geiergipfel bei Rajagriha, wo Buddha häufig seine Schüler empfing.

7 Die Eberhöhle auf dem Geiergipfel bei Rajagriha, wo Buddha vor Regen Schutz suchte, ist heute eine wichtige Pilgerstätte der Buddhisten.

4

5

6

7

bos, dann Pyrander und ein anderes Mal der Sohn des Hermes. Hermes war es, der ihm die Erinnerung an alle seine vorangegangenen Leben verliehen habe.

Wenn wir bei Pythagoras nur auf die Vorstellung der Wiedergeburt stoßen würden, könnte man geneigt sein, von einer eigentümlichen unabhängigen Entwicklung zu sprechen. Doch das Denken des eigenwilligen Philosophen zeigt noch eine ganze Reihe weiterer Besonderheiten, als deren Ursprungsort nur Indien in Frage kommen kann. Pythagoras schrieb seinen Anhängern Vegetarismus vor. Aber nicht nur den Genuß von Fleisch lehnte er ab, sondern bemerkenswerterweise auch den Genuß von Bohnen. Warum, um alles in der Welt, dieses vollkommen unerklärliche Verbot, Bohnen essen zu dürfen? In Indien war der Fleischgenuß nicht generell verboten, aber in der brahmanischen Zeit wurde der Weg zum Vegetarismus immer entschiedener beschritten. Nun finden wir in der sogenannten *Maitrayani-Samhita*, neben dem *Kathakam* einer der ältesten Texte des *Yajurveda* (ca. 10. Jh. v. Z.), folgende Vorschrift für den Opfernden: »Er soll keine Bohnen essen; die Bohnen sind nicht opferrein.« (I, 4,10) Auch im *Kathakam* wird das Essen von Bohnen ausdrücklich verboten, und die *Taittiriya-Samhita* bezeichnet die Bohnen als nicht opferwürdig, weil sie kultisch unrein seien. Diese Parallele ist so außergewöhnlich und eigentümlich, daß selbst ein besonnener Forscher wie Leopold von Schroeder das zufällige Zusammentreffen dieser Vorschriften als unmöglich ansieht.[53]

In der Schule des Pythagoras wurde die Lehre von den fünf Elementen verbreitet, die in einer originellen Beziehung zu den fünf regelmäßigen Körpern verstanden wurden. Als fünftes Element galt den Pythagoreern der Äther, der die übrigen vier Elemente umfaßte und einschloß. Die Lehre von den fünf Elementen scheint Pythagoras ebenfalls aus Indien übernommen zu haben. Die gleiche Vorstellung war in Indien weit verbreitet. Systematisch dargestellt wurde sie in der Samkhya-Philosophie des Kapila, auf der in dieser Hinsicht auch Buddha fußte, der den fünf Elementen als sechstes das Bewußtsein hinzugefügt haben soll.

Doch damit nicht genug. Neben der Seelenwanderung, dem Verbot, Bohnen zu essen, und der Lehre von den fünf Elementen finden sich im pythagoreischen System noch folgende augenfällige Übereinstimmungen mit indischen Lehren: 1. die Unterscheidung zwischen Himmel, Erde und Luftraum, 2. die Auffassung, daß der Himmel von Göttern, die Erde von Menschen und die Luft von Dämonen bevölkert ist, 3. die Unterscheidung zwischen einem unsterblichen geistigen Erkenntnisorgan und einem materiellen, das mit dem Körper zerfällt, 4. die Unterscheidung zwischen dem grobstofflichen Leib und einer subtilen ätherischen Umkleidung der Seelen, 5. wie im Samkhya, das letztlich eine atheistische Weltanschauung war, spielt im philosophischen System der Pythagoreer der Gottesbegriff keine Rolle.

Pythagoras wurde nicht nur für seine ungriechischen Lehren bekannt, sondern auch für die esoterische Gemeinschaft, die er um sich bildete und in der Geheimlehren mündlich weitergegeben wurden. Übrigens war der Charakter dieses religiös-philosophischen Bundes den indischen Mönchsgemeinschaften, die in jener Zeit vermehrt entstanden, sehr ähnlich. In der pythagoreischen Gemeinde spielten Zahlen eine wichtige Rolle. Ihnen wurden mystische Qualitäten zugesprochen. Aus diesem Grunde ist jedem der Name des Philosophen aus dem Mathematik-Unterricht im Gedächtnis, nämlich vom »Pythagoreischen Lehrsatz«[54] her. Haben wir es hierbei mit einer ureigensten Erfindung des Pythagoras zu tun? Weit gefehlt. Der berühmte Mathematiker Moritz Cantor hat in einer anschaulichen Analyse nachgewiesen, daß der »Pythagoreische Lehrsatz« und die irrationalen Größen in der Mathematik ihren Ursprung in Indien haben![55] Cantor hat zwar nicht auf die Abhängigkeit des Pythagoras von Indien verwiesen, aber deutlich gezeigt, daß die Veden detaillierte Aufzeichnungen enthalten, nach denen die Priester die Orientierung der Altäre berechnen mußten, wobei es um deren exakte rechtwinklige Herstellung ging. Das Verfahren, schloß Cantor, sei richtig und nur möglich durch die Kenntnis des »Pythagoreischen Lehrsatzes«. Aus den *Shulvasutras* geht hervor, daß die vedischen Priester bereits Jahrhunderte vor Pythagoras »seinen« Lehrsatz kannten und ihn nicht in der euklidischen Weise vorführten, sondern so wie ihn, Cantor zufolge, wahrscheinlich Pythagoras selbst erläuterte. Der Lehrsatz war nicht eine nebensächliche priesterliche Errungenschaft, vielmehr spielte er in der altindischen Geometrie die Hauptrolle.

Zuletzt möchten wir noch auf eine merkwürdige Übereinstimmung hinweisen: Der Begriff *sâmkhya* unterscheidet sich nur in der Länge der beiden Vokale von *samkhyâ*, von dem es abgeleitet ist und das »Zahl« bedeutet. Ein Samkhya ist also, wie ein Pythagoreer – ein Zahlenphilosoph!

Zumal das pythagoreische System so viele ungewöhnliche Elemente mit indischen Ideen und insbesondere der Samkhya-Lehre gemeinsam hat, kann man nicht anders schließen, als daß Pythagoras mit Indien in Verbindung stand. Ob Pythagoras sein Wissen von einem reisenden Brahmanen erhalten hat oder ob er selber in Indien war, läßt sich nicht entscheiden. Letzteres ist wahrscheinlicher und würde seiner ruhelosen, stets auf der Suche nach Erkenntnis, seiner neue Grenzen erprobenden Persönlichkeit entsprechen. Leopold von Schroeder vermutete, daß Pythagoras seinen Wissensdrang in der Heimat nicht stillen konnte und sich darum auf ferne Reisen machte, um nach der Weisheit fremder Völker zu suchen. Reich mit indischen Erkenntnissen beladen, sei Pythagoras zurückgekehrt in die abendländische Welt und verpflanzte »hierher Bildungskeime, deren weittragende Bedeutung für die griechische Cultur und damit für die gesamte Cultur des Westens erst viel spätere Jahrhunderte voll und ganz zu würdigen vermochten«.[56]

Alexander am Indus

Nach der Weisheit fremder Völker suchten auch die großen Eroberer. Es ging ihnen keineswegs nur um Bemächtigung von Reichen und Unterwerfung von Völkern; auch ein gewisses Maß an Forscherdrang, an Entdeckungslust lag hinter so manchem Feldzug. So begnügte sich der mächtige Achämeniden-Fürst Da-reios I. Hystaspes, der Eroberer und Zerstörer Babylons, nicht damit, die indischen Gebiete am Indus in sein Reich zu integrie-ren. Er wollte die fremde Welt besser kennen, die nunmehr zu seinem Einflußbereich zählte. Zu diesem Zweck entsandte er eine Expedition unter Führung von Skylax von Karyanda (um 520 v. Z.), um vom Gebiet Gandharas aus eine Erkundungsfahrt in das Mündungsgebiet des Indus zu unternehmen. Skylax fuhr den Indus flußabwärts und weiter entlang der Küste um Arabien bis nach Suez. Dreißig Monate dauerte die Expedition, zumal die Schiffe erst an Ort und Stelle gebaut werden mußten. Leider ist uns der überaus wertvolle Bericht des Skylax verlorengegan-gen. Wir kennen seine Mitteilungen nur über Herodot von Hali-karnassos (um 490–425 v. Z.), den »Vater der Geschichtsschrei-bung«, der sie benutzte. Einige Kenntnisse über Indien, die Sky-lax übermittelte, sind noch bei Aristoteles erhalten, etwa Hin-weise über die Stellung der Könige in Indien, bei Athenaios über die Bodenbeschaffenheit und Flora, schließlich bei Philostratos über fabelhafte Völker.

Die Erdbeschreibung eines Zeitgenossen des Skylax, Hekataios von Milet, war für Jahrhunderte maßgeblich für das geographi-sche und ethnographische Wissen. Hekataios war ein weitgerei-ster, politisch tätiger Geschichtsschreiber, der einen Stammbaum der Herrscherhäuser und eine Art umfassenden Reiseführer ver-faßte. Auch er weiß über die *Gand(h)arai* oder *Gand(h)arioi*, die Bewohner Gandharas, Mitteilung zu machen.

In der Folge erreichen Griechenland ausführliche Nachrichten über Indien durch Ktesias, einen Mann aus Knidos in Karien, der 17 Jahre lang Leibarzt am Hof Königs Artaxerxes II. Mnemon (404–358 v. Z.) war. Nach seiner Rückkehr verfaßte er seine Bü-cher *Indica* und *Persica,* die neben einer im Altertum geläufigen phantastischen Ethnographie der Volksstämme an den Rändern der bekannten Welt (Ktesias beschreibt etwa Stämme von »Hunds-köpfigen«) sehr interessante und genaue Beobachtungen über Körperpflege, Bekleidung, Handel und Flora der oberen Industal-

Region vermitteln.[57] Zur Zeit des Artaxerxes herrschten zwischen Indien und Persien intime Beziehungen. Die alten Landrouten waren nach wie vor intakt, und die persischen Achämeniden kontrollierten die Gebiete bis zum Punjab. Gandhara wurde schon in den ersten Inschriften des Dareios I. Hystaspes erwähnt, und westlicher Einfluß kann für die damalige Zeit in vielen Aspekten des Lebens in Gandhara nachgewiesen werden. Das untere Indusgebiet zählte zu den persischen Satrapien. Herodot berichtet über hohe Tribute, die Indien an den Eroberer Dareios I. zu zahlen hatte.

In den beiden letzten Jahrhunderten der Achämenidenherrschaft kam es zu einem regen Grenzverkehr und Austausch zwischen den Kulturen. Der Machteinfluß des Reiches umfaßte ungeheure Gebiete. Indien wie Ägypten, Syrien, Kleinasien und Mesopotamien waren alle im iranischen Imperium vereint. Der Kontakt zwischen den vielen verschiedenen Volksstämmen führte unweigerlich zu zahlreichen kulturell bedeutsamen Begegnungen. Unter Xerxes (486–465 v. Z.) beteiligte sich ein indisches Truppenkontingent an dem Einfall nach Griechenland über die Thermopylen und an der Einäscherung Athens, und noch Dareios III. (336–331 v. Z.) warf indische Kämpfer dem heranstürmenden Heer Alexanders entgegen.

Eine völlig neue Dimension erreicht die Kunde über Indien durch den berühmten und letztlich für seinen Führer so tragischen Feldzug Alexanders des Großen in den Jahren 327–324 v. Z. Überliefert ist er uns in allen Einzelheiten durch Kriegsberichterstatter, deren Werke später vor allem von Flavius Arrianos (um 95–175 n. Z.), Curtius Rufus (1. Jh. n. Z.) und Diodorus Siculus (1. Jh. n. Z.) bearbeitet wurden. Der Indienzug sollte der riesigen makedonischen Streitmacht, die über den mächtigen Perserkönig Dareios III. siegreich blieb, die Herrschaft über die Welt sichern. Alexander zog los, um die letzten bekannten Flecken für sein unermeßliches Reich in Besitz zu nehmen. Er wollte nicht mehr und nicht weniger, als an die Ost- und Südgrenze der bewohnten Welt (*Oikumene*) vordringen. So gelangte er in jenes Gebiet, das die alten Geographen seines Heimatlandes beschrieben hatten, an den mittleren Indus.

Im Jahr 327 sichert Alexander durch eine Kette von Garnisonsstädten die Verbindung nach Westen und zieht zum Jahresende von Baktrien in die eigentlichen indischen Gebiete. Sein diplomatisches Geschick erlaubt ihm, ohne kriegerische Auseinandersetzungen rasch voranzuschreiten. Schon im Frühling 327 überquert Alexander den Hindukusch mit 120 000 Fußsoldaten und 15 000 Reitern. Zu Beginn des Jahres 326 steht das Alexanderheer am Indus.

Der Herrscher der Region nahm Alexanders Vorrücken als günstige Gelegenheit, sowohl seine Kulturdenkmäler zu sichern als auch sich ungeliebter Nachbarn zu entledigen. Man muß wissen, daß nach altindischer Vorstellung das jeweils benachbarte Reich als natürlicher Feind galt, während das darauffolgende der natürliche Verbündete war. Ambhi, der Herrscher von Taxila, erhoffte durch seine Botmäßigkeit, angrenzende Gebiete zugesprochen zu bekommen. Er sandte Alexander Botschafter entgegen, die seine freiwillige Unterwerfung verkündeten. Auf diese Weise entgingen die wertvollen Einrichtungen der Stadt einer eventuellen kriegerischen Zerstörung.

Bevor Alexander siegreichen Einzug in Taxila halten konnte, mußte er allerdings noch das Swat-Tal durchqueren, das von den wilden Bergstämmen der Asvakas kontrolliert wurde, für die nur die Alternative Sieg oder Tod in Frage kam. Wenn man sich die Entschlossenheit und Hartnäckigkeit der Bergstämme vor Augen führt, die während und nach der Besetzung Afghanistans durch die Sowjets bis in die Gegenwart in unerbitterlichen Kleinkriegen ihren angestammten Boden verteidigten, kann man sich ein Bild von der Prüfung machen, die Alexander in dieser Region zu bestehen hatte. Damals leuchtete sein Stern noch hell; er meisterte auch diese Hürde und zog, sobald er den Indus überquert hatte, unterstützt durch 5000 Krieger des Königs von Taxila weiter nach Osten, gegen Poros. Auch das zahlenmäßig weit überlegene Heer des Poros konnte er mit einer List schlagen. Weiter marschierte der Sturm des Griechen über die Flüsse Chenab und Ravi (griech. Hydraotes) bis an den Beas (griech. Hyphasis) ins Gebiet zwischen den heutigen nordindischen Städten Amritsar und Jullundur. Das einzige, worauf Alexanders Stolz gerichtet war, das war das Ende der bewohnten Welt, und er meinte, es in den äußersten Satrapien des Perserreiches erreicht zu haben, obwohl er der Auffassung war, ins Quellgebiet des Nils vorgedrungen zu sein. Im Indus und im Hydaspes fanden die Griechen Krokodile vor und in einem weiteren Strom, dem Akesines, Lotosblumen. Krokodile und Lotosblumen waren nur vom Nil bekannt. Wir können daran die Dürftigkeit ermessen, mit der zu Alexanders Zeiten der eigene geographische Standpunkt festgestellt und die globale Geographie verstanden werden konnten.

Als ihm Eingeborene Kunde brachten von einem Volk, das riesige Elefantenherden besitze und auf einem unermeßlichen Landstrich nach Osten zu wohne, schließlich von einem Fluß erzählten, der in die gleiche Richtung fließe,[58] erkennt Alexander, daß er nicht an die Quellflüsse des Nils gelangt ist und auch noch nicht das östliche Ende der *Oikumene* erreicht hat. Alexander hält nichts, er will weiterziehen. Seine makedonischen Truppen hingegen sind der langen Kriegsjahre müde. Sie meutern, zwingen ihn zuletzt zur Umkehr. Im Herbst 325 v. Z. verläßt Alexander indisches Gebiet, erreicht 20 Monate später das persische Susa und stirbt ein Jahr danach in Babylon.

Alexander trat mit seinen Truppen über Land den Rückweg an. Er ließ den erfahrenen Seemann Nearchos zurück, der, wie Skylax zwei Jahrhunderte davor, durch den Indus übers Meer zurückfahren sollte. Eine Schiffsreise in Richtung Westen war zu diesem Zeitpunkt allerdings ungünstig, weil der Südwestmonsun blies. Alexander hatte erfahren, daß der Ozean vor dem Frühuntergang der Plejaden oder dem Anfang des Winters bis zur Wintersonnenwende in jener Gegend schiffbar sei. Nearchos sollte den Wechsel des Windes abwarten, um mit dem günstigen Nordostwind, der ab November bläst, seine Reise zu unternehmen. Dennoch mußte Nearchos schon Anfang September losfahren, weil er von den Indern angegriffen wurde. Seine Schiffe ließ er bei Xylenopolis (»Holzstadt«) im südlichen Indus zu Wasser. Der Name dieser Stadt erinnert an den Reichtum an Holz, das alte Exportgut der Industalregion. Nearchos landete zuerst an der sandigen Insel Krokala in der Nähe der Arbiter. In seiner berühmten *Naturgeschichte* gibt Plinius der Ältere (23–79 n. Z.) eine eindrucksvolle Beschreibung der Entdeckungen der Seerouten nach Indien, beginnend mit jener des Nearchos. Die Indusmündung, so läßt uns Plinius wissen, könne man von Juni bis Oktober vom arabischen Kap Syagrum aus durch den Wind *favonius* erreichen, der *hippalis* (Südwestmonsun) genannt würde.

Daß der Indienfeldzug Alexanders in keiner altindischen Quelle Erwähnung findet, ist nicht verwunderlich, denn offenbar war es Alexander weitgehend gelungen (außer gegen Poros), die indischen Gebiete kampflos zu nehmen. Für die Bevölkerung hatten sich dadurch kaum Änderungen ergeben, zumal die jeweiligen Herrscher in ihren Ämtern blieben, lediglich die persischen Satrapen wurden durch griechische Statthalter ersetzt. Schon lange vor Alexander begegnet uns in der indischen Literatur jedoch die Bezeichnung für ein Volk unter dem Namen Yavana oder Yona als Bezeichnung der Griechen und von Griechenland. Es handelt sich um eine Ableitung der Landschaftsbezeichnung »Ionien« und stellt einen untrüglichen Hinweis auf die frühe Kenntnis Griechenlands in Indien dar.[59]

Nach Alexander war die Welt am Indus nicht mehr wie früher. Er hatte zahlreiche Städte gründen lassen, und einige Garnisonen blieben zurück. Am unteren Indus regierte sein Statthalter Peithon, in Taxila Philippos. Ein Jahrzehnt gab es eine undurchsichtige politische Situation, in der sich Griechen und Ortsansässige die Macht streitig machten. Das Territorium der Erben eines Großteils des Alexanderreiches, der Seleukiden, reichte vom Ägäischen Meer bis nach Arachosien und bis zum Indus. An den Rändern dieser Gebiete entstanden kleine »griechische« Fürstentümer, die über zwei Jahrhunderte lang im Bereich des Punjab intensive interkulturelle Auseinandersetzungen förderten. Einen Eindruck von der Kulturvermischung geben die Münzen dieser Fürsten ab. Sie sind zumeist zweisprachig beschriftet: griechisch und in der indischen Karoshthi-Schrift. Auch Alexander war keineswegs nur an schnöder Landgewinnung interessiert, er führte in seinem Gefolge Berichterstatter mit sich, die durch ihre Fertigkeit als Intellektuelle ausgewiesen waren und sich lebhaft für Sitten, Bräuche und Religionen der fernen Länder interessierten.

Nach 317 kehrte Ruhe am Indus ein. Der indische König Chandragupta Maurya, Begründer der bedeutenden Maurya-Dynastie, eroberte das Gebiet und gliederte es in sein Großreich ein. Er schlug Seleukos I. Nikator (358–281 v. Z.), den Erben des alexandrinischen Reiches zwischen Euphratland, Persien und Medien bei Taxila. Seleukos sah die Schwierigkeiten ein, das Grenzgebiet zurückgewinnen oder gar halten zu können und entschloß sich zu einem Bündnis mit Chandragupta. Das Ergebnis leitete eine neue Phase der indischen Beziehungen zum Westen ein. Es entwickelten sich reguläre politische Kontakte, in deren Zug Megasthenes, ein Gesandter Seleukos, um das Jahr 300 an den indischen Hof nach Pataliputra (heute Patna) entsandt wurde. Die griechisch-indischen außenpolitischen Beziehungen blieben in der Folge erhalten und intensivierten sich. Wir lesen etwa über die private freundschaftliche Korrespondenz zwischen Antiochos I. (280–261 v. Z.) und Bindusara (298–274 v. Z.), dem Nachfolger Chandraguptas auf dem Maurya-Thron.[60] Bindusara schrieb dem griechischen König, er wolle süßen Wein und getrocknete Feigen, außerdem solle er ihm einen redefertigen Sophisten kaufen. Der indische König wollte die griechische Philosophie kennenlernen. Nachdem Antiochos seinen indischen Korrespondenzpartner davon in Kenntnis gesetzt hatte, daß man in seinem Land Sophisten nicht kaufen könne, schickte er als seinen Gesandten Deïmachos. Bei aller Grausamkeit der Regierungsmethoden der Maurya, waren sie doch Herrscher, die den Geist ihres Landes verkörperten: den Wunsch nach umfassender Weisheit, das Bedürfnis nach dem gepflegten philosophisch-religiösen

Gespräch. Die Gesandten, die seit der Maurya-Zeit an den indischen Höfen weilten, waren darum nicht in erster Linie Politiker, sondern umfassend gebildete Männer, die sicherlich mit großer Neugier die Sitten und das Denken des Gastgeberlandes begutachteten.

Als Alexander den Rückzug aus dem Fünfstromland antritt und seine Garnisonen zurückläßt, sind 160 Jahre seit dem Tode des Buddha Shakyamuni vergangen. In zwei Konzilien – eines unmittelbar nach dem Tode Buddhas (um 480 v. Z.), genauer: nach dem großen Verlöschen (*Mahaparinirvana*), das zweite um 380 v. Z. – hatte sich die Gemeinde formiert und die Lehren des Meisters bewahrt und verbreitet. In dieser langen Zeitspanne erreichte die Botschaft des Erhabenen nicht nur die verschiedenen Landesteile des Reiches – die Gebiete von Magadha und Videha am Unterlauf des Ganges –, sondern breitete sich zusehends im Punjab, in Maharashtra und in Ceylon aus. Die Mönche, die dem Ideal eines Wanderlebens, das der Buddha vorgelebt hatte, nachstrebten, zogen entlang der großen Flußläufe in die Bergregionen und in die alte Kulturlandschaft des Indus und seiner Zuflüsse.

Tatsächlich stießen die Griechen im Gefolge Alexanders in der Region um Taxila und im Swat-Tal bereits auf Buddhisten. Die indischen Asketen, denen Alexander in Gandhara begegnete und die von seinen Berichterstattern *sarmanai* oder *samanaioi* genannt wurden, saßen unter heiligen Feigenbäumen.[61] Dabei kann es sich nur um *shramanas* gehandelt haben, ein Begriff, der die buddhistischen Bettelmönche bezeichnet. Die orthodoxen Brahmanen können mit diesem Ausdruck nicht gemeint sein, zumal der Name *shramana* nur auf asketische Wandermönche angewandt wurde. Außerdem stand nur unter den Buddhisten der Feigenbaum in so hohem kultischen Ansehen, denn unter einem solchen Baum hatte Gautama die Erleuchtung erlangt. Einen dieser Asketen nannten die Griechen Kalanos, weil er sie mit dem Wort *kalyanam* (»Heil«) zu begrüßen pflegte. Vor den Augen des Alexanderheeres verbrannte sich dieser Kalanos selbst auf dem Scheiterhaufen.

Megasthenes, dem Gesandten des Seleukos Nikator am Hof Chandraguptas, verdanken wir die ausführlichste Darstellung der damaligen indischen Zustände. Unter anderem berichtet er über die Vormachtstellung der Brahmanen. Auch in seinen Aufzeichnungen lesen wir von den buddhistischen *sarmanas*.

Chandragupta war der Begründer der glorreichen Dynastie der Maurya-Könige. Um 320 v. Z. riß er in Magadha, dem alten Machtzentrum am östlichen Ganges, das Ruder an sich, indem er die Usurpatorendynastie der Nandas stürzte. Es gelang ihm im Nordwesten nicht nur das Punjab seinem Reich einzuverleiben, sondern es bis in die Gebiete des heutigen Afghanistans und Belutschistans zu vergrößern. Chandragupta brachte vor allem durch den listigen Minister Kautilya einen Geist von emotionsloser Realpolitik in das erste indische Großreich, das er erschaffen hatte. Er organisierte eine unwahrscheinlich leistungsfähige Regierung mit einer sorgfälig abgestuften Beamtenhierarchie, von deren Effizienz der griechische Botschafter Megasthenes beeindruckt war. In kurzer Zeit hatte das Staatswesen eine hohe Stufe erreicht, wie uns das berühmte Staatslehrbuch der Zeit, das *Arthashastra* zeigt, das aller Wahrscheinlichkeit nach von dem genannten Minister Kautilya selbst verfaßt wurde. Wegen seiner detaillierten Beschreibung der absolutistischen Macht des Königs und seiner rationalen Argumente, die für die Ausweitung und Erhaltung eben dieser Macht angeführt werden, hat man es mit Machiavellis *Il Principe* verglichen. Bezeichnenderweise definiert das *Arthashastra* die Kunst des Regierens als *Dandaniti*, die »Wissenschaft der Bestrafung«. Die ersten Maurya-Könige verstanden dies durchaus wörtlich – ihre Epoche wurde von der Geschichte als ausgesprochen grausam überliefert. Bindusara, der Sohn Chandraguptas, trug sogar den Ehrentitel *Amitraghata*, der »Schlächter der Feinde«.

Magadha war natürlich seit langem das Zentrum der neuen Religionen. Mahavira war 200 Jahre früher dort aufgetreten und hatte seine Religion der extremen Askese und Ehrfurcht vor dem Leben gepredigt. Die alten Wirkungsstätten des Buddha

Shakyamuni, hochverehrt und oft besucht von seinen Anhängern, befanden sich in der unmittelbaren Umgebung der neuen Hauptstadt Pataliputra: Bodh Gaya, wo er seine Erleuchtung erlangte, Isipatana (heute Sarnath), der Ort der ersten öffentlichen Verkündigung seiner Lehre, Kusinara (heute Kasia), wo Buddha ins Nirvana einging, Rajagriha, Magadhas alte Hauptstadt und Ort des ersten Konzils, schließlich Vaishali (heute Basarh), der Ort des zweiten buddhistischen Konzils.

Ein Zeichen des neuen Selbstbewußtseins, das der erste Maurya-König an den Tag legte, war sein Liebäugeln mit diesen nicht-brahmanischen Religionssystemen. Als Verzweiflung ob seiner Ohnmacht nach einer langen Hungersnot in seinem Reich soll Chandragupta auf den Thron verzichtet und die letzten zwölf Jahre seines Lebens als Jaina-Mönch verbracht haben – ein Merkmal einer wahrhaft neuen Zeit, die mit der Maurya-Dynastie anbrach: Einheit des Reiches und der fortgesetzte Versuch einer geistig-religiösen Erneuerung durch Buddhismus und Jainismus.

Den ersten durchschlagenden Erfolg für den Buddhismus begründete der dritte Herrscher auf dem Thron der Maurya, Ashoka (eigentlich Ashokavardhana). Er ließ sich gern mit dem Beinamen *Priyadarshin* (»der liebevoll Gesinnte«) oder *Devanampriya* (»der Göttergeliebte«) bezeichnen. Ashoka vereinigte von 272 bis 232 v. Z. fast ganz Indien unter seiner Herrschaft. Er fühlte sich nicht wie sein Großvater Chandragupta nur aus Reue nach einem langen Leben als rücksichtsloser Machtpolitiker den Idealen Buddhas zugeneigt, sondern erkannte schon früh die großartige Konzeption des Weisen aus dem Geschlecht der Shakyas. All seine Kräfte setzte er dafür ein, daß sich dessen Lehre verbreite, nicht nur unter seinen Untertanen, auch die Nachbarstaaten und alle Völker des damals bekannten Erdkreises, mögen sie auch noch so weit entfernt sein, sollten die »frohe Botschaft« Buddhas vernehmen, wie er selbst seinen Schülern aufgetragen hatte.

Allerdings darf man Ashokas Leben nicht romantisieren. Er war nicht von Anfang an der Mann des Friedens und darum prädestiniert, die Lehre des Erhabenen anzunehmen und als Heil für seine Untertanen und die ganze Menschheit zu verstehen. Ashoka war jedoch ein gespaltener Charakter. Sein grausamer Zug ist keineswegs die groteske Erfindung von Geschichtsschreibern.

In jungen Jahren wurde Ashoka von seinem Vater Bindusara mit einem großen Heer gegen Taxila gesandt. Er sollte die notorisch aufständigen Volksstämme im Nordwesten des Reiches mit starker Hand zur Ruhe zwingen. Wie schon bei Alexander leisteten die klugen Gandharer keinen Widerstand und verschonten so ihre prächtige Stadt vor der Zerstörung. Der triumphale Einzug in Taxila hat Ashoka auf den Geschmack der Macht gebracht, die auszukosten er in seiner Erziehung gelernt hatte. Nichts Eiligeres hatte er zu tun, als seinem Vater nach Thron und Leben zu trachten. Der kannte allerdings das Spiel der Macht und verbannte ihn als Unterkönig in die entlegene Region Uggajini. Als Taxila kurz vor Bindusaras Tod wieder aufständisch wurde, entsandte der König einen anderen Sohn, Susima, dem er das Thronerbe versprochen hatte. Ashoka nutzte sofort die Gunst des Augenblicks, eilte nach Pataliputra und bemächtigte sich gleich nach dem Ableben des Vaters der Herrschaft. Seine erste große Tat als neuer Maurya-König mußte ihn in den Augen seiner Untertanen als echten Sproß dieser Dynastie erscheinen lassen: Außer Tishja, der die gleiche Mutter wie er selbst hatte, ließ er alle seine Brüder beseitigen, auch Susima, der sich widersetzen wollte. Im vierten Jahr seiner Regierung ließ sich Ashoka in Pataliputra krönen. In diesem Jahr entsagte er dem brahmanischen Glauben und wurde Buddhist.

Ashokas Mission: Buddhas Lehre erobert die Welt

Über die Bekehrung Ashokas zum Buddhismus gibt es verschiedene Legenden. Eine erzählt, Ashoka wurde von Nigrodha, dem Sohn seines ältesten Bruders Sumanas, den er bei der Thronbesteigung hatte ermorden lassen, zum neuen Glauben überredet.

Eine andere besagt, daß ein buddhistischer Mönch, der alle Torturen mit vollkommenem Gleichmut ertrug, seine Bekehrung auslöste.

Der wahre Auslöser für die Zuwendung des Maurya-Königs zur Religion des Erwachten war aller Wahrscheinlichkeit nach die Folge eines verheerenden Feldzuges gegen das Kalinga-Reich im heutigen Orissa. Ashoka, der viele seiner Taten, Anordnungen und Gedanken in Felsen und Säulen schlagen ließ, vermerkte in dem berühmten 13. Felsenedikt mit buchhalterischer Sachlichkeit den grausamen Erfolg dieser Militäraktion: 150 000 Menschen habe er deportiert, 100 000 getötet und viele mehr seien an den Folgen des Krieges gestorben. Am Hof hatte er währenddessen die nassauernden Brahmanen leid, die, von seinem Vater verwöhnt, seine Freizügigkeit über die Maßen ausnutzten und die »machiavellistische« Politik der Maurya unterstützten. Ashoka hatte sich bereits nach anderen Lehren umgesehen, und diese, sowohl die der Jainas wie die des Buddha, verabscheuten den gewalttätigen Umgang mit Menschen, ja mit allen Lebewesen. Ashoka erschrak vor seiner eigenen Grausamkeit und scheute sich nicht, dies auf demselben Felsenedikt seinen Untertanen kund zu tun: »Nachdem Kalinga annektiert worden war, war der Göttergeliebte sehr ernsthaft vom *Dhamma* eingenommen, liebte den *Dhamma* und lehrte den *Dhamma*. Wegen der Eroberung von Kalinga fühlte der Göttergeliebte Reue, denn wenn ein noch nicht erobertes Land erobert wird, ist das Morden, der Tod und die Deportation der Menschen außerordentlich betrüblich für den Göttergeliebten und lastet schwer auf seiner Seele.«

Sicher kann man diese Inschrift zu den eindrucksvollsten und bewegendsten der Menschheitsgeschichte zählen. Die Reue und Umkehr zu Sittlichkeit und richtigem moralischem Verhalten angesichts der eigenen Taten eines rücksichtslosen Herrschers suchen ihresgleichen. Dennoch darf man die berechtigte Frage stellen, ob sich Ashokas Politik in der Folge wirklich zu einer edlen Handlungsweise auf der Grundlage der buddhistischen Ethik, in deren Mittelpunkt die unbedingte Achtung gegenüber allen Lebewesen steht, gewandelt hat. Es gibt keinen Hinweis auf eine Wiedergutmachung für das angerichtete Unrecht, oder daß Kalinga wieder die Unabhängigkeit erhalten habe und die Deportierten in ihre Heimat zurückgelassen wurden. Offenbar blieben im Denken dieses außergewöhnlichen Herrschers religiöses Bestreben, sittliche Grundhaltung und politisches Handeln voneinander getrennt. So moralisch hochstehend die Edikte des Königs uns erscheinen, leuchtet doch aus allen seine Selbstliebe hervor. Ashoka hat zweifellos versucht, in seinem Reich eine neue Weltordnung auf dem Fundament des Buddhismus zu errichten. Er hat darum gekämpft, und es war wohl in erster Linie ein Kampf mit sich selbst. Die Eroberung durch den *Dharma* sei, so schrieb Ashoka gegen Ende des 13. Edikts, die wahre Eroberung. Sein ganzes Leben stellte er fortan unter das Ziel, sein eigenes altes Ich vom *Dharma* erobern zu lassen. Vielleicht hat Ashoka gerade deshalb so große Anstrengungen unternommen, die Lehre Buddhas überall zu verbreiten, weil es ihm selber große Mühe bereitete, sein eigenes Leben selbstverständlich von ihr bestimmen zu lassen. Zu schwer wog die Hypothek festgefahrener Herrschaftsstrukturen.

Die Bemerkung am Ende des 13. Edikts gibt uns auch einen Hinweis auf das Alter buddhistischer Texte, die häufig erst in den uns zugänglichen Fassungen aus den Jahrhunderten unmittelbar vor und nach der Zeitenwende vorliegen. Wir müssen viel ältere Bearbeitungen oder eine sehr genaue mündliche Tradition voraussetzen, denn Ashoka spielt mit seinem Verweis auf *Dharmavijaya* (moralische Eroberung; Eroberung durch den *Dharma*) als der wichtigsten Eroberung ganz offensichtlich auf einen Passus aus dem *Dhammapada* an, in dem es heißt: »Wenn man tausend mal tausend Mann in der Schlacht besiegt, und jemand besiegt sich selbst, so ist dieser der höchste Schlachtensieger. Fürwahr, das Selbst besiegt zu haben, ist besser, als (der Sieg) über andere Wesen« (8,4–5).

Im Kalinga-Reich ließ Ashoka Edikte aufstellen, die für seine Beamten bestimmt waren. Das erste Kalinga-Edikt beginnt mit der

schönen Aussage: »Alle Menschen sind für mich meine Kinder« –
das Echo einer Äußerung, die dem Buddha zugesprochen wurde.
Weiter heißt es: »Wie ich für [meine] Kinder wünsche, daß sie
allen Heils und Glücks im Diesseits und im Jenseits teilhaftig
werden, ebenso ist mein Wunsch für alle Menschen.«
Überall im Land ließ er fortan Felsinschriften anbringen, die sei-
ne Politik des *Dharma* verkündeten. Er pries die Milde der neuen
Lehre, bestimmte die Schonung aller Wesen, setzte sich für die
Beförderung des menschlichen Wohls und der Tugend ein. Sein
Volk ermahnte er zu Güte und Mitleid, zu Freigiebigkeit und
Sanftmut, zu Gehorsamkeit und Achtung. Seine Nachkommen
forderte er auf, den *Dharma* zu beachten als das beste Werk.
Bis in unsere Zeit entdecken die Archäologen immer wieder neue
Ashoka-Edikte. Die vielen Sprachen und Schriften, in denen sie
verfaßt sind, die vielen Fundorte vom äußersten Osten Indiens
bis weit nach Afghanistan im Westen stellen ein eindrucksvolles
Zeugnis für das Engagement Ashokas dar.
Auf dem Girnar-Felsen auf der Halbinsel Gujarat berichtete er
von der Umsetzung des buddhistischen Mitleidsgebotes mit der
zentralen Pflicht der Nichtschädigung (*Ahimsa*) aller Lebewesen.
Am Hofe hatte er Fleischgenuß fast vollständig abgeschafft, und
auf dem 2. und dem 5. Felsenedikt bestimmte er, daß gewisse
Tierarten überhaupt nicht mehr getötet und verschnitten werden
dürfen.
»Führt keine Opfer aus, oder macht sonst etwas, das Tiere verlet-
zen könnte ... Seid hochherzig zu Freunden ... Begebt euch
nicht in Streitereien und Auseinandersetzungen ... Versucht reinen Herzens, bescheiden und ehrlich zu sein ... Denkt nicht nur
an eure guten Seiten; erinnert euch auch an eure Fehler und versucht sie zu korrigieren.« Wüßte man nicht, daß diese Worte aus
verschiedenen Felsedikten[62] Ashokas stammen und die ethischen
Lehren des Buddha wiedergeben, könnte man sie problemlos für
Sätze aus dem Mund eines weisen Lehrers einer anderen Zeit
und aus einem anderen Land halten – Jesus.
Ashoka bemühte sich auch darum, daß sowohl Menschen als

auch Tiere ärztliche Hilfe erhielten. Heilkräuter, aus fernen Ländern geholt, ließ er anbauen. Angeblich veranlaßte er die Errichtung von 84 000 Stupas und zahllosen buddhistischen Klöstern. In der Nähe von Bodh Gaya ließ er die Höhlen von Barabar in die wild zerklüfteten Hügel schürfen – schlichte, schmucklose Mönchszellen, die durch die Verfilmung von E. M. Forsters Roman *Die Reise nach Indien* bekannt wurden. Doch Ashoka gab sich damit nicht zufrieden. Unter seiner Schirmherrschaft wurde im 17. Regierungsjahr ein großes Konzil der Buddhisten in der Hauptstadt einberufen, dessen weltgeschichtlich bedeutendstes Ergebnis die Verwirklichung von Buddhas Aufruf zur Missionierung in großem Stil war.

Ashoka war kein isolierter Herrscher eines unbekannten orientalischen Kleinstaats. Er gebot über ein Weltreich, und das in einer Epoche, als »internationale« diplomatische Kontakte bereits zum selbstverständlichen Umgang gehörten. Für Ptolemaios II. Philadelphos, den griechischen Herrscher über Ägypten, war Dionysios als Gesandter am Hof von Bindusara und später von Ashoka. Auf dem Hintergrund solcher stabilen internationalen Kontakte veranlaßte Ashoka, daß buddhistische Missionare auch über die Landesgrenzen hinaus, an die Höfe der befreundeten Herrscher, in alle Welt entsandt wurden, um den *Dharma* zu predigen.

Im 13. Felsenedikt nennt er die Könige, zu denen er seine Missionare entsandte: Amtiyoka, das ist Antiochus II. Theos (261–246 v. Z.), der König von Syrien; Turamaya, das ist Ptolemaios II. Philadelphos von Ägypten (285–247 v. Z.); Amtekina oder Amtikini, das ist Antigonus Gonatas von Mazedonien (276–239 v. Z.); Maga, das ist Magas von Kyrene (um 300–250 v. Z.); und Alikasu(m)dara, das ist entweder Alexander von Epirus (272–255 v. Z.) oder Alexander von Korinth (252–244 v. Z.). Im 2. Felsenedikt wird nur Antiochus erwähnt und die anderen Prinzen als seine *Samantas* (Nachbarkönige) bezeichnet. Es besteht kein Zweifel: Ashoka entließ buddhistische Mönche an die Höfe der griechischen Herrscher.[63] Auf einer Inschrift ist von nicht weniger als 256 Absendungen buddhistischer Missionare die Rede. Im 5. Edikt wird ihre Aufgabe genau umrissen: »Sie kümmern sich um die Anhänger aller Sekten mit der Aufgabe, die Religion zu etablieren, den Fortschritt der Religion, die Nützlichkeit und das Wohlergehen der Gläubigen zu betreiben; sie kümmern sich bei den Yavanas (Griechen), bei den Kambojas, den Gandharas ... und bei den anderen Grenzvölkern, Kriegern, Brahmanen, Reichen und Armen ...«

Ashokas Missionsauftrag wurde in einer Zeit verwirklicht, als politische und wirtschaftliche Beziehungen zwischen Indien und westlichen Völkern stabile Formen angenommen hatten. Wir haben von den permanenten indischen Niederlassungen gehört, die im Zweistromland und entlang der arabischen Küste lagen, und immer öfter erhalten wir Kunde von blühenden Hafenstädten, die von der Koromandel- über die Malabarküste bis hinauf an die Indusmündung von Jahr zu Jahr mehr Schiffe aus dem Westen zählten. Ashoka lebte in der auf die »Achsenzeit« folgenden Epoche, als sich der interkulturelle Austausch enorm intensivierte sowohl durch den ausgeweiteten Güterverkehr als auch durch kriegerische Bemächtigungen von Kulturländern. Auf diese Weise wurden die alten Traditionen ständig von neuen überlagert. Die Folge war das Entstehen jener eigentümlichen Mischreligionen, die im gesamten Nahen Osten bis in den Iran auftraten und das Kennzeichen des sogenannten Hellenismus waren.

Der Begriff »Hellenismus« wurde von dem bedeutenden Historiker J. G. Droysen geprägt für den Zeitraum nach Alexander dem Großen bis zum Ende der Ptolemäer (323–30 v. Z.), jene 300 Jahre währende Epoche, die aus dem Griechentum zum Christentum hinüberführte. Nach Karthago und Rom im Westen und nach Parthien und Indien im Osten strahlte die hellenistische Kultur aus. Die auf Alexander folgenden Mitglieder der ersten Herrschergeneration, die Diadochen, verstrickten sich bald in Kleinkriege, so daß souveräne Territorialstaaten unter den makedonischen Dynastien der Ptolemäer, Seleukiden und Antigoniden entstanden. Ab 280 v. Z. regieren auch die Attaliden, die nach dem Ende des 3. Jahrhundert v. Z. die »Griechenkönige« in Baktrien und Indien stellten. Überall im Einflußbereich der hellenistischen Welt verbreiteten sich griechische Lebensformen, die das Selbstbewußtsein als führende Kulturträger demonstrierten. Durch zahlreiche Städtegründungen Alexanders des Großen und Seleukos I. kam es zu einer Renaissance des Polisgedankens. Die Polis war der selbstverwaltete griechische Stadtstaat als Gemeinschaft der Einwohner mit festgelegten politischen Rechten und Pflichten. Auffällig ist, daß nach dem Indienfeldzug Alexanders in der griechischen Philosophie eine starke Hinwendung zur Religion zu verzeichnen ist, die immer stärker die Gestalt der Theologie annimmt. Zweifellos hat mittlerweile die Berührung mit dem Orient eine tiefe Spur hinterlassen und die westlichen Geister dafür bereit gemacht, die Weisheiten aus dem Osten begierig aufzusaugen. Dementsprechend charakterisierte Droysen diese Epoche als die »Ineinsbildung des östlichen Volkstums mit dem abendländischen unter der Potenz hellenischer Bildung«.[64] Hellenismus wurde dieser Zeitabschnitt genannt, weil sich die griechische Gedankenwelt über die gesamte damals bekannte Kulturwelt ausdehnte. Kennzeichnend für die Kulturform war die starke Tendenz zu religiösem Synkretismus, d. h. zur Vermischung verschiedener Religionen bzw. einzelner ihrer Elemente, oft ohne innere Einheit. Der hellenistische Synkretismus zeichnete sich allerdings durch eine bevorzugte Orientierung aus: nach Osten. Die europäisch-asiatische Kulturwelt nahm mit Vorliebe Orientalisches in sich auf, bereitete dadurch der jüdischen Diaspora und den orientalischen Erlösungsreligionen der römischen Zeit den Weg.

Der Zeitpunkt für die buddhistische Mission konnte nicht besser gewählt sein. Die Träger der hellenistischen Kultur warteten gleichsam darauf, sich vom fremden, östlichen Ideengut befruchten zu lassen, um daraus ein Ferment zu schaffen, von dem aus neue Weltbilder geformt werden konnten.

Während unter der Herrschaft der Maurya Taxila in Gandhara zur großen Weltstadt des Geistes aufstieg, erleben wir im Nildelta die Blüte Alexandrias als dem Zentrum hellenistischer Gelehrsamkeit. Seit ihrer Gründung durch Alexander 331 v. Z. wurde sie die griechische Hauptstadt Ägyptens. In Scharen kamen griechische Kolonisten in die neue Metropole und bildeten mit Ägyptern, Juden und anderen in die Stadt strömenden Fremden, Arabern, Iranern, Indern, ein buntes Völkergemisch. Unter den Ptolemäern wurde Alexandria zum Königssitz. Die weltgeschichtliche und kulturelle Bedeutung verdankte Alexandria vor allem der großzügigen Förderung der Gelehrten aller Fachrichtungen, die sich ganz ihren Studien hingeben konnten. Für sie ließ um 285 v. Z. Ptolemaios I. Soter (305–285 v. Z.) auf Rat des Demetrios von Phaleron das Museion nach dem Vorbild der antiken Philosophenschule errichten. Dieses »Gelehrtenzentrum« war mit dem Königspalast verbunden, was die Anteilnahme der Könige am Fortgang der Wissenschaften unterstreicht. Zahlreiche Künstler und Gelehrte wohnten und arbeiteten im Museion, wo sie sich in völliger Freiheit ihren Studien der Philosophie, Philologie, Literatur und Theologie widmen konnten. Von Beginn an wurden in Alexandria wichtige philologische Studien zu Textkritik, Edition und Exegese betrieben, und bald beherbergte die Bibliothek am Museion die unvorstellbare Menge von 500000 Papyrusrollen. Eine der schlimmsten kulturellen Katastrophen der Menschheit ereignete sich, als 47 v. Z. im Krieg mit Caesar die meisten dieser einmaligen Schriften ein Raub der Flammen wurden. Ptolemaios II. Philadelphos, unter dem Alexandria zur größten Blüte aufstieg, begründete noch eine zweite, kleinere Bibliothek im Serapeion. Zu diesem weitsichtigen und aufgeschlossenen Ptolemäer-König entsandte Ashoka seine buddhistischen Missionare, während sich andere Abordnungen über die Landroute zu Antiochus nach Syrien aufmachten.

In der Zeit, als die Buddhisten Ashokas in den Westen zogen, beschrieb der griechische Geograph Eratosthenes die Umrisse Indiens, die Lage von Sri Lanka, die Gangesmündung und die Monsunwinde. Ptolemaios II. ließ um 270 v. Z. auf einer prunkvollen Prozession durch die Straßen Alexandrias Inderinnen,

Papageien und Pfauen aufmarschieren, und sein Enkel Ptolemaios IV. (221–203 v. Z.) fuhr auf einem mit indischen Edelsteinen verzierten luxuriösen Nilschiff.

Das starke Interesse an Neuerungen und gleichzeitig der Wunsch, griechisches Geistesleben als die Krone kultureller Errungenschaften in aller Welt zu verbreiten, hatte einen rapiden Aufschwung im »internationalen« Handel und Reisen zur Folge. Der Verkehr führte dazu, daß im Laufe von wenigen Jahren die griechische Wissenschaft in Indien bekannt wurde und indische Gelehrte die technischen Fachausdrücke der alexandrinischen Wissenschaft für ihre eigenen astronomischen Traktate entliehen.[65]

Die Ptolemäer schenkten dem Handelsverkehr mit Indien besondere Aufmerksamkeit. Die Intensität ihrer Ausrichtung nach Osten zeigt sich in ihren Plänen, einen Kanal vom Nil zum Roten Meer zu bauen. Dieses Vorhaben gelangte nie zur Ausführung, doch gründete Ptolemaios II. Philadelphos im Süden Ägyptens am Roten Meer die wichtige Hafenstadt Berenike. Dort siedelte im 1. Jahrhundert n. Z. ein griechischer Händler, der in seinem Werk *Periplus maris erythraei* genaue Kunde über die Handelsrouten gibt, über die Waren, die transportiert wurden, die Längen der Reisen, die Anzahl der Schiffe u. v. m.[66] Durch diese Schrift und eine Anzahl anderer geographischer Berichte aus hellenistischer Zeit wissen wir über die indischen Verbindungen in den Westen, insbesondere nach Alexandria und damit in den uns interessierenden jüdischen Raum bestens Bescheid.

Die indischen Schiffe kamen vor allem aus Zizerus, Mangalore und Nelkunda an der Malabarküste, sogar aus Balita (heute Calicut) im tiefsten Süden der indischen Westküste. Sie fuhren bis Mouza in Arabien, segelten dann ins Rote Meer nach Berenike. Von dort aus wurden die indischen Waren auf Karawanenwegen durch die thebaische Wüste nach Koptos gebracht, nilabwärts nach Juliopolis verschifft und erreichten schließlich Alexandria. Die alexandrinischen Händler benutzten überwiegend den gleichen Weg. Bisweilen wählten sie auch die Route von Myoshormos in Südägypten hinüber nach Leuke Kome an der arabischen Küste nahe dem elanitischen Golf und weiter nach Mouza. Wie uns Plinius versichert, war eine Reise von einem arabischen Hafen bis nach Muziris in Südindien in nur 40 Tagen zu bewältigen. Das von Plinius beschriebene Muziris ist nicht das heutige Cranganore an der Westküste, sondern das Muziris an der Ostküste nahe der Mündung des Kaveri.

Über die Bedeutung des Handels in hellenistischer Zeit gibt ein interessanter Bericht des berühmten Geographen Strabo Aufschluß: Aelius Gallus, der um 24 v. Z. Präfekt in Ägypten war und die Handelsrouten zum Roten Meer bereiste, berichtete seinem Freund Strabo, daß jährlich vom Hafen von Myoshormos nicht weniger als 200 Schiffe nach Indien abfuhren.[67] Wenn im 1. Jahrhundert v. Z. fast täglich ein Schiff nach Indien allein vom Hafen von Myoshormos ablegte, mußte die Strecke über eine lange Periode erprobt gewesen sein und einen stabilen und darüber hinaus lukrativen Handel versprochen haben.

Die verschiedenen indischen Häfen steuerten sie auf drei Wegen an: entlang der arabischen Küste über Karmania und Gedrosia an die indo-skythische Küste bis nach Barugaza (Broach) am Fluß Nammadios (Narmada); vom Kap Guardafui aus oder von der Hafenstadt Kane westlich von Suagros an der Südküste Arabiens (heute Ras Fartak) unter Ausnutzung des Monsunwindes über den Ozean nach Muziris und Nelkunda.

Eine beliebte Anlaufstelle in Indien war nach wie vor die Indusmündung. Dort lag der Hafen Barbarikon. Durch ihn verkehrte die wichtige Handelsstadt Minnagara mit dem Meer. Der *Periplus* erwähnt eine riesige Menge verschiedenster indischer Handelsgüter. Diese reichen von Haremsmädchen, Sklaven und Pferden über indische Butter bis zu einer unüberschaubaren Anzahl von Pflanzen, medizinischen Kräutern, Räucherwerk und schließlich Metallartikel, Edelsteinen und Gewändern. Chinesische Waren, vor allem Pelze, Baumwolle und Seidenfäden aus Thinai, wurden über Baktrien und die Märkte von Dimurike und Karpasus in Barbarikon am Indus und in Barugaza verschifft. In

Barbarikon wurden auch innerindische Waren, wie Indigo, feines bengalisches Musselin, Reis und die hochgelobte aromatische Wurzel Kostus, umgeschlagen. Von Barugaza gingen Holzbalken, Honig vom Zuckerrohr und Sesam nach Arabien ab. Weiter südlich, in Muziris und Nelkunda deckten sich die Händler mit Elfenbein, Korallen, Perlen, Purpur und Schildkröten ein.

Bis zum 3. Jahrhundert v. Z. scheint der Jemen der zentrale Markt für indische Waren gewesen zu sein. Lange Zeit lag dieser Markt in den Händen der semitischen Sabäer, dem sie wohl ihren sprichwörtlichen Reichtum zu verdanken hatten. Auch in ptolemäischer Zeit kontrollierten die Sabäer mit ihren großen Flotten weitgehend den Warenaustausch. Mit dem Beginn des 2. Jahrhunderts wird die Insel Sokotra zum zentralen Handelsplatz für die Indienroute. Aus Sokotra bezogen die Händler Palästinas eine Vielzahl von teuren Spezereien, von denen so manche von der Kormandel- und Malabarküste stammten.[68]

Der meistbesuchte indische Hafen war Barygaza. Von dort aus führten Straßen zu den beiden Hauptsitzen des Handels nach Baithana und Tagara im südindischen Hochland. In älterer Zeit war Shurparaka, im Süden der Narmada eine bevorzugte Anlaufstelle für den Seehandel.

Aus Taprobane (Ceylon) importierten die Araber Zimt und aus Indien Kasia oder Kassia.[69] Taprobane wurde lange Zeit als eine andere Welt betrachtet, jene der Antichthones, wie Plinius schreibt. Angeblich brachten Troglodyten, in Höhlen hausende Ureinwohner, Zimt übers Meer und verheirateten sich bevorzugt in Äthiopien. Zurück brachten sie Glassachen und Schmuck, die Archäologen in Südindien ausgegraben haben.

Auch die Singhalesen beteiligten sich aktiv am Seehandel. Wie Plinius erzählt, fuhren sie auf Katamaranen, die mit 300 Amphoren (ca. 75 Tonnen) beladen werden konnten, ohne sich nach den Sternen zu richten. Zur Erkundung von Land führten sie jedoch Pilotenvögel mit, was uns auch in buddhistischen Berichten überliefert wird. Exzellente Seeleute waren auch die Tamilen der Koromandelküste. Sie besaßen bewaffnete Flottenverbände, die sie nach Ceylon, Indochina und Indonesien schickten. Es ist deshalb wahrscheinlich, daß Südinder und Ceylonesen schon früh auch nach Arabien fuhren.

Die hellenistische Zeit bescherte Indien eine Reihe von wechselvollen Herrschaftsverhältnissen. Euthydemos bemächtigte sich des von den Seleukiden unabhängig gewordenen griechisch-baktrischen Reiches. Seinem Sohn Demetrius (ca. 200 v. Z.) gelang es, im nördlichen Indien einige Provinzen zu erobern. Schließlich fielen griechische Baktrier nach Indien ein, besetzten den Punjab und drangen bis nach Magadha vor, bis sie von den iranischen Sakern und Parthern vertrieben wurden. Seit der Regierung des Mithridates I. um 150 v. Z. und dem endgültigen Niedergang des griechisch-baktrischen Reiches, kamen die Gebiete Irans und weite Teile des Nahen Ostens unter parthischen Einfluß. Verschiedene Parther-Herrscher kontrollierten ein Gebiet, das Syrien/Palästina und Indien mit einbezog. Um 150 v. Z. gründete ein gewisser Apollodotos das sogenannte griechisch-indische Reich. Der Herausragendste unter seinen Nachfolgern war Menandros oder Milinda, der wohl um das Jahr 100 v. Z. in Sagala (Lahore) regierte. Milinda erlangte in der Geschichte der Buddhisten einen Ehrenplatz. Eine Serie von Dialogen zwischen einem gewissen Nagensa und dem König Menandros ist im sogenannten *Milindapanha* festgehalten – nach dem Urteil vieler Gelehrter eines der bedeutendsten Werke der Weltliteratur. Der Grieche Menandros wird darin als rechtmäßiger Erbe der dialektischen Tradition der Sophisten dargestellt, ein typischer Sproß hellenistischer Gelehrsamkeit. In seiner Freizeit liebte er es, religiöse Dispute zu führen, wobei es ihm darum ging, mit klugen Fragen illustre Gelehrte aufs Glatteis zu führen. Der überragenden Kunst in der Darlegung des *Dharma* durch den Buddhisten Nagasena erliegt er schließlich. Überzeugt von der Vortrefflichkeit und Wahrheit der Lehre, konvertiert er zum Buddhismus. Das Werk ist eine überaus vortreffliche Darstellung der buddhistischen Lehre. Es hat den bedeutenden Buddhismusforscher Rhys Davids dazu veranlaßt zu behaupten, das *Milindapanha* sei

104

nicht nur das Hauptwerk der indischen Prosa, sondern sogar der beste jemals komponierte Text dieser Art.

Auf Münzen des Königs Menandros finden sich häufig buddhistische Symbole wie das achtspeichige Rad des Gesetzes, das wir aus vergleichbaren Abbildungen auf buddhistischen Heiligtümern in Sanchi und Bodh Gaya kennen. Andere Münzen tragen ein griechisches Epitheton, das als wörtliche Übersetzung des indischen *Dharmika,* also ein »Gläubiger des guten Gesetzes« (ein orthodoxer Buddhist) gilt. Die Kunde von der glorreichen Heiligkeit des Königs Menandros gelangte bis nach Griechenland.

Unter der Protektion des Menandros breitete sich der Buddhismus von Gandhara weiter nach Westen und Norden aus, wo er auch von zentralasiatischen Nomaden angenommen wurde, die sich zunehmend in Baktrien niederließen. Alexander Polyhistor gab um 80–60 v. Z. von baktrischen Priestern Kunde, die er *samanaioi* nennt, womit sie zweifellos als Buddhistenmönche ausgewiesen sind. Das große Reich der Parther schloß im Westen Syrien mit ein, im Osten Indien. Durch ihre Gebiete führten um die Zeitenwende die alten Landwege von Gandhara an die Mittelmeerküste.

Der Warenverkehr war in dieser Epoche keine zufällige Angelegenheit mehr, sondern in stabilen Institutionen verankert. Der römische Frieden (*Pax Romana*) unter Augustus (27 v. Z.–14 n. Z.) führte zur Eindämmung der arabischen Piraterie und unterstützte dadurch den Warenverkehr zwischen Indien und dem Abendland beträchtlich. Um die Zeitenwende besaßen die Römer eigene Lager oder Faktoreien in südindischen Küstenstädten mit ständig dort wohnenden Römern.[70] Auf das Ansehen, das die mediterranen Händler in Südindien genossen, spielt ein tamilisches Gedicht aus Kaveripatnam an der Koromandelküste an. An diesem Ort entdeckte man geringwertige römische Münzen, die in Indien geprägt worden waren. Ein Zentrum des frühen römischen Austausches mit Indien war Arikamedu beim heutigen Pondicherry an der südlichen Ostküste (vgl. Abb. 15). Es ist möglich, daß sich dort noch in römischer Zeit eine buddhistische

Gemeinde befand, denn Arikamedu, so vermutet die Forschung, sei eine Abwandlung von Arugamedu, der »Hügel von Arugan«. Arugan ist die Tamil-Fassung von *Arhat,* jenem Wort, mit dem die buddhistischen heiligen Männer bezeichnet wurden.[71] In Arikamedu und in Virapatnam kamen bei Ausgrabungen zahlreiche mediterrane Gegenstände zum Vorschein. Die Herkunft von einigen ließ sich ohne Zweifel anhand ihrer Herstellungsmarken feststellen, etwa Amphoren und Tonscherben aus Arezzo in der Toskana. Aber nicht nur in Arikamedu waren die römischen Händler aktiv. In verschiedenen Teilen Südindiens fand man große Mengen römischer Münzen, insbesondere aus der frühen Kaiserzeit von Augustus bis Nero. In Akkenapali beispielsweise konnten die Archäologen unlängst mehr als 1000 römische Gold- und Silbermünzen bergen.[72]

Unter Augustus hören wir auch von einer indischen Abordnung, die Rom erreichte. Darunter befand sich ein Zarmanochegas genannter Buddhist. Dieser hellenisierte Name erfuhr verschiedene Deutungen. Manche vermuten, er leite sich vom indischen *Shramanacharya* her, »Meister der Bettelmönche«. Nach einer anderen Übersetzung wird die Endung »chegas« als *shakya* interpretiert, wodurch der Name soviel bedeuten würde wie »Mönch des Shakya« oder »Anhänger Shakyamunis«. Zarmanochegas war demnach kein Eigenname, sondern eine Selbstbezeichnung als buddhistischer Bettelmönch. Ein Meister seines Standes war Zarmanochegas gewiß. Nackt und eingerieben mit duftenden Kräutern bestieg der fremde Asket in Athen einen Scheiterhaufen und verbrannte sich bei lebendigem Leib wie seinerzeit Kalanos vor Alexanders Heer (vgl. Abb. 22). Der buddhistische Mönch muß einen großen Eindruck hinterlassen haben, denn seine Asche wurde unter einem Monument deponiert, das lange Zeit berühmt war. Noch ein Jahrhundert später, zur Zeit Plutarchs, nannten es die Menschen »das Grab des Inders«, und es trug eine Inschrift, die auf das Ereignis verwies.

Eine wichtige römische Niederlassung in Indien war zu jener Zeit der Hafen Muziris an der Westseite Südindiens. Hier wie im benachbarten Cochin bestand zudem eine sehr bedeutende jüdische Kolonie, die sich bis in die Gegenwart erhalten hat (vgl. Abb. 23). Die Juden von Cochin zerfallen in zwei Stämme, die sich bis heute in »weiße« und »schwarze« Juden aufgliedern. Die »schwarzen« Juden datieren ihre Ankunft in Kerala auf das Jahr 587 v. Z. Der Legende nach sind sie Nachkommen der Juden, die König Nebukadnezar nach Babylon verschleppt hatte. In der Tat haben amerikanische Forscher in der Musik der Juden von Cochin altbabylonische Einflüsse erkannt. Einer anderen Legende zufolge hatten die Handelsschiffe Salomos ihre Ahnen hierhergebracht. Die weißen Juden glauben, ihre Vorfahren seien im Jahre 135 n. Z. nach der Zerstörung Jerusalems durch die Römer hierher geflohen. Wahrscheinlich handelt es sich um Nachkommen einer alexandrinischen jüdischen Handelskolonie. Als 215 n. Z. der römische Kaiser Caracalla in Alexandria ein Blutbad anrichtete, war ihnen der Weg in die Heimat abgeschnitten, und sie blieben in dem fernen Land.

Über Muziris und die anderen Häfen an der Malabarküste gelangte zur gleichen Zeit auch das Christentum nach Südindien. Der älteste sichere Beleg stammt aus dem Jahre 180 n. Z., als Pantainos von Alexandrien bei einer Missionsreise in Kerala eine aramäische Kopie des Matthäusevangeliums fand. Die südindischen Christen jedoch glauben, das Christentum sei gleich nach Jesu Kreuzigung nach Indien gelangt. Die Portugiesen, die im 16. Jahrhundert an der Malabarküste anlegten, staunten, als sie nicht nur Synagogen fanden, sondern auch zahllose Kirchen, deren Priester behaupteten, das Evangelium sei durch jenen Apostel, der die Wundmale des Auferstandenen berührt habe, selbst nach Indien gebracht worden. Im Jahre 52 n. Z. habe der »ungläubige Thomas« Muziris erreicht.

Es gibt verschiedene Legenden darüber, wie Thomas nach Indien kam. Die apokryphen Thomasakten, die um 225 n. Z. in Edessa im syrischen Mesopotamien entstanden, berichten, nach Jesu Himmelfahrt hätten die Apostel durch das Los entschieden, in welchem Land ein jeder von ihnen das Evangelium predigen solle. Indien fiel an Thomas. Zu jener Zeit befand sich der indische Kaufmann Habban in Syrien. Er war vom indo-parthischen König Gondophares (ca. 19–49 n. Z.) aus Gandhara geschickt worden, einen Architekten für den Bau einer neuen Stadt zu suchen. Jesus erschien Habban und verkaufte kurzerhand den Zimmermann Thomas an ihn. Als Sklave Habbans gelangte der Apostel so an den Hof des Königs Gondophares nach Taxila, das damals mit einer bedeutenden Universität das geistige Zentrum des Buddhismus war. Der Legende von Kerala nach kam Thomas mit einem Schiff nach Muziris, wo ihn ein flötespielendes jüdisches Mädchen empfing. Thomas taufte Brahmanen und jüdische Händler, gründete sieben Kirchen und begab sich dann an die Ostküste. 20 Jahre nach seiner Ankunft in Südindien wurde er dort Opfer einer Verschwörung neidischer Brahmanenpriester. Auf einem Hügel in der Nähe von Madras tötete ihn ein Abgesandter des Königs.

Möglicherweise war der Apostel tatsächlich auf dem Seeweg von Nordindien nach Kerala weitergereist. Den Thomasakten zufolge soll der Apostel Thomas eine Zeitlang am Hof des Königs Misdai in Südindien gelebt haben. Die frühen christlichen Gemeinden in Persien, die sich auf Thomas beriefen, sprechen dafür, daß der Apostel Indien zuerst über Land erreichte. Zu jener Zeit entstand in Nordwestindien der griechisch-buddhistische Gandhara-Kunststil, und es herrschte ein reger Zustrom von Künstlern und Handwerkern aus Vorderasien und Ägypten. Es gibt eine Reihe von Indizien dafür, daß Jesus selbst, nachdem er die Kreuzigung überlebt hatte, auf dem Landweg nach Indien gelangte.[73] Während Thomas das Evangelium im Süden des Subkontinentes predigte, soll Jesus im Nordwesten geblieben sein, wo er schließlich gestorben sein soll. Bei dem Grab des Propheten Yuz-Asaf in Srinagar, der Hauptstadt Kashmirs, handelt es sich der Überlieferung nach um das Grab Jesu. Bis heute wird es interessierten Besuchern aus aller Welt gezeigt.

Im 4. Jahrhundert n. Z. gelangten syrische Christen auf dem Seeweg nach Südindien. In ihrer Heimat waren sie von der römischen Kirche verfolgt worden, weil sie die Vorherrschaft des Papstes nicht anerkennen wollten. Eine erste Gruppe erreichte im Jahre 345 Muziris. In Mylapore in der Nähe des heutigen Madras fanden sie das Grab des Apostels Thomas und errichteten eine Kirche. Als die Portugiesen die Grabkirche 1523 entdeckten, verehrten Christen, Hindus und Moslems dort einen Fingerknochen des Apostels und die Lanzenspitze, mit der er angeblich getötet worden war (vgl. Abb. 20). Die Gebeine des Apostels sollen schon im 4. Jahrhundert nach Edessa überführt worden sein.

Teil II

Jesus – der Buddhist

Feindschaft wird in dieser Welt nie
durch Feindschaft geschlichtet;
Feindschaft wird durch Liebe geschlichtet.

Buddha

Ich sage euch, liebt eure Feinde,
segnet die, welche euch fluchen,
betet für die, die euch mißhandeln.

Jesus

Wie sich die Bilder gleichen:
Buddhas und Jesu Kindheit

Indien war mit dem Westen seit vielen Jahrhunderten verbunden. Lange bevor Jesus die Bühne der Geschichte betritt, finden wir indische Güter, Geschichten, Mythen, ganze philosophische Systeme und religiöse Bräuche im Abendland. Wir finden selbst die buddhistischen Mönche an den Gestaden des Mittelmeers, und in der unmittelbaren Umgebung von Palästina war es höchst modern, indische Lehren zu diskutieren.

Die Autoren, die später an den Evangelientexten arbeiteten, waren in diesen Ideenaustausch eingebunden. Wir haben gesehen, daß schon zu Salomos Zeiten die Juden Kontakt mit Indien hatten, der sich vereinzelt im Alten Testament niederschlug. Nach der Babylonischen Gefangenschaft blieben jüdische Gemeinden im Zweistromland, in Persien und sogar in Südindien zurück. Seitdem war die geistige Verflechtung des Volkes Israel mit dem Osten direkter Natur. Alle Voraussetzungen für buddhistische Entlehnungen zur Gestaltung der Evangelien waren vorhanden. Wie wir noch zeigen werden, spielte die Gedankenwelt des Buddhismus in der hellenistisch gefärbten Literatur der Zeit eine bedeutende Rolle, und es wäre verwunderlich, hätten die neutestamentlichen Autoren nicht auch von dieser Quelle Gebrauch gemacht. Erstaunlich ist, daß sie so auffällig häufig darauf zurückgegriffen haben. Offenbar waren sie der Meinung, daß die Lehre Jesu viele Gemeinsamkeiten mit jener Buddhas hatte, und sie konnten bisweilen gar nicht unterscheiden, ob eine Erzählung auf Jesus oder auf Gautama zurückzuführen war. Diese erstaunliche innere Verwandtschaft der beiden großen Meister, Jesus und Buddha, war im Lauf der Geschichte vielen wachsamen Geistern immer wieder ins Auge gesprungen.

Doch woher kamen die Ähnlichkeiten in ihren Lehren? Sind sie in der Hauptsache literarische Angleichungen durch die Evange-

listen, unabhängig geformte Produkte einer vergleichbaren spirituellen Ausrichtung, oder hat am Ende Jesus vom Buddhismus
Kenntnis gehabt und war dies der Grund für die Orientierung
der neutestamentlichen Schriftsteller nach Indien?

Wenn wir uns nun auf die Suche nach dem buddhistischen Material im Neuen Testament machen, müssen wir uns nicht fragen,
wieviel in den buddhistischen Texten Schmuckwerk ist, redaktio-
neller Zusatz, philosophische Auslegung und theologische Veränderung. Wir müßten es, wären wir auf der Suche nach dem authentischen Siddhartha Gautama, nach der historischen Person
Buddhas und seinen ursprünglichen Worten. Wonach wir aber
suchen, ist die historische Person Jesus und *seine* ursprünglichen
Worte. Für die Vergleiche mit dem Buddhismus, die wir auf dieser Suche ziehen werden, können wir das buddhistische Schrifttum so zugrunde legen, wie es auf uns gekommen ist, mit allen
Verwandlungen und Facetten, die es im Lauf der Zeit erfahren
und dazugewonnen hat. Denn so könnte es auch den Autoren
der Evangelien und apokrypher christlicher Texte begegnet sein,
so könnten auch die frühen Anhänger der Jesus-Gemeinde davon
erfahren haben, so könnte Jesus selbst mit dem Dharma in Berührung gekommen sein.

Von der ungeheuren Anzahl von Schriften, die der Buddhismus
hervorgebracht hat, werden wir uns allein auf solche berufen, die
vor dem Entstehen des Christentums bzw. vor dem öffentlichen
Auftreten Jesu niedergelegt waren und das Alter von Texten und
mündlichen Traditionen nur dann herausheben, wenn es für das
Verständnis eines Zusammenhangs nötig ist.

Die Forschung an den indischen Quellen des Christentums, die
vor allem im Zuge der Untersuchungen Seydels um die Jahrhundertwende so viele verblüffende Ergebnisse zutage gefördert hatte, kam seit den zwanziger Jahren fast zum Erliegen. Mag sein,
daß die Reaktion der katholischen Kirche, die das für sie unange-
nehme Thema totschweigen wollte, eine Rolle gespielt hat. Henri
de Lubac, der berühmte Religionshistoriker und Fundamental-
theologe an der Jesuitenfakultät Lyon-La Fourvière, der sich vor-

sichtig positiv zur Frage der Entlehnung buddhistischen Guts in der christlichen Literatur ausgesprochen hatte, wurde vom Vatikan gerügt, zensiert und zum Schweigen verurteilt! Erst nach dem 2. Vatikanischen Konzil (1962–65), als die starre Haltung gegenüber anderen Religionen gelockert und der interreligiöse Dialog vorsichtig auch mit dem Buddhismus gesucht wurde, rückte dieses lange Zeit von offizieller Stelle beiseite geschobene Problem wieder ins Blickfeld. Neue archäologische Funde und verbesserte Methoden der Philologie haben in der Zwischenzeit die Analysemöglichkeiten auf eine neue Dimension gehoben. So kommt es, daß die jüngsten Arbeiten zu diesem Thema die Abhängigkeit der christlichen Anfänge vom Buddhismus mit bestechender Klarheit ans Tageslicht gebracht haben und nur noch die Frage offenlassen, wie es möglich war, daß derart massiv die Inhalte einer fremden Religion aufgenommen und den eigenen Bedürfnissen entsprechend umgestaltet werden konnten. Zu diesen Werken zählen vor allem das Buch von Roy C. Amore,[1] auf das wir noch zu sprechen kommen werden, und die jüngst veröffentlichte eindrucksvolle Studie des Literaturwissenschaftlers Zacharias P. Thundy.[2]

Thundy erbringt den Nachweis, daß die Kindheits- und Jugendgeschichten Jesu mit jenen Buddhas in zahlreichen Details übereinstimmen. Arthur Lillie, der Ende des 19. Jahrhunderts in englischen Diensten in Indien tätig war, hatte bereits seine Verblüffung angesichts der Korrespondenzen zwischen der Lebensgeschichte Buddhas und Jesu in die Worte gefaßt: »Es scheint mir, als ob die Biographien von Jesus und Buddha sich ständig gegenseitig erhellen.«[3] Thundy zeigt jetzt überzeugend, daß die grundlegenden Texte und Traditionen der Buddhisten älter sind als jene der christlichen Schriften und der Entlehnungsweg in der weit überwiegenden Mehrzahl der Erzählungen von Osten nach Westen verlief und nicht umgekehrt. Er kommt zu dem Schluß, daß die Quellen für die Kindheitserzählungen Jesu zum großen Teil außerhalb der jüdischen Tradition liegen und daß dieser fremde Einfluß von Anbeginn der Niederschriften vorhanden war.

Durch moderne literaturwissenschaftliche Methoden, etwa der Dekonstruktion von Texten, dokumentiert der Forscher, daß zahlreiches Einzelmaterial aus anderen Kulturkreisen als Vorlage für die christlichen Berichte diente. Die zusammengesetzte Struktur der Evangelienberichte mit ihren »Verdunklungen, abrupten Änderungen, Fehlzeilen und offensichtlichen Einflüssen nicht genannter Quellen«[4] identifizierte er als Frucht verschiedener Autoren zu unterschiedlichen Zeiten. Die Evangelien sind also keineswegs Schriften einzelner Männer, die wir unter den Namen Matthäus, Markus, Lukas und Johannes kennen. Sie entstanden unter den Händen vieler Autoren als Zusammenstellungen mündlich und schriftlich überlieferter Untertexte mit redaktionellen Überarbeitungen und einer regelrechten Endredaktion. Auf dem Hintergrund des hellenistischen Synkretismus flossen in die Evangelientexte und in die apokryphe Literatur viele Geschichten ein, die aus Indien »importiert« worden waren. Insbesondere gilt dies für die Kindheitserzählungen.

Zumal die Biographen Jesu über diesen Abschnitt seines Lebens so gut wie gar nichts wußten, mußten sie improvisieren. Unter dem theologischen Diktat, Jesus als den gottgesandten Erlöser und Sohn des Allerhöchsten zu porträtieren, bedienten sie sich vorwiegend mythischer Erzählwerke, die geeignet waren, die jungen Jahre eines göttlichen Kindes wiederzugeben. Vor allem die Texte der Mahayana-Schulen, die den Menschen Siddhartha Gautama in den Status einer Gottheit erhoben hatten, erwiesen sich als überaus geeignete Vorbilder. Thundy beschreibt insbesondere die literarische Tätigkeit der christlichen Autoren und sieht keine anderen Gründe an der Entlehnung speziell buddhistischer Werke, als jenen, daß diese Geschichten in Alexandria, Syrien und Palästina damals zugänglich waren und als ideale Schablonen herangezogen wurden.

Grundsätzlich ist dieser Befund durchaus stimmig. Wir zweifeln nur daran, daß die Verfügbarkeit geeigneter Geschichten der einzige Grund war, warum wir an so vielen Stellen des Neuen Testaments das Echo buddhistischer Schriften, Ideen und Lehren vernehmen. Wir werden zeigen, daß die Auswahl speziell des buddhistischen Materials noch andere Gründe hat, die um vieles überraschender sind. Sie zeigen nicht nur ein neues Bild von der Entstehung des christlichen Schrifttums, sondern fördern Wurzeln des Christentums zutage, die ein völlig neues Licht auf den Menschen Jesus werfen, auf sein Leben und seine Lehre. Betrachten wir aber zunächst den literarischen Teil der christlichen Überlieferung in seiner Abhängigkeit vom indischen, speziell dem buddhistischen Erbe.

Die Übernahmen in den Kindheitserzählungen Jesu sind derart zahlreich, daß wir sie hier nur, der Arbeit Thundys folgend,[5] im Vorübergehen streifen können. Sie beginnen mit der Vorstellung von der Präexistenz des jeweiligen Religionsstifters. Die Mahayana-Buddhisten haben die althergebrachte indische Anschauung wieder aufgenommen, daß Götter von Zeit zu Zeit in menschlicher (oder tierischer) Form auf die Erde kommen. Eine solche Inkarnation bezeichnen die Inder als *Avatar*. Wie Buddha im Tushita-Himmel weilte, bevor er auf die Erde kam, spricht das Johannesevangelium gleich in den ersten Sätzen von Jesus als der Inkarnation (Fleischwerdung) des »Wortes«, das mit Gott identisch ist. Später hat, dem Autor des Evangeliums zufolge, Jesus selbst behauptet: »Ehe denn Abraham ward, bin ich« (Joh 8,58).

Die Stammbäume von Gautama und Jesus verweisen jeweils auf königliche Herkunft. Die Darstellung der langen genealogischen Liste Jesu, mit der Matthäus sein Evangelium beginnt, findet eine bemerkenswerte literarische Entsprechung in einem buddhistischen Text, in dem in gleicher Weise die Herkunft Buddhas aufgezählt wird.[6] Selbst die jungfräuliche Empfängnis und Geburt ist im Buddhismus vorweggenommen. In einer Vollmondnacht hatte Maya, die Frau des Königs Suddhodana, einen seltsamen Traum: Ein weißer Elefant mit sechs Stoßzähnen und einer Lotusblüte im Rüssel stieg vom Himmel herab und schlüpfte in ihren Schoß. So ging Buddha, der Überlieferung zufolge, bewußt und willentlich in den Leib Mayas ein. Der Gedanke, daß die Jungfrauengeburt in Entsprechung steht zur moralischen und spirituellen Reinheit, zur Unberührtheit von Sünde, war also schon im Buddhismus entwickelt.

Die Bedeutung eines Elefanten war für Leser im Westen nicht nachvollziehbar, und es ist deshalb von besonderem Interesse, auf welche Weise in einem christlichen apokryphen Text das Symbol des weißen Elefanten zu dem einer weißen Taube verwandelt wurde. In der *Geschichte von Hannah* wird die Empfängnis Marias verblüffend ähnlich jener Buddhas beschrieben: Hannah sieht in einer Traumvision eine weiße Taube vom Himmel herabsteigen, die in ihren Leib eingeht. Die weiße Taube wurde von den Evangelisten als das Symbol des heiligen Geistes übernommen, und das Ebioniterevangelium erzählt, daß nach der Taufe Jesu der Heilige Geist in Form der Taube in seinen Leib eindrang, um zu zeigen, daß Jesus durch die Taufe gleichsam eine zweite Empfängnis erfuhr als Gottessohn. Jedem sind die langen theologischen Diskussionen über die Art der Jungfräulichkeit Marias bekannt, die dem »gesunden Menschenverstand« so wenig einleuchten wollen: ihre jungfräuliche Empfängnis und sogar ihrer Jungfräulichkeit vor, während und nach der Geburt. In den Evangelien werden diese merkwürdigen Detailfragen noch nicht aufgeworfen, sie sind die Frucht späterer theologischer Spitzfindigkeiten. Aber es ist offensichtlich, daß diese über die gleiche Quelle, die wir bereits ausgemacht haben, bezogen wurden: die buddhistische Tradition. In buddhistischen Texten wird nämlich nicht nur die Jungfrauenschaft Mayas in aller Ausführlichkeit abgehandelt, man bemühte sich darüber hinaus festzustellen, daß auch nach der Geburt Buddhas seine Mutter »unverletzt« war.

Wir kennen die Geschichte von Josephs Verwirrung angesichts der Tatsache, daß seine zukünftige Frau schwanger war, bevor er sie überhaupt zu sich genommen hatte (Mt 1,18), wie er schließlich von einer Engelsstimme über die wahren Hintergründe der Schwangerschaft aufgeklärt wird und sie ohne zu zögern akzeptiert. Alle diese Elemente sind in gleicher Weise in der Geburtsgeschichte Gautamas vorhanden. König Shuddhodana wird ebenfalls von Engeln (*Devas*) über die wunderbare Empfängnis des »noblen Bodhisattvas« in Kenntnis gesetzt. Sowohl Shuddhodana als auch Joseph werden als fromme, aufrichtige Männer charakterisiert.

Interessant ist auch, daß die Umstände von Jesu Geburt erstaunliche Übereinstimmungen mit Mythen aus dem hinduistischen Krishna-Kult zeigen. Wie Maria niederkam, als sie mit Joseph auf dem Weg in eine andere Stadt war, um sich einschreiben zu lassen, so kam Yashoda mit Krishna in einer fremden Stadt nieder, als sie mit ihrem Mann dorthin fuhr, um Steuern zu bezahlen. Wie Jesus wurde Krishna in einer Futterkrippe bei Schäfern geboren, wie Jesus entging Krishna einem großen Kindermord, der von einem Tyrannen angeordnet wurde, und wie Jesus wurde der kleine Krishna in ein Exil gebracht. Es gibt Hinweise darauf, daß die Darstellung Christi als guter Hirte und Verkünder einer Religion der Liebe im Johannesevangelium ebenfalls auf die Krishna-Tradition zurückzuführen ist, die innerhalb des Hinduismus eine ausgesprochene Liebesreligion um den »Hirtengott« begründet hat.

Bei der Empfängnis und bei der Geburt Gautamas erschien ein alles überstrahlendes Licht in der Welt. Die christlichen Geburtserzählungen gehen ebenfalls mit wunderbaren Lichterscheinungen einher. Einmal versetzt das Licht des Herrn die Hirten in Furcht (Lk 2,8), ein anderes Mal scheint ein blendend heller Strahl in der Höhle,[7] wo Maria war, und als er verschwand, erschien an seiner Stelle der Jesusknabe (Protev. Jacobi 14,10–12). Vergessen wir nicht die jedem bekannte Version des Matthäus von den Magiern aus dem Orient, die den Stern Jesu im Osten gesehen hatten (Mt 2,2).

Thundy macht auf ein Detail aufmerksam, das auf den ersten Blick vernachlässigungswürdig erscheint.[8] Die buddhistische Legende berichtet davon, daß der Neugeborene in Windeln gewickelt wurde. Während Matthäus diese Kleinigkeit beiseite läßt, wird sie von Lukas und in einer apokryphen Schrift, dem sogenannten Pseudo-Matthäus, berichtet. Man könnte annehmen, daß es allgemein üblich war, Neugeborene in Windeln zu wikkeln und dafür wirklich nicht eine Entlehnung aus einer fremden Textquelle bemühen muß. Gerade diese Nebensächlichkeit hält Thundy aber für bemerkenswert. Warum sollten Lukas und Pseudo-Matthäus einen solchen Gemeinplatz überhaupt erwähnen, wenn sie ihn nicht aus einer anderen Textquelle kopiert hätten? Was Pseudo-Matthäus anbelangt, wiegt die Beweislast, daß der Autor ohnehin häufig aus den buddhistischen Kindheitserzählungen kopiert, schwer, und es ist deshalb sehr wahrscheinlich, daß er auch das Jesuskind in den Windeln nach der indischen Legende geformt hat. Wir finden im Pseude-Matthäus eine Vielzahl von eindeutigen, sehr speziellen Übernahmen aus dem buddhistischen Schrifttum. Dazu zählen etwa die Zähmung wilder Tiere angesichts des heiligen Kindes oder die Geschichte vom Baum, der sich durch magische Kräfte des Knaben herabbiegt, eine Wasserfontäne, die aus dem Nichts hervorquillt, oder die Bilder anderer Gottheiten in einem Tempel, die vor dem Knaben zu Boden stürzen und zerbrechen. Sie alle entstammen ohne Zweifel den identischen Vorbildern im *Lalitavistara* und anderen Buddha-Biographien.

Eine eigentümliche Parallele besteht zu den sieben Schritten, die Siddhartha Gautama gleich nach seiner Geburt gegangen sein soll. Sie sind wesentlicher Bestandteil der Legende des Buddhakindes, weil die Zahl sieben einen bedeutenden symbolischen Stellenwert im Buddhismus besitzt. Zudem hat Paul Mus nachgewiesen, daß die sieben Schritte Gautamas mit seiner Fähigkeit zur Levitation in Verbindung stehen.[9] Das »schwebende« Wandeln Buddhas findet den gleichen Zusammenhang in einer apokryphen Erzählung über die Kindheit Jesu. Das Protevangelium des Jakobus (6,1) schildert den Jesusknaben, wie er wächst und einmal ausgerechnet sieben Schritte geht. Die Mutter ist darüber hoch erfreut und ruft aus: »Es lebe der Herr, mein Gott! Du brauchst nicht auf dieser Erde gehen, damit ich dich zum Tempel des Herrn führe.« Der innere Zusammenhang in beiden Fassungen der Geschichte über die sieben Schritte mit der damit verbundenen Fähigkeit, sich über das Irdische nicht nur bildlich gesprochen »erheben« zu können, ist augenfällig.

Thundy berichtet noch über eine Anzahl weiterer erstaunlicher Parallelen in den Kindheitserzählungen und legt der künftigen Forschung nahe, mit viel größerer Aufmerksamkeit indische Quellen zu studieren, um die Textgeschichte der Evangelien einer Klärung zuzuführen. Einige Abschnitte des Neuen Testaments sind bereits eingehender untersucht worden, und die Abhängigkeit von buddhistischen Stoffen konnte deutlich aufgezeigt werden. Wir werden einige dieser Abschnitte darstellen, um zu zeigen, wie weitreichend der Einfluß des Buddhismus auf neutestamentliche Berichte ist, von denen der Christ gelernt hat, sie als typische Inhalte seiner Religion aufzufassen. Dazu gehört beispielsweise die Darstellung Jesu im Tempel und der Auftritt des alten Simeon.

Die Weisen und das auserwählte Kind: Asita und Simeon

Vielen aufmerksamen Untersuchern des christlichen und buddhistischen Schrifttums war aufgefallen, daß zwischen der Verherrlichung des Kindes Siddhartha Gautama durch den greisen Seher Asita und der Geschichte von Simeon im Tempel (Lk 2,25–35) ein enger innerer Zusammenhang besteht. In einer seiner Visionen sah Asita, wie die Götter auf dem Berg Meru voller Freude waren, tanzten und sangen, und er fragte sie, was wohl der Grund dieses Jubels sei. Sie gaben ihm zur Antwort: »Der Bodhisattva, das edelste Kleinod, der Unvergleichliche, ist auf der Welt der Menschen zu Heil und Segen geboren in dem Shakya-Dorf im Lumbinineyya-Land. Darüber sind wir befriedigt und überaus fröhlich.« Asita macht sich auf den Weg zum Haus des Fürsten Shuddhodana, wo er dessen Sohn, den künftigen Buddha, in die Arme nimmt, an ihm die 32 Merkmale eines großen Mannes erkennt und zu weinen beginnt. Bestürzt fragen die Umstehenden, ob dem Knaben etwas zustoßen würde. Da erklärt ihnen Asita, daß der Prinz das Rad der Lehre in Bewegung setzen wird, weil er das Mitleid fühlt für das Heil vieler Menschen. Der Unvergleichliche wird eine weit verbreitete Religion gründen und er, Asita, sei zu alt, um seine Lehre noch vernehmen zu dürfen. Er weine, weil er sterben werde, bevor Buddha seine Lehre verkünden könne.

Die Geschichte des Sehers Asita findet sich in zahlreichen Biographien Buddhas aus der Zeit nach der Zeitenwende, aber auch bereits in einem der ältesten Pali-Texte, dem *Nalakasutta* des *Suttanipata,* das mindestens ein Jahrhundert vor der Zeitenwende entstanden ist. Dennoch hat man oft ins Feld geführt, eine Abhängigkeit brauche nicht angenommen zu werden. Der Greis, dessen Lebensjahre auslaufen, als Symbol der alten Zeit, der dem Kind huldigt, mit dem eine neue Zeit anbricht, dies sei ein archetypisches Bild, das nicht auf einen Kulturraum beschränkt bleibt, sondern überall eigenständig entstehen kann, wo Heroen literarisch ihre mythische Erhöhung erfahren. Freilich ist ein archetypisches Arrangement als Grundgerüst für beide Kindheitserzählungen nicht von der Hand zu weisen. Sie folgen den Beispielen der großen Heroenzyklen aller Zeiten und Kulturen.[10] Die Einzelheiten der Komposition der Lukas-Geschichte zeigen allerdings, daß die mythische Ausgestaltung des Jesus-Bildes bevorzugt auf Anleihen aus der buddhistischen Überlieferung zurückgreift.

Nach der Kindheitserzählung des Lukas wurde Jesus 40 Tage nach seiner Geburt zur Darstellung in den Tempel nach Jerusalem gebracht. Dort lebte der gottesfürchtige greise Simeon, der vom Heiligen Geist die Zusage erhalten hatte, daß er nicht sterben würde, bevor er nicht »den Gesalbten des Herrn« gesehen hätte. Simeon nimmt das Jesuskind im Tempel in die Arme und weiß, daß er nun getröstet sterben kann, denn er hat die Geburt des Heilands erlebt.

Die Entsprechungen zwischen der buddhistischen und der biblischen Erzählung sind äußerst frappierend:[11] Jeweils handelt es sich um zwei greise Männer, die ein ganz ihrer Religion hingegebenes Leben führen und durch himmlische Wesen auf ein Kind aufmerksam gemacht werden, das ein Heilsbringer werden soll. Beide nehmen das Kind in die Arme und prophezeien ihren Tod, bevor das Kind erwachsen sein wird. Eine Eingebung des Heiligen Geistes veranlaßt Simeon, das Kind als »Messias des Herrn« zu identifizieren, Asita wird durch eine visionäre Nachricht von Göttern belehrt, den »kommenden Buddha« zu erkennen. Auffallend und über jede archetypische Erklärung hinausgehend ist zudem, daß in beiden Erzählungen die auserwählten Knaben von Engelshymnen gepriesen werden. Eine Eigenart, die sogar den skeptischen Indologen Richard Garbe zu der Äußerung veranlaßt hat, daß man bei dieser merkwürdigen Übereinstimmung »an einen Zufall nicht glauben kann«, und er zeigt sich verwundert darüber, daß bei der christlichen Umbildung vom buddhistischen Original so viele charakteristische Züge erhalten geblieben sind.[12]

Ein auffallender Hinweis auf die Abhängigkeit dieses Erzählzusammenhangs von einem indischen Original ist der Umstand, daß eine Darstellung im Tempel keineswegs ein jüdischer Brauch war. Das mosaische Gesetz sieht lediglich ein Reinigungsopfer für die Mutter vor, bei dem noch nicht einmal der Vater und schon gar nicht das Kind selbst anwesend sein sollten. Hingegen war es in Indien Brauch, daß ein Neugeborenes in den Tempel gebracht wurde, um den Gottheiten die Ehre zu erweisen. Deshalb berichtet das Lalitavistara, daß Gautama von beiden Eltern, wie im Evangelienbericht über Jesus zu lesen ist, in den Tempel gebracht wurde. Es sieht demnach so aus, als ob Lukas zur Rechtfertigung für die Einarbeitung der Asita-Legende einschließlich des Tempelbesuchs mit dem Erstgeborenen versuchte, die Darstellung im Tempel als eine jüdische Sitte darzustellen. Er hat damit die indische Vorlage der hebräischen Lebensform künstlich angepaßt. Läßt man die aufgesetzten jüdischen Elemente beiseite, bleiben jene bestehen, die auch im Zentrum der buddhistischen Asita-Geschichte stehen. Die Abhängigkeit der

Lukas-Erzählung von der indischen Vorlage kann sogar in einer wörtlichen Parallele festgestellt werden. Asitas Vision wird als Besuch im Tushita-Himmel dargestellt, also in jenem Himmel, in dem Buddha vor seiner Inkarnation als Siddhartha Gautama weilte. Der Aufenthalt des vollkommenen Asketen im Himmel ist als eine Art außerkörperlicher Reise vorzustellen, und deshalb gelangt Asita auf geistige Weise, gleichsam »durch die Luft«, zum Haus des Shuddhodana. Lukas läßt Simeon ebenfalls vom Geist geführt (*en to pneumati*) im Tempel erscheinen.[13]

Übrigens unterbricht der Autor des Lukasevangeliums gern den Fortgang von Handlungen durch hymnische Gesänge oder Ansprachen, die sich in Eigenart und Ton immer ähnlich sind. Diesen Zug hat er mit den buddhistischen Sutras gemeinsam, die immer wieder von *Gathas,* rhythmischen Einschüben in metrischer Form, aufgelockert sind.

Nach der Darstellung Jesu im Tempel folgt bei Lukas (2,41–52) der Bericht vom zwölfjährigen Jesus, der während des Passahfestes in Jerusalem von seinen Eltern aus den Augen verloren, schließlich im Tempel wiedergefunden wird, wo er die Lehrer mit seinen Einsichten in Erstaunen versetzt. Auch hierfür gibt es eine buddhistische Parallele im *Lalitavistara,* die davon handelt, daß der kleine Prinz Siddhartha bei einem Ausflug mit Freunden verlorengeht. Sein Vater findet ihn schließlich, in religiöse Betrachtungen versunken unter einem Baum sitzend. Auf wundersame Weise wirft der Baum einen Schatten, als würde die Sonne im Zenit stehen, obwohl sie kurz vor dem Untergehen ist. Ergriffen von diesem Zeichen verbeugt sich der Vater vor seinem Sohn. In beiden Erzählkreisen geht der Sohn verloren und wird bei religiösen Betrachtungen wiedergefunden.

Auch ohne buddhistischen Einfluß würden wir eine Legendenbildung, wie jene des zwölfjährigen Jesus, der im Tempel mit den Lehrern diskutierte, erwarten. Denn zum archetypischen Modell des Heiligen gehört seine Erscheinung als *Puer Senex* – der »alte Knabe« oder das »weise Kind«. Um zu sehen, wie rasch sich solche Mythen um bedeutende Gestalten bilden, braucht man nur

Werke der Mythologie aufzuschlagen, in denen es von Göttern, die wunderbar kluge Kinder waren, nur so wimmelt. Von Buddha dichtete später die fromme Legende, er sei schon im Leib seiner Mutter Gesetzeslehrer gewesen und unmittelbar nach der Geburt habe er den Zweck seiner Menschwerdung kundgetan.

Eine weitere Übereinstimmung finden wir in der Seligpreisung der Mutter des Herrn. Von seinen Ausfahrten zurückgekehrt, besingt ein Mädchen die Schönheit und Majestät Gautamas mit den Worten: »Die Mutter ist fürwahr selig, der Vater ist fürwahr selig, die Gattin ist fürwahr selig, die einen Mann wie diesen hat.« Siddhartha Gautama wird ob dieser Worte sehr nachdenklich, denn sie enthalten ein Wortspiel, das in der Übersetzung verlorengeht. Das Wort *nibutta* (selig) hat auch die Bedeutung von »erloschen« oder »ergeben« und lenkt die Gedanken Gautamas auf das damit verwandte *Nibbana* (Nirvana). Auf dem Hintergrund des Elends der Welt, das er kennengelernt hatte, ließ ihn dieser Gesang begreifen, daß wahre Seligkeit nicht außerhalb des Nirvana gefunden werden kann.

Man wird sofort an den unmotivierten Zwischenruf einer Frau bei Lukas (11,27–28) erinnert, als Jesus vom Austreiben unreiner Geister doziert. Auch hier handelt es sich um eine Seligpreisung der Mutter. Sie führt wie bei Gautama nicht zu einer Reaktion auf die Verherrlichung, sondern auf tiefere religiöse Gedanken. In beiden Fällen sind die Umstände und die Art der Seligpreisung verblüffend ähnlich. Matthäus und Markus kannten diesen Vorfall nicht, ihr Handlungsstrang setzt sich ununterbrochen fort. Die unmotivierte Einfügung in einen davon unabhängigen Verlauf des Geschehens bei Lukas deutet darauf hin, daß ihm die Seligpreisung als Textfragment vorgelegen hat, er aber unsicher war, wo er sie einfügen sollte. Die Fremdartigkeit erklärt sich daraus, daß auch dieses Textelement offensichtlich buddhistischer Herkunft ist.

Die Lehrrede über die Wiedergeburt

Wir haben schon bei der Betrachtung der Lehre des Pythagoras gesehen, daß seine Auffassung von der Wiedergeburt aus Indien stammte. Trotz aller Bereinigungen hat sich auch in den Evangelien an verschiedenen Stellen der Gedanke der Wiedergeburt erhalten, ja es scheint sogar, als ob diese »unchristliche« Idee von Jesus selber gelehrt wurde. Wie ist das möglich? Hatte Jesus seine Auffassung von der Reinkarnation, wie Pythagoras ein halbes Jahrtausend vor ihm, aus einer indischen Quelle?

Um die Vorstellungen der Wiedergeburt im biblischen Schrifttum zu würdigen, ihren Quellen und Traditionen nachzuforschen, müßte man ein eigenes Buch schreiben. Sicher ist, daß der Gedanke der Wiedergeburt zu den ältesten der Menschheit gehört. Er hat über die Religionen der steinzeitlichen Jägervölker Eingang gefunden in den Formenkreis des Schamanismus[14] und kehrte wieder im Kult der Großen Mutter der ackerbauenden Kulturen und später in den Mysterienreligionen des Nahen Ostens. In Indien hat der Wiedergeburtsglaube in ältester Zeit eine eigenständige Entwicklung genommen und stand stets im Mittelpunkt der Religionen. Wir haben gesehen, daß bereits Pythagoras diesen Typus der Wiedergeburt aus Indien bezogen hat. In hellenistischer Zeit, durch die charakteristische Öffnung zu den Gedankenkreisen des Ostens, wurden die indischen Wiedergeburtslehren auch in Palästina bekannt. Ort der Verbreitung wird vor allem das alexandrinische Umfeld gewesen sein, wo die Wiedergeburtslehren eifrig diskutiert wurden. Zumal in jener Zeit auch Pythagoras eine Renaissance erlebte, war die Beschäftigung mit dem Reinkarnationsgedanken unter hellenistischen Intellektuellen nicht ungewöhnlich.

Man kann deshalb davon sprechen, daß der Gedanke von Wiedergeburt und Seelenwanderung damals im jüdischen Volksempfinden geruht habe. Das läßt sich anhand einer Reihe von Aussagen im Neuen Testament nachweisen. Denken wir etwa an die Frage der Jünger an Jesus, ob der Blindgeborene gesündigt habe oder seine Eltern, daß er blind geboren sei (Joh 9,2). Die Annahme, er selbst könne gesündigt haben, setzt natürlich voraus, daß diese Sünde in einem früheren Leben begangen wurde und schließt auch den indischen *Karma*-Gedanken mit ein. *Karma* bedeutet »Tat/Handeln«, und die indischen Konzepte der Wiedergeburt legen eine besondere Bedeutung auf die Früchte der Taten, wobei gute und schlechte Handlungen in diesem, aber auch in künftigen Leben auf den Menschen zurückfallen. Darum hat Buddha die Achtsamkeit ins Zentrum seiner Lehre des achtfachen Pfades gerückt: Achtsamkeit auf unsere Taten, aber vor allem schon auf unsere Gedanken und unsere Worte, die beide den Taten vorausgehen.

Was uns im Neuen Testament als selbstverständlicher Wiedergeburtsglaube entgegentritt, war dem älteren Judentum keineswegs vertraut. Die hellenistische Denkungsart hatte diesen Zug in ihrem Einflußbereich verbreitet. Erst um die Zeitenwende hatte sich in jüdischen Kreisen eine Wiedergeburtslehre (*Gilgul*) etabliert. Die Talmudisten gingen von der Annahme aus, Gott habe nur eine bestimmte Anzahl von Judenseelen geschaffen, die stets wiedergeboren würden. Zur Strafe konnten sie auch in Tierkörper versetzt werden. Nach dieser Vorstellung muß der Mensch so lange Seelenwanderungen (*Gilgul-Neschama*, »Rollen der Seele«) durchleben oder sich an eine andere Seele anhängen (*Ibbur-Neschama*, »Wanderschaft der Seele«; *Dibbuk* »Anhaften«), bis er seine Erlösung (*Tikkun*, »richtige Ordnung, Harmonie«) gefunden hat. Die Idee, daß die Erlösung erst eintritt, wenn das Ziel der irdischen Entwicklung erreicht ist, deutet auf indisches und buddhistisches Gedankengut. Diese jüdischen Lehren sind also sicher erst in hellenistischer Zeit entstanden.

Reinkarnationsvorstellungen nahmen ohne Zweifel in der Gedankenwelt Jesu einen wesentlichen Platz ein. Das kann zweierlei bedeuten: Entweder Jesus war ein hellenistischer Weisheitslehrer, der sich das Konzept der Wiedergeburt als philosophisches Lehrgut zu eigen gemacht hat, oder er hat die Idee indischen Quellen entnommen. In der Art, wie die Wiedergeburtslehre selbstverständlich in seiner Lehre eingebaut erscheint und zu einem Grundbestandteil seiner eigentlichen Erlösungsvorstellungen wird, scheint uns die Annahme einer indischen Wurzel sehr plausibel. Nur in Indien stand Reinkarnation in vergleichbarem Ansehen, und nur in Indien war sie mit einer Morallehre verbunden wie jener, die Jesus in Palästina verbreitete (s. S. 80 ff.). Infolgedessen klangen Jesu buddhistische Lehren für jüdische Ohren so fremd.

An zahlreichen Stellen des Neuen Testaments kann man der Wiedergeburtsthematik nachspüren.[15] Jesus hat von eigenen früheren Existenzen geredet und über sein Wiederkommen und damit eine eindeutige Position zur Frage der Reinkarnation bezogen. Die oben erwähnte deutlichste Stellungnahme Jesu zu seiner Vorexistenz (Joh 8,58) findet sich in vergleichbarer Weise in der ältesten Lebensgeschichte Buddhas, der *Nidanakatha,* in der Buddha von vornherein als präexistent dargestellt wird.

Den wichtigsten Abschnitt im Neuen Testament über Jesu Einstellung zur Frage der Wiedergeburt bewahrt das Johannesevangelium (Joh 3,1–4; 7,9–11). Er ist leider durch Übersetzungsfehler weitgehend verstümmelt worden. Wir können es der sorgfältigen Arbeit von Günther Schwarz danken, daß viele dieser Fehler verbessert werden konnten. In zahlreichen Publikationen hat es der Theologe unternommen, den ursprünglichen aramäischen Wortlaut der Evangelien aus den vorliegenden griechischen Übersetzungen wiederherzustellen und von dieser Basis aus wieder in die deutsche Sprache zu übertragen. Als Frucht dieser jahrelangen Arbeit liegt jetzt das mit seinem Sohn Jörn Schwarz auf diese Weise zusammengestellte »Jesus-Evangelium«[16] vor, das aus allen vier kanonischen Evangelien und außerbiblischen Stellen durch die Rückübersetzung gebildet wurde. Bei der Analyse der buddhistischen Parallelen wird uns das »Jesus-Evangelium« immer wieder eine wichtige Hilfe sein. Die Zitatstellen werden mit »JeEv« abgekürzt.

Betrachten wir also den erwähnten Abschnitt – Jesu Lehrrede über die Wiedergeburt – in der korrigierten Übersetzung, wird

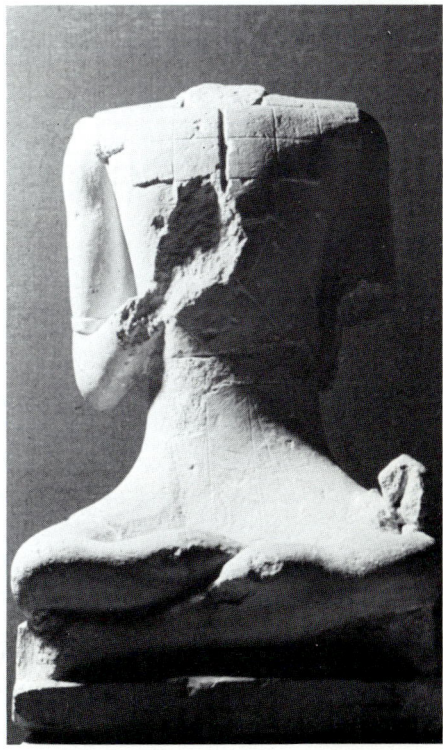

8

10

11

8 *Ausgrabungen der Klosteranlagen von Isipatana (Sarnath).*

9/10 *Buddhaähnliche Statuen, gefunden in der Nähe von Marseille (2. Jh. v. Z.).*

11 *Mahavira, der Begründer des Jainismus (Khujaraho).*

12 *Buddha mit der Geste des Inbewegungsetzens des Rades der Lehre (Gandhara, 2./3. Jh.).*

13/14 *Verblüffende Übereinstimmung zwischen den Kulturen: Links der berühmte »Proto-Shiva«, Siegel der Industal-Kultur (um 2000 v. Z.). Rechts die keltische Gottheit Cernunnos (Kessel von Gundestrup, 1.Jh. v. Z.).*

15 *Siegelabdruck eines typischen Siegels der Industal-Kultur (um 2000 v. Z.) mit den nicht entzifferten Schriftzeichen.*

16 *Pythagoras, der Philosoph, der als erster indische Lehren in großem Umfang in den Westen brachte.*

17 *Römische Öllampchen, die im Hafen von Arikamedu gefunden wurden (Museum von Pondicherry).*

18 *Römisches Schwert aus Arikamedu (Museum von Pondicherry).*

14

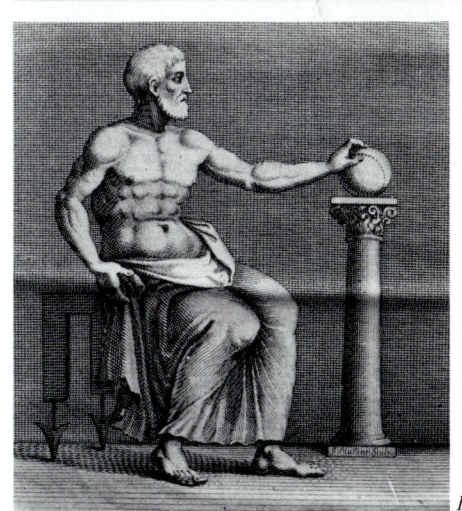

16

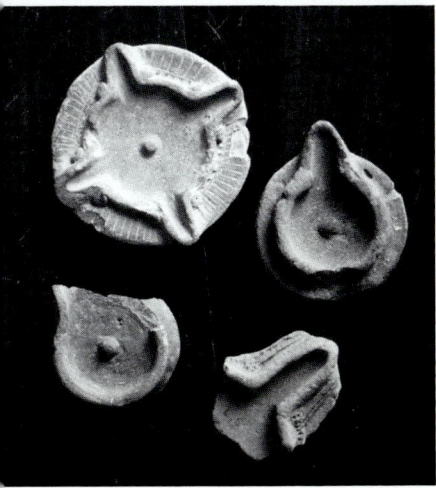

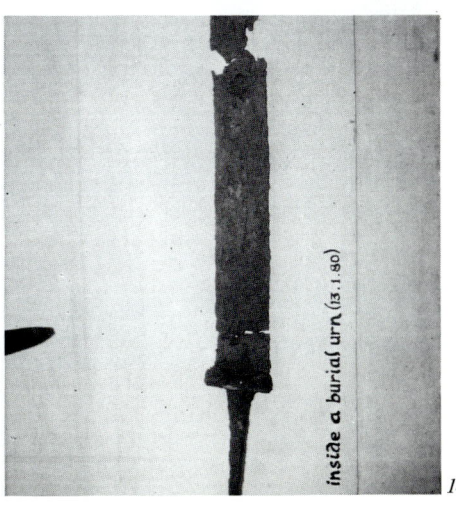

inside a burial urn (13.1.80)

18

19 Diese Flußmündung bei Arikamedu (Südindien) war schon in vorchristlicher Zeit ein idealer Naturhafen für die römischen Handelsschiffe.

20 Der Altar in der Thomas-Kathedrale in Madras (Südindien), auf dem Reliquien des Apostels verehrt werden.

der eigentliche Sinn dieser Stelle offenbar. Nikodemus, als Mitglied des Sanhedrins, begab sich eines Nachts zu Jesus, denn er wußte, daß Jesus »als Lehrer zu uns gesandt« wurde (JeEv 5,11). Gewöhnlicherweise wird die nächtliche Bekehrung des Nikodemus übersetzt mit den unverständlichen Worten Jesu: »Wenn jemand nicht von oben her geboren wird, kann er das Reich Gottes nicht sehen« (Joh 3,3). Der Ausdruck »von oben her« hat auch die Bedeutung »von neuem« und verweist damit auf die Lehre der Wiedergeburt. Die Kirche hat sich in späteren Jahrhunderten alle Mühe gegeben, die neutestamentlichen Anklänge an Reinkarnationsgedanken zu unterdrücken, ohne daß sie diese vollständig tilgen konnte. In der neu zusammengestellten und richtig übersetzten Lehrrede Jesu kommt seine eigentliche Intention wieder zum Vorschein. Nikodemus fragt Jesus: »›Damit ich [wieder] eingelassen werde in das Königtum Gottes, was muß ich tun?‹ Jesus antwortete: ›Amen, amen! – Ich sage dir: Wenn jemand nicht *wiederholt* geboren wird, so kann er nicht [wieder] eingelassen werden in das Königtum Gottes.‹ Nikodemus fragte: ›Wie kann wiederholt geboren werden – ein alter Mann? Kann er zurückkehren in den Leib seiner Mutter und abermals geboren werden?‹ Jesus erwiderte: ›Wundere dich nicht, daß ich zu dir sagte: Es ist nötig, daß du wiederholt geboren wirst‹« (JeEv 5,12–16).

Die Rede ist von einem Wiedereinlaß in das Königtum Gottes als Ausgangspunkt und Endpunkt des menschlichen Daseins. Man muß dieses Lehrstück in Verbindung bringen mit jenen Bibelstellen, in denen Jesus Johannes den Täufer als den wiedergekommenen Elia bezeichnete (Mt 11,13–15; 17,10–13; Mk 9,11–13), und jenen, in denen er selbst für den wiedergeborenen Elia, Jeremia oder einen der anderen Propheten gehalten wurde. Dann bleibt kein Zweifel, daß Jesus die leibliche Wiedergeburt, also im indischen Verständnis die Reinkarnation gemeint hat. Auf diesem Hintergrund muß auch der verhängnisvolle Übersetzungsfehler in der bekannten Matthäus-Stelle (Mt 18,3) korrigiert werden, als Jesus angeblich sagte, »wenn ihr nicht umkehrt und werdet wie die Kinder ...«. Das erstaunliche Ergebnis der korrigierten Übersetzung der Aussage lautet: »Würdet ihr nicht *wiedergeboren* werden, so dürftet ihr nicht eingehen in die Herrschaft Gottes.«[17]

Mehrere apokryphe Aussagen Jesu aus dem sogenannten Thomasevangelium (ThEv), das uns noch öfter beschäftigen wird, vermitteln diese Ansicht deutlich: »Jesus sprach: Habt ihr schon den Anfang entdeckt, daß ihr nach dem Ende fragt? Denn dort wo der Anfang ist, dort ist auch das Ende« (ThEv 18). Deutlicher noch in ThEv 19: »Jesus sprach: Selig ist, der war, ehe er wurde« und in ThEv 49: »Jesus sprach: Selig seid ihr Einsamen und Auserwählten, denn ihr werdet das Reich finden, weil ihr daraus stammt und wieder dorthin geht.«

Nach alter vorbuddhistischer indischer Vorstellung muß der Mensch viele Erdenleben durchlaufen, um jenen Grad an spiritueller Vervollkommnung zu erreichen, der ihn befähigt »zurückzukehren« in die eigentliche, die geistige Heimat. Die Upanishaden aus vorbuddhistischer Zeit sahen in dieser Rückkehr die Verwirklichung der Erkenntnis, daß das Selbst (*Atman*) identisch ist mit dem Urgrund, der höchsten göttlichen Ganzheit (*Brahman*). Für Buddha, der einen höchsten Gott ebenso wie eine Seele ablehnte, bedeutete diese »Rückkehr« ein Heimfinden ins Verlöschen, ins Nirvana: Das Ende der unaufhörlichen Vervielfältigung im Geteilten und Zufälligen des Erdendaseins. Schon bald nach dem Tode Buddhas haben seine Anhänger diese radikale Sicht der Dinge abgeschwächt, wohl auch darum, weil es ihnen schwer fiel, mit der Vorstellung zu leben, daß ihr verehrter Lehrer Siddhartha Gautama endgültig verloschen sein soll, getilgt von aller Existenz für alle Ewigkeit. Gewissermaßen durch die Hintertür schlich sich wieder eine Seele in den Buddhismus ein samt einer dazugehörenden Psychologie (in Abschnitten des *Abhidharma*), Buddha wurde in einen Himmel entrückt, das Nirvana erklärte man zu einem »Zustand«, nämlich zu einem Zustand unendlicher Glückseligkeit. Als Jesus lehrte, waren diese Ansichten in der einflußreichen Schule des Mahayana-Buddhismus bereits weit verbreitet. Man glaubte, daß die Buddhas vor ihrem Erdendasein in einem Himmel existieren, um nach ihrem Tode wieder dorthin zurückzukehren – bis zu ihrer nächsten freiwilligen Inkarnation. Im Zusammenhang mit der Frage der Wiedergeburt erweist sich das jesuanische »Königtum Gottes« als der Buddha-Himmel der Buddhisten.

Übrigens zeigt sich nicht nur der Inhalt des Gesprächs mit Jesus als eminent buddhistisch, die ganze biblische Szene hat eine buddhistische Parallele. Nikodemus, der nachts von Jesus über die Wiedergeburt belehrt wird, war ein angesehenes Mitglied der Ratsgemeinde und ein reicher junger Mann. In den buddhistischen Texten wird über den nächtlichen Besuch des reichen Yasa bei Buddha berichtet. Buddha belehrte Yasa über die Liebe, die Tugend, den Himmel und über den Weg der Erlösung und machte ihn zu einem Konvertiten. Vielleicht wollte der Autor des Johannesevangeliums die Reinkarnationslehre Jesu in eine Lehrsequenz einbinden und nahm dazu die Geschichte von Yasa und Buddha zum Vorbild. Bei den überaus zahlreichen buddhistischen Anklängen im Johannestext ist das sehr wahrscheinlich.

Eine eigenartig »indische« Wiedergabe der Reinkarnationsidee, auf die bereits Schopenhauer aufmerksam gemacht hat, begegnet uns im Jakobusbrief (3,6). Darin ist die Rede davon, daß die Zunge den »Kreis des Lebens« entfacht. »Kreis des Lebens« ist wieder eine falsche Übersetzung. Richtig müßte es lauten: »Kreis der Geburten« oder »Rad des Daseins«, was eine wörtliche Übertragung des indischen Begriffs »Rad der Wiedergeburten« (*Samsara Chakra*) darstellt. *Samsara* bedeutet wörtlich »Wanderung« und meint das Leben als Wanderung durch die Welt der Illusion unserer Sinne. Bei dem Bild vom entfachten Rad der Wiedergeburten wird man unwillkürlich an die bekannten Abbildungen des tanzenden Gottes Shiva (*Nataraja*) erinnert, den ein Flammenrad umgibt als Symbol des Tanzes der Naturkräfte (vgl. Abb. 21). Diese sind in hinduistischer Vorstellung wie die Körper der Menschen dem ewigen Entstehen und Vergehen unterworfen. Der Zusammenhang, in dem der Text des Jakobusbriefes

steht, verrät allerdings seine buddhistische Herkunft. Es geht nämlich um den rechten Gebrauch der »Zunge«, also um die Zügelung der Rede, wobei es ausdrücklich der Redemißbrauch ist, der das Rad der Wiedergeburten in Gang halten soll. Buddha hat als eine »Speiche« des achtfachen Pfades die »rechte Rede« angeführt. Der edle achtfache Pfad wird im Buddhismus als Rad mit acht Speichen wiedergegeben (*Dharma-Chakra*). Wer den Anforderungen des achtfachen Pfades, also auch jener der vollkommenen Rede, nicht gerecht wird, kann kein Befreiter werden, denn ohne sie kann es keine rechte Gesinnung und rechte Tat geben. Er wird das Rad der Wiedergeburten wieder anfachen. Interessanterweise geht der Stelle im Jakobusbrief ein Abschnitt voraus, der von allen, denen die buddhistische Parallele aufgefallen war, übersehen wurde: »Wenn jemand in der Rede nicht fehlt, der ist ein vollkommener Mann, fähig, auch den ganzen Leib im Zaum zu halten« (Jak 3,2). Diese Einleitung zur Konsequenz der Wiedergeburt als Strafe für die Folgen der üblen Rede ist die exakte Umsetzung der Forderungen Gautamas: »Reich an Wahrheit, Tüchtigkeit und wohlgeübter Zucht und Worte wohlgesprochen – das ist das höchste Heil« (*Mangala-Sutta* 5,4); und in identischem Zusammenhang, nur in umgekehrter Reihenfolge wie bei Jakobus: »Vor körperlichem Zorn hüte dich, sei körperlich gezügelt. Den bösen Wandel des Körpers aufgegeben habend, übe mit dem Körper guten Wandel. Vom Zorn der Rede hüte dich, sei in der Rede gezügelt. Den bösen Gebrauch der Rede aufgegeben habend, mach von der Rede guten Gebrauch« (*Dhammapada* 17,11–12).
Die Übereinstimmungen sind so deutlich, daß man die Frage stellen muß, auf welche Weise Jakobus an die buddhistischen Texte oder mündlichen Überlieferungen gelangt ist. Eine überraschende Antwort bietet eine aufschlußreiche Studie, die den Nachweis führt, daß der Zusammenhang zwischen Zunge und Feuer mit dem Rad der Wiedergeburten allein im Lichte der Ashoka-Edikte verstanden werden kann.[18] Offenbar haben buddhistische Ashoka-Missionare die Anweisungen auf den

Edikten treu weitergegeben, so daß sie noch im 1. Jahrhundert n. Z. der Autor des Jakobusbriefes exakt wiedergibt.

Die frühen christlichen Gemeinden erinnerten sich noch der Lehre Jesu. Bei ihnen war der Reinkarnationsglaube selbstverständlich, bis er im Jahre 553 einem historischen Irrtum zum Opfer fiel, als er auf dem fünften Ökumenischen Konzil von Konstantinopel zum Irrglauben erklärt und damit bis heute aus dem christlichen Glauben verbannt wurde.

Von heuchlerischen Asketen und arglistigen Propheten

Das buddhistische *Dhammapada* gehört zum sogenannten *Khuddakanikaya* (»Sammlung der kleinen Stücke«) und enthält vor allem die buddhistische Ethik. Es kann als »Weg der Tugend« oder »Weg des Gesetzes« übersetzt werden. Vielen gilt es als die Sammlung der authentischsten Aussagen des Siddhartha Gautama. Die 423 Verse des *Dhammapada* zählen ohne Zweifel zu den eindrucksvollsten Schöpfungen nicht nur der altindischen Spruchpoesie. Die verschiedenen Ausgaben gehen auf eine sehr alte Zusammenstellung zurück: Die älteste wurde in Pali abgefaßt (in der Folge abgekürzt Dh). In tibetischen Klöstern bewahrte man eine Fassung des *Dhammapada,* das im Prakrit-Dialekt geschrieben ist und als *Gandhari Dharmapada* (GDh) bezeichnet wird, nach der Region der buddhistischen Hochkultur von Gandhara. Ashokas Sohn Mahinda, der als Missionar nach Sri Lanka gegangen war, brachte die singhalesische Version mit, das *Dhampiya,* das leider verloren gegangen ist. Das *Udanavarga* (Ud) stellt eine auf dem *Dhammapada* fußende angereicherte Sammlung dar. Niemand weiß, wer für die erste Zusammenstellung verantwortlich zeichnete. Im Unterschied zu den Sutras, die Lehren eingebettet in einer erzählerischen Situation wiedergeben, ist das *Dhammapada* eine Spruchsammlung. Der buddhistischen Tradition zufolge wurde das *Dhammapada* beim ersten Konzil, unmittelbar nach dem Eingang Buddhas ins Nirvana, zusammengestellt. Wahrscheinlich sind die ältesten Texte aber erst im 1. Jahrhundert v. Z. niedergeschrieben worden. Die darin enthaltene mündliche Tradition ist ohne Zweifel weitaus älter. Man kann das daran erkennen, daß sich Ashoka in seinen Felsenedikten wörtlich auf Abschnitte des *Dhammapada* bezogen hat.

Wir werden in der Folge häufig auf die Sammlungen des *Dhammapada* und des *Udanavarga* zurückkommen, denn in ihnen finden sich erstaunlich viele Elemente, Abschnitte und Moralvorstellungen, die uns in den Evangelien wieder begegnen. Auffallenderweise sind es besonders die Belehrungen Jesu, die ihre Vorbilder in diesen buddhistischen Texten haben – und das nicht ohne Grund.

Es fällt auf, daß sich die Übereinstimmungen in gewissen Passagen häufen. So finden sich zahlreiche Parallelen im Kapitel 33 des *Udanavarga,* das die moralischen Haltungen und die geistigen Voraussetzungen für einen Menschen beschreibt, der in vorbildlicher Weise dem Pfad Buddhas folgt. Er wird darin *brahmana* genannt, ein Ausdruck, der in diesem Zusammenhang wohl am besten als »heiliger Mann« zu übersetzen ist. Diese Anhäufungen kann man als Hinweis werten, daß zumindest gewisse Abschnitte als schriftliche Vorlagen benutzt wurden und nicht nur auf eine allgemeine mündliche Tradition Bezug genommen wurde.

In der von Matthäus berichteten Fassung der Bergpredigt findet sich eine Belehrung an seine Zuhörer, die Lukas nicht kennt (Mt 5,21–48). Es sind dies die sechs Aussprüche Jesu, die alle mit der Einleitungsformel beginnen: »Ihr habt gehört, daß gesagt wurde … ich aber sage euch.« Das darin enthaltene Jesus-Wort über die Scheidung können wir getrost vernachlässigen, da es sich dabei nur um eine Ausarbeitung eines Abschnitts aus dem Markus-Text handelt (Mk 10,11–12). Von den fünf Lehren Jesu sind die vier über Töten, Ehebruch, Schwören und Vergeltung offensichtlich Entlehnungen von Buddhas »fünf Vorschriften« (*Pañcasila*). Die fünf Vorschriften Buddhas lauten: Es unterlassen, zu töten, etwas zu nehmen, das nicht gegeben wurde, sich der Fleisches-

134

lust hinzugeben, Lügen zu erzählen, sich mit Alkohol und Drogen zu vergiften (*Maha-Sudassana-Sutta* 1,16).

Auffallend ist, daß Buddha die fünf Vorschriften zu einem immer wiederkehrenden Grundsatz für seine Anhänger gemacht hat. In ihrer Beachtung zeigt sich, ob die vom Buddhismus geforderte Selbstkontrolle gemeistert wird. Wie bei Buddha stehen diese Vorschriften auch bei Jesus in Beziehung zur Abkehr von den Dingen der äußeren Welt in der Ausrichtung nach innen. Dieser Standpunkt wird noch einmal verdeutlicht, indem Jesus die Vorschriften mit der Zügelung der Rede in Zusammenhang bringt und damit die Kontrolle der Gedanken voraussetzt (hier schließt sich übrigens der Kreis zu dem buddhistischen Zitat im Jakobusbrief). Zumal uns nicht nur die fünf buddhistischen Vorschriften aus dieser Evangelienstelle entgegenkommen, sondern die Passage darüber hinaus verschiedene auffällige Parallelen zum buddhistischen Schrifttum zeigt, stellen wir sie der Übersichtlichkeit halber einander gegenüber.

Man wird nicht rein durch Waschen, wie es die meisten auf der Welt machen; Wer jede Sünde, große und kleine, verwirft, der ist ein heiliger Mann, weil er die Sünden verwirft. (Ud 33,13)

Durch das Selbst wird Böses getan, durch das Selbst verunreinigt man sich; durch das Selbst wird Böses ungeschehen gemacht, durch das Selbst reinigt man sich. (Dh 12,9)

Merkt ihr noch nicht, daß alles, was zum Munde eingeht, in den Bauch geht und durch den natürlichen Gang ausgeworfen wird? Was aber zum Munde herausgeht, das kommt aus dem Herzen, und das macht den Menschen unrein.

Denn aus dem Herzen kommen arge Gedanken, Mord, Ehebruch, Unzucht, Dieberei, falsches Zeugnis, Lästerung. Das sind die Stücke, die den Menschen unrein machen. Aber ohne Waschung der Hände zu essen, macht den Menschen nicht unrein. (Mt 15,17–20)

In dem Abschnitt über Ehebruch findet sich im Neuen Testament das drastische Bild des Auges, das man ausreißen soll, wenn es einem Ärgernis schafft, um durch die Vernichtung eines Glieds nicht den ganzen Leib der Hölle anheimfallen zu lassen (Mt 5,29). Auch diese Aussage[19] besitzt ein deutliches buddhistisches Vorbild: »Wer das Verlangen nach (weltlichen) Gütern zerstört hat, Sündhaftigkeit und die Fesseln des fleischlichen Auges, wer das Verlangen an seiner Wurzel ausgerissen hat, ihn nenne ich einen heiligen Mann« (Ud 33,68).

Wir sehen bereits an diesen wenigen Übereinstimmungen mit den Aussagen Jesu, daß die im buddhistischen Original angesprochenen moralischen Einstellungen, die ein *Bhikshu* (Bettelmönch) zu beachten hat, zum Teil wörtlich im Neuen Testament wiederkehren, eingebettet in eine andere literarische Fassung. Was in der buddhistischen Quelle wie eine nüchterne Anweisung klingt, ein Leitsatz, den man auswendig lernen sollte, ist in den Sprüchen Jesu aphoristisch verdichtet. Die Aussagen Jesu machen den Eindruck einer Rede, die buddhistischen den von geschriebenen Texten. Tatsächlich müssen wir uns diesen Unterschied bei den Gegenüberstellungen vor Augen halten. Wenn wir nicht nur zwei Schriftstücke gegeneinander abwägen, sondern eine schriftliche Vorlage mit einer Rede vergleichen, müssen wir die unterschiedliche Art der Darbietung in Betracht ziehen. Für die Sprechweise Jesu gilt dies im besonderen, zumal sie einige rhetorische Eigentümlichkeiten aufweist. Wir werden noch darauf zurückkommen, wenn wir uns auf die Suche begeben werden nach seinen authentischen Aussagen.

Die Warnung Jesu vor falschen Verkündern, die ebenfalls in der Matthäus-Version der Bergpredigt zu finden ist, schließt an die Übernahme der fünf Vorschriften an. Die falschen Propheten erweisen sich nur nach außen hin als »Reine«, als Aushängeschilder perfekten spirituellen Lebenswandels, während sie geistig verunreinigt sind und deshalb nur Demagogen und Verführer sein können: »Seht euch vor vor den falschen Propheten, die in Schafskleidern zu euch kommen, inwendig aber sind sie reißende Wölfe« (Mt 7,15).

Was in Palästina zur Zeit Jesu die Inflation an falschen Propheten war, das war in Magadha zur Zeit Gautamas die Inflation an falschen Asketen. Buddha hatte in gleicher Weise vor ihnen gewarnt, indem er ihr falsches Auftreten nach außen hin symbolisch an ihrem Putz und ihren Kleidern anprangerte: »Wozu deine Asketen-Haare, Narr! Wozu deine Kleider aus Tierhäuten? In dir ist ein Urwald, doch äußerlich schmückst du dich« (Dh 26,12).

Diese Maßregelung, sich nicht nur äußerlich zu einem Weisen zu machen, sondern von innen heraus, erschien dem Rezensenten der Gandhari-Version des *Dharmapada* so wichtig, daß er sie als ersten Vers an den Anfang der Sammlung stellte. Wahrscheinlich war zur Zeit der Niederschrift dieser Ausgabe eine regelrechte religiöse Hysterie ausgebrochen mit ungezählten selbsternannten Meistern, Erlösern und Verkündern, nicht unähnlich der Situation zur Zeit Jesu in Palästina, und man wollte dieser schlechten Entwicklung entgegenwirken, indem man die diesbezügliche Aussage an so prominente Stelle rückte.

Eine merkwürdige Aussage in Verbindung mit Jesu Jüngerwahl lesen wir im Johannesevangelium. Als Jesus Nathanael anspricht, erschrickt dieser und fragt ihn, woher er ihn kenne. Jesus gibt die dunkle Antwort: »Ehe dich Philippus rief, sah ich dich, wie du unter dem Feigenbaum warst« (Joh 1,48). Warum sah Jesus den Nathanael ausgerechnet unter dem Feigenbaum? Haben wir es hier mit einer Anspielung auf den buddhistischen Baum der Erkenntnis zu tun, den Bodhibaum, unter dem Gautama die Buddhaschaft erlangte? Der Baum von Bodh Gaya, unter dem der Erhabene zur großen Einsicht gekommen war, gehört zur Gattung *Ficus religiosa* – ein Feigenbaum. Es wurde auch die Ansicht geäußert, daß diese Stelle einen Übersetzungsfehler enthält und Jesus in Wahrheit sagte, er habe Nathanael gesehen, als *er selbst* unter dem Feigenbaum saß. Das würde allerdings eine völlig neue Perspektive eröffnen und Jesus als meditierenden Buddhisten darstellen. Eine unrichtige Übersetzung dieser Art läßt sich allerdings nicht schlüssig beweisen.

Jesu buddhistische Wundertaten

Im Buddhismus finden sich zahlreiche Relikte der vedischen und brahmanischen Religionsvorstellungen wieder. Sie gehen wahrscheinlich nicht auf Siddhartha Gautama zurück, sondern auf die Verfasser von Schriften, denen die Lehre Buddhas zu radikal erschienen sein mußte. Gautama, der ursprünglich Wunder und magische Fähigkeiten abgelehnt hatte, soll in seinem Lehrgespräch über den Lohn des Bettelmönch-Daseins über die Fähigkeiten des *Bhikshu* gesagt haben: »Er verwirklicht auf verschiedene Art (solche) Fähigkeit: Ein einziger geworden, wird er vielfach; vielfach geworden, wird er (wieder) ein einziger; (er vermag) zu erscheinen, zu verschwinden; er durchschreitet, ohne Widerstand zu finden Mauern, Wälle, Berge, als wäre es Luft; er kann in die Erde eintauchen und wieder auftauchen wie im Wasser; auf dem Wasser geht er, ohne zu sinken, wie auf der Erde; in der Luft bewegt er sich sitzend voran wie ein geflügelter Vogel.«[20] Freilich muß man davon ausgehen, daß die Erlangung solcher magischen Kräfte den Grad an spirituellem Fortschritt zeigen und nicht zur Befriedigung der Wunderlust dienen soll. Buddha hat, wie später Patanjali, der Autor der Yoga-Sutras, auf die Wichtigkeit verwiesen, sich nicht von den magischen Fähigkeiten faszinieren zu lassen. Die außergewöhnlichen Talente deuten auf Menschen, welche die äußere Welt überwunden haben.

In einer anderen Rede Buddhas hat die spätere Legendenbildung dies symbolisch verdeutlicht: Der Erhabene konnte Flüsse nur mühelos kreuzen, d. h. wenn er sich nicht dazu anstrengte. In diesem Zustand war er »erhoben« und schwebte gewissermaßen. Wie Buddha in gewissen Legenden sogar nie den Boden unter seinen Füßen berührt, so lesen wir in vergleichbarer Weise in den apokryphen Johannesakten (93,9) von der Beobachtung des Johannes an Jesus: »Als ich mit ihm ging, versuchte ich oft zu sehen, ob seine Schritte eine Spur hinterließen auf dem Boden, da mir aufgefallen war, daß er schwebte: und ich sah absolut nichts.«

138

Zwei berühmte Wundertaten Jesu sind mit Sicherheit buddhistischen Vorbildern entnommen: das Brotwunder und der Wasserwandel Jesu. Vielleicht finden sie sich in den Evangelienberichten auch deshalb unmittelbar hintereinander.

Das Brotwunder (Mt 14,15-21; Mk 6,35-44; Lk 9,13-17) ist eine offensichtliche Übernahme aus der Einleitung zu *Jataka* 78. Darin wird berichtet, daß Buddha mit einem Brot, das er in seiner Almosenschale hatte, seine 500 Jünger sättigte, daraufhin noch sämtliche Insassen eines Klosters. Trotzdem blieb noch viel Brot übrig. Richard Garbe hat darauf aufmerksam gemacht, daß nicht nur das Wunder selbst identisch ist, sondern daß auch die Zahlen in beiden Erzählungen in merkwürdiger Übereinstimmung stehen.[21] Jesus habe, den neutestamentlichen Berichten zufolge, 5000 Menschen mit fünf Broten (und zwei Fischen) gesättigt, wobei zwölf Körbe voll Brocken übrigblieben. In der *Jataka* werden 500 und noch viele mehr gesättigt, und es bleiben ebenfalls zwölf Körbe Brocken übrig! Die Zahl 500 taucht in buddhistischen Texten sehr häufig auf. Dieser Umstand und die geringere Menge als die 5000 der Bibel sind ein untrügliches Zeichen dafür, daß diese Erzählung ursprünglicher ist und Vorbild für die biblische war.

Die Fähigkeit, auf dem Wasser zu wandeln, wird im *Dighanikaya* und im *Majjhimanikaya,* den ältesten buddhistischen Texten, ausdrücklich als eine von vielen magischen Fähigkeiten Buddhas aufgelistet. Im *Mahavamsa* lesen wir, wie Gautama über den Ganges schwebt. Der Wasserwandel als paranormales Vermögen war in Indien zu Buddhas Zeiten nicht neu. Schon in den Veden lesen wir von heiligen Männern, die dazu in der Lage gewesen sein sollen.

Betrachten wir einmal die Geschichte vom Wasserwandel Buddhas, wie er im *Mahavagga* überliefert wurde.[22] Die Erzählung steht in Zusammenhang mit der Bekehrung Kassapas, der Führer einer Religionsgruppe von Asketen war. Es ist Regenzeit, und das Wasser fällt so heftig vom Himmel, daß sich bald kein Platz mehr findet, um trockenen Fußes umherwandeln zu können. Gautama wollte keineswegs spazierengehen, sondern in meditativer Versenkung wandeln. Es handelt sich dabei um eine wichtige buddhistische Übung, für die in den Klöstern eigene Wandelstege eingerichtet wurden. Gautama erwägt, durch seine außergewöhnlichen Fähigkeiten zum Zweck der meditativen Übung eine Stelle vom Wasser freizuhalten. Kassapa entbrennt in Sorge um den verehrten Lehrer. In der Angst, er könne von den Fluten fortgerissen worden sein, steigt er in ein Boot, um den Erhabenen zu suchen. Da sieht er, wie Gautama mitten im Wasser wandelt, ohne naß zu werden. Kassapa ist so überrascht, daß er zunächst ungläubig fragt: »Bist du dort, großer Bettelmönch?« Mit den Worten »Ich bin es, Kassapa« beruhigt Buddha den Ängstlichen und schwebt zu ihm ins Boot.

Kassapa und Buddha führen daraufhin ein Gespräch, und es bleibt Kassapa nichts anderes übrig, als die spirituelle Überlegenheit des Erhabenen anzuerkennen und zu seinem Glauben zu konvertieren.

Auf einem der eindrucksvollsten buddhistischen Bauwerke, dem Stupa von Sanchi, findet sich eine Reliefdarstellung vom Wasserwandel. Der Stupa wurde zwischen dem 2. und 1. Jahrhundert v. Z. errichtet. Die Abbildungen aus dem Leben Buddhas zeigen, wie früh bereits die Legenden Verbreitung gefunden haben müssen, denn ihre Darstellungen setzen voraus, daß die dahinterliegenden Geschichten allgemein bekannt waren. Damals wurde Buddha selbst wegen der großen Verehrung, die man ihm zollte, nicht dargestellt. Seine Abwesenheit ist sein charakteristischstes Merkmal. Die Vorstellung des Prinzen Rahula vor Buddha auf dem Stupa in Amaravati etwa (vgl. Abb. 24) zeigt zahlreiche Personen in verehrender Haltung um einen leeren Thron mit Rücken- und Sitzkissen und einer Fußbank mit den Abdrücken von zwei Füßen als Symbol der Gegenwart Buddhas. Der sichere Wandel Buddhas auf dem Wasser wird in Sanchi durch eine leere Steinbank inmitten der Fluten symbolisiert. Die Steinbank ist natürlich der klösterliche Wandelsteg, den Buddha Shakyamuni sozusagen unsichtbar entstehen ließ.

140

In den neutestamentlichen Texten zum Wasserwandel finden sich sehr eigentümliche Züge, die dem unvoreingenommenen Leser völlig unverständlich erscheinen müssen. Markus rechtfertigt den Wasserwandel Jesu als eine Art »Wunder-Zugabe«. Zuerst wirkte Jesus das Wunder der Speisung der Fünftausend – wie wir gezeigt haben ebenfalls ein buddhistisches Motiv. Aber dieses Geschehen hatte die Jünger offenbar nicht gebührend beeindruckt, denn sie »waren nicht zur Einsicht gekommen bei den Broten« (Mk 6,52). Also sah sich Jesus genötigt, ihnen durch ein effektvolleres Wunder zu imponieren. Er schickte seine Jünger mit ihrem Boot voraus und zog sich in die Einsamkeit zum Gebet zurück. Als die Jünger mitten auf dem See heftig gegen den Wind ruderten, wandelte Jesus auf dem Wasser.

Der Markusbericht wirkt allein schon deshalb fremd und aufgesetzt, weil er Jesus das Wunder wirken läßt, allein um die Einsicht seiner Anhänger zu wecken. Ein solches Verhalten paßt zur Persönlichkeit und Intention Jesu überhaupt nicht. Weder hatte er es nötig, durch Wunder zu imponieren, noch weniger war er der Typus des Jahrmarktzauberers, der Wunder am Fließband ablieferte.

Interessant für den Vergleich mit Buddhas Wasserwandel ist die Wortwahl. Jesus »geht« nicht auf dem Wasser, sondern er wandelt so wie die Peripatetiker, die Schüler des Aristoteles in ihrem Wandelgang der Schule, dem *peripatos,* auf und ab gingen.[23] Dieser Ausdruck gibt am ehesten das Geschehen wieder, das in der buddhistischen Erzählung berichtet wird, und ist die genaue griechische Parallele zum Schreiten in meditativer Versenkung, wie es in Gautamas Wassergang über den unsichtbaren Wandelsteg gemeint war.

Die Jünger Jesu sind bestürzt und glauben, ein Gespenst zu sehen. Und dann folgen, in verblüffender Übereinstimmung zur Vorlage, dieselben Worte aus dem Munde Jesu, die Buddha den verwunderten Kassapa hören läßt: »Ich bin [es]« (Mk 6,50; Joh 6,20).

Der Theologe Norbert Klatt konnte eindrucksvoll nachweisen,

daß das Motiv des Wasserwandels dem vorchristlichen Judentum völlig fremd war und daß die Bibel-Stellen aus den Büchern Hiob, Psalmen und Habakuk, die von den meisten Exegeten zur Interpretation des Seewandels Jesu herangezogen werden, nach Motiven und Strukturen überhaupt nicht auf die neutestamentlichen Stellen bezogen werden können. Weil die detaillierten Korrespondenzen in den Wasserwandelgeschichten Buddhas und Jesu so ungemein zahlreich sind, wollen wir sie, der Analyse Klatts folgend,[24] zusammenfassend auflisten:

1. Jesus wie Buddha sind allein an einem einsamen Ort.
2. Jesus wie Buddha vollziehen religiöse Übungen (Gebet/Meditation).
3. Jesus wie Buddha wandeln auf dem Wasser hin und her, was sogar mit den gleichen Begriffen in Pali wie im Griechischen wiedergegeben wird.
4. In beiden Fällen ist das Wasser unruhig oder reißend.
5. Die Geschichte wendet sich den Jüngern bzw. Kassapa zu.
6. Auf dem Wasser ist ein Boot mit Männern.
7. Die Insassen des Bootes sind über den Wasserwandler erstaunt.
8. Sie wissen nicht, wer der Wasserwandler ist, und fragen ihn.
9. Mit den Worten »Ich bin es« geben sich Jesus wie Buddha zu erkennen.
10. Die Männer wollen den Wasserwandler ins Boot nehmen.
11. Jesus wie Buddha steigen ins Boot.

Die Übereinstimmungen sind derart zahlreich, daß man die beiden Geschichten als nahezu identisch bezeichnen muß.
Bei Matthäus (14,28–33), nicht aber bei Markus und Johannes, finden wir noch zusätzlich einen Wasserwandel des Apostels Petrus. Dieser allerdings »wandelt« nicht, er »geht«; und darum geht er auch wohl unter, nämlich aus Angst. Auch der Wasserwandel des Schülers findet sich überraschend ähnlich in einer buddhistischen Vorlage, nämlich in der Einleitung zur *Jataka* 190:

Sariputta, ein Jünger Gautamas, versucht sich wie sein Meister mit einem Gang übers Wasser, zumal er am Ufer des Flusses Aciravati das Fährboot nicht finden kann. In tiefer Versenkung geht er über den Fluß. Als die Wellen höher werden und er aus dem meditativen Geisteszustand gerissen wird, beginnt er zu sinken. Sobald er wieder meditiert, kann er jedoch seinen Gang über das Wasser gefahrlos fortsetzen. Sariputta wie Petrus waren eben nicht »mühelos« über das tückische Element hinweggewandelt, wie es nur dem zusteht, der es in der Kunst der Versenkung und des Vertrauens weit gebracht hat. Petrus sinkt wegen des fehlenden Vertrauens, wegen seiner »Kleingläubigkeit«, für die ihn Jesus tadelt. Diese exakte Übereinstimmung kann nur auf eine Entlehnung schließen lassen.

Die Frau am Brunnen

Für sozialen Zündstoff sorgte das Auftreten des Buddha und des Jina, da beide das althergebrachte Kastensystem in Frage stellten. Für einen Mann edler Herkunft, wie Siddhartha Gautama, mußte es ausgesprochen ungewöhnlich gewesen sein, die angestammten Privilegien abzulegen. Freilich war es für seine »Werbung« von großem Vorteil, denn sein Stand zog viele führende und hochangesehene Menschen an, sich mit seiner Weltsicht auseinanderzusetzen, obwohl sie so viel potentiellen Konfliktstoff verbarg.

Zwar lehrte Buddha seine Schüler, sich von den Uneinsichtigen und Narren fernzuhalten und Freundschaft zu pflegen mit den Einsichtigen,[25] aber er verstand darunter keineswegs die Herabsetzung eines bestimmten Menschenschlags. Es war eine Empfehlung, um das spirituelle Fortkommen nicht zu gefährden: »Wenn ein Mensch einen weisen Begleiter findet, standfest und rein, soll er sich mit ihm zusammentun, alle Korruption überwinden, rücksichtsvoll und dankbar sein. Wenn ein Mensch keinen solchen Begleiter findet, standfest und rein, soll er alleine leben und keine Sünde begehen, wie ein Monarch, der auf sein riesiges Reich verzichtet« (Ud 14,13–14).

Trotzdem hat Buddha stets die Menschen als gleich behandelt, egal welchen Standes, welcher Herkunft oder welcher Kaste sie zugehörten. Jesus stand Buddha in dieser Hinsicht in nichts nach. Nicht nur ein Mal wurde ihm vorgeworfen, sich mit den sozialen Randgruppen abzugeben und die Gesellschaft von Tagedieben, Strolchen, Zöllnern und Huren den »angemesseneren« Kontakten vorzuziehen. Allerdings scheint dieser Umgang bei ihm nicht zentral gewesen zu sein, er sollte eher als Signal an jene (Pharisäer) gerichtet sein, die sich allzu fein und unbefleckt vorkamen und in ihrer Hochmütigkeit Menschen anderer Art verachteten. Freilich wollte er damit, was Buddha auch stets betont hatte, die prinzipielle Gleichheit aller Menschen vor Augen führen. Gautama hielt es für eine pragmatische Erwägung, nicht zu viel Zeit mit Halsstarrigen zu verlieren, während Jesus das soziale Experiment in den Mittelpunkt stellte.

Einmal zog sich Buddha den Zorn der höheren Gesellschaftsschichten einer Stadt zu, als er die Einladung einer Kurtisane annahm, bei ihr zu speisen. Wie konnte es der heilige Mann wagen, ihre Einladung auszuschlagen und statt dessen bei einer Prostituierten am Tisch zu sitzen? Gewiß nahm Gautama auch von bedeutenden Personen Essensgaben entgegen. Er verfolgte also in der Wahl seiner Tischgenossen kein Programm, das die sozial Benachteiligten bevorzugen würde. Seine Einstellung in der zwischenmenschlichen Begegnung war von radikaler »Gleichgültigkeit« im wahrsten Sinn des Wortes. Die Haltung Jesu klingt dagegen bisweilen aufsässiger, unnachgiebiger gegenüber den mächtigen religiösen Autoritäten. Beispielhaft ist die Erzählung über Buddhas Lieblingsschüler Ananda, der auf der Wanderschaft durch das Land dem Matangi-Mädchen Prakriti beim Wasserschöpfen begegnet. Er bittet sie, ihm zu trinken zu geben. Das Mädchen fürchtet aber, ihn zu berühren. Sie sei in der Kaste der Matangi geboren, läßt sie Ananda wissen, und es ist ihr nicht erlaubt, sich einem Heiligen zu nähern. Ananda antwortet ihr:

»Meine Schwester, ich frage weder nach deiner Kaste noch nach deiner Familie, ich frage dich nur danach, ob du mir Wasser zu trinken geben kannst« (*Divyavadana* 217).

Die Kaste der Chandala, der das Matangi-Mädchen angehörte, war die niedrigste der indischen Gesellschaft. Die Brahmanen straften sie mit abgrundtiefer Verachtung; niemals hätten sie von einem Chandala Wasser entgegengenommen, genügte doch schon der Schatten eines Unberührbaren, um einen Brahmanen rituell zu verunreinigen. Obwohl die Sozialsysteme und die historischen Bedingungen völlig anders gelagert waren, kannten die Juden in gleicher Weise verabscheute Völker: die Bewohner Samarias, die Philister und die Menschen von Seir. Die Samariter hatten ihre Eigenart zu bewahren versucht, indem sie sich auf dem Berg Garizim ihr eigenes Heiligtum errichtet und sich so vom »Dunghaufen« von Jerusalem abgewendet hatten. Die führenden Pharisäer hat dieses Verhalten zur Weißglut gebracht, und seitdem haben sie die Samariter als die abscheulichsten aller Menschen eingestuft, wovon das Weisheitsbuch Jesus Sirach, das zu Beginn des 2. Jahrhunderts v. Z. verfaßt wurde, ein ungeschminktes Zeugnis gibt: »Zwei Völker aber verabscheut meine Seele, und das dritte ist gar kein Volk: die Bewohner von Seir und Philisterland und das törichte Geschlecht, das in Sichem [Samaria] haust« (Jes Sir 50,25).

Nun findet sich im Neuen Testament eine längere Erzählung, die zunächst in verblüffender Ähnlichkeit der Geschichte von Ananda und Prakriti folgt. Gemeint ist die Begegnung Jesu mit der Frau am Jakobs-Brunnen bei Sychar in Samaria. Weil sie im Johannesevangelium (4,5–42) steht, ist sie natürlich zugleich von starken symbolisch-geistigen Zügen geprägt. Jesus bittet eine Samariterin am Brunnen um einen Schluck Wasser. Wir begegnen der gleichen Verwunderung über den Mut eines Angehörigen einer auserwählten Kaste bzw. eines auserwählten Volkes, sich einer Verachteten und Ausgestoßenen zuzuwenden in der Antwort der Frau: »Wieso begehrst du, der du ein Jude bist, von mir, die ich eine samaritische Frau bin, zu trinken?« An dieser Stelle würde man als Leser förmlich eine Entgegnung, wie jene des Ananda erwarten – einfach und jenseits aller Vorurteile, so wie man Jesus aus seinen Aphorismen kennt. Statt dessen folgt eine typisch mystisch-dunkle johanneische Erklärung, in der Jesus der Frau zu verstehen gibt, wenn sie wüßte, wer er sei, würde *sie* ihn um einen Trunk bitten, und er würde ihr »lebendiges Wasser« geben. Die simple, aber dramaturgisch wohl gestaltete Szene der ungleichen Begegnung führt abrupt in eine theologische Darlegung. Alles deutet darauf hin, daß der Evangelist eine Einleitung aus einer fremden Quelle benutzt hat, um sein Anliegen vom mystischen Christus zu formulieren. Man kann davon ausgehen, daß er um Jesu Geringschätzung von Vorurteilen wußte und es ihm deshalb gelegen kam, die indische Vorlage zu kennen, die dieses Thema in einprägsamer Weise wiedergeben konnte.

Wir haben in der christlichen Erziehung gelernt, vor allem die einfachen Geschichten, die simplen Vergleiche und Belehrungen als typisch für Jesus anzusehen. In diesen Texten offenbart sich die tiefe Weisheit im Einfachen und läßt uns Jesus als genialen Meister im Deuten alltäglicher Beobachtungen verstehen. Es spricht vieles dafür, daß Jesus tatsächlich von solcher Meisterschaft war. Dennoch muß es uns aufrütteln, wenn wir feststellen, daß einige der liebgewonnenen Anekdoten und Aphorismen, die jedes Kind aus frühesten Jahren im Herzen bewahrt, gar nicht aus dem Munde Jesu stammen, ja daß sie noch nicht einmal fromme Erfindungen seiner Schüler waren, sondern wörtliche Übernahmen aus buddhistischen Überlieferungen. Zu diesen zählt auch die Geschichte vom »Scherflein der Witwe« (Mk 12,41–44; Lk 21,1–4). Sie gehört, gerade wegen ihrer Einfachheit und Anschaulichkeit, zu den am ausführlichsten untersuchten Übereinstimmungen mit buddhistischen Vorbildern.

Der Leipziger Professor für Religionsgeschichte, Hans Haas, hat diesem Thema ein eigenes Buch gewidmet.[26] Im Neuen Testament wird eine Beobachtung Jesu an den Opferstöcken in der Schatzkammer von Jerusalem erzählt: Eine arme Witwe spendet zwei Lepta.[27] An diesem Opferstock stand ein Priester, der den

Wert der Spenden nannte und die Münzen prüfen mußte. Wer in der Nähe war, konnte genau vernehmen, wieviel jemand spendete. »Für Begüterte eine Gelegenheit zur Selbstdarstellung, für die arme Witwe ein Grund zur Beschämung und für Jesus ein Anlaß für die folgende Schülerunterweisung.«[28] Jesus belehrt seine Jünger, daß ein Armer aus dem Mangel heraus mit einer geringen Gabe mehr spendet als ein Reicher, der aus seinem Überfluß scheinbar mehr gibt. Um eine solche Lektion darzustellen, wäre es für die Evangelisten keineswegs nötig gewesen, ausgerechnet von *zwei* Lepta zu sprechen. Wenn man die Geschichte als ein illustriertes Sprichwort betrachtet, würde man erwarten, daß der Arme »einen Pfennig« opfert und deshalb vor dem Reichen hochgelobt wird. Darüber hinaus haben wir es hier nicht mit irgendeinem Armen zu tun, sondern mit einer armen Witwe.

In der buddhistischen Parallele (*Kalapanamandinika* 4,22) kommt gleichfalls eine Witwe in eine religiöse Versammlung, wo sie etwas zu essen bekommt. Sie bedauert ihr Schicksal, daß sie nichts geben könne, während andere kostbare Dinge spenden. Da entsinnt sie sich, daß sie *zwei* Kupfermünzen besitzt, die sie auf einem Misthaufen gefunden hatte. Freudig opfert sie diese. Ein *Arhat*, der die geheimsten Gedanken der Menschen ergründen kann, schenkt den Spenden der Wohlhabenden keine Aufmerksamkeit, sondern singt zu Ehren der gläubigen Gesinnung der armen Witwe ein Lied.

Die buddhistische Überlieferung kennt das Thema in vielen Varianten. Es läßt sich überhaupt die Gesamtheit der buddhistischen Texte wie ein musikalisches Werk betrachten, in dem immer wieder zahlreiche Variationen zu einem Thema geboten werden. Der Gedanke, daß der Wert einer Gabe nicht nach ihrem Preis gemessen wird, sondern nach dem Opfer, das es für einen Spender bedeutet, wird etwa auch aus der Erzählung deutlich, in welcher eine arme alte Frau mit zwei erbettelten Pfennigen Öl kauft, um zu Buddhas Ehren eine Lampe anzuzünden. Diese verbreitet alsbald ein schöneres Licht als die ungezählten Lampen des Königs.[29] In einer anderen Anekdote vermögen Reiche noch nicht einmal mit 10 000 Scheffeln die Almosenschale Buddhas zu füllen, aber eine arme Frau füllt sie mit einer Hand voll Blumen. In den meisten buddhistischen Geschichten dieses Genres wird die aus reinem Herzen vollzogene Spende des Armen belohnt. Damit wird gleichzeitig die Lehre vom rechten Handeln (*Karma*) verdeutlicht. Die arme Witwe, welche die beiden gefundenen Kupfermünzen spendet, erhält ihren Lohn, indem sie auf dem Rückweg dem König begegnet, der vom Begräbnis seiner Frau heimkehrt und sie zu seiner Gemahlin macht.

Die Übereinstimmungen zwischen der buddhistischen Vorlage und der evangelischen Erzählung nach Inhalt und Bedeutung bis hin zu syntaktischen Eigenheiten in den Formulierungen sind derart auffallend, daß Hans Haas seine Untersuchung mit den Worten schließen läßt: »Sie ist nicht zu verstehen als eine aus einem poetischen Lehrstück Jesu zurechtgemachte biographische Anekdote, eine veränderte Parabel, sondern von Haus aus eine außerhalb der christlichen – wir haben Grund, anzunehmen: in der buddhistischen – Gemeinde entstandene, in den Bereich der ersten Christenheit gedrungene Legende, die in gutem Glauben als eine simple Begebenheit im Leben des Meisters gefaßt und von der Gemeinde tradiert wurde, bis Lukas sie literarischer Fixierung teilhaftig werden ließ, aus dessen Jesus-Vita sie als Nachtrag in der Folge auch in das längst fertige zweite Evangelium hineingenommen wurde.«[30]

Wir haben hier nur einige Entlehnungen, hauptsächlich aus erzählerischen Abschnitten, des Neuen Testaments ausgewählt. In seiner vielgelobten Studie konnte Rudolf Seydel nicht weniger als 51 Übereinstimmungen herausarbeiten und eingehend analysieren. Der Theologe Van den Bergh van Eysinga hielt von diesen Entlehnungen die folgenden elf für besonders überzeugend und fünf immerhin für merkwürdige Übereinstimmungen: 1. die Geschichte von Simeon, 2. der zwölfjährige Jesus im Tempel, 3. Jesu Zögerung, sich taufen zu lassen (nach Mt und dem Hebräerevangelium), 4. die Versuchung, 5. die Seligpreisung der Mutter des Herrn, 6. das Scherflein der Witwe, 7. der Wasserwandel

Jesu, 8. die Samariterin am Brunnen, 9. das »Wasser aus dem Leibe« (Joh 7,38), 10. das Gleichnis von den anvertrauten Pfunden (Mt 25,14–30; Lk 19,12–27), 11. der Weltbrand im 2. Petrusbrief (3,8–11). Zu den weniger schlagenden Parallelen rechnet er: 12. die Verkündigung Mariä (Lk 1,29–33), 13. die Erwählung der Jünger (Joh 1,35–43), 14. die Aussage über Nathanael, 15. das Gleichnis vom verlorenen Sohn (Lk 15,11–32), 16. der Blindgeborene, 17. die Verklärung auf dem Berg (Mt 17,1–13; Mk 9,2–13; Lk 9,28–36).

Muß man also, selbst wenn man sehr skeptisch das Material betrachtet, davon ausgehen, daß eine ganze Anzahl von biographischen Elementen, von Gleichnissen und Erzählungen aus dem Leben Jesu, Dichtungen sind? Sicherlich wurde nicht nur aus dem Überlieferungsschatz der Buddhisten eifrig entnommen, sondern auch aus anderen Quellen. Das hellenistische Erbe zeigt sich im Eklektizismus der Evangelisten, die ungeniert aus dem Fundus verschiedenster Schriften und fremdethnischer Traditionen schöpften. Auch die Bezüge auf die Bücher der Juden, hier insbesondere auf die Bücher der Propheten, sind aus der Perspektive des Christentums betrachtet, ebenso Entlehnungen, die für die Porträtierung Jesu als Messias benötigt wurden. Im übrigen zeigt sich darin, daß die Vertreter der Jesus-Bewegung, die für die Niederlegung der Schriften verantwortlich zeichneten, in erster Linie eine Reform des Judentums im Auge hatten und nicht die Gründung einer neuen, eigenständigen Religion. Freilich wurden die Fragmente der verschiedenen Traditionen nicht zusammenhanglos aneinandergereiht, um das Leben Jesu romanhaft zu erweitern. Es handelte sich vielmehr um einen schwierigen, gelehrten Prozeß aus Textmustern des eigenen vielgestaltigen kulturellen Gewebes ihrer Traditionen.

Man kann sich diesen Hergang anschaulich anhand der Arbeitsweise des Markus verdeutlichen. Die Forschung hat ergeben, daß das Markusevangelium die Frucht einer Schreibtischarbeit darstellt. Markus hatte vor sich zusammenhängende Wundergeschichten ausgebreitet, Sammlungen von Verkündigungserzählungen in verschiedenen Stadien der Verarbeitung, eine unvollständige Sammlung von Sprüchen Jesu, Bemerkungen zu Parabeln, die Schriften des Alten Testaments und der Propheten, Aufzeichnungen über den Christus-Kult usw. Auch andere typisch jüdisch-hellenistische Literatur einschließlich buddhistischen Materials muß Markus in seiner Handbibliothek zugänglich gewesen sein. Sein Studienzimmer beschreibt der Religionshistoriker Burton L. Mack als einen Ort, an dem ein lebhafter Ideenverkehr stattfand und literarische Experimentierkunst an der Tagesordnung war.[31] Matthäus und Lukas, denen das Resultat der Arbeiten des Markus vorgelegen hatte, sind literarisch in ähnlich eklektischer Weise vorgegangen. Dasselbe gilt für das am spätesten entstandene Evangelium des Johannes, das außerdem einem eigenständigen Traditionskreis verpflichtet ist, dessen theologische Wurzeln in der Gnosis und im Mahayana-Buddhismus zu suchen sind. Aber davon später.

Seydels These, daß die Evangelisten nicht die Buddhalegende selbst benutzten, sondern »ein christliches poetisches Evangelium, welches sich des buddhistischen Rahmens und vieler buddhistischer Themata – Thema im Sinne der Musik genommen – bediente, um ein ähnliches christliches Kunstwerk zu sein, wie dasjenige ein buddhistisches war, das den Denker zur Nachahmung gereizt hatte«,[32] ist unter dieser Perspektive nicht abwegig. Die Verschiedenartigkeit des übernommenen Materials und der weitgehend fehlende Zusammenhang in der Abfolge der einzelnen Elemente läßt aber ein solches christlich-buddhistisches Ur-Evangelium unwahrscheinlich erscheinen. Außer Zweifel steht, daß im Neuen Testament buddhistische Erzählungen Eingang gefunden haben, doch bislang gab es noch keine befriedigende Erklärung dafür, auf welchen Wegen und vor allem warum ausgerechnet die buddhistische Überlieferung herangezogen wurde. Was hat diese ideengeschichtliche Eigentümlichkeit mit der Lehre Jesu zu tun, was mit der Gemeinde seiner Anhänger und was mit dem Christentum? Wenn es sich lediglich um ein literarisches Problem handelt, könnten die Parallelen für die Person Jesus und das Christentum von zweitrangiger Bedeutung sein. Man würde in diesem Fall nach der Struktur von Literatur überhaupt und von religiöser Literatur im speziellen zu fahnden haben. Wir wissen durch die moderne Literaturwissenschaft, daß unser gesamtes literarisches Erbe ein Stückwerk aus Zitaten, übernommenen und umgeformten Motiven, Plagiaten, getreuen und ungetreuen Kopien, Entlehnungen, Verstümmelungen, richtigen und falschen Übersetzungen ist. Wie also gelangten die buddhistischen Stoffe in die christlichen Bücher?

Ein Teil davon scheint zweifellos von den Autoren und Redakteuren der Evangelien und apokryphen Schriften aus mündlichen Überlieferungen und aus schriftlichen Vorlagen entnommen worden zu sein. Dabei mögen die buddhistischen Quellen neben anderen verwendet worden sein, allein weil sie sich dafür eigneten, den mythologischen Überbau für die Religion des Christentums zu liefern. Aber schon dieser Befund muß uns nachdenklich machen. Wie kommt es, daß ausgerechnet buddhistische Texte in so massiver Weise aufgenommen wurden? Man könnte vermuten, daß dies im Zusammenhang mit allgemeinen Tendenzen in der religiös-philosophischen Ausrichtung des Hellenismus geschehen ist. Von den indischen Motiven, die bevorzugt von den Intellektuellen zur Ausgestaltung ihrer Gedankensysteme herangezogen wurden, eigneten sich die buddhistischen in besonderem Maße. In ihnen waren Konzepte formuliert, die im Hellenismus auf dem Hintergrund der wiederentdeckten Schriften von Plato und Pythagoras bestens zur Ausformung kosmologischer und mythologischer Modelle herangezogen werden konnten. Bei der häufigen Verwendung buddhistischer Unterlagen muß man allerdings auch nach der Möglichkeit forschen, ob diese nicht absichtlich und im Wissen um ihre Herkunft in die Texte eingefügt wurden.

Wenn also zahlreiche neutestamentliche Abschnitte Übernahmen sind und die Evangelien ein Flickenteppich unterschiedlichster Materialien darstellen, bleiben die brennenden Fragen im Raum stehen: Was wissen wir überhaupt von der historischen Person Jesu? Wieviel an der Darstellung Jesu ist schriftstellerische Erfin-

151

dung, wieviel authentisches Material? Allein nach den dargestellten Entlehnungen müssen wir davon ausgehen, daß mehr oder weniger die gesamte Darstellung der Kindheit Jesu, in all den berühmten Ereignissen, mit denen die Christen gelernt haben, Jesus zu identifizieren, nicht den Tatsachen entspricht, daß es niemals eine Speisung der 5000 gab, daß Jesus nie über das Wasser gewandelt ist, daß keine Begegnung mit einer Samariterin am Brunnen stattfand und keine Belehrung angesichts der armen Witwe am Opferstock. Und wie müssen wir die Reden Jesu einschätzen, die buddhistischen Schablonen folgen? Sind sie auch nichts weiter als spätere Einschübe unter Zuhilfenahme indischer Quellen? Die Beantwortung dieser Frage ist sicherlich die größte Herausforderung und von nicht zu unterschätzender Tragweite, denn gerade in den Sprüchen Jesu begegnen wir bemerkenswerten Übereinstimmungen mit den Worten Buddhas. Erinnern wir uns an die in der Einleitung erwähnte Passage aus dem Johannes-Text. Denken wir nur an Jesu Einstellung zur Wiedergeburt, seine moralischen Aufrufe, seine Warnungen vor falschen Propheten. Oder betrachten wir folgende Belehrung an seine Schüler: »Wiefern ihr es einem dieser meiner geringsten Brüder getan habt, habt ihr es mir getan« (Mt 25,40). Bei Buddha liest sich das folgendermaßen: »Wer immer, o Mönche, mir beistehen würde, er sollte den Kranken beistehen« (*Mahavagga* 8,26,3). Was, wenn sich herausstellen sollte, daß solche Aussagen Jesu weitgehend authentisch sind, wenn also Jesus selbst buddhistische Lehren verbreitet hätte? Dann müßte die Einfügung erzählerischer Teile aus der gleichen Quelle unter völlig neuem Licht betrachtet werden.

Die Suche nach den tatsächlichen Ereignissen im Leben Jesu muß also verbunden werden mit der Aufdeckung der authentischen Worte Jesu. Erst dann läßt sich entscheiden, ob das Erscheinen buddhistischer Ideen im Neuen Testament eine Folge schriftstellerischer Arbeit unter dem Einfluß des Zeitgeistes ist, ob dieses Material mit Absicht eingebaut oder ob es sogar durch Jesus selbst eingebracht wurde.

Die Entdeckung des verlorenen Evangeliums

Nicht immer haben wir das Glück, in altem Gemäuer, bei Ausgrabungen oder in Höhlen auf uralte verlorene Texte zu stoßen, die unser fragmentarisches Wissen von den Anfängen des Christentums bereichern. Ende des letzten Jahrhunderts hat man in Kairo und an anderen Stellen im Nahen Osten ungemein wichtige Funde dieser Art gemacht. Die Entdeckungen gnostischer Texte in Nag Hammadi in Ägypten und jüdischer Manuskripte in den Höhlen von Qumran am Toten Meer erst in den vierziger Jahren zählen zu den aufsehenerregendsten Schriftfunden in der Geschichte. Die Diskussion um die Bedeutung dieser Aufzeichnungen hat bis heute kein Ende gefunden und zu immer neuen Rekonstruktionen vom Umfeld Jesu geführt. Bibliotheken lassen sich füllen allein mit den Arbeiten über diese Funde.

Nicht immer muß man verlorene, vergessene oder unbekannte Schriften ausgraben, um sie kennenzulernen. Manchmal hat man das Glück, in einer Schreibstube auf das Unbekannte zu stoßen. Die moderne Textkritik ist in der Lage, vorliegende Schriftstücke nach allen Regeln der Kunst zu sezieren. Heraus kommen bisweilen im Text verborgene »Untertexte« – Urschriften, auf denen das endgültige Werk aufbaut und die durch vielfache redaktionelle Überarbeitungen für das ungeübte Auge einfach verschwunden sind. Dennoch sind sie vorhanden, gleichsam virtuell anwesend, wie ein Fernsehbild, dessen Helligkeit vollkommen auf dunkel gestellt wurde: der Film läuft nach wie vor über den Bildschirm, man kann ihn aber auf der schwarzen Mattscheibe nicht mehr sehen. So kann man die Urtexte vor lauter Tinte, die aus den Federn der eifrigen Überarbeiter geflossen ist, nicht mehr erkennen. Geübte Wissenschaftler haben allerdings Methoden ersonnen, mit denen man die »Helligkeit« wieder regulieren und die verborgenen Texte zum Vorschein bringen kann.

Als sich Forscher die Mühe machten festzustellen, welches Evangelium das älteste sei, machten sie eine überraschende Entdeckung. Historisch ließen sich die Evangelisten so gut wie gar nicht ausfindig machen, die Analyse der Texte selbst mußte das Resultat liefern. Durch die besondere theologische Note des Johannesevangeliums wußte man, daß dieses unter anderem Einfluß entstanden war und das späteste sein mußte. Die anderen drei Evangelien, das des Matthäus (der nach der kanonischen Ordnung des Neuen Testaments als erster Evangelist gilt), des Markus und des Lukas waren verwandt. Sie erzählen, mehr oder weniger ausgeschmückt, über das Leben Jesu in vergleichbarer Weise. Man nennt sie deshalb auch »synoptische« Evangelien, weil man die einzelnen Textpassagen in einer vergleichenden Übersicht nebeneinanderstellen kann. Dabei zeigten sich zwei aufschlußreiche Arten der Übereinstimmungen. Der Fortgang der Erzählungen in den Texten von Matthäus und Lukas stimmt nur dann überein, wenn sie der bei Markus niedergelegten Geschichte folgt. Das bedeutet, daß Markus das älteste Evangelium sein mußte, die beiden anderen es kannten und nach ihm ihren »Lebensbericht Jesu« komponierten. Die vielfach akzeptierte Meinung, das Markusevangelium sei gegen Ende der sechziger Jahre des 1. Jahrhunderts entstanden, läßt sich heute kaum mehr halten. Wahrscheinlich wurde es Mitte der siebziger Jahre abgefaßt, zumal es offensichtlich Ereignisse des jüdischen Krieges (66–73 n. Z.) als Vorlagen verwendet. Matthäus und Lukas, deren Werke gegen das Jahr 95 abgefaßt wurden, fügten noch erzählerisches Material zum Markustext, das als jeweiliges »Sondergut« gehandelt wird, weil es nur bei Matthäus oder nur bei Lukas nachzulesen ist. Sonderbarerweise zeigte sich aber noch eine zweite Art der Übereinstimmung. Matthäus und Lukas arbeiteten eine Vielzahl von Aussagen Jesu ein, Parabeln, Weisheitssprüche, Mahn- und Weherufe usw., von denen bestimmte wiederum korrespondieren, die aber im Markusevangelium vollständig fehlen. Also müssen Matthäus und Lukas neben dem Markustext über eine zweite gemeinsame Quelle verfügt haben, die von den Wissenschaftlern als Logien- oder Spruchquelle bezeichnet wurde und heute der Einfachheit halber einfach Q, für »Quelle«, genannt wird.

Wenn man die Evangelienberichte einschätzt, muß man sich die Verhältnisse vor Augen halten. Markus schrieb über 40 Jahre nach der Kreuzigung und dem Ende des öffentlichen Wirkens Jesu, Lukas und Matthäus weitere 20 Jahre später. Aus der Perspektive dieser beiden ist es, als ob heute ein Autor die Biographie eines Mannes schreibt, der Ende der zwanziger Jahre und zu Beginn der dreißiger Jahre für kurze Zeit Furore gemacht hatte, unter Zuhilfenahme einer kleinen Schrift aus den späten siebziger Jahren und einiger anderer Texte. Und wenn man sich jetzt noch vorstellt, daß es damals keine Druckerzeugnisse, Zeitungs- oder Fernsehberichte gab, kann man ermessen, wie gut diese Berichterstattung sein konnte. Anders ausgedrückt: Die Autoren der Evangelien selbst hatten keine Möglichkeit nachzuprüfen, was richtige Überlieferung und was Dichtung war. Sie mußten sich auf die vorliegenden Texte verlassen und auf die mündliche Tradition. Offenbar haben sie sich tatsächlich weitgehend an das Quellenmaterial angelehnt, sonst hätten wir nicht die synoptische Tradition, und das Material der Spruchquelle wäre nie zutage getreten. Wie treu bisweilen die Vorlagen kopiert wurden, kann man daran erkennen, daß offensichtliche Widersprüche nicht bereinigt wurden. Bei der genaueren Analyse zeigt sich deshalb, daß den beiden Evangelisten sowohl verschiedene Versionen von Markus (Markus^{Mt} und Markus^{Lk}) und von Q (Q^{Mt} und Q^{Lk}) vorgelegen haben mußten. Die Unterschiede in den Doppeltraditionen von Matthäus und Lukas scheinen auf eine Vermischung von mündlichen Überlieferungen und schriftliche Versionen von Q zurückzugehen.

Viele Historiker und Theologen sind der Überzeugung, daß die Quelle Q die älteste Schrift darstellt, die unter den frühen Jesus-Anhängern zirkulierte, viel älter als das Markusevangelium. Wahrscheinlich gab es bereits erste Niederschriften der Aussagen Jesu durch seine Anhänger unmittelbar nach der Katastrophe der Kreuzigung. Q ist das verlorene Urevangelium, das die Sprüche des Meisters bewahrte und nun allmählich wieder aus den neutestamentlichen Schriften herausgeschält wird. Das ist ein bedeutender Befund, denn die Analyse dieser Spruchsammlung läßt uns nicht nur einen Einblick gewinnen in das Denken, das Verhalten und die Soziologie der Jesus-Bewegung unmittelbar nach dem Verschwinden ihres Meisters, sondern auch zu den Worten vordringen, die Jesus seinen Schülern mit auf den Weg gegeben hatte.

Die Spruchsammlung wäre zweifellos verlorengegangen, hätten Matthäus und Lukas sie nicht in ihren Erzählungen vom Leben und Wirken Jesu eingebaut, und wir hätten nie erfahren, welcher Art die Q-Bewegung war, die lange Zeit vor dem Entstehen des Christentums existierte.

Was lernen wir davon, wenn wir allein das Q-Material aus den Evangelien herausfiltern? Zunächst einmal zeigt es uns, daß den frühen Anhängern Jesu eine Sammlung seiner Aussprüche genügte. Mehr brauchten sie nicht, um sich in einer heillosen Welt geführt zu wissen. In der hellenistischen Welt war das nicht ungewöhnlich. Es zirkulierten verschiedene Spruchsammlungen von »weisen Männern«, die unter ihren Schülern weitergegeben wurden. Auch in späterer Zeit, als die erzählerischen Evangelien gestaltet wurden, blieb das Spruchevangelium der Jesus-Bewegung erhalten und wurde als eigenständige Sammlung weiter überliefert. Darauf deutet das bereits erwähnte Thomasevangelium hin. Dieses Thomasevangelium ist ein apokrypher Text, der 1946 von ägyptischen Bauern zusammen mit 48 anderen Traktaten einer Bibliothek gnostischer Texte in koptischer (mittelägyptischer) Sprache in Nag Hammadi bei Luxor in einem Grab entdeckt wurde. Bis dahin kannten wir es nur dem Namen nach aus den Schriften frühchristlicher Autoren. Das Thomasevangelium ist eine Spruchsammlung von 114 lose aneinandergereihten Jesus-Worten. Von ganz ähnlicher Struktur muß auch der Q-Text gewesen sein, und in der Tat zeigt sich, daß zahlreiche Aussagen, die sich in Q finden, Parallelen im Thomasevangelium besitzen. Das Thomasevangelium ist also zweifellos eine Fortführung von Q, der alten Spruchsammlung der frühen Jesus-Anhänger, ohne daß ihre Eigenart grundsätzlich verändert wurde. Da die zahlreichen

Aphorismen, die man im Thomasevangelium findet, zumeist weniger entwickelt sind als ihre parallelen Versionen in den Evangelien, verweisen sie auf eine frühere Stufe im mündlichen Überlieferungsprozeß. Aus diesen Gründen ist das Thomasevangelium eine bislang weit unterschätzte und allgemein kaum bekannte Quelle für die Rekonstruktion der ältesten, Jesus zugeschriebenen Aussagen. Im Thomasevangelium sind beispielsweise auch Spruchabschnitte bewahrt, die in keinem der kanonischen Evangelien auftauchen, aber durch ihre strukturelle und inhaltliche Verwandtschaft mit bestimmten Reden aus Q mit großer Wahrscheinlichkeit authentisch sind (z. B. ThEv 82). Um zu den wahren Worten Jesu zurückzufinden, dürfen wir uns also keineswegs nur auf die Evangelien verlassen. In den von den Mächtigen der Kirche ausgeschlossenen und als ketzerisch gebrandmarkten Texten sind solche Schätze zu heben.

Im Zusammenhang mit der Frage nach den buddhistischen Quellen des Christentums ist eines besonders erstaunlich: Das Thomasevangelium zeigt nicht nur eine enge Verwandtschaft zu Q, sondern ist gleichermaßen ein von buddhistischem Gedankengut durchtränkter Text! Um die Wende zum 20. Jahrhundert hatte man bei Oxyrhynchos (heute el-Behnesa) in Ägypten eine Fülle von alten Papyrusfragmenten in griechischer, koptischer und arabischer Schrift entdeckt. Darunter befanden sich verschiedene Fragmente des Thomasevangeliums, und ein Papyrus beinhaltete ein Schauspiel, das auf einer erfundenen Episode basiert, die sich in Indien zutrug.

Das indische Material war wohl nicht zufällig in der Nähe des Thomasevangeliums. Die Texte aus Nag Hammadi gehören zu den Gedankensystemen der Gnosis, die unter den frühen Christen weit verbreitet war. Die christlichen Gnostiker bezogen sich zwar auf Jesus, lehnten aber die Verwaltung des Heils durch eine Hierarchie von Priestern und Bischöfen ab. Statt dessen suchten sie durch mystische und meditative Diszilin – ganz ähnlich den Buddhisten und Yogis in Indien – Erlösung durch Erkenntnis zu erlangen. Zahlreiche Jesus-Worte aus dem Thomasevangelium

erinnern in weitaus frappierenderer Weise an indische und zen-
buddhistische Überlieferungen als an die paulinisch-christliche
Theologie. In ihrer hervorragenden Darstellung der Nag Ham-
madi-Funde schreibt die amerikanische Religionswissenschaftle-
rin Elaine Pagels: »Nach Meinung einiger Wissenschaftler könnte – wenn man nur den Namen veränderte – der ›lebendige
Buddha‹ angemessen das sagen, was das Thomasevangelium
dem ›lebendigen Jesus‹ zuschreibt.«[33] Es verwundert nicht, wenn
der englische Buddhismuskenner Edward Conze vermutet, daß
das Thomasevangelium einst bei den indischen Christen in Gebrauch gewesen ist und daß »Buddhisten in Verbindung mit den
Thomaschristen in Südindien standen«.[34] Noch heute nennen
sich die südindischen Christen »Thomaschristen«.

Um die Jahrhundertwende wurde an der Spruchquelle eifrig ge-
forscht, dann wurde es still um sie. Ihre Wiederentdeckung seit
den siebziger Jahren hat zu einer Fülle neuer Ergebnisse geführt,
die uns einen Einblick sowohl in die Persönlichkeit Jesu als auch
in die Struktur der Gruppe der Jesus-Anhänger erlaubt. Wenden
wir uns deshalb kurz dem Aufbau der Spruchquelle Q zu. Ihr Inhalt ist von drei Elementen gekennzeichnet: Weisheitsreden, prophetisch-apokalyptische Aussagen und, zu einem geringen Teil,
biographisches Material. Prophetische und weisheitliche Überlieferungen auf dem Hintergrund der Naherwartung des Weltenen-
des, die im Judentum der Zeit seit zwei Jahrhunderten zirkulierten, haben Q ohne Zweifel entscheidend beeinflußt. Die Frage
ist, welcher Traditionsstrang der ursprüngliche ist, also auf Jesus
selbst zurückgeht. Einige halten die prophetische, andere die
weisheitliche Tradition für bestimmend für Q. Jüngste Forschungen haben Licht in dieses Problem gebracht. Sie haben gezeigt,
daß Q in drei nach Inhalt, Struktur und Zielsetzung deutlich unterschiedliche Teile auseinanderfällt. Das bedeutet, Q wurde zu
drei verschiedenen Zeiten bearbeitet, umgestellt und angereichert.[35] Das älteste Material der Sammlung, Q[1] genannt, umfaßt
nur »Weisheitssprüche« Jesu. Erst zu einem späteren Zeitpunkt
kamen die prophetisch-apokalyptischen Texte (Q[2]) dazu. Noch

später wurden die Versuchungsgeschichte und einige zusätzliche verbindende Abschnitte eingefügt (Q^3). Werfen wir einen Blick auf die drei Abschnitte von Q:

Q^1: Bestandteil der ersten Formbildung sind sechs Weisheitsreden Jesu. Die Art der Ansprachen erinnert an Instruktionen an eine Gemeinde, wie sie uns aus der ägyptischen, altorientalischen und hellenistischen Literatur bekannt sind. Q^1 ist von einer radikalen Ethik geprägt, die mit vielen gesellschaftlichen Konventionen bricht.

Q^2: In der zweiten Phase der Formbildung steht das prophetisch-apokalyptische Material in schroffem Gegensatz zu Q^1. Gekennzeichnet ist es durch die charakteristische Auseinandersetzung mit »diesem Geschlecht« und die Ankündigung des Gerichts. Die Worte über »dieses Geschlecht« richten sich gegen das Verhalten der angesprochenen Juden gegenüber der Verkündigung Jesu. Die in diesem Teil enthaltenen Weherufe gegen die galiläischen Städte sind offensichtlich Imitationen von prophetischen Vorbildern.[36]

Q^3: In der letzten Bearbeitung findet eine Ergänzung des Spruchevangeliums durch die Einfügung eines biographischen Teils mit der Versuchungsgeschichte statt.

Durch die drei Redaktionen wurde Q einheitlich geformt und erhielt einen stimmigen theologischen Rahmen. Die Endgestalt von Q, wie sie nach dem jüdischen Krieg unter Jesus-Anhängern zirkulierte und von Matthäus und Lukas übernommen wurde, war ein zusammenhängendes, schriftlich niedergelegtes Gebilde von Reden und Anekdoten.[37] Darauf verweisen die wörtlichen Übereinstimmungen zwischen den Evangelisten und die Einhaltung einer weitgehend gleichen Abfolge. Zudem besagt der linguistische Befund, daß Q damals in griechischer Sprache abgefaßt gewesen sein muß und die ursprüngliche Ordnung bei Lukas besser als bei Matthäus erhalten geblieben ist.

Jesus war ganz anders

Wir besitzen derart wenig historisch einwandfreie Berichte über Jesus, daß die Sezierung der Spruchquelle zu einer Fundgrube für das Verständnis seiner Persönlichkeit werden konnte. Aus ihr traten die Grundzüge seiner Lehre glaubwürdig zutage. Freilich hat dieses Instrument alsbald zu zahlreichen neuen Psychogrammen von Jesus geführt. War seine Persönlichkeit nunmehr für die einen besser umrissen, wenn man ihn als rebellischen apokalyptischen Prediger verstand,[38] so galt er den anderen als Weisheitslehrer nach rabbinischem Modell,[39] der sogar »scholastische Sekten«[40] als Konventikel ins Leben gerufen hat, oder als hellenistischer Philosoph,[41] gar als der Führer der jüdischen »Friedenspartei«[42] oder als der friedfertige Revolutionär, welcher der Welt Anti-Establishment-Weisheit in Parabelform verkündete.[43]

Wer also war Jesus? Ein Philosoph, ein Weisheitslehrer, ein apokalyptischer Prophet, ein Religionsgründer, ein Wanderprediger, ein Bettelmönch? Der Jesus, den wir aus den Evangelien kennen, tritt mit Autorität als Gottessohn auf, kündigt sein stellvertretendes Leiden und seinen Tod für die Menschheit am Kreuz an, läßt keinen Zweifel daran, der verheißene Messias zu sein, der die Endzeit einläuten und die Menschen richten wird am jüngsten Tag. Hat der Mensch Jesus solches wirklich jemals behauptet? Oder ist nicht vielmehr das meiste daran die sinnreiche Ausschmückung zu einer Kunstgestalt »Jesus Christus« durch eine Sekte, die ein berechtigtes Interesse daran hatte, sich zu Auserwählten zu rechnen? Durch das Buch Q und insbesondere den Abschnitt Q¹ haben wir jetzt die Möglichkeit, den Wert dieser Überlieferung zu prüfen. Denn die Spruchquelle Q erwuchs aus einer Sammlung der Worte ihres Meisters in den Reihen der Jesus-Leute selbst, welche die Träger jener Überlieferung waren, die Jesus eingeleitet hatte.

Ein erster Befund beim Lesen des gesamten Q-Textes fällt sofort ins Auge: Die Jesus-Anhänger, unter denen die Spruchsammlung zirkulierte, waren keine Christen! Sie sahen in Jesus weder den

Messias noch den Christus und verstanden seine Lehren nicht als Anklage gegen das Judentum. Seinen »Tod«[44] faßten sie keineswegs als »göttliches Ereignis« oder als »Erlösertat« auf, und keiner glaubte daran, daß Jesus auferstanden sei, um über eine neue Welt zu herrschen. Sie hielten Jesus vielmehr für einen außergewöhnlichen spirituellen Lehrmeister, dessen Weisheit es ihnen erleichtern würde, in schwierigen Zeiten zu leben.[45]

Dieses Erscheinungsbild Jesu steht dem Porträt entgegen, das die erzählerischen Abschnitte der Evangelien entwerfen. Glaubt man den Biographien der Evangelisten, war Jesus angetreten, das Judentum zu reformieren. In seiner Würde als der jüdische Messias kritisiert er die Pharisäer und Schriftgelehrten. In Jerusalem reinigt er im Namen dieser Autorität den Tempel und prophezeit seine Zerstörung. Seinen Jüngern verspricht er, im zukünftigen Königreich Gottes eine Sonderstellung einzunehmen, der jeder teilhaftig werden kann, wenn er Buße tut und sich vom falschen Weg abwendet. »Nichts davon spiegelt sich im Spruchevangelium Q. In Q gibt es keinen Hinweis auf eine ausgewählte Gruppe von Jüngern, kein Programm, um die Religion oder Politik des Judentums zu reformieren, keine dramatischen Begegnungen mit den Autoritäten in Jerusalem, kein Martyrium für die Sache, noch weniger ein Martyrium mit der Bedeutung der Erlösung von den Übeln der Welt, und keine Erwähnung einer ersten Kirche in Jerusalem.«[46]

Es hat den Anschein, als ob die Jesus-Anhänger gar nicht wußten, wofür sie sich einsetzten. Auf keinen Fall war ihnen im entferntesten bewußt, daß sie die Welt verändern oder einer neuen Religion den Weg ebnen sollten. Das Quellen-Material Q bietet uns eine Perspektive, die mit der herkömmlichen Vorstellung einer Urgemeinde, die sich für den neuen Glauben des Gottessohnes und Erlösers Jesus Christus stark macht, aufräumt. Freilich gab es auch solche Vereinigungen, aber sie entwickelten sich viel später und unabhängig, hatten mit den Q-Leuten nichts zu tun und kannten Lehre und Intention Jesu überhaupt nicht mehr.

Natürlich darf man nicht dem Trugschluß verfallen, daß nur in Q die authentischen Worte Jesu bewahrt sind. Sprüche und Reden Jesu kennen wir auch aus anderen Stellen der Synoptiker, aus dem Sondergut von Matthäus und Lukas, aus dem Johannesevangelium und aus den apokryphen Schriften, allen voran dem Thomasevangelium. Jedoch gewinnen wir durch die Entdeckung der Bedeutung der Ebene Q^1 in ihrem Verhältnis zu den redaktionellen Verarbeitungen von Q^2 und Q^3 einen Maßstab, an dem wir andere, Jesus zugeschriebene, Aussagen prüfen können. Ein besonders lohnendes Unternehmen, nach weiteren authentischen Aussagen Jesu außerhalb von Q zu fahnden, nimmt gegenwärtig das »Jesus Seminar« am Westar Institut im kalifornischen Sonoma in Angriff. Nicht nur als eine Entdeckungsfahrt durch das Labyrinth des Neuen Testaments, sondern auch durch Einbeziehung des Thomasevangeliums, das ja eine Sammlung von »Herrenworten«, wie die Aussagen Jesu gern von den Theologen genannt werden, darstellt.

Das erstaunliche Ergebnis ist zunächst, daß Jesus kein Christ war, ebensowenig wie die Leute von Q. Mit dem Kult um den Christus hatten die ersten Anhänger Jesu, wie uns Q lehrt, nichts im Sinn. Drastisch vor Augen geführt bekommen wir diesen Befund, wenn wir die Sammlung der Jesus-Worte, die älteste Schicht des Q-Materials, lesen. Einer der wichtigsten Bestandteile daraus sind Teile der berühmten Bergpredigt. Die anderen Abschnitte von Q^1 stehen mit der Morallehre der Bergpredigt in enger Beziehung.

Im folgenden Abschnitt geben wir den vollständigen Text von Q^1 nach der aktuellsten wissenschaftlichen Analyse von John Kloppenborg und der eingängigeren Neufassung durch Burton L. Mack wieder.[47] Das gesamte Buch Q besteht aus 62 kurzen Abschnitten, wovon die folgenden 21 dem ältesten Bestand an authentischen Jesus-Worten zugehören. Sie machen das vollständige Q^1-Material aus und entsprechen dem ursprünglichen Spruchevangelium, das die Jesus-Leute von Q in Ehren hielten.

Wenn Sie das kurze Stück der Urüberlieferung der Jesus-Worte lesen, ist es ratsam, daß Sie für einen Augenblick alles vergessen, was Sie über Jesus zu wissen glaubten. Vergessen Sie den auferstandenen Gottessohn, der gekommen ist, um die sündige Menschheit durch seinen Kreuzestod zu erlösen. Lassen Sie die Inhalte auf sich wirken, ohne Vorurteile und ohne Bezugsrahmen. Lauschen Sie den Worten des Ur-Jesus.

Der Ur-Jesus spricht

[Dies sind die Lehren Jesu]
[Als er die Menge sah, sprach er zu seinen Jüngern]

»Wie glücklich sind die Armen; sie haben das Reich Gottes.
Wie glücklich sind die Hungernden; sie werden gesättigt werden.
Wie glücklich sind die Weinenden; sie werden lachen.«

»Ich sage euch, liebt eure Feinde, segnet die, welche euch fluchen, betet für die, die euch mißhandeln.
Wenn dir jemand auf die Backe schlägt, halte auch die andere hin. Wenn dir jemand deinen Mantel wegnehmen will, laß ihm auch dein Hemd.
Gib jedem, der dich bittet, und wenn jemand dein Eigentum wegnimmt, erbitte es nicht zurück.
Wie ihr wollt, daß euch die Menschen behandeln, so behandelt auch sie.
Wenn ihr die liebt, die euch lieben, welchen Lohn habt ihr da? Sogar die Sünder lieben jene, die sie lieben. Und wenn ihr nur eure Brüder umarmt, was tut ihr mehr als andere? Tun das nicht alle? Wenn ihr jenen leiht, von denen ihr Rückzahlung erwartet, welchen Lohn habt ihr da? Sogar die Sünder leihen ihresgleichen, weil sie Rückzahlung erwarten.
Statt dessen, liebt eure Feinde, tut Gutes und verleiht ohne etwas zurück zu erwarten. Eure Belohnung wird groß sein und ihr werdet Kinder Gottes sein. Denn er läßt seine Sonne aufgehen über Gute und Schlechte und regnen über Gerechte und Ungerechte.«

163

»Seid barmherzig, wie euer Vater barmherzig ist. Richtet nicht, und ihr werdet nicht gerichtet. Denn das Maß, mit dem ihr meßt, wird das Maß sein, mit dem ihr gemessen werdet.«

»Kann der Blinde den Blinden führen? Werden sie nicht beide in die Grube fallen?
Ein Schüler ist nicht besser als sein Lehrer. Es reicht für einen Schüler, so zu sein wie sein Lehrer.«

»Was siehst du den Splitter im Auge deines Bruders, den Balken aber in deinem Auge bemerkst du nicht? Wie kannst du zu deinem Bruder sagen: Laß mich den Splitter aus deinem Auge entfernen, wenn du nicht den Balken in deinem eignen Auge siehst? Du Heuchler, entferne zuerst den Balken aus deinem Auge, und dann kannst du zusehen, den Splitter aus dem Auge deines Bruders zu entfernen.«

»Ein guter Baum trägt keine faule Frucht. Ein fauler Baum trägt keine gute Frucht. Sammelt man etwa Feigen von Dornen oder Trauben vom Dornbusch? Jeder Baum wird an seiner Frucht erkannt. Der gute Mensch bringt aus seinem guten Schatz gute Dinge hervor, und der schlechte bringt aus dem schlechten Schatz schlechte Dinge hervor. Denn der Mund spricht aus einem vollen Herzen.«

»Was nennt ihr mich ›Herr, Herr‹ und tut nicht, was ich sage? Jeder, der meine Worte hört und sie tut, ist wie ein Mann, der sein Haus auf einem Felsen baute. Der Regen kam, ein Fluß flutete gegen das Haus, aber es stürzte nicht ein, denn es war auf Fels gegründet. Doch jeder, der meine Worte hört und sie nicht tut, ist wie der Mann, der sein Haus auf Sand baute. Der Regen kam, der Fluß flutete gegen das Haus, und es stürzte ein. Groß war der Sturz des Hauses.«

Als ihm jemand sagte: »Ich will dir nachfolgen, wohin du auch gehst«, antwortete Jesus: »Füchse haben ihre Höhlen und die Vögel des Himmels ihre Nester, aber der Menschensohn hat keinen Ort, wo er sein Haupt hinlegen kann.«

Als ein anderer sagte: »Laß mich erst weggehen und meinen Vater begraben«, antwortete Jesus: »Laß die Toten die Toten begraben.«

Ein anderer aber sagte: »Ich will dir folgen, Herr, aber zuerst laß mich Abschied nehmen von meiner Familie.« Jesus antwortete: »Niemand, der seine Hand an den Pflug legt und dann zurückblickt, ist bereit für das Reich Gottes.«

Er sagte: »Die Ernte ist groß, aber der Arbeiter sind wenige; bittet also vom Herrn der Ernte, daß er Arbeiter in seine Ernte schickt.

Geht. Siehe, ich sende euch wie Schafe unter Wölfe.

Nehmt nicht Geld mit, noch Beutel noch Sandalen oder Stab; und grüßt niemanden unterwegs. Wenn ihr in ein Haus kommt, so sagt: ›Friede diesem Haus!‹ Und wenn ein Kind des Friedens dort ist, wird euer Gruß entgegengenommen werden [wörtlich: soll euer Friede auf es kommen]. Wenn nicht, soll euer Frieden zu euch zurückkehren. Bleibt in diesem Haus, eßt und trinkt, was immer man euch gibt, denn der Arbeiter verdient seinen Lohn. Geht nicht von Haus zu Haus.

Und wenn ihr in eine Stadt kommt und ihr aufgenommen werdet, eßt, was euch vorgesetzt wird. Achtet auf die Kranken und sprecht zu ihnen: ›Das Reich Gottes ist euch nahe gekommen.‹

Wenn ihr aber in eine Stadt kommt und ihr werdet nicht aufgenommen, verlaßt die Stadt, schüttelt den Staub von euren Füßen und sagt: ›Trotzdem, seid euch dessen sicher, das Reich Gottes ist euch nahe gekommen.‹«

»Wenn ihr betet, so sprecht: Vater, dein Name sei heilig. Dein Reich komme. Unser tägliches Brot gib uns jeden Tag. Erlasse unsere Schulden, denn wir erlassen sie unseren Schuldnern. Und führe uns nicht in Anfechtung.«

»Bittet, und man wird euch geben; sucht, und ihr werdet finden; klopft, und man wird euch öffnen.

Denn jeder, der bittet, empfängt, und wer sucht, findet, und dem, der anklopft, wird geöffnet.

Gibt es einen unter euch, der seinem Sohn einen Stein gibt, wenn er ihn um Brot bittet? Oder wenn er ihn um einen Fisch bittet, wird er ihm eine Schlange geben? Wenn nun schon ihr, die ihr nicht gut seid, euern Kindern gute Gaben zu geben versteht, um wieviel mehr wird der Vater vom Himmel denen Gutes geben, die ihn darum bitten.«

»Nichts ist verborgen, das nicht offenbar werden wird, und nichts geheim, das nicht erkannt werden wird. Was ich euch im Finsteren sage, sprecht im Licht, und was ihr als Flüstern hört, verkündet auf den Dächern.«

»Fürchtet euch nicht vor denen, die den Leib töten, die Seele aber nicht töten können.

Kann man nicht fünf Spatzen um zwei Pfennige kaufen? Und doch fällt keiner von ihnen auf die Erde, ohne daß euer Vater davon weiß. Selbst die Haare auf euerm Kopf sind alle gezählt. Also fürchtet euch nicht. Ihr seid mehr wert als viele Spatzen.«

Jemand aus der Menge sprach zu ihm: »Lehrer, sag meinem Bruder, er soll das Erbe mit mir teilen.« Aber er sagte zu ihm: »Mensch, wer hat mich zu deinem Richter oder Anwalt gemacht?«

Er erzählte ihnen eine Parabel: »Das Feld eines reichen Mannes hatte viel getragen, und er dachte bei sich und sprach: ›Was soll ich tun, denn ich habe nichts, wo ich meine Früchte sammeln kann?‹ Dann sagte er: ›Ich will folgendes tun: Ich will meine Scheune abbrechen und eine größere bauen und will darin all mein Korn und meine Güter sammeln. Und ich will sagen zu meiner Seele: Seele, du hast einen großen Vorrat für viele Jahre. Hab nun ruhe, iß, trink und sei guter Dinge.‹ Gott aber sprach zu ihm: ›Du Narr! Diese Nacht wirst du deine Seele zurückgeben müssen, und die Dinge, die du erzeugt hast, wem werden sie gehören?‹ So geht es dem, der sich Schätze sammelt und nicht reich ist für Gott.«

»Ich sage euch: Sorgt euch nicht für euer Leben, was ihr essen sollt, noch für euern Leib, was ihr anziehen sollt. Ist nicht das Leben mehr wert als die Nahrung und der Leib mehr als die Kleidung? Denkt an die Raben. Sie säen nicht, ernten nicht und sammeln nicht in Scheunen, und doch ernährt sie Gott. Seid ihr nicht mehr wert als die Vögel? Wer von euch kann mit seinem Sorgen seinem Leben einen einzigen Tag hinzufügen? Und warum sorgt ihr euch um die Kleidung? Denkt daran, wie Lilien wachsen. Sie mühen sich nicht und spinnen nicht. Nicht einmal Salomo in all seiner Herrlichkeit war so prachtvoll. Wenn Gott das Gras auf dem Feld, das heute dasteht und morgen in den Ofen geworfen wird, mit schönen Kleidern ausstattet, würde er dann euch nicht kleiden, ihr Kleingläubigen? Also macht euch keine Sorgen, indem ihr denkt: Was werden wir essen? Oder: Was werden wir trinken? Oder: Womit werden wir uns kleiden? Denn jeder auf der Welt tut das, und euer Vater weiß, daß ihr diese Dinge braucht. Sucht vielmehr zuerst sein Reich, dann werden alle diese Dinge auch euch gehören.«

»Verkauft euren Besitz und gebt Almosen. Legt Schätze an im Himmel, wo Motte und Rost sie nicht zerstören und wo Diebe nicht einbrechen und stehlen können. Denn wo dein Schatz ist, da wird auch dein Herz sein.«

Er sagte: »Wem ist das Reich Gottes ähnlich? Womit soll ich es vergleichen? Es ist einem Senfkorn ähnlich, das ein Mann nahm und in seinen Garten streute. Und es wuchs und wurde zu einem Baum, und die Vögel des Himmels bauten Nester in seinen Zweigen.« Er sagte auch: »Das Reich Gottes ist dem Sauerteig ähnlich, den eine Frau nahm und unter drei Maß Mehl mischte, bis das Ganze durchsäuert war.«

»Jeder, der sich selbst erhöht, wird erniedrigt werden, und wer sich erniedrigt, wird erhöht werden.«

»Ein Mann gab einst ein Gastmahl und lud viele dazu ein. Zur Stunde des Mahls sandte er zu denen, die geladen waren seinen Knecht aus, um zu sagen: ›Kommt, denn es ist alles bereitet.‹ Und sie fingen alle an, sich zu entschuldigen. Der erste sagte ihm: ›Ich habe einen Acker gekauft und muß hinausgehen, ihn zu besehen. Bitte entschuldige mich.‹ Und ein anderer sprach: ›Ich habe fünf Paar Ochsen gekauft und muß sie besehen. Bitte entschuldige mich.‹ Und ein anderer sagte: ›Ich habe eben eine Frau geheiratet und kann deshalb nicht kommen.‹ Der Knecht kam und berichtete seinem Herrn. Da sprach der Hausherr im Zorn zu seinem Knecht: ›Geh schnell hinaus auf die Straßen der Stadt und bringe so viele Menschen herein, wie du finden kannst.‹ Und der Knecht ging hinaus in die Straßen und brachte jeden, den er finden konnte. Auf diese Weise wurde das Haus mit Gästen gefüllt.«

»Jeder, der nicht seinen Vater und seine Mutter haßt, wird nicht von mir lernen können. Jeder, der nicht seinen Sohn und seine Tochter haßt, kann nicht meiner Schule angehören.
Und wer nicht sein Kreuz annimmt und mir nachfolgt, kann nicht mein Jünger sein.
Jeder, der versucht sein Leben zu erhalten, wird es verlieren. Aber jeder, der sein Leben verliert um meinetwillen, wird es erhalten.«

»Salz ist eine gute Sache. Wenn aber das Salz seinen Geschmack verliert, wie kann er wiederhergestellt werden? Es ist weder für das Land noch für den Mist nütze. Die Menschen werfen es einfach weg.«

Jesus und seine buddhistischen Quellen

Die Sammlung der Sprüche ist einheitlich, ohne stilistische oder inhaltliche Brüche. Der Ur-Jesus spricht von der Lösung von Familienbanden, von freiwilliger Heimatlosigkeit, von der Vermeidung anerkannter Reinheitsideale, von einfacher Lebensweise und Kleidung, vom Betteln ohne Scham. Nirgends finden sich komplexe theologische Konzepte oder apokalyptische Drohungen. So einfach und direkt sind die authentischen Worte des Jesus von Q[1], daß die Forscher geneigt waren, ihn mit den Kynikern der griechischen Philosophie zu vergleichen: Jesus als kynischer Philosoph, wie Diogenes in der Regentonne!

Forscher wie der Religionshistoriker Burton L. Mack haben keine Probleme damit, Jesus als kynischen Weisheitslehrer, eingebettet in den hellenistischen Zeitgeist, darzustellen. Die Inhalte von Q[1] geben ihnen bei oberflächlicher Betrachtung recht. Jesu extreme Positionen gegenüber der Konvention, die peinlich anmutenden Aufforderungen (»Laß die Toten die Toten begraben«), die unerwarteten sozialkritischen Aussagen (»Wenn dir jemand deinen Mantel wegnehmen will, laß ihm auch dein Hemd«) - sie alle erinnern an die Haltung der Kyniker, an ihre Bedürfnislosigkeit, ihre Schamlosigkeit, ihre Mißachtung der Konventionen. Selbst der rhetorische Typ, den Jesus benutzte, gemahnt an die kynischen Philosophen. Er lehrte in äußerster sprachlicher Dichte, in kurzen gedrängten Sprüchen, Maximen, Aphorismen, Anekdoten, Parabeln und sogenannten *Meshalim,* das sind kurze, sorgfältig formulierte Texte.[48] Die Kyniker hatten eben diese literarischen Formen erfunden oder zur Meisterschaft gebracht, um ernsthafte Lebensregeln als Richtschnur des Verhaltens in heiter-witzigem Gewande wiederzugeben.

Den Kirchenvätern war nicht entgangen, daß diese Lehrweise gewisse Philosophen seiner Zeit bevorzugten. Um Jesus nicht in die Nähe dieser weltlichen Lehrer zu rücken, führte Justin diesen Stil auf die Kraft Gottes zurück, die in seinem Wort wirkte.

Unter seinen Anhängern muß Jesus als ein überaus treffend for-

mulierender »Lehrer der Wahrheit« oder als »wahrer Lehrer« ge-
golten haben. In allen Evangelien-Texten wird er als Lehrer (*di-
daskalos,* im Vokativ *didaskale,* »Lehrer!«) angesprochen. Bei
Markus (12,14) heißt es entsprechend: »Lehrer! (*didaskale*), wir
wissen ... daß du den Weg Gottes nach der Wahrheit lehrst.«
Dem Thomasevangelium zufolge vergleicht Matthäus Jesus mit
einem »weisen Mann des Verstehens« (ThEv 13).
Ohne Zweifel glänzte Jesus mit einer ungewöhnlichen Sprachbe-
gabung. Er formulierte poetisch, damit seine Schüler seine Worte
leichter auswendig lernen und im Gedächtnis behalten konnten.
Dazu bediente er sich vier poetischer Formen: Übereinstimmung
der Satzglieder, Rhythmus, Wortspiel und Reim.[49] Die Sprache
verwendete er dazu, seine Zuhörer wachzurütteln. Deshalb bevorzugte er, seine Botschaft in starken Kontrasten und mit über-
treibendem Ausdruck zu vermitteln.
Aber aufgrund dieser Ähnlichkeiten Jesus zu einem mißverstan-
denen hellenistischen kynischen Philosophen in Palästina zu machen, hieße, die Inhalte seiner Lehren und die Umstände seines
Wirkens nicht recht zu würdigen. Jesus war eben in einem Land
aktiv, in dem Weisheit gern aphoristisch und eingeschlossen in
kurze Texte vermittelt wurde. Er bediente sich dieser weisheitlichen Sprechweise, wie der hellenistische Typus des kynischen
Philosophen, und sein Anliegen war jenem der Kyniker nicht unähnlich: Lebensweisheiten in prägnanter Form gegen das Hergebrachte zu stellen als Mittel für die unerhörte Moral einer neuen
Gesellschaftsordnung. In manchem mag die Lehre des Ur-Jesus
mit der »praktischen Weisheit« der antiken Philosophen vergleichbar sein, aber zahlreiche Inhalte, die für jene wichtig waren, treten in seinen Reden so gut wie gar nicht in Erscheinung,
etwa Erziehung, Charakterbildung, Gewohnheiten, Freundschaft,
Frauen- und Familienbeziehungen, ethnische Themen, Politik und
Vernunft.[50]
Die Maximen, die dieser außergewöhnliche Wanderlehrer in der
kargen Landschaft zwischen Galiläa und Judäa vermittelte, klangen gewiß fremdartig. Doch sie hatten nichts von der Scherzhaf-

tigkeit und Derbheit der Kyniker, sie waren vielmehr eingebettet in eine Aura des liebenden Verstehens, des tiefen Wunsches, die armen schlafenden Geister zu wecken, um ihnen in ihrer Sehnsucht nach der befreienden, nach der erlösenden Erkenntnis unter die Arme zu greifen. Darum lief das Volk zusammen, wenn er sprach. Dafür erinnerte man sich an Jesus. Was er lehrte, war sozialpsychologisch revolutionär und – buddhistisch!

Dem Religionshistoriker Roy C. Amore kommt das Verdienst zu, als erster auf die erstaunlichen Übereinstimmungen von Q mit buddhistischen Texten hingewiesen zu haben.[51] Er nahm an, daß Jesus, wie später den Evangelisten, neben den traditionellen jüdischen Werken buddhistische Quellen zugänglich waren und daß er daraus einige Konzepte entnommen hat. Amores Arbeit erschien 1978, als man die drei Bearbeitungsebenen von Q noch nicht kannte. Darum konnte er keine hinreichende Erklärung dafür bieten, daß einige Jesus-Reden von Q so verblüffend buddhistisch klingen, andere aber keineswegs. Heute wissen wir die Antwort darauf. Die späteren Einfügungen in die Spruchsammlung dienten besonderen Zwecken der Jesus-Anhänger und wurden deshalb ohne Bezug auf die Lehren des Ur-Jesus aufgenommen. Sie sind nur aus der besonderen Situation im Palästina der damaligen Zeit erklärbar. Die darin Jesus untergeschobenen Aussagen stehen deshalb in keiner Verbindung zur buddhistischen Ideenwelt. Die buddhistischen Entlehnungen konzentrieren sich fast ausnahmslos auf die Ebene Q^1 – auf die Worte des Ur-Jesus.

Wir werden nun diese Worte mit ihren buddhistischen Quellen vergleichen. Es ist interessant zu sehen, wie Jesus sich bisweilen auch an die poetische Vorlage gehalten hat. Manche buddhistischen Werke wurden in Versform abgefaßt. Jesus übernahm diese Art der Formulierung und war in der Lage, sie noch knapper, noch prägnanter, noch kontrastreicher zum Ausdruck zu bringen, so daß sie den Zuhörern bildhaft im Gedächtnis blieben. Selbst in den Übersetzungen, durch welche der poetische Ausdruck der buddhistischen wie der jesuanischen Rede weitgehend verlorengegangen ist, strahlt die ursprüngliche Kraft der Formulierung durch.

Der Vergleich wird sich hauptsächlich auf Stellen aus dem *Dhammapada* und dem *Udanavarga* stützen, den Texten der buddhistischen Morallehre. Der besseren Vergleichbarkeit halber werden wir die buddhistischen Vorbilder und die entsprechenden Abschnitte aus Q¹ nebeneinanderstellen. Die Numerierung und Bezeichnung der jeweiligen Q¹-Texte mit den Abkürzungen QS folgen dem Schema von Burton L. Mack.

Bereits die Seligpreisungen und alle zentralen Aussagen der Bergpredigt, nach dem Urteil vieler *der* Kern der jesuanischen Lehre schlechthin, finden exakte Vorbilder im Buddhismus:

Glücklich werde ich leben, ohne Besitz unter Besitzenden; unter besitzenden Menschen lebe ohne Besitz.	Wie glücklich sind die Armen; sie haben das Reich Gottes. Wie glücklich sind die Hungernden; sie werden gesättigt werden. Wie glücklich sind die Weinenden; sie werden lachen. (QS 8)
Glücklich werde ich leben, ohne Bindungen, wir werden vor Freude feiern wie die Engel.	
Glücklich werde ich leben, ohne ängstliches Streben unter Strebsamen; unter strebsamen Menschen lebe, ohne zu Streben. (GDh 167)	

Es finden sich die gleichen Gedanken in den ersten Versen des Abschnitts *Sukhavagga* aus dem *Dhammapada*. Auffällig ist vor allem die Morallehre über die Feindesliebe, die Buddha in Zusammenhang mit der Gewaltlosigkeit mit Nachdruck vertreten hatte.

Glücklich werde ich leben, ohne Feindseligkeit unter den Feindseligen; unter feindseligen Menschen lebe ohne Feindseligkeit. (GDh 167)	Ich sage euch, liebt eure Feinde, segnet die, welche euch fluchen, betet für die, die euch mißhandeln.
	Wenn dir jemand auf die Backe

172

Laßt uns also, frei von Haß, glücklich leben unter den Haßerfüllten; unter den Haßerfüllten laßt uns ohne jeden Haß leben.

Laßt uns also, frei von Leiden, glücklich leben unter den Leidenden; unter den Geplagten laßt uns ohne jedes Leid leben.

Laßt uns also, frei von Gier, glücklich leben unter den Gierigen; unter den Gierigen laßt uns ohne jede Gier leben.

Laßt uns also glücklich leben, wir, die wir keine Behinderungen besitzen. Laßt uns wie die »Leuchtenden« sein, die von Liebe ernährt werden. (Dh 15,1–4)

Wer böswillig dem Böswilligen begegnet, kann niemals rein werden, aber wer keine Böswilligkeit verspürt, befriedet jene, die hassen; weil Haß der Menschheit Elend bringt, kennt der Weise keinen Haß. (Ud 14,12)

Feindschaft wird in dieser Welt nie durch Feindschaft geschlichtet; Feindschaft wird durch Liebe geschlichtet; das ist das ewige Gesetz. (Dh 1,5)

Überwinde Haß durch Nicht-Haß, überwinde das Böse durch das Gute; überwinde Geiz durch Großzügigkeit, überwinde Lügen durch Wahrheit. Sprech Wahres, gib dem Zorn nicht nach, gebe, wenn du gefragt wirst; durch die-schlägt, halte auch die andere hin. Wenn dir jemand deinen Mantel wegnehmen will, laß ihm auch dein Hemd.

Gib jedem, der dich bittet, und wenn jemand dein Eigentum wegnimmt, erbitte es nicht zurück.

Wie ihr wollt, daß euch die Menschen behandeln, so behandelt auch sie.

Wenn ihr die liebt, die euch lieben, welchen Lohn habt ihr da? Sogar die Sünder lieben jene, die sie lieben. Und wenn ihr nur eure Brüder umarmt, was tut ihr mehr als andere? Tun das nicht alle? Wenn ihr jenen leiht, von denen ihr Rückzahlung erwartet, welchen Lohn habt ihr da? Sogar die Sünder leihen ihresgleichen, weil sie Rückzahlung erwarten.

se drei Stufen wirst du den Göttern nahe kommen. (GDh 280–281)

Wer keinem Lebewesen Schaden zufügt, wer nicht tötet oder teilnimmt am Töten, ihn nenne ich einen heiligen Mann.

Wer tolerant ist mit den Intoleranten, wer geduldig Bestrafung erträgt, wer mitleidvoll ist zu allen Kreaturen, ihn nenne ich einen heiligen Mann. (Ud 33,45–46)

Statt dessen liebt eure Feinde, tut Gutes und verleiht, ohne etwas zurückzuerwarten. Eure Belohnung wird groß sein, und ihr werdet Kinder Gottes sein. Denn er läßt seine Sonne aufgehen über Gute und Schlechte und regnen über Gerechte und Ungerechte. (QS 9)

Erstaunlich sind bei diesen Übereinstimmungen verschiedene Aspekte. Abgesehen von der völlig identischen Idee, die Gautama und Jesus vermitteln, bedeutet das Jesus-Wort, das vielleicht sein charakteristischstes und meistzitiertes ist, jenes, das ihn als einen Weisen von besonderem Weitblick ausweist, nämlich das »Liebt eure Feinde«, genau das gleiche wie Buddhas »Überwinde Haß durch Nicht-Haß«. Diese ungeheure Aufforderung des Ur-Jesus, die Feinde nicht zu hassen, sich nicht ihnen entgegenzustellen, sondern ihnen vielmehr mit Liebe zu begegnen, war von Buddha bereits zum großen ewigen Gesetz (*Sanantana Dhamma*) erklärt worden: »Feindschaft wird in dieser Welt nie durch Feindschaft geschlichtet; Feindschaft wird durch Liebe geschlichtet.«

Zweitens fordern Jesus wie Buddha auf zu geben, jedoch mit dem Zusatz, wenn man darum gebeten wird. Jesus sagt: »Gib jedem, der dich bittet« und Buddha: »Gebe, wenn du gefragt wirst.« Das ist im Zusammenhang dieser Lehrsätze auffällig, denn man hätte ebenso erwarten können, daß Jesus oder Gautama ermutigt hätten, denen zu geben, die es nötig haben, also den Armen, Schwachen, Kranken. Statt dessen heißt es in beiden Texten, ungeachtet der Tatsache, ob jemand in Not ist, zu geben, *sobald man darum gebeten wird.*

Drittens kommt Jesus zum gleichen Ergebnis, wie sein indischer Vorläufer: Wer dieses unbedingte Liebesgebot beachtet, wird in der Rede Jesu ein »Kind Gottes« genannt, in den Worten Buddhas den »Göttern nahe kommen«.

Die Parallelen bis hin zu solchen Details und Schlußfolgerungen sind derart frappierend, daß man gar nicht umhin kann anzunehmen, Jesus habe diese buddhistischen Grundsätze sehr gründlich studiert und sich zu eigen gemacht. Ja, man muß sich angesichts dieser Übereinstimmungen fragen, ob Jesus nicht eine schriftliche Vorlage dieses *Dharmapada*-Abschnitts zugänglich war und er seine Belehrung auf dieser aufgebaut hat.

Diese buddhistischen Moralvorstellungen gingen auch in die großen indischen Epen ein. In der gesamten Sanskrit-Literatur war die goldene Regel Buddhas, von der wir beispielsweise in den indischen Epen *Mahabharata* und im *Pancatantra* lesen, weit verbreitet: »Höre auf die Essenz des *Dharma*, und nachdem du sie gehört hast, nimm sie dir zu Herzen! Was dir unangenehm ist, füge nicht anderen zu.«

Es mag sein, daß Jesus diese durch den Fabelstrom nach Westen kennengelernt und seine Maxime danach formuliert hatte: »Wie ihr wollt, daß euch die Menschen behandeln, so behandelt auch sie.«

Man kann die Kongruenz der Aussagen, die darauf hindeuten, daß Jesus buddhistische Schriften studiert hat, auch bei dem folgenden Vergleich feststellen:

Beurteile nicht die Fehler der anderen, noch was andere tun oder nicht tun, sondern beurteile deine eigenen rechten und unrechten Taten. (GDh 271–272)	Richtet nicht, und ihr werdet nicht gerichtet. Denn das Maß, mit dem ihr meßt, wird das Maß sein, mit dem ihr gemessen werdet. (QS 10)

In der Pali-Version des zitierten Verses (Dh 4,7) wird das Verb *avekkheyya* verwendet, was soviel wie »hinunterblicken auf« oder »erwägen«, »überlegen« bedeutet, in der Sanskrit-Fassung steht *samikshe'a,* »wahrnehmen«. In beiden Fällen lautet die dadurch ausgedrückte Bedeutung »genau untersuchen«, und zwar im übertragenen Sinn des Beurteilens.

Wenn man den ersten Teil von QS 10 durch etwaige Fehlübersetzung aus dem Aramäischen korrigiert, kommt man zu der Leseweise:[52] »Ihr sollt vollkommen werden auf der Erde, wie Abba vollkommen ist in den Himmeln« (Mt 5,48; Lk 6,36). Auch diese Aussage findet eine perfekte Parallele im *Dhammapada,* wo zu lesen ist: »Ihr selbst müßt euch anstrengen, die Vollendeten verkünden nur.« In beiden Fällen steht der Appell, das persönliche spirituelle Fortkommen in die eigene Hand zu nehmen, nicht auf eine gnadenhafte Wirkung von außen zu warten, im Gegensatz zur paulinischen Erlösungslehre. Die Vollkommenen (Abba) oder Vollendeten (Buddhas) befinden sich bereits auf einer anderen Ebene.

Erstaunlich in ihrer formalen und inhaltlichen Gleichheit klingt auch die indische Entsprechung zum berühmten Aphorismus vom blinden Blindenführer:

Gleichsam, o Vasettha, wie eine Reihe von Blinden, einer mit dem anderen verbunden, (wobei) der vordere nichts sieht, der mittlere nichts sieht, der hintere nichts sieht – ganz genauso, o Vasettha, ist das von den die drei Veden kennenden Brahmanen Gesagte der Reihe von Blinden vergleichbar. (*Tevijja-Sutta, Dighanikaya* 13,15)	Kann der Blinde den Blinden führen? Werden sie nicht beide in die Grube fallen? Ein Schüler ist nicht besser als sein Lehrer. Es reicht für einen Schüler, so zu sein wie sein Lehrer. (QS 11)

Die Blinden sind jene, die den Weg der Rechtschaffenheit noch nicht erkannt haben. Buddha hat dieses Bild dazu verwendet, um zu zeigen, daß die Brahmanen, die sich an die drei Veden klammern, nichts erkannt hätten, also auch keine angemessenen Lehrer sein können. Damit ist der Zusammenhang, den Jesus in aphoristischer Knappheit wiedergibt, exakt gewahrt: einerseits Blinde, die Blinde führen, als ein zweckloses Unterfangen und andererseits der Bezug zu den Lehrern, und zwar zu den *richtigen* Lehrern. Die Brahmanen, die sich an den niedergeschriebenen Worten festhalten, sind in Buddhas Augen falsche Lehrer für unerwachte Schüler – gleichsam blinde Blindenführer. Jesus nimmt den Gedanken auf, indem er den Schüler mit dem Lehrer in ähnlicher Weise in Beziehung setzt.

Auch einen anderen Vergleich, der die verlogene Praxis der Verurteilung anderer anprangert, um selber in günstigerem Licht zu erscheinen, hat Jesus offenbar ebenfalls im *Dhammapada* vorgefunden. Was besticht, ist wiederum die für Jesus typische drastische und eingängigere Ausdrucksweise. Während die buddhistischen Texte wie sorgfältig formulierte Schriften wirken, erscheinen die Worte des Ur-Jesus als Übertragungen eben dieser Schriften in lebendige Reden. Betrachtet man die Redestücke Jesu, hat man den Eindruck, als ob sie tatsächlich rhetorisch geschicktere, anschaulichere Versionen der buddhistischen Vorlagen sind. Hat er sie teilweise wirklich Aufzeichnungen entnommen, war es sicher nötig, sie dem Geschmack der Zeit und seines Publikums anzupassen. Der Ur-Jesus hat dies durch besonderes Geschick in der prägnanten Formulierung vollendet gemeistert:

Leicht zu sehen sind die Fehler der anderen, aber die eigenen (Fehler) zu sehen, ist schwer. Man sieht die Fehler der anderen wie Spreu, aber versteckt die eigenen wie ein betrügender Spieler. (Dh 18,18)

Die Fehler der anderen sind leichter zu sehen als die eigenen; die Fehler der anderen sind leichter zu sehen, weil sie gesiebt werden wie Spreu, aber die eigenen Fehler sind schwer zu sehen. Das ist wie der Betrüger, der seinen Würfel versteckt und den Würfel seines

Was siehst du den Splitter im Auge deines Bruders, den Balken aber in deinem Auge bemerkst du nicht? Wie kannst du zu deinem Bruder sagen: Laß mich den Splitter aus deinem Auge entfernen, wenn du nicht den Balken in deinem eignen Auge siehst? Du Heuchler, entferne zuerst den Balken aus deinem Auge, und dann kannst du zusehen, den Splitter aus dem Auge deines Bruders zu entfernen. (QS 12)

Gegners zeigt, auf die Unzulänglichkeiten des anderen aufmerksam machend, ständig daran denkend, ihn anzuklagen. Er ist weit
entfernt davon zu sehen, was
recht ist, und verschlechtert sehr
sein bedauerliches Los. (Ud 27,1)

Die verbesserte Rückübersetzung des Jesus-Evangeliums bringt
die sachliche Rede der buddhistischen Vorlage in noch deutliche-
rer Weise zum Ausdruck:
»Warum bemerkst du den Irrtum in den Ansichten deines Weggefährten? Bemerkst du nicht den Selbstbetrug in deinen eigenen
Ansichten? Wie kannst du sagen zu deinem Weggefährten: ›Laß
mich den Irrtum beseitigen in deinen Ansichten‹? Und sieh! –
Ein Selbstbetrug ist in deinen eigenen Ansichten! Heuchler! – Beseitige zuerst den Selbstbetrug in deinen Ansichten! Und dann
beseitige den Irrtum in den Ansichten deines Weggefährten«
(JeEv 11,25–27).
Aus dem geschlossenen Zusammenhang, in dem die authentischen Jesus-Worte aus Q[1] den buddhistischen Texten entnommen sind, kann man davon ausgehen, daß sich Jesus für den
Aphorismus über den Splitter im Auge des Bruders die Anregung aus den zitierten Texten geholt hat. Die dargestellte Lehre
ist von großer moralischer Verpflichtung. Sie ging nicht aus der
Achtung der Meinung des anderen hervor, wie irrig diese auch
sein mag, sondern allein aus der buddhistischen Pflicht zur Achtsamkeit. Diese wichtigste Übung setzt voraus, daß man sich
selbst immer erforscht, sich seine eigenen Gedanken, Vorurteile
und Irrtümer bewußt macht. Darum haben auch nicht-buddhisti-
sche Texte in Indien aus den buddhistischen die gleichen Anleihen gemacht. Wir finden die identische Idee dem Inhalt nach im
großen indischen Epos *Mahabharata*: »Du siehst die Fehler der
anderen, selbst wenn sie so klein sind wie ein Senfkorn, aber,
obwohl du sie siehst, möchtest du deine eignen Fehler nicht sehen, selbst wenn sie so groß sind wie eine *Bilva*-Frucht«

(1,96,1). Vielleicht kannte Jesus auch diese Fassung, denn sie enthält im Bild vom Senfkorn und der großen Frucht die gleiche Idee wie jene vom Splitter und Balken.

Wenden wir uns nun der Forderung nach persönlicher Integrität zu, in die Jesus die Grundzüge des edlen achtfachen Pfades eingearbeitet hat:

Was immer ein Mensch tut, ob durch tugendhafte oder sündige Taten, keine davon sind von geringer Bedeutung, alle tragen eine Art Frucht. (Ud 9,8)

Der schlechte Mensch spricht falsch, gefesselt durch seine Sprache; der ist kein Weiser, wer üble Sprache führt und zurückweist, was wirklich recht ist. (Ud 8,9)

Ein guter Baum trägt keine faule Frucht. Ein fauler Baum trägt keine gute Frucht. Sammelt man etwa Feigen von Dornen oder Trauben vom Dornbusch? Jeder Baum wird an seiner Frucht erkannt. Der gute Mensch bringt aus seinem guten Schatz gute Dinge hervor, und der schlechte bringt aus dem schlechten Schatz schlechte Dinge hervor. Denn der Mund spricht aus einem vollen Herzen. (QS 13)

In der Übersetzung des Jesus-Evangeliums tritt die geistige Haltung als Gradmesser für den Sprachgebrauch des Menschen noch deutlicher zutage: »Ein jeder Mensch redet Gutes aus den guten Gedanken seiner Gesinnung. Ein jeder Mensch redet Böses aus den bösen Gedanken seiner Gesinnung. Aus den Gedanken der Gesinnung redet der Mund« (JeEv 11,33–34).

Jesu Belehrung ist nicht eine einfache Ermahnung zum rechten Handeln, sie ist vielmehr deutlich im indischen Verständnis des Karma-Gedankens verwurzelt, denn sie verweist darauf, daß die Intentionen hinter unserem Reden und Tun nie verlorengehen. Die den inneren Einstellungen entspringenden Aussagen und Taten sind keine Einzelhandlungen, sondern das Produkt einer ständigen Anhäufung derselben. Anders ausgedrückt: Man wird das, was man gesagt und getan hat, nicht los, es verschwindet nicht einfach, sondern es bleibt stets wirksam. Daraus bildet sich die Persönlichkeit. Jesus verweist auf einen Bereich in der Persönlichkeitsbildung, den Buddha im edlen achtfachen Pfad seinen Schülern unter den Begriffen »rechte Rede«, »rechtes Handeln« und »rechte Lebensführung« gelehrt hat. Das Bild des Baumes ist darum sehr gut gewählt: Ist das Leben wie ein Baum durch Verfolgen des achtfachen Pfades gewachsen, werden die Früchte gut sein. Das Konzept des Karma lehrt in identischer Weise, daß keine Tat »verlorengeht«. Sie wird im Schatzhaus der Persönlichkeit angesammelt, aus dem heraus sich Charakter und Schicksal bilden – in diesem wie im künftigen Leben. Deutlich leuchtet aus dem Jesus-Wort die Unvermeidbarkeit der karmischen Resultate als ein Echo eines *Udanavarga*-Verses: »Wie das Leben im Tod enden muß und alle Kreaturen zu sterben bestimmt sind, in gleicher Weise müssen Tugend und Laster Früchte tragen, die aus allen Taten folgen werden« (Ud 1,23).

Schon in den dreißiger Jahren hatte Burnett Hillman Streeter, ein bekannter Oxforder Neutestamentler, festgestellt, daß »die moralischen Lehren des Buddha eine bemerkenswerte Ähnlichkeit zu jenen der Bergpredigt aufweisen«.[53] Wie recht er hatte, zeigt sich an den bislang dargestellten Übereinstimmungen (QS 8–13). Sie entstammen alle dem Herzstück von Q^1 – der Bergpredigt. Auch der folgende Vergleich (QS 14) ist der Bergpredigt entnommen.

So wie der Regen in ein schlecht gedecktes Haus dringt, so dringt Leidenschaft in einen nicht gesammelten Geist. So wie kein Regen in ein gut gedecktes Haus dringt, so dringt keine Leidenschaft in einen wohl entwickelten Geist. (Dh 1,13–14)

Was nennt ihr mich ›Herr, Herr‹ und tut nicht, was ich sage? Jeder, der meine Worte hört und sie tut, ist wie ein Mann, der sein Haus auf einem Felsen baute. Der Regen kam, ein Fluß flutete gegen das Haus, aber es stürzte nicht ein, denn es war auf Fels gegründet. Doch jeder, der meine Worte hört und sie nicht tut, ist wie der Mann, der sein Haus auf Sand baute. Der Regen kam, der Fluß flutete gegen das Haus, und es stürzte ein. Groß war der Sturz des Hauses. (QS 14)

Das Bild des Regens, der von einem gut gedeckten Haus abgehalten, von einem schlecht gedeckten nicht abgehalten wird, liegt in Indien freilich näher. Jesus mußte das Beispiel den Umständen in Palästina anpassen. Das zentrale Bild blieb aber bestehen – der Regen als Verursacher der Katastrophe –, allerdings in der landesüblichen Form der auf heftigen Regen folgenden Sturzbäche. Offenbar gefiel dem Kompilator des *Udanavarga* der Vergleich zwischen dem schlecht und dem gut gedeckten Haus im *Dhammapada* so gut, daß er ihn im Kapitel 31 gleich für elf Vierzeiler verwendete (Ud 31,12–22). Er wird dort in vielfacher Abwandlung immer wieder herangezogen, um die rechte Geisteshaltung und das damit verbundene vollkommene Handeln (entsprechend dem gut gedeckten Haus) zu veranschaulichen.

Ein Abschnitt aus dem *Mahavagga* (5,1,26), der die Instruktionen für die Bettelmönche enthält, verwendet das identische Bild wie QS 14 ohne das Haus. Derjenige, der vollständig nach den Anweisungen Buddhas handelt, wird darin mit einem Felsen verglichen, der jedem Wind und Regen standhält.

Am Anfang des *Dhammapada* findet sich ein Vers, der sich gegen Devadatta, den »Judas« der Buddhisten, richtet, aber er läßt sich auf jene ausdehnen, die wie Devadatta an ihren eigenen Leistungen allzu rasch Gefallen finden und nicht wirklich für ihr Fortkommen arbeiten, also im jesuanischen Sinn dieses Spruches an jene, die seine Worte hören, aber nicht nach ihnen handeln: »Obwohl er viel aus den heiligen Texten rezitiert, handelt er aber nicht nach ihnen; der achtlose Mann ist wie ein Kuhhirte, der die Kühe der anderen zählt. Er hat keinen Anteil an dem Segen des asketischen Lebens« (Dh 1,19). Das angesprochene asketische Leben beinhaltet die vier Ebenen spirituellen Wachstums, die der Suchende erlangen muß: zuerst wird er zum Strom-Eintreter (*Sotapanna*), dann zum Einmal-Zurückkehrer (*Sakadagamin*), darauf zum Niemals-Zurückkehrer (*Anagamin*), schließlich zum Heiligen (*Arhat*).

Wir haben den Begriff der Achtsamkeit bereits öfter als zentralen

Punkt auf dem buddhistischen Weg erwähnt. Natürlich schließt er die Achtsamkeit auf die Worte Buddhas und der Arhats ein, ganz so wie Jesus sein Gleichnis verstanden wissen wollte. Viele buddhistische Texte sprechen das Thema an, das Jesus im Gleichnis vom gut und vom schlecht begründeten Haus faßte. Als Beispiel sei noch der folgende Vers wiedergegeben: »Wenn einer viel gehört hat, aber das moralische Gesetz nicht befolgt, ist er kein guter Zuhörer, weil er das moralische Gesetz verachtet« (Ud 22,6).

Sicherlich gehörte es zu den schwersten Aufgaben, sowohl für Buddha als auch für Jesus, die ernsthaften Jünger davon zu überzeugen, daß sie ihre Familien zurücklassen mußten. Der Weg aus den Verstrickungen mit der äußeren Welt war nur zu gewinnen in radikaler Abkehr von allen Bindungen, seien diese emotionaler oder gedanklicher Natur.

Die Gedankenvollen strengen sich an; sie haften nicht an einer Wohnstatt an. Wie Schwäne, die den See verlassen, bewegen sie sich von Haus zu Haus.
Jene, die keine Güter anhäufen und aufmerksam sind, was sie essen, deren einzige Zuflucht bedingungslose Freiheit ist, indem sie die Leere des Vergänglichen erkennen, ihr Weg ist schwer zu verfolgen, wie jener der Vögel in der Luft. (Dh 7,2–3)

Wer, seine menschlichen Bindungen abgelegt habend, die Anziehungskraft der Götter hinter sich gelassen hat, wer frei ist von allen Bindungen, ihn nenne ich einen heiligen Mann. (Ud 33,52).

Als ihm jemand sagte: »Ich will dir nachfolgen, wohin du auch gehst«, antwortete Jesus: »Füchse haben ihre Höhlen und die Vögel des Himmels ihre Nester, aber der Menschensohn hat keinen Ort, wo er sein Haupt hinlegen kann.«
Als ein anderer sagte: »Laß mich erst weggehen und meinen Vater begraben«, antwortete Jesus: »Laß die Toten die Toten begraben.«
Ein anderer aber sagte: »Ich will dir folgen, Herr, aber zuerst laß mich Abschied nehmen von meiner Familie.« Jesus antwortete: »Niemand, der seine Hand an den Pflug legt und dann zurückblickt, ist bereit für das Reich Gottes.« (QS 19)

Zunächst muß in der betreffenden Stelle das Rätselwort »Menschensohn« erklärt werden. Es handelt sich dabei um eine falsch verstandene Auslegung der Vision Daniels, der den Messias auf Wolken einherschweben sah, »wie eines Menschen Sohn« (Dan 7,13). In der Tradition der jüdischen apokalyptischen Hoffnungen wurde die Bezeichnung »eines Menschen Sohn« aus der Daniel-Vision, die nur voraussagte, daß der Messias, der ruhmreich zurückkehren würde, um die Erde zu richten, in menschlicher Gestalt erscheinen wird, als messianischer Titel mißverstanden.[54] Bei dunklen Aussagen Jesu, die von Redakteuren später in eschatologischem Zusammenhang gedeutet wurden, ersetzten sie gern ein »Ich« durch den Begriff »Menschensohn«. Die Leute sollten glauben, daß sich Jesus selbst als Messias verstand. Im Originalton lautet das zitierte Jesus-Wort: »Füchse haben ihre Höhlen und die Vögel des Himmels ihre Nester, aber ich habe keinen Ort, wo ich mein Haupt hinlegen kann.«

Auffallend ist das Bild, das Jesus zur Illustration seines In-der-Welt-Seins dient. Es ist eine unüberbietbare Übersetzung des buddhistischen Grundbegriffs der »Hauslosigkeit«, fabelartig in die Tierwelt transponiert. Solche Vergleiche mit der Lebenswelt der Tiere waren in Indien sehr geläufig und führten im Westen, wie wir gezeigt haben, zur Übernahme vieler Fabeln; und in der Tat wird der Gott Shiva, der schon lange vor Buddha als Prototyp des wandernden Asketen galt, in der *Shvetashvatara-Upanishad* der »Nestlose« genannt: »Die ihn kennen, der vom Herzen zu erfassen ist, der ›der Nestlose‹ heißt, Werden und Vergehen schafft, den Shiva ...«

Die buddhistischen Mönche nannten sich selbst »Hauslose«. Das Ideal des Daseins auf Erden als ein Wanderer, nirgends zu Hause, überall auf der Durchreise, war der Versuch, das irdische Leben selbst zu verbildern, es ins Bewußtsein zu heben. Das Leben ist nicht mehr als ein Durchgang, in buddhistischer Sicht ein Durchgang von einer leidvollen Existenz in die folgende im Kreislauf der Wiedergeburten. Nichts, was man während dieser Wanderschaft besitzt, woran man sich bindet, was man erschafft und hegt und pflegt, hat Bestand. Die Vorbedingung, diesen Kreislauf zu durchbrechen, ist die Verwirklichung der zweiten Stufe des achtfachen Pfades: vollkommener Entschluß zur Entsagung. Diese Grundvoraussetzung für den buddhistischen Weg mußte man verstehen und akzeptieren, wollte man dem Weg Buddhas folgen. Auch Jesus machte sie zu einem mit Nachdruck vertretenen Anliegen. Vollkommen kann nur der sein, der all seinen Besitz verkauft und Jesus nachfolgt (Mt 19,21). Wir stoßen daher in den Sprüchen des Ur-Jesus aus Q[1] wiederholt in eingängigen Parabeln und Aphorismen auf dieses Thema. Sie lassen sich alle nur aus dem reichen Schatz an buddhistischen Vorbildern erklären.

Die Ablehnung eines Lebens in Äußerlichkeiten, bedacht auf Besitz, Ruhm, Ehre und Lustgewinn, war den Menschen nur eingängig zu vermitteln, wenn ihnen für die Entsagungen ein anderer, ein geistiger Lohn versprochen würde. Im *Udanavarga* heißt es deshalb treffend: »Man muß dem entsagen, was der Menge von Nutzen ist, um des eigenen Nutzens willen; wenn jemand das entdeckt, was einem selbst ungeheuer nutzt, soll ihm sein Wohlergehen seine wichtigste Sorge sein« (Ud 23,9). Buddha und Jesus, die durch ihre vollendete Meisterschaft von Lohn und Gewinn des inneren Weges wußten, sprachen aus diesem tiefen Wissen heraus.

Den Lohn für solche unpopulären Anstrengungen sollte Jesus als »Schätze im Himmel«, anstelle irdischer Schätze, bezeichnen. Man kann diesen inneren Reichtum als Hinweis auf die achte Stufe des achtfachen Pfades (vollkommene Sammlung) ansehen: das Ausschließen der Außenwelt, die Ausrichtung nach innen. Freilich ließ sich ein Konzept der Meditation, wie es Gautama in Indien aus jahrhundertelanger Tradition vorfand, nicht einfach nach Palästina übertragen, wo solcherlei ein vollkommenes Novum war. Aber bei Buddha wie bei Jesus stehen die entsprechenden Aussagen dazu in einem breiteren Rahmen, der die Lebensführung insgesamt umfaßt. In dem keine Kompromisse kennenden Aufruf zum Verzicht auf alles Weltliche erscheinen die buddhistischen Fundamente der Lehren des Ur-Jesus in klarster Weise. Es ist das Gebot des Wanderlebens als mönchischer Bettler, das Jesus eindeutig als Buddhisten ausweist.

Man muß Vorräte des Glaubens anlegen, denn niemandem kann sein wahrer Verdienst genommen werden, und niemand braucht das Stehlen von Dieben zu befürchten. Glücklich sind die Jünger, die den Glauben erworben haben, und glücklich ist der weise Mann, wenn er einem (solchen) Jünger begegnet. (Ud 10,11)

Der weise Mann in dieser Welt hält sich an Glauben und Weisheit fest. Dies sind seine größten Schätze; alle anderen Reichtümer schiebt er beiseite. (Ud 10,9)

Verkauft euren Besitz und gebt Almosen. Legt Schätze an im Himmel, wo Motte und Rost sie nicht zerstören und wo Diebe nicht einbrechen und stehlen können. Denn wo dein Schatz ist, da wird auch dein Herz sein. (QS 40)

Sucht auch ihr nach dem Schatz, der nicht vergeht und dort ist, wohin keine gierigen Motten dringen und wo kein Wurm ihn zernagt. (ThEv 76)

Die buddhistischen »Vorräte des Glaubens« und »Glauben und Weisheit als größte Schätze« hat Jesus wörtlich für die Ohren seiner Zeitgenossen als »Schätze im Himmel« übersetzt. Allein das, was über die sinnlich erfahrbare Welt hinausweist, die »Schätze, die wir im Himmel sammeln sollen«, hat Anteil an der Ewigkeit und Unzerstörbarkeit. Buddha hat mit starkem Nachdruck vertreten, daß diese Bedingung nicht nur völlig verstanden werden, sondern sich auch in der Lebensart niederschlagen muß – eben im Ideal des Wandermönchs. Jesus stand der buddhistischen Forderung in keiner Weise nach und mußte sich in der jüdischen Gesellschaft, in der Familienbande und Nachkommenschaft von so bedeutendem Stellenwert waren, mit seinem Ansinnen gegen eine Mauer von Konventionen stellen. Sein Aufruf, sich von den Eltern abzuwenden, sich weder um Verwandte noch um Verstorbene, das Feld oder die Tiere zu kümmern, mußte auf heftigen

Widerspruch stoßen. Die Aussagen zu diesem Thema waren schlichtweg eine Kampfansage an die höchsten Moralvorstellungen der Zeit; eine Herausforderung, die Zorn und Unverständnis selbst bei denen, die seiner Lehre aufgeschlossen waren, hervorrufen mußte. Im Thomasevangelium bringt Jesus den zutiefst buddhistischen Auftrag an seine Schüler, in Bindungs- und Hauslosigkeit seine Lehre weiterzugeben, auf den kürzesten Nenner: »Werdet Wanderer« (ThEv 42).

Lossagen von irdischen Bindungen, die unbedingte Hauslosigkeit und die vollkommene Ausrichtung auf den rechten spirituellen Pfad (»Vorräte des Glaubens«) kehren bei Jesus in der schönen Parabel vom »törichten Besitz« als Ableitungen von buddhistischen Texten wieder. Interessant zu diesem Abschnitt ist bei der ersten Parallele aus dem *Majjhimanikaya*, daß die gleiche Aufeinanderfolge bewahrt bleibt: zuerst der Streit um die Erbschaft (eines verstorbenen Königs), daraufhin die Belehrung, daß man ohnehin nichts Irdisches behalten könne und es deshalb wertlos sei, sich daran zu klammern.

Die Erben streiten sich um seinen Besitz; (sein) Wesen aber geht entsprechend dem Tatverdienst. Nicht folgt dem Verstorbenen Besitz, (auch) keine Söhne, Frauen, Geld und Herrschaft. Nicht erlangt man langes Leben durch Geld, und auch das Alter verscheucht man nicht durch Reichtum. Daher ist Weisheit besser als Geld, führt sie doch zur Vollendung. (*Ratthapala-Sutta, Majjhimanikaya*, 82)

»Diese Kinder und diese Reichtümer gehören mir«; so denkend ist der Narr besorgt. Da niemand

Jemand aus der Menge sprach zu ihm: »Lehrer, sag meinem Bruder, er soll das Erbe mit mir teilen.« Aber er sagte zu ihm: »Mensch, wer hat mich zu deinem Richter oder Anwalt gemacht?«

Er erzählte ihnen eine Parabel: »Das Feld eines reichen Mannes hatte viel getragen, und er dachte bei sich und sprach: ›Was soll ich tun, denn ich habe nichts, wo ich meine Früchte sammeln kann?‹ Dann sagte er: ›Ich will folgendes tun: Ich will meine Scheune abbrechen und eine größere bauen und will darin all mein Korn und nicht einmal sich selbst besitzt, was ist der Sinn von »meine Kinder und Reichtümer«?

Es ist das Gesetz der Menschheit, obwohl man Hunderte und Tausende irdischer Güter anhäuft, verfällt man dennoch der Macht des Todes. Alle Vorräte werden zerstreut werden, was immer errichtet wird, wird eingerissen werden, alles Zusammenfinden muß in Trennung enden, das Leben muß im Tod enden. (Ud 1,20–22)

meine Güter sammeln. Und ich will sagen zu meiner Seele: Seele, du hast einen großen Vorrat für viele Jahre. Hab nun Ruhe, iß, trink und sei guter Dinge.‹ Gott aber sprach zu ihm: ›Du Narr! Diese Nacht wirst du deine Seele zurückgeben müssen, und die Dinge, die du erzeugt hast, wem werden sie gehören?‹ So geht es dem, der sich Schätze sammelt und nicht reich ist für Gott.« (QS 38)

Die zweite Übereinstimmung zum *Meshalim* Jesu ist ein seltener Fund eines zusammenhängenden parabelartigen Abschnitts, der eine erstaunliche Parallele bietet. Selten deshalb, weil von Gautama kaum Parabeln überliefert sind. Die häufigste Form seiner poetisch angelegten Instruktionen waren Lehrgespräche und Lehrreden. Hingegen hat Jesus die Lehrform der Parabel und der *Meshalim* gerne verwendet. Zwar sind Parabeln im Q[1]-Material, in dem die treffenden Aphorismen vorherrschen, relativ selten, doch wird aus der kanonischen und apokryphen Überlieferung deutlich, daß die Parabel ein Lehrinstrument war, das Jesus liegen mußte. Seine außergewöhnliche rhetorische Begabung bediente sich gern der eindringlichen Bildersprache. *Meshalim* und Parabeln waren geeignete Werkzeuge, Lehrinhalte in leicht erinnerbarer Form zu vermitteln.

Bemerkenswert ist der Abschnitt, in dem Jesus seinen Schülern genaue Instruktionen gibt, was sie zu tun haben. Seine Anweisungen unterscheiden sich in ihren wesentlichen Inhalten nicht von jenen Buddhas an seine Mönche. Er fordert seine Anhänger auf, nachdem sie alle Bindungen hinter sich gelassen haben, als wandernde Bettelmönche seine Lehre in die Dörfer und Städte zu tragen.

Ein Wandermönch soll weder verachten, was er erhalten hat, noch anderen ihren Gewinn neiden. Der neidische Wandermönch erlangt nicht die tiefe Versenkung. (Dh 25,6)

Der Weise freundet sich nicht mit dem Ungläubigen, Habgierigen und Verleumderischen an oder mit dem, der Streit sucht; der Weise meidet die Bösen. (Ud 25,1)

»Geht. Siehe, ich sende euch wie Schafe unter Wölfe. Nehmt nicht Geld mit, noch Beutel noch Sandalen oder Stab; und grüßt niemanden unterwegs. Wenn ihr in ein Haus kommt, so sagt: ›Friede diesem Haus!‹ Und wenn ein Kind des Friedens dort ist, wird euer Gruß entgegengenommen werden [wörtlich: soll euer Friede auf es kommen]. Wenn nicht, soll euer Frieden zu euch zurückkehren. Bleibt in diesem Haus, eßt und trinkt, was immer man euch gibt, denn der Arbeiter verdient seinen Lohn. Geht nicht von Haus zu Haus. Und wenn ihr in eine Stadt kommt und ihr aufgenommen werdet, eßt, was euch vorgesetzt wird. Achtet auf die Kranken und sprecht zu ihnen: ›Das Reich Gottes ist euch nahe gekommen.‹ Wenn ihr aber in eine Stadt kommt und ihr werdet nicht aufgenommen, verlaßt die Stadt, schüttelt den Staub von euren Füßen und sagt: ›Trotzdem, seid euch dessen sicher, das Reich Gottes ist euch nahe gekommen.‹« (QS 20)

Die eigenartige Formulierung, der Frieden würde zurückkehren, wenn der Gruß nicht angenommen würde, läßt uns stocken. Offenbar war der Friedensgruß der wandernden Mönche Jesu nicht als ein einfacher Gruß gedacht, sondern als Übertragung einer besonderen Kraft. Tatsächlich lautet auch die Übersetzung des zweiten Teils der Aussage, »wenn ein Kind des Friedens dort ist, wird euer Gruß entgegengenommen werden«, wörtlich genommen, »soll euer Friede auf es kommen«. Wurden die Jünger aufgefordert, etwas von ihrer wahrhaft friedensstiftenden Kraft zu geben, gleichsam als Vermittlung von meditativer Gelassenheit? Sollten sie Ablehnung erfahren, würden sie sich wieder in ihre innere Stille zurückziehen, ihr Frieden würde zu ihnen zurückkehren.

Jesu Aufruf zum mönchischen Wanderleben entspricht in allem den Vorschriften Buddhas: Seine Anhänger sollten ohne Geld und ohne besondere Habe als Bettelmönche losziehen. Sie sollten sich durch nichts von ihrer Absicht abbringen lassen, den *Dharma* zu verbreiten, und angebotene Speisen stets entgegennehmen. Buddha selbst wurde dieses letzte Gebot zum Verhängnis, als er ein Stück verdorbenes Schweinefleisch aß, das ihm angetragen wurde. Er lehnte die Gabe nicht ab, obwohl er vermutlich wußte, daß er daran sterben würde.

Interessant ist auch Jesu Instruktion, wie die Menschen nach ihrer Einstellung zur Lehre zu behandeln sind. Bei Zurückweisung sollten die Bettelmönche Jesu weiterziehen. Jesus hat nicht um jeden Preis die Gemeinschaft der Halsstarrigen gesucht und auch seinen Jüngern empfohlen, dort wo man sie ablehnt, nicht zu verweilen und versuchen zu überzeugen, sondern einfach fortzugehen. Überredung der Verstockten war nicht die Sache Jesu, auch nicht die Absicht Buddhas: »Wenn ein (buddhistischer) Schüler auf seinem Weg keinen Begleiter findet, der besser oder ihm gleich ist, soll er einen einsamen Weg verfolgen. Es kann keine Gemeinschaft geben mit den Törichten« (Dh 5,3).

Wenn sich die Jesus-Jünger abkehren von den Orten, an denen sie nicht willkommen sind oder nicht verstanden werden und den Staub von ihren Füßen schütteln, lassen sie die Uneinsichtigen dennoch wissen, daß das Reich Gottes (entsprechend dem *Dharma*) ihnen nahe gekommen ist. Der Zen-Buddhismus, der die Tradition der aphoristischen Lehrweise später durch treffende kurze Lehrrätsel (*Koans*) zu größter Meisterschaft geführt hat, drückt den dahinterliegenden Gedanken treffend aus: »Wenn du erkennst, sind die Dinge, wie sie sind. Wenn du nicht erkennst, sind die Dinge, wie sie sind.«

Im Zusammenhang mit der Aussendung der Jünger drang Buddha immer darauf, daß sich die Mönche nie als etwas Besonderes vorkommen dürfen. Sie sollten demütig sein, weder mit ihrem Wissen noch mit ihren spirituellen Einsichten und magischen Fähigkeiten prahlen. Eine der Regeln für die *Bhikshus* besagt, die Wandermönche sollen in der Öffentlichkeit stets mit gesenktem Blick wandeln. Nur in dieser demütigen Haltung kann das Ziel der Befreiung erlangt werden. Ein Echo dieser Einstellung vermittelt das Jesus-Wort: »Jeder, der sich selbst erhöht, wird erniedrigt werden, und wer sich erniedrigt, wird erhöht werden« (QS 50).

In Indien waren wandernde Asketen nicht ungewöhnlich. Zu Buddhas Zeiten muß diese Art der religiösen Suche als Protest gegen die Priesterreligion der Brahmanen weit verbreitet gewesen sein. Gautama mußte nicht die Ängste der Menschen auf diesem einsamen Weg vertreiben. Zumal er keine extreme Askese verlangte, forderte er nicht zu viel von seinen Anhängern. Aber er ermahnte sie stets, nicht zurückzugleiten auf dem Pfad irdischer Wünsche und Bedürfnisse, weil sie sonst die Freiheit einbüßen würden. Letztlich mußte auch in einem förderlichen Umfeld geworben werden für eine Lebensweise, die keine Sicherheiten kannte, außer jene, die im Inneren in der Versenkung gefunden würden. Buddha hat seine Schüler oft darauf hingewiesen, wie wertlos es ist, sich Sorgen zu machen. Er hat sie in der Überzeugung erzogen, mit allem zufrieden zu sein, was man erhält oder dem man begegnet. Sich zu ängstigen um den folgenden Tag, um Nahrung und Kleidung sei kleinlich und zeuge von einem Charakter, der noch allzu sehr an den Dingen der Welt Gefallen findet. Aus diesem Grund begegnen uns in den buddhistischen Texten zahllose Beispiele der Aufforderung, gelassen, still, zufrieden und angstfrei zu sein: »Die Rechtschaffenen geben alles auf, was vergänglich ist; die Tugendhaften plappern nicht, sehnen sich nicht nach Sinnesfreuden; ob von Freude oder Leid berührt, die

190

Weisen zeigen weder freudige Erregung noch Niedergeschlagenheit« (Dh 6,8).

Jesus konnte auf keine vergleichbare Tradition in seinem Land zurückgreifen. Asketische Gemeinschaften gab es zu seiner Zeit nur vereinzelt, und das asketische Einsiedlerwesen (Anachoretentum) entwickelte sich erst in den folgenden Jahrhunderten. Seinen Schülern klarzumachen, daß ein Leben in Haus- und Bindungslosigkeit, ohne Besitz, ohne Ruhm und Anerkennung verfolgenswert war, bedurfte einer intensiven Überzeugungsarbeit. Er war sogar gehalten, den Ängstlichen Trost zu spenden, um sie vor der Verzweiflung zu bewahren. Er tat das in einer der schönsten Ansprachen aus Q[1], seiner Rede über die Sorglosigkeit. Sie atmet vollkommen den Geist der buddhistischen Gelassenheit und spiegelt sich in jenen Aussagen, die den Bedürfnislosen als wahren *Bhikshu* kennzeichnen.

Wer sich nicht sorgt, aber an der Wahrheit und dem Gesetz festhält, wird dieses Meer des Lebens überqueren, wird dem Leiden ein Ende bereiten. (*Mahaparinibbanasutta 3,66*)	Ich sage euch: Sorgt euch nicht für euer Leben, was ihr essen sollt, noch für euern Leib, was ihr anziehen sollt. Ist nicht das Leben mehr wert als die Nahrung und der Leib mehr als die Kleidung? Denkt an die Raben. Sie säen nicht, ernten nicht und sammeln nicht in Scheunen, und doch ernährt sie Gott. Seid ihr nicht mehr wert als die Vögel? Wer von euch kann mit seinem Sorgen seinem Leben einen einzigen Tag hinzufügen? Und warum sorgt ihr euch um die Kleidung? Denkt daran, wie Lilien wachsen. Sie mühen sich nicht und spinnen nicht. Nicht einmal Salomo in all seiner Herrlichkeit war so prachtvoll. Wenn Gott das Gras auf dem Feld, das heute dasteht und mor-
Jene, die nichts angehäuft haben und von anerkannter Nahrung leben, deren einzige Zuflucht bedingungslose Freiheit ist in der Erkenntnis der Leere des Vergänglichen, ihr Pfad ist schwer zu verfolgen, wie der Pfad der Vögel im Himmel. Jene, deren Appetit gestillt ist und nicht an Nahrung anhaften, deren einzige Zuflucht bedingungslose Freiheit ist in der Erkenntnis der	

Leere des Vergänglichen, ihr Pfad ist schwer zu verfolgen, wie der Pfad der Vögel im Himmel. (Dh 7,3–4)

gen in den Ofen geworfen wird, mit schönen Kleidern ausstattet, würde er dann euch nicht kleiden, ihr Kleingläubigen? Also macht euch keine Sorgen, indem ihr denkt: Was werden wir essen? Oder: Was werden wir trinken? Oder: Womit werden wir uns kleiden? Denn jeder auf der Welt tut das, und euer Vater weiß, daß ihr diese Dinge braucht. Sucht vielmehr zuerst sein Reich, dann werden alle diese Dinge auch euch gehören. (QS 39)

Einen Übersetzungsfehler enthält der in Jesu Rede erscheinende Satz: »Wer von euch kann mit seinem Sorgen seinem Leben einen einzigen Tag hinzufügen« (Mt 6,27; Lk 12,25)? Richtig müßte es heißen: »Wer unter euch kann hinzufügen zu seinem Gebein nur ein einziges Knöchelchen« (JeEv 45,7)? Dasselbe wird auch in einem auf das Thomasevangelium zurückgehenden ägyptischen Papyrus in übertragenem Sinn ausgedrückt: »Wer wird deiner Gestalt (Größe) etwas hinzufügen? Er ist es, der dir deinen Mantel geben wird« (POxy 655i 1–17). Später haben die Kirchenväter wie Origenes und Clemens von Alexandria dieses Jesus-Zitat wiedergegeben mit den Worten: »Bitte um große Dinge, und die kleinen werden dir zugefügt werden.«[55] Womit – freilich ohne Wissen der Kirchenlehrer – der ursprüngliche buddhistische Sinn nicht verlorenging: Wer sich ganz dem edlen achtfältigen Pfad widmet, dem würden alle irdischen Bedürfnisse »von selbst« erfüllt werden.

Dieser Weg würde beschwerlich sein, aber notwendig auf dem Pfad zur Vervollkommnung. Jesus gab dieser Überzeugung Ausdruck mit den Worten vom Kreuz, das man annehmen muß und vom Leben, das man nicht zu erhalten trachten darf (QS 52). Der Sinn des Unerhörten und vorgeblich Beschwerlichen, das Jesus von seinen Anhängern verlangt, bleibt gewahrt, wenngleich eine falsche Übertragung dieser Stelle die ursprünglichere buddhistische Intention Jesu wieder einmal verdunkelt hat. Lukas zufolge soll Jesus gesagt haben, wer ihm nachfolgen will, der »verleugne sich selbst und nehme täglich sein Kreuz auf sich« (Lk 9,23). Die erste inkorrekte Übersetzung betrifft den Begriff »Kreuz«. Gemeint war in Wahrheit das Wort »Joch« in zweifachem Sinne: als das Joch zum Lastentragen (eine gekrümmte Stange, die über die Schulter gelegt wird) und als das Joch, mit dem der Ochse vor den Karren gespannt wurde. Wer den Weg Jesu gehen wollte, mußte sich seiner Lehre gewissermaßen anjochen. Der gleiche Gedanke wird bei Matthäus (11,28) ausgedrückt: »Nehmt mein Joch auf euch und lernt von mir.« Die übertragene Bedeutung im Sinne von »Verpflichtung« kennt auch das rabbinische Schrifttum als *'ôl miswôt* (»Joch der Gebote«).

Der zweite Übersetzungsfehler betrifft die Aufforderung zur Selbstverleugnung. »Er verleugnete sich« heißt hebräisch *jinakker*. Es ist von demselben Wortstamm *nkr* abgeleitet wie hebräisch *jakkirem,* »er erkannte sich«. Wird die ganze Aussage korrekt und in diesem Zusammenhang stimmig übersetzt, lautet das Ergebnis: »Jeder, der gewillt ist, hinter mir herzugehen – er muß sich selbst *erkennen* und mein Joch tragen.«[56]

Der eigentliche Sinn dieser Worte findet nur in der wiederhergestellten Fassung eine sehr aufschlußreiche Parallele in einem *Dhammapada*-Vers:

Der Bettelmönch, der, obwohl noch jung, sich der Lehre Buddhas anjocht, erleuchtet die Welt wie der von Wolken befreite Mond. (Dh 25,23)	Jeder, der gewillt ist, hinter mir herzugehen – er muß sich selbst erkennen und mein Joch tragen. (QS 52)

Zumal in der falschen Übersetzung von »Selbstverleugnung« und »Kreuztragen« zu hören war, wurde die Nachfolge Jesu als eine furchtbar schwierige Aufgabe begriffen, reich an Entbehrungen und übermenschlichen Lasten. Die Kirche hat mit Nachdruck die Pflicht zur Selbstverleugnung gelehrt, um ihre Machtposition zu festigen, indem die Masse der Gläubigen unmündig gehalten wurde. Selbstbewußte Menschen, die ihr spirituelles Fortkommen selber in die Hand nehmen, wie Buddha und der Ur-Jesus gelehrt hatten, konnte die Machtkirche nicht brauchen. Sie hätte durch das Eingeständnis, dem Wunsch Jesu zu folgen, ihre eigene Berechtigung verloren, ausgedrückt in der unantastbaren Autorität ihrer Hierarchie von göttlichen »Stellvertretern auf Erden«. Wozu der Ur-Jesus in buddhistischer Manier aufgerufen hatte, war aber etwas ganz anderes, nämlich das Ende der Unmündigkeit: Selbsterkenntnis, um Verantwortung für sein Leben, sein Handeln, sein Denken zu fördern. Das war kein »Kreuztragen«, wie es die Christen nur noch aus dem Bild des unter der Last des Balkens zu Boden stürzenden Jesus auf dem Weg zur Hinrichtung kennen sollten. Selbsterkenntnis würde sich einstellen durch Anjochen an die Lehre, an den *Dharma*. Von einer furchtbaren Last kann keine Rede sein. Wiederum bewahrt die authentischere Fortführung der Spruchquelle im Thomasevangelium den ursprünglichen Sinn: »Jesus sprach: Kommt zu mir, denn leicht ist mein Joch, und meine Herrschaft ist mild, und ihr werdet Ruhe finden« (ThEv 90).

Der Aufruf zur Selbsterkenntnis ist ein zutiefst buddhistischer Zug. Ein berühmter Satz aus dem Munde des Zen-Meisters Dogen-zenji lautet: »Buddhismus studieren, heißt uns selbst studieren. Uns selbst studieren, heißt uns selbst vergessen.« Die Selbsterkenntnis, die schließlich das Ich überwindet, gehört zur vollkommenen Anstrengung des Buddhisten. Ohne sie ist Buddhismus undenkbar. Ein typischer Ausdruck dafür findet sich im *Udanavarga* (23,10–21). Dort besingen die jeweils beiden letzten Zeilen der zwölf Vierzeiler den Weisen, der zum Meister über sich selbst geworden ist, weil er das »Selbst als höchsten Herrn des Selbst« erkannt hat.

In vielen Lehren Jesu wird Selbsterkenntnis als Grundvoraussetzung vermittelt. Wenn auch zahlreiche Weisungen des Ur-Jesus als praktisch-moralische Handlungsrichtlinien erscheinen, so hat er immer zugleich auf die Notwendigkeit des persönlichen spirituellen Fortkommens verwiesen, ohne welches es keine moralisch einwandfreie Lebensführung geben kann. Man denke etwa an seine Anprangerung der Heuchelei in QS 12 (»Was siehst du den Splitter im Auge deines Bruders ...«) oder seine Aufforderung zu Integrität in QS 13 (»Ein guter Baum trägt keine faule Frucht ...«).

Wenn wir Jesu Aufforderung zu Selbsterkenntnis als Voraussetzung für das Verfolgen des von ihm vorgezeigten Weges genau betrachten, kommt die buddhistische Grundlehre der Achtsamkeit als Bedingung für Selbsterkenntnis zum Vorschein. Achtsamkeit zu üben bedeutet dem Buddhisten, sich alle Tätigkeiten, auch die alltäglichen automatischen Funktionen wie Atmen, Gehen usw., bewußt zu machen und die meditative Haltung des »reinen Beobachters« einzunehmen. Buddha hat genaue Anweisungen dafür gegeben, die im *Satipatthana-Sutta* (»Lehrrede über die Erweckung der Achtsamkeit«) niedergelegt sind. Das *Satipatthana* (»Vier Erweckungen der Achtsamkeit«) ist die grundlegende Meditationsart des Buddhismus, die vor allem in den Theravada-Schulen bis heute gepflogen wird. Konsequente Achtsamkeitsmeditation verwandelt alles Undeutliche in Klarheit, alles Unbewußte in Bewußtheit, jede Unkenntnis in Einsicht.

Auch in bezug auf diese Lehre erweist sich das Thomasevangelium wieder als vortrefflicher »Speicher« für die buddhistischen Anschauungen des Ur-Jesus. Die oben zitierte Passage über das »leichte Joch« und die »milde Herrschaft« Jesu endet mit den vielsagenden Worten: »... und ihr werdet Ruhe finden« (ThEv 90). Welche Ruhe konnte gemeint sein, wenn nicht die Befreiung von den (illusionären) Zwängen des äußeren und inneren Lebens? Eine Befreiung, die auf dem Weg der Achtsamkeitsmeditation erlangt wird. Nach dem Thomasevangelium sagte Jesus auch: »Erkenne, was vor deinem Angesicht ist, und was dir verborgen ist, wird sich dir offenbaren. Denn es gibt nichts Verborgenes, das nicht offenbar würde« (ThEv 5). In einem Papyrus aus Oxyrhynchos wird dieser Spruch nach folgender Leseweise vermittelt: »Erkenne, was in deinem Blickfeld ist...« (POxy 654.27–31). Wer die buddhistische Lehre des Ur-Jesus konsequent anwendet, für den ist eben nichts »verborgen, das nicht offenbar werden wird, und nichts geheim, das nicht erkannt werden wird« (QS 35). Es geht darum, die einfachsten Dinge als das zu erkennen, was sie sind. Wer diese simpel klingende Übung gemeistert hat, wird alles erkennen. Das ist nichts anderes als die Umsetzung von *Satipatthana*.

Die Jesus-Worte des Thomasevangeliums machen von den Direktiven über die rechte Aufmerksamkeit und Selbsterkenntnis ausführlichen Gebrauch. Sie erweisen sich dadurch der indischen Gedankenwelt noch enger verbunden. Denn Selbsterkenntnis stand nicht erst seit Buddha in Indien in hohem Ansehen. Die *Upanishaden* sind durchdrungen von der Botschaft, sich selbst bzw. sein Selbst zu erkennen.

Wie Buddha gegen die Brahmanen richtet sich Jesus gegen die Schriftgelehrten, die, um ihre einflußreichen Positionen zu halten, die wahre Erkenntnis nicht für jedermann zulassen, sondern eifersüchtig über ihre religiösen Pfründe wachen: »Die Pharisäer und die Schriftgelehrten haben die Schlüssel der Erkenntnis empfangen und haben sie versteckt. Selbst sind sie nicht hineingegangen, aber sie ließen auch nicht hineingehen, die hineingehen wollten. Ihr aber, werdet klug wie die Schlangen und unschuldig wie die Tauben« (ThEv 39).

Buddha wie Jesus zogen sich den Zorn der herrschenden Priesterschaften zu, denn sie wollten die religiöse Einsicht als individuell zu verwirklichenden Erkenntnisprozeß vermitteln, der jedem zugänglich wird, sobald er sich dafür entscheidet, eine Anstrengung zu unternehmen.

Wer aus dieser Welt scheidet, ohne seine eigentliche Welt erkannt zu haben, dem nützt diese, weil	Jesus sprach: Und würde einer das All erkennen, dabei aber sich selbst nicht erkennen, so würde er

196

sie nicht erkannt ist, so wenig wie der Veda, den man nicht studiert hat, oder eine Arbeit, die man unterlassen hat. (*Brihad-Aranyaka-Upanishad*) die Erkenntnis des Ganzen doch verfehlen. (ThEv 67)

Mit der »eigentlichen Welt«, die in dem *Upanishaden*-Abschnitt angesprochen wird, ist die geistige, die innere Welt gemeint, das wahre Selbst (*Atman*). Wer es aufgrund von Meditation und religiösen Übungen vollbrachte, sein Selbst zu erkennen, der würde der Einsicht teilhaftig werden, daß er in der Tiefe seines Wesens mit Gott (*Brahman*) identisch ist. Diese für orthodoxe christliche Ohren unerhörte, überaus ketzerische Anmaßung galt dem Autor des Johannesevangeliums als tiefe Überzeugung Jesu. In einer Szene während des Tempelweihefestes in Jerusalem führt er uns Jesus vor, wie er wegen solcher »indischen Ansichten« nur mit knapper Not der Steinigung entgeht, zumal den orthodoxen Juden derartige Überzeugungen ebenso als blasphemisch galten. Jesus hatte es gewagt, die Idee von der Identität von *Atman* und *Brahman* in den Worten wiederzugeben: »Ich und der Vater sind eins« (Joh 10,30). Er tat dies aber keineswegs, um sich als Gottessohn besonders hervorzuheben, sondern in der Gewißheit, daß im Verfolgen des rechten Weges jeder zur Einsicht in die Selbstebenbildlichkeit mit dem Absoluten gelangen kann. Dazu läßt ihn der Evangelist eine Psalmstelle zitieren, in der jeder Mensch Gott gleichgestellt wird: »Ich habe gesagt: Ihr seid Götter« (Joh 10,34). Worauf sich Jesus vor den ersten Steinen in Sicherheit bringen muß.

Die Sammlung Q[1] hat ein erstaunliches Ergebnis ans Tageslicht gebracht: Ausgerechnet in den Aussagen, die nicht Jesus später untergeschoben wurden, sondern die direkt aus seinem Mund stammen, finden sich die häufigsten, deutlichsten und schlagendsten Übereinstimmungen mit den buddhistischen Texten, bis hin zu wörtlichen Übereinstimmungen. Der Ur-Jesus lehrte buddhistische Vorstellungen, lebte das Leben eines buddhistischen Wandermönches und instruierte seine Anhänger, dem buddhistischen Pfad zu folgen.

Wie der Ur-Jesus zum apokalyptischen Propheten wurde

Die zweite Ebene der Spruchsammlung entstand lange Zeit später, als Jesus nicht mehr bei seinen Schülern war. Bis in die Periode des jüdischen Krieges (66–73 n. Z.) wurden unter den Jesus-Anhängern die Sprüche des Meisters aus Q¹ als einziges »Evangelium« bewahrt. Man erinnerte sich an Jesus als weisheitlichen Lehrer von großer Weitsicht, unabhängig von allen Konventionen, angerührt von tiefem Mitgefühl für die leidenden und nach Erlösung sich sehnenden Menschen. Bis zu diesem Zeitpunkt blieben seine Anhänger ein kleiner unbedeutender Haufen, verteilt vor allem in den Landstrichen Judäas und Galiläas. Als die Bedrängnis im Lande immer größer, ein Krieg immer unausweichlicher wurde und ihre Missionen in vielen Teilen der Bevölkerung keinen Anklang fanden, suchten sie verstärkt Halt in der Gruppe und in den Lehren ihres Meisters.

Durch das Zeugnis von Flavius Josephus sind wir über die religiös-politischen Gruppen und Ereignisse aus diesen Jahrzehnten sehr gut informiert. Josephus berichtet etwa von gewissen »Gauklern und Betrügern«, die unter dem Vorwand, »vom göttlichen Geist erfüllt zu sein«, Rebellionen hervorriefen und aufrührerische Reden führten.[57] Sie betrieben ihre Ämter als mehr oder weniger erfolgreiche Rattenfänger, versammelten bisweilen große Anhängerscharen um sich und wurden als Erretter verehrt. Sie stachelten das Volk auf und führten es in die Wüste, wo Gott Wunderzeichen geben würde als Ankündigung der Befreiung vom Joch der Fremdherrschaft. Offensichtlich wollten sie in einer Wiederholung der Geschichte einen neuen Exodus in die Wüste betreiben. Diese selbsternannten Propheten kamen von überall her, aus Galiläa, das als Wespennest der Aufständischen bekannt war, aus Judäa, aus dem Land der ungeliebten Samariter, aber auch aus Ägypten, wo sich neue Ideen, die dazu angetan sein konnten, mächtige Wirkung auf das unterdrückte Volk auszuüben, am raschesten ausbreiteten. In Samaria sei nach Josephus beispielsweise ein Prophet aufgetaucht, der sich als Anführer einer Guerilla-Truppe wie als Wundermann einen Namen machte. Das Zauberhandwerk hatte er offenbar von seinem Vater erlernt, der in diese Kunst natürlich in Ägypten eingeweiht worden war. Die Römer vermuteten, daß auch Gruppen von Meuchelmördern unter der Anführung solcher »Propheten« standen. Als Paulus gefangengenommen wurde, glaubte der Hauptmann, er sei der ägyptische Anführer einer Sikarier-Bande (Apg 21,38). Die Sikarier (»Dolchmänner«) bildeten die berüchtigtste Fraktion religiöser Eiferer, die den Bereich der Religion verlassen und zu den Waffen gegriffen haben. Sie waren die verschlagenen Untergrundkämpfer unter den zelotischen Pharisäern. Die Zeloten (»Eiferer«, »Fanatiker«) waren haßerfüllte Fundamentalisten, stets zum Kampf wider die Gegner des »auserwählten« Volkes bereit. Übertroffen wurden sie nur von den Sikariern. Diese zogen bei günstiger Gelegenheit die Waffe, die sie stets bei sich trugen, unter dem Mantel hervor und räumten ihre politischen Widersacher einfach durch einen Dolchstoß aus dem Weg. Der Ägypter, mit dem der Hauptmann Paulus verwechselte, erzählt Josephus,[58] habe nicht weniger als 30 000 Anhänger um sich geschart, mit denen er zuerst in die Wüste zog, dann auf den Ölberg. Von dort wollte er mit seinen Männern in einer Endschlacht Jerusalem einnehmen. Allerdings gedachte er es in derselben Weise zu tun wie der berühmte alttestamentliche Kriegsherr Josua, in dessen Namen er angetreten war, die Geschicke des Volkes in die Hand zu nehmen. Auf sein Geheiß hin sollten die Mauern Jerusalems zusammenstürzen wie einst jene Jerichos unter dem Posaunenschall der Armee Josuas, und seine Meute hätte dann ungehindert in die Stadt eindringen sollen. Aus dem Vorhaben wurde nichts. Der Haufen um den Ägypter wurde vom römischen Statthalter Felix aufgerieben.

Ein anderer »Prophet« dieser Art sei mit seinen Scharen an den Jordan gezogen und versprach die Teilung der Fluten des Jordans, gleichfalls wie einst unter Josua das Volk Israel hinter der Bundeslade trockenen Fußes den Jordan überquerte (Jos 3,1–17). Er endete im römischen Gefängnis, wo er, wie vor ihm der berühmteste Jordan-Prophet, der Täufer Johannes, enthauptet wurde.[59]

Die Zeiten waren äußerst gefährlich, Rebellionen an der Tagesordnung, hartes Durchgreifen der Besatzungsmacht ebenso. Auffällig an den aufrührerischen Propheten der Epoche ist der Zug, daß sich viele von ihnen auf Josua ben Nun als das große mythische Vorbild des Befreiers beriefen, der die Israeliten gegen Kanaan führte. Der Name Jesus ist nun nichts anderes als die griechische Übersetzung von Josua und bedeutet »Jah ist Erlösung«.[60] Im Andenken der Juden blieb Josua der Prototyp des Befreiers von der Fremdherrschaft. Auf dem Hintergrund der hellenistischen Form des Wiedergeburtsglaubens war man bei großen Persönlichkeiten geneigt, an eine Kontinuität des Geistes des auserwählten Volkes in verschiedenen Verkörperungen zu glauben. Die im wahrsten Sinn des Wortes »begeisterten« Führerpersonen wurden darum von ihren Anhängern als Wiedergeburten Josuas verstanden. Es mag also durchaus sein, daß der Name Jesus in jener Zeit als Eigenname weniger in Gebrauch war denn als Titel oder Bezeichnung für einen, der des göttlich angeregten Amtes als Befreier waltete. Wir müssen deshalb auch Zweifel anmelden, ob Jesus überhaupt diesen Namen trug oder ob er ihm von seinen Anhängern, vielleicht erst um die Zeit des jüdischen Krieges, verliehen wurde, als es von solchen wiedergeborenen Josuas/Jesusse wimmelte. Die Theologen haben diesen Umstand übrigens absichtlich als »Fußnote« behandelt, um die Einmaligkeit des christlichen Erlösers Jesus nicht zu gefährden.

Es fällt auf, daß der Jesus von Q^2 und Q^3 und dem restlichen Evangelienmaterial genau in das Schema dieser Vorbilder aus der Zeit des jüdischen Krieges paßt. Die betrügerischen Propheten betätigten sich sehr ähnlich dem, wie wir es von Jesus in den

Evangelien nachlesen können. Er führte das Volk in die Wüste (Mt 15,33) und gab ihnen dort ein Gotteszeichen, das an alttestamentliche Vorbilder gemahnt: die wunderbare Vermehrung der Brote als Wiederholung des Mannawunders. Und wie andere »Jesusse« begibt sich der Jesus des Neuen Testaments auf den Jerusalem vorgelagerten Ölberg, wo er seine Anhänger über die bevorstehende Endzeit belehrt (Mt 24,3–36).

In diesem Zusammenhang muß die Frage gestellt werden, inwiefern die Jesus-Überlieferung in diesen Punkten historische Glaubwürdigkeit beanspruchen darf. Hatten die Leute von Q ihren Führer nur »Jesus« genannt, um ihn in eine Reihe mit den anderen rebellischen Propheten zu stellen? Wenn wir annehmen, daß dieser austauschbare Anteil an der Jesus-Biographie dennoch weitgehend authentisch ist, dann verliert Jesus ein Gutteil seiner Einmaligkeit. Er ist dann nur noch ein zelotisch ausgerichteter »Schwarmgeist«, umgetrieben von der endzeitlichen Naherwartung eines vom fremden Joch endgültig befreiten Israel. Dieses Bild will aber gar nicht zum Ur-Jesus von Q^1 passen, der sich von Mitgefühl und Liebe erfüllt und pazifistisch bis zur äußersten Konsequenz zeigt. Die Vermutung liegt nahe, daß in Wahrheit die Leute von Q, also die Träger der Jesus-Bewegung, den eschatologischen Jesus, der drohende Weherufe gegen ganze Städte und Stände ausstößt, nach den Vorbildern der Zeit geformt haben. Sie modellierten »ihren« Jesus mit kämpferischem Unterton ganz entgegen Q^1 und seiner Bergpredigt nach den Anforderungen der Zeitumstände. Die Jesus-Leute wollten ihren Meister nachträglich »aufbauen« als *den* überragenden Propheten, der schon vor vielen Jahren den endgültigen Sieg der Rechtschaffenen unter den Israeliten vorhergesagt hatte, der darüber hinaus diese letzte Phase für die »Auserwählten unter dem auserwählten Volk« eingeleitet habe.

Der Übergang von Q^1 nach Q^2 zeigt deutlich, daß sich aus der ursprünglichen Jesus-Bewegung von umherziehenden Bettelmönchen im Angesicht der bedrohlichen Zeiten eine apokalyptische Sekte bildete. Die Wander*mönche* des Ur-Jesus hatten sich aus

Frustration über ihre Erfolglosigkeit immer mehr zu Wander*propheten* gewandelt, was sich in entsprechenden Änderungen und
Anreicherungen ihres heiligen Buches niederschlägt. Dennoch
war das zentrale Anliegen der Q-Gemeinde nicht die politische
Herrschaft, wie sie von den prophetisch-zelotischen Charismati-
kern angestrebt wurde, sondern die Identifikation mit den sozial
diskriminierten Gruppen, die in ihren Augen das Gottesvolk
schlechthin darstellten. Als sie in den Vorboten der Kriegswirren
meinten, die Gottesherrschaft stehe unmittelbar bevor, verstärk-
ten sie ihre Anstrengungen, das Gottesvolk zu sammeln, und
setzten dadurch einen Prozeß in Gang, der sich immer weiter von
der Lehre des Ur-Jesus wegbewegte und zur Lehre des Christentums wurde.

Ein Beweis für diese These ist etwa der erwähnte Abschnitt, in
dem Jesus, wie die anderen Propheten dieses Schlags, das Volk in
die Wüste führte, wo er das Brotwunder wirkte und im Anschluß
daran über das Wasser wandelte. Beide Wundertaten haben wir
als eindeutige buddhistische Entlehnungen kennengelernt. Sie
berichten also nicht über ein tatsächliches Geschehen in Palästina, sondern sind rein literarische Einfügungen in die Jesus-Biographie aus einer indischen Quelle, die bestens in das Selbstverständnis des »neo-josuanischen« Prophetentums paßte.

Jetzt begann die Umarbeitung der Vita des großartigen buddhistischen Meisters Jesus zu einer Gestalt, die den Anforderungen
der Zeit für einen unnachgiebigen Religionsführer entsprechen
konnte. Hatte der Ur-Jesus noch in glühenden Worten von der
Feindesliebe gesprochen, so hören wir den »neuen Jesus« jetzt
gegen die Städte rasen, die sich der Lehre widersetzen: »Sodom
wird es am Tag des Gerichts erträglicher ergehen als jener
Stadt« (QS 21)!

Der Ur-Jesus, der seinen Anhängern ins Gewissen geredet hatte,
barmherzig zu sein und nicht zu richten, schleudert nun der
Stadt Kapernaum entgegen, von wegen sie würde »in den Himmel erhoben«, in die finsterste Hölle wird sie hinabgestoßen werden (QS 22)!

Der Ur-Jesus, der sich weigerte, bei einer Erbauseinandersetzung den Richter zu spielen (QS 38), richtet nunmehr mit grimmigen Worten »dieses Geschlecht« (QS 28): »Wenn ein starker bewaffneter Mann seinen Palast bewacht, bleibt sein Besitztum in Sicherheit. Doch wenn ein Stärkerer als er ihn angreift und ihn überwindet, zerstört der Stärkere seine Waffenrüstung und plündert seinen Besitz« (QS 28).

Was war geschehen? Jesus hatte seine Anhänger, wie wir gehört haben, ausgesandt (s. S. 188), um die Lehre zu verbreiten. Vielerorts wurden sie abgelehnt und verjagt, wahrscheinlich aus Überdruß, sich in Zeiten, die ohnehin schwer genug waren, die Heilsankündigung *noch* einer Sekte anhören zu müssen. Und wer war schon bereit, unter der Knute Roms seine Feinde zu lieben? Die Q-Leute beklagten noch lange Zeit den geringen Erfolg ihrer Predigten, wie vielleicht schon Jesus, den Evangelien zufolge, bedauerte, daß sein Aufruf zur Buße weder in Galiläa (Mt 11,20–24) noch in Jerusalem (Mt 23,37–39; Lk 19,41–44) aufgenommen wurde. Ohne die moralische Unterstützung einer herausragenden Persönlichkeit wie Jesus waren sie bald frustriert und suchten auf neuen, den Zeitumständen und dem Zeitgeist angepaßten Wegen, ihre Botschaft zu vermitteln. Wir wissen von sozialpsychologischen Untersuchungen über den Zusammenhalt von Sekten, welche Mechanismen bei den Mitgliedern ablaufen, wenn ihre Ziele nicht erreicht werden: Anstatt im Glauben erschüttert zu sein, stellen sich vielmehr die Mitglieder mit größerer Intensität als zuvor und glühenderem messianischem Eifer in den Dienst dieses Glaubens.[61]

In dieser Verfassung befanden sich die Q-Leute, und sie besannen sich von neuem auf ihren charismatischen Führer, der ihnen vor über 30 Jahren unerhörte Lehren mit auf den Weg gegeben hatte. Sie setzten alles daran, die Frustration durch ihre erfolglose Arbeit durch die Ausgestaltung seines Mythos zu überwinden, und begannen, ihn als den Propheten darzustellen, der sowohl »diesem gottlosen Geschlecht« ein furchtbares Strafgericht verspricht, als auch diesen schrecklichen Krieg gegen die

Römer vorhergesagt hatte, in dem sich der Endkampf ankündigt für das jüdische Volk gegen einen übermächtigen Gegner. Einen solchen Propheten hatte das Jordanland noch nie gesehen. Er mußte größer sein als alle anderen: Der angekündigte Messias aus dem Alten Testament war geboren! Jene, die diesen Mythos entwarfen, schrieben sich gleichzeitig dessen Trost in ihr Stammbuch: Für die Gerechten, die dem Weg des »Gesalbten Gottes« (Christus) folgten, blieb die eigentliche Welt aufgespart bis zur Auferstehung am jüngsten Tag.

Gewiß haben auch die frühen Autoren der Christus-Mythe die gleichen frustrierenden Erfahrungen wie die Q-Leute gemacht. Es ging ihnen nicht mehr darum, Jesu Botschaft zu vermitteln, sondern ihrem Ärger Luft zu machen, daß man sie nicht mit offenen Armen empfangen hat. Einen aufschlußreichen Einblick gewährt uns die lange Rede des Apostels Stephanus (Apg 6–7), des ersten Märtyrers des Christentums. Stephanus verwendet die meiste Zeit darauf, die Juden zu schelten, die sich Gottes Vorhaben widersetzen. Von Jesus erfahren wir erst in den letzten beiden Sätzen der Ansprache, und zwar nur, daß er wie alle anderen Propheten von den Vätern mißverstanden und getötet wurde. Das ist alles, was Stephanus über Jesus zu berichten hat, bis zu seiner plötzlichen Vision des Menschensohnes, die er offenbar Daniel abgeschaut hat.[62]

Es stellt sich bei der Betrachtung des Übergangs von der Q^1- zur Q^2-Überlieferung die Frage, ob in der Jesus-Tradition in der relativ kurzen Zeit seit Jesu Auftreten, der Sammlung seiner Sprüche (Q^1) und den ersten Arbeiten an seiner Biographie mit der Bildung des »Jesus-Mythos« substantielle Änderungen eintreten konnten. Die Erfahrung lehrt, wie rasch Legenden in Zusammenhang mit historischen Personen entstehen können. Nur um ein Beispiel zu nennen:[63] Unmittelbar nach der Ermordung von Thomas Becket am 29. Dezember 1170 entstand ein Heilkult um sein Grab. Thomas wurde am 21. Februar 1173 kanonisiert. Unter den Legenden, die bereits blühten, finden sich Geschichten, wie Thomas Menschen von den Toten erweckte, wie er den Boden mit seinem Stab berührte und Wasser daraus hervorquoll und wie er seinen eigenen gewaltsamen Tod voraussagte.

Die Zeiten der Bedrängnis sind stets die besten Zeiten, um Proselyten zu machen. In der Krise haben die Sekten Hochkonjunktur. Die »Jesus-Propaganda« kramte das alte Spruchevangelium aus den Verstecken hervor und begann, es fortzuschreiben. Sie reicherte es durch Verurteilungen gegen jene Gesellschaftsschichten an, die sich ihren Missionsbestrebungen entgegenstellten. Ihrem buddhistischen Lehrmeister, dem Ur-Jesus aus Q^1, wurde die demagogische Redeweise eines grimmigen, gnadenlosen Propheten untergeschoben, der »diesem Geschlecht« apokalyptische Szenarien entgegenschleudert!

Trotzdem bediente man sich auch überlieferten Materials, das vielleicht erst kürzlich in die Hände der Sekte gelangt war. Wie wir heute wissen, waren die Jesus-Anhänger weit im Lande verteilt. Nicht jeder befolgte Jesu Aufforderung, ihm als »Wandermönch« nachzufolgen. Manche blieben in ihren Dörfern und Städten, vielleicht lebten auch gebildete Jesus-Leute in den griechischen Städten der Dekapolis. In der Phase, als die Sekte während der Kriegszeit näher zusammenrückte, gelangte sie an zusätzliches Spruchmaterial, das ebenfalls auf eine frühe Sammlung zurückgeht und deshalb als authentisch eingestuft werden muß. Weil diese Texte in entlegenen Teilen der Bewegung zerstreut waren, hatten sie noch nicht in der Q^1-Spruchsammlung Platz gefunden. Jetzt wurden sie gemeinsam mit dem hinzugefügten prophetisch-apokalyptischen Material eingebaut.

Aus diesem Grund finden sich auch auf dieser späteren Ebene von Q weitere schlagende buddhistische Parallelen. Die weisheitlichen Sprüche dieser Zusammenstellung zeigen sich in Struktur und Ausrichtung mit jenen von Q^1 identisch. In diesem Zusammenhang ist etwa der Aphorismus von der Lampe und dem Auge aus Q^2 von Interesse:

Wie ein Mann, der Augen hat und eine Lampe trägt, alle Dinge	Niemand entzündet eine Lampe und stellt sie unter den Scheffel,

sieht, so geht es dem, der das Gesetz von Tugend und Laster gehört hat: Er wird vollkommen weise werden. (Ud 22,4)

Wie eine Lotusblüte duftend und schön auf einem Misthaufen am Straßenrand blühen kann, so leuchten die Schüler des Buddha, die den Dharma verwirklicht haben, durch ihre Weisheit, während gewöhnliche Sterbliche blind sind. (GDh 303–304)

sondern auf einen Leuchter, so daß jene, die im Haus sind, das Licht sehen. Die Lampe des Leibes ist das Auge. Wenn dein Auge lauter ist, wird dein ganzer Körper voller Licht sein. Wenn es aber böse ist, wird dein ganzer Körper voller Finsternis sein. Wenn das Licht in dir Finsternis ist, wie groß ist diese Finsternis. (QS 33)

An dieser Stelle ist es angebracht, noch einmal zu betonen, daß es nicht eine einzige Anhängerschaft Jesu gab mit einer ganz bestimmten Ausrichtung. Es existierten verschiedene Jesus-Gruppen, deren unterschiedliche Entwicklungen sich bei der Gegenüberstellung der Arbeit an der Spruchquelle verdeutlichen lassen. Während die Q-Leute sich hinter den apokalyptischen Ankündigungen verschanzten, als ihre Mission fehlschlug, entwickelte die Gruppe, die das Thomasevangelium in Ehren hielt, die Vorstellung von Jesus als großem esoterischen Lehrmeister. In dem Maße, in dem die buddhistischen Reden des Ur-Jesus in der einen Fraktion zu einem prophetisch-apokalyptischen Buch umgeschrieben wurden, änderten die Anhänger des Thomasevangeliums ihren Text zum Metaphorischen und Esoterischen, beließen ihn aber wesentlich mehr in der Atmosphäre seiner indischen Herkunft. Im Thomasevangelium hören wir Jesus lehren, wahre Kenntnis sei Selbsterkenntnis und wahre Selbsterkenntnis Loslösung von der Welt. Vom Prophetentum und vom apokalyptischen Menschensohn hielt diese Jesus-Sektion nichts. Im Zentrum ihrer Jesus-Auffassung stand allein die an die indische *Avatar*-Vorstellung gemahnende Idee, in Jesus habe sich göttliche Weisheit inkarniert, um den Menschen auf dem Weg zur Selbsterkenntnis die Augen zu öffnen. Die im Thomasevangelium ausgedrückte Mythologie ist jene der »fleischgewordenen Weisheit in einer dunklen und sinnlosen Welt«.[64]

Die Hell-Dunkel-Theologie, die im Aphorismus von der Lampe anklang, findet im Thomasevangelium ihre Ausgestaltung. Dort ist Jesus gleichsam der Bote aus dem Lichtreich. In der Überarbeitung dieser Spruchsammlung blieb die Lichtmetaphorik mit indischen Vorstellungen vermischt:

Der Weise soll den Weg der Finsternis aufgeben und den hellen Weg verfolgen. (Dh 6,12)

Diese Welt ist in Finsternis gehüllt; wenige darin können sehen. Wenige gehen in das Reich der Glückseligkeit wie Vögel, die aus dem Nest entkommen. (Dh 13,8)

Deshalb sage ich dir: Wer leer ist, wird sich mit Licht füllen. Wer aber geteilt (in die Vielheit) ist, wird sich mit Finsternis füllen. (ThEv 61)

Eine aufschlußreiche Parallele aus Q^2 geht in ihrem Inhalt wohl auf ein authentisches Jesus-Wort zurück, das aber in dieser Zeit der Abänderungen in die typisch drohende Form redaktionell umgestaltet wurde.

Leicht ist das Leben für einen Schamlosen, der unverschämt ist wie eine Krähe, verleumderisch und anmaßend, prahlerisch und korrupt.
Anstrengend ist das Leben für einen Bescheidenen, der immer nach der Reinheit trachtet, losgelöst und nicht anmaßend, rein im Leben und klar in der Einsicht. (Dh 18,10–11)

Ringt danach, durch die enge Türe einzutreten. Denn viele, sage ich euch, werden versuchen, durch sie einzutreten und es nicht vermögen. Sobald der Hausherr die Türe verschlossen hat, werdet ihr draußen stehen und an die Türe klopfen und sagen: »Wir haben mit dir gegessen und getrunken, und du hast auf unseren Straßen gelehrt.« Aber er wird zu euch sagen: »Ich weiß nicht, woher ihr kommt, weicht von mir, ihr ungerechtes Volk.« (QS 47)

Amore hat darauf aufmerksam gemacht,[65] daß sich im *Dhammapada* zwei Verse hintereinander finden, die beide in exakter inhaltlicher Entsprechung zu den aufeinander folgenden Aussagen in der Matthäus-Fassung von der engen Pforte (Mt 7,13–14) stehen: »Sehr leicht ist es, das zu tun, was nicht gut und schädlich für einen selbst ist. Aber weitaus schwieriger ist es, das zu tun, was förderlich und gut ist. Wer auch immer, wegen pervertierter Ansichten, die Religion der Arhats schmäht, der Noblen und der Gerechten, reift wie die Frucht des Katthaka Rohrs nur zu seiner eigenen Zerstörung« (Dh 12,7–8).

Amore vermutet, daß Matthäus die beiden Verse in dieser Reihenfolge im Q-Material vorgefunden hat, was die These unterstreichen würde, daß Q, zumindest zum Teil, aus einer Abschrift des Pali-*Dhammapada* bestand. Denn nur im *Dhammapada*, nicht im *Gandhari-Dharmapada* und nicht im *Udanavarga* stehen diese Verse hintereinander, so wie sie Matthäus übernommen habe. Die andere Erklärung wäre, daß Jesus die Pali-Version des *Dhammapada* vorlag und er sich an die Reihenfolge bestimmter Lehrabschnitte hielt, die seine Zuhörer getreu niederschrieben.

Inhaltlich zum Thema der beiden Wege, die dem Menschen offenstehen, gehört auch die Aussage, niemand könne zwei Herren dienen. Sie gemahnt ebenfalls an die originären Worte des Ur-Jesus:

Ein Weg führt zu weltlichem Gewinn, der andere führt zum *Nibbana* (Nirvana). Laß den Bettelmönch, den Schüler Buddhas, der dies gelernt hat, nicht nach weltlichen Ehren, sondern nach Weisheit suchen. (Dh 5,16)	Niemand kann zwei Herren dienen. Entweder er wird den einen hassen und den anderen lieben, oder er wird dem einen anhangen und den anderen verachten. Ihr könnt nicht Gott dienen und dem Mammon (Reichtum). (QS 55)

Im Thomasevangelium wird der Aphorismus vom »Diener zweier Herren« mit folgendem Satz eingeleitet: »Jesus sprach: Es ist nicht möglich, daß ein Mensch gleichzeitig zwei Pferde besteigt und zwei Bögen spannt« (ThEv 47,1). Das Bild vom berittenen Bogenschützen klingt äußerst indisch. Wir finden es in ungezählten Abbildungen mythischer Krieger wieder. Zugleich mag der Mensch im Gegensatz zu einem Gott verstanden sein, der nach alter indischer Vorstellung mit vielen Armen gesegnet war und wohl in der Lage wäre, zwei Bögen gleichzeitig zu spannen.

Der buddhistische Teufel in der judäischen Wüste

In der Zeit nach dem Krieg, als man sich mit keinem äußeren Feind mehr zu messen hatte, der Tempel in Jerusalem zerstört war und die Überlebenden in Palästina nach neuen Formen der Selbstbehauptung suchten, war die Jesus-Bewegung so weit entwickelt, daß sie eine eigenständige Tradition begründen konnte. Die Welt, die vom Krieg zurückgelassen wurde, war ein zerstörter Lebensraum. Das Volk der Juden mußte unter Zwang jahrhundertelang fremdes Kulturgut assimilieren, und nun war auch ihr wichtigstes Heiligtum in Schutt und Asche gelegt. Was aus einem Blickwinkel furchtbar erscheint, ist von einer anderen Warte aus gesehen die Möglichkeit zu einem Neuanfang. In dieser Zeit trieben die führenden Vertreter der Jesus-Bewegung die Ausgestaltung ihrer Sekte voran. Auf einem zerbrochenen Fundament, da keine Heimstatt mehr stand, war gut eine neue geistige Heimat zu errichten. Ihr Spruchevangelium, das in den Kriegswirren um die apokalyptische Dimension erweitert wurde, sollte nun zur Grundlage eines neuen Glaubens werden; eines Glaubens, der nicht mehr nur das Heil der verlorenen Schafe des Hauses Israel im Visier hatte, wie das ursprünglich, vielleicht von Jesus selbst, beabsichtigt war (Mt 10,6), sondern die Menschen aller Religionen und Nationen.

Dafür war es nötig, daß Jesu Wirken auf Erden schriftlich festgehalten werde. Die Niederschrift der Biographie Jesu war nicht einfach, weil den Jesus-Leuten nur wenige biographische Daten vorlagen, so daß sie ihrer Spruchsammlung nur geringe Anfügungen machen konnten. Sie waren auch zu sehr mit der Tradition von Q^1 und Q^2 verbunden, als daß sie es ohne weiteres fertiggebracht hätten, die Jesus-Dichtung noch schillernder und unwahrscheinlicher auszugestalten. Diese Aufgaben übernahmen die vom Kern der Jesus-Bewegung weitgehend unabhängigen Autoren, die ersten Christen und jene, die wir später Evangelisten zu nennen pflegten. Selbst von Markus, der zur gleichen Zeit in Syrien eine »Jesus-Biographie« verfaßte, wußten sie nichts. Sie verließen sich auf die in ihren Reihen weitergegebenen Informationen. So karg diese auch waren, kam dennoch zusätzliches Material zum Vorschein, das uns aufhorchen lassen muß. Die wichtigste biographische Zufügung zum Buch Q während dieser letzten Phase (Q^3) war die Geschichte von der Versuchung Jesu durch den Teufel in der Wüste.

Die Versuchungsgeschichte stellte ein großes Problem an die Erforschung von Q dar. Manche Wissenschaftler lehnten es sogar ab, sie überhaupt zu Q zu rechnen, denn die Erzählung zeigt eine völlig andere Absicht als der Rest des Q-Materials, und daher nahmen viele an, daß Matthäus und Lukas sie unabhängig voneinander einer anderen Quelle entnommen hatten. Allerdings wird sie vor allem in den Sprechabschnitten von Matthäus und Lukas in sehr übereinstimmender Weise wiedergegeben, so daß sie sicher Q zugerechnet werden muß.[66]

Warum wurde in den Reihen der Jesus-Leute ausgerechnet dieses biographische Element überliefert und nicht etwa die Heilungen und Wunder, von denen die Evangelien so viel zu berichten wissen? Die Antwort darauf ist ebenso simpel wie überraschend. Offensichtlich wußten die Q-Leute keine Einzelheiten mehr vom Leben Jesu. Schon vor dem Krieg scheint ihnen diese Kenntnis abhanden gekommen zu sein. Sie veranlaßten mit großer Freiheit Anfügungen an das Q^1-Material, die nur aus der soziologischen Lage ihrer Gruppe erklärbar sind, aber zum größten Teil nicht auf Jesus zurückgehen konnten. Doch irgendwo in ihren Reihen muß es noch einige gegeben haben, die von der buddhistischen

»Herkunft« Jesu wußten. Jetzt, da man sich anschickte, das Leben Jesu zu schreiben und anzureichern, bedienten sich diese Leute buddhistischer Legenden, um das Bild ihres Meisters darzustellen. Die Versuchungsgeschichte nämlich, im Anschluß an die Reden des Täufers eingefügt, folgt exakt dem indischen Vorbild der Versuchung des Buddha. Sie zählt zu den besonders überzeugenden Entlehnungen, wie viele Untersucher feststellen konnten.

In der Lebensgeschichte von Siddhartha Gautama treffen wir in der Zeit unmittelbar nach seiner Erleuchtung auf einen sehr interessanten Zug. In diesem Augenblick stand seine gesamte Lehre auf dem Spiel. Zugleich wurde durch eine existentielle Entscheidungskrise Buddhas bereits das Grundproblem gelegt, das zur späteren Spaltung in die beiden großen Schulrichtungen des Hinayana und Mahayana führte. In einer Variante der Versuchungsgeschichte, die uns im *Mahaparinibbanasutta* begegnet, wird in einer Art Rückblende die Erleuchtungsszene vorangestellt. Mara, der Versucher, fordert Buddha auf, gleich ins Nirvana einzugehen, um zu verhindern, daß er die Lehre weitergeben kann. Vielleicht kann man davon ausgehen, daß Shakyamuni tatsächlich im Zweifel war, ob er seine Lehre verkünden soll, zumal er einsah, wie schwer es den Menschen fällt, von ihren sinnlichen Begierden, vom »Durst« nach der sinnlich erfahrbaren Welt zu lassen. Buddha ist sich nicht sicher, ob er gleich ins Nirvana eingehen oder die Einsicht, die er gewonnen hat, als Lehre verkünden solle. Durch seinen Kopf gingen ihm die Gedanken: »Unter Mühen habe ich (die Lehre) erkannt. Was soll ich sie jetzt verkünden? Von den in Leidenschaften und Sünde Verstrickten ist diese Lehre nicht leicht zu begreifen. Gegen den Strom gehend, werden die fein (durchdachte), tiefe, schwer zu erkennende, genau (ausgearbeitete Lehre) die von Leidenschaft Befallenen nicht sehen, die von tiefer Finsternis Umhüllten« (*Mahavagga* I, 5,3).

Es ist die Entscheidung zwischen individueller Meisterschaft und dem Einsatz für das Gemeinwohl, zwischen persönlichem Heil und dem Versuch, jedes erlösungsbedürftige Individuum an der Einsicht und den Wegen zur Erlösung teilhaben zu lassen. Die Entscheidung zur Darlegung der Lehre wurde später theologisch begründet durch die Vorrangstellung der neuen Religion gegenüber dem hergebrachten Brahmanismus. Denn es ist die brahmanische Gottheit Brahma Sahampati, die zu Buddha tritt und ihn bittet, die Lehre zu verkünden: »O daß doch der Erhabene, o Herr, die Lehre darlege, o daß doch der Willkommene die Lehre darlege! Es gibt Wesen edlerer Art: Ohne Gehör der Lehre verlieren sie sich; sie werden die Lehre verstehen« (*Majjhimanikaya* I, 395).

Im *Mahavagga* heißt es vor dem diplomatischen Eingreifen von Brahma Sahampati, daß Buddha *nie gehörte* Strophen aufgingen, in denen er eingesteht, die Lehre erkannt zu haben, aber Angst hat, daß die in Leidenschaften Verstrickten sie nicht *begreifen* und nicht *sehen* würden, weil sie gegen die gängigen Ansichten geht. Schließlich rang sich Gautama dazu durch diese, im wahrsten Sinn des Wortes, »unerhörte« Lehre weiterzugeben. Mit eindrucksvoll identischen Worten verspricht Jesus, seine Lehre zu verkünden. Diese Bekundung steht im ersten Korintherbrief (1Kor 2,9) als nicht zugeschriebene Äußerung, die durch das Thomasevangelium direkt Jesus zugesprochen wird: »Jesus sprach: Ich will euch geben, was kein Auge je gesehen, kein Ohr je gehört, keine Hand je berührt und niemals in eines Menschen Herz gekommen ist« (ThEv 17).

Der Zweifel Buddhas unmittelbar nach Erlangung der Einsicht läßt ihn im übrigen überaus menschlich erscheinen und gibt uns ein Werkzeug an die Hand, das Wesen der Erleuchtung nicht mißzuverstehen. Man könnte nämlich durchaus fragen, wie es denn angehen könne, daß ein Erleuchteter nicht weiß, was zu tun ist. Die Erleuchtung, so sagt diese Stelle, ist eben kein Freibrief zur Allwissenheit. Sie hinterläßt gleichsam einen unverwandelten Menschen, der von der Freiheit der Entscheidung, auch von der Freiheit »unrichtig« zu entscheiden, weiterhin Gebrauch machen kann. Mit einer »Unfehlbarkeit« im Sinne der päpstlichen »Meisterschaft« hat dies nichts zu tun. Vielleicht haben wir in der christlich-abendländisch geprägten Welt darum oft ein so seltsam ins Phantastische überhöhtes Bild vom Erleuchteten.

Mara ist der Repräsentant der irdischen Welt des Scheins und des Vergessens, die Buddha zu überwinden bestrebt ist. Als Mara mit seinen Überredungskünsten nicht zum Ziel kommt, treten seine drei Töchter auf, Tanha, Arati und Raga (Verlangen, Zärtlichkeit und Wollust), die den Erhabenen zu verführen trachten. Sie verwandeln sich ständig in Frauen verschiedenen Alters, aber in keiner Gestalt vermögen sie es, Buddha von seinem Weg abzubringen. Schließlich hören wir in späteren Erzählungen, daß Mara bereits vor Gautamas Erleuchtung mit einem riesigen Dämonenheer angebraust kam, um Buddha von jenem Sitz zu vertreiben, auf den er sich mit dem festen Entschluß niedergelassen habe, nicht eher aufzustehen, als bis er die Befreiung erlangt habe. Die Legende weiß, daß Mara den Buddha als Sinnbild der sinnlichen Welt durch sein ganzes Leben begleitet. In dieser Funktion begegnet uns Mara mehrfach bereits in früheren Abschnitten von Prinz Siddharthas Biographie. So etwa als er versucht, den zukünftigen Erleuchteten daran zu hindern, »in die Hauslosigkeit« zu ziehen, also ein Mönch zu werden, oder als er öfter an ihn herantritt und ihm verspricht, er werde ihn mit Lust fesseln, so daß er mit menschlichen und göttlichen Fesseln gebunden sei.[67]

Die Überwindung dieser Welt in der Überwindung des Versuchers galt den Buddhisten als eine überaus treffende Metapher. Darum findet sich in ihrer Literatur sogar ein eigenes Sutra, das ganz der Gestalt des Versuchers gewidmet ist. Es heißt *Marasamyutta* und behandelt das Treiben Maras in allen Varianten, seine ständigen Bemühungen, nicht nur Buddha, sondern alle Mönche und Nonnen vom Pfad des *Dharma* abzubringen. Mara scheint nur der griffigeren Darstellung wegen als mythologische Figur konzipiert zu sein, was sicherlich dem indischen religiösen Denken, das an überbordende Götter- und Dämonenwelten gewöhnt war, entgegenkam. Die früh bereits sehr differenzierte buddhistische Psychologie identifiziert den Versucher mit den fünf Faktoren (*Upadanakkhandas*), aus denen sich die Scheinpersönlichkeit zusam-

mensetzt: Körperlichkeit, Empfindung, Wahrnehmung, Gemüts-
regungen und Bewußtsein. Der buddhistische Mönch ist dazu
angehalten, diese Scheinpersönlichkeiten zu erkennen, um Mara
keine Angriffspunkte zu bieten.

Hören wir die Variante der buddhistischen Versuchungsgeschichte aus dem *Marasamyutta* in Gegenüberstellung mit jener Jesu
aus Q³:

[Buddha hatte sich in Kosala im Himalaya in eine Waldhütte zurückgezogen zu einsamer Reflexion.]
Da erkannte Mara, der Böse, in seinem Geiste den Gedanken, der in des Erhabenen Geist aufgestiegen war, und er ging zu dem Erhabenen und sprach: »Möge, Herr, der Erhabene als König regieren, möge der Vollendete als König regieren mit Gerechtigkeit, ohne daß er tötet oder töten läßt, ohne daß er Bedrückungen übt oder sie üben läßt, ohne daß er Schmerz leidet oder anderen Schmerz zufügt.« Buddha entgegnet: »Was hast du im Auge, Böser, daß du so mit mir redest?« Mara spricht: »Der Erhabene, Herr, hat die vierfache Wundermacht sich zu eigen gemacht; wenn der Erhabene, o Herr, wollte, so könnte er fügen, daß der Himalaya, der König der Berge, zu Gold würde, und er würde zu Gold werden.« Buddha weist ihn ab: »Was hülfe es dem Weisen, wenn er auch einen Berg von Silber oder von Gold besäße? Wer

Dann wurde Jesus durch den Geist in die Wüste geführt und vom Ankläger⁶⁸ versucht. Er fastete vierzig Tage lang und hatte Hunger. Der Versucher sprach zu ihm: »Bist du Gottes Sohn, so gebiete diesem Stein, daß er Brot werde.« Aber Jesus antwortete: »Es steht geschrieben: ›Niemand lebt allein vom Brot.‹« Dann führte ihn der Versucher nach Jerusalem und stellte ihn auf die Zinne des Tempels und sprach zu ihm: »Bist du Gottes Sohn, so stürze dich von hier hinab! Denn es steht geschrieben: ›Er wird seinen Engeln deinethalben Befehl geben, dich zu bewahren, und sie werden dich auf Händen tragen, damit du deinen Fuß nicht an einen Stein stößt.‹« Aber Jesus antwortete ihm: »Es steht geschrieben: ›Du sollst den Herrn, deinen Gott, nicht versuchen.‹« Dann führte ihn der Versucher auf einen sehr hohen Berg und zeigte ihm alle Reiche des Erdkreises und sagte zu ihm: »Alle diese (Reiche) will ich dir geben, wenn du mir dienst und mich anbetest.« Aber

214

das Leiden erkannt hat, woher es stammt, wie mag der Mensch sich den Lüsten ergeben.« Da sagte Mara, der Böse: »Der Erhabene kennt mich, der Vollendete kennt mich«, und betrübt und mißmutig hob er sich von dannen. (*Marasamyutta* aus dem *Samyuttanikaya* II, 10)

Jesus antwortete ihm: »Es steht geschrieben: ›Du sollst den Herrn, deinen Gott, anbeten und ihm allein dienen.‹« Danach verließ ihn der Versucher. (QS 6)

Betrachten wir die große Anzahl von auffälligen Übereinstimmungen mit der Versuchungsgeschichte Jesu.[69] Beiden Erzählungen geht eine Verherrlichung voran: Bei Jesus die Taufe und die Stimme aus dem Himmel; Buddha badet im Fluß Nirañjana, gewinnt dann unter dem Baum die Erleuchtung, und die Himmelsbewohner brechen in unbeschreibliche Freude aus. Wie Buddha befand sich Jesus an einem Scheideweg. Für Buddha war es die Entscheidung, nach den tiefen Einsichten, die ihm zuteil wurden, für das allgemeine oder für sein privates Heil zu handeln. Jesus trat zum ersten Mal in der Öffentlichkeit auf. Er verließ Johannes, den taufenden apokalyptischen Propheten mit seiner riesigen Anhängerschar. Wie Gautama begab sich Jesus an einen einsamen Ort. In diesen Momenten der Ruhe, in denen die zukünftigen Handlungen reiften, wurden sie beide von einer geschickten Teufelsgestalt, die von außen herantritt, versucht. Beide führen ein Gespräch mit dem Versucher, und beide sind angreifbar, weil sie durch das lange Fasten geschwächt sind. Der Teufel steht wie in den buddhistischen Schriften für die irdische, sinnliche Welt. Er ist der »Fürst dieser Welt« (Joh 12,31), dem der Evangelist die Erklärung Jesu vor Pilatus entgegenhält: »Mein Reich ist nicht von dieser Welt« (Joh 18,36).
In beiden Fällen muß der Versucher unverrichteter Dinge abziehen und auf einen günstigeren Zeitpunkt harren:

Der Böse war dem Bodhisattva, der sechs Jahre ein schweres Le-

Und nachdem der Teufel alle Versuchung vollendet hatte, nahm er

215

ben führte, immer und immer nachgegangen, auf eine Gelegenheit passend, eine Gelegenheit suchend, ihm beizukommen, und er fand kein Mal eine Gelegenheit. Als er eine Gelegenheit erlangte, mußte er voll Verdruß ingrimmig davon gehen. (*Lalitavistara* XVIII)

von ihm Abstand bis zu gelegenerer Zeit. (Lk 4,13)

Die zweite Versuchung Jesu, sich von der Zinne des Tempels hinabzustürzen, mutet eigenartig unjüdisch an. Alle Verweise auf Schriften des Alten Testaments sind konstruiert. Wie sollte ein so eigenartiges Ansinnen ein Beweis von Jesu messianischer Macht sein? Vielmehr klingt hier das Thema des Mißbrauchs magischer Fähigkeiten an, wie sie der des Fliegens kundige Erzketzer Simon Magus praktiziert haben soll. Diese Art der Versuchung scheint auf das Vermögen der indischen Heiligen zugeschnitten zu sein, von denen man in der Antike annahm, daß sie durch die Luft fliegen konnten.

Auch die Jesu vom Versucher bei Matthäus als letzten Ausweg gegenüber seiner Standhaftigkeit angebotene Herrschaft über die Welt weist Jesus von sich. In der *Nidanakatha* wird Gautama von Mara in identischer Weise versucht:[70] Nachdem der junge Prinz Gautama durch das Stadttor hinausreitet, tritt ihm Mara entgegen und verspricht ihm in sieben Tagen das Erscheinen des »Rades der Herrschaft«, womit er Herrscher über die ganze Welt werden würde. Gautama antwortet ihm, er wisse, daß das »Rad der Herrschaft« ihm erscheinen würde, aber er wünsche nicht Herrschaft, sondern er werde die Buddhaschaft erlangen. Diese Versuchung ist völlig stimmig mit dem Erzählgang von Gautamas prophezeiter Zukunft. Wir hatten ja bereits gehört, wie Asita bei seiner Geburt vorhersagte, daß Siddhartha entweder ein Weltenherrscher oder ein »König der Religion« werden würde. Die Entscheidung zugunsten geistlicher Herrschaft wird später zu einer moralischen Grundeinstellung des Buddhismus. Sie findet in einem Vers des *Dhammapada* Ausdruck, dessen identischer Gedanke von Jesus bei allen Synoptikern in der unmittelbar auf QS 52 (s. S. 192 f.) folgenden Aussage formuliert wird:

Besser als die Alleinherrschaft über die Erde, besser als die Herrschaft über den Himmel, besser als die Herrschaft über alle Welten ist der Lohn des *Sotopatti*-Wegs. (Dh 13,12)	Denn was nützt es dem Menschen, wenn er die ganze Welt gewinnt, sich selbst aber ins Verderben bringt. (Lk 9,25) Denn was nützt es dem Menschen, wenn er die ganze Welt gewinnt, sein Leben aber einbüßt? (Mt 16,26; Mk 8,36)

Diese Parallele ist äußerst interessant. Zunächst können wir wegen der engen inhaltlichen und strukturellen Entsprechung auf die vorangegangene Aussage Jesu (QS 52) davon ausgehen, daß es sich um eine authentische Feststellung des Ur-Jesus handelt. Daß auch Markus sie kannte, ist kein Hindernis. Sie muß sicher der ursprünglichen Spruchsammlung Q[1] zugerechnet werden, die ja in kleinen Auszügen auch dem Autor des Markusevangeliums vorgelegen hatte. In QS 52 (s. S. 193) ist von der Nachfolge Jesu die Rede, die er in seiner typischen kontrastierenden Art mit der radikalen Formel der Abkehr von allen Familienangehörigen einleitet. (»Jeder, der nicht seinen Vater und seine Mutter haßt, wird nicht von mir lernen können. Jeder, der nicht seinen Sohn und seine Tochter haßt, kann nicht meiner Schule angehören.«) Dann fordert er seine künftigen Schüler auf, sich selbst zu erkennen und sein Joch zu tragen. Danach folgt die eben zitierte Stelle über die Fruchtlosigkeit des Weltgewinns, wogegen das Leben verloren würde. Jesus meint freilich damit, daß man in der Hinwendung auf irdische Dinge das eigentliche Leben verlieren würde, nämlich das Leben im Sinne eines Dasein, ausgerichtet auf das spirituelle Heil. Der gegenübergestellte *Dhammapada*-Vers drückt exakt denselben Gedanken aus, denn »der Lohn des *Sotopatti*-Wegs« ist nichts anderes als ein Leben auf dem Pfad der Erlösung. Das Pali-Wort *Sotopanna* bedeutet »Strom-Eintreter«,

217

jemand, der den Weg des Buddha eingeschlagen hat, der sicher ist, in einem späteren Leben die Erleuchtung zu erlangen.

Der Versuch Maras, Gautama auf die weltliche Seite zu ziehen, steht vollkommen in Einklang mit dem grundlegenden Entscheidungsproblem, das später, nach Buddhas Erleuchtung und abermaliger Versuchung, auf einer höheren Ebene wiederkehrt als Entscheidung zwischen privater Erlösung und Verkündigung der Lehre mit der Möglichkeit der Erlösung aller leidenden Kreaturen. In der vergleichbaren biblischen Versuchung fahndet man vergeblich nach dem Motiv. Eine Periode des Zweifels, wie bei Gautama, kennt die biblische Überlieferung nicht. Jesus wird nach der Taufe versucht, durch die er als Sohn Gottes ausgewiesen wurde. Warum dann noch das widersinnige Angebot der Weltherrschaft? Außerdem wurde die Idee der Weltherrschaft im Judentum niemals als eine politische Regentschaft, sondern stets, wie von den Propheten und Apokalyptikern verkündet, als eine geistliche Gewalt am Ende der Zeiten aufgefaßt. Bei der untergeordneten politischen Rolle, die Israel – seit Jahrhunderten am Gängelband wechselnder mächtiger Völker – spielte, erscheint diese Art der Versuchung weithergeholt und unverständlich. In Indien hingegen war der Begriff des Weltherrschers (*Chakravartin*) durchaus verständlich und verbreitet. Als Chandragupta, der Begründer der Maurya-Dynastie, sein Reich mächtig expandierte, wurde er zum Inbegriff des *Chakravartin*. Die Bezeichnung geht auf das Drehen der Räder zurück, die den Wagen siegreich über die ganze Welt rollen lassen. Er fand im Buddhismus auch in religiösem Zusammenhang Gebrauch, wo vom »Ins Rollen bringen des königlichen Wagenrads eines Weltreichs der Wahrheit und Gerechtigkeit« die Rede ist. Buddha wurde später gern mit beiden Hände vor der Brust abgebildet, wobei eine Handfläche nach außen, die andere nach innen gedreht ist, dem sogenannten *Dhammacakkamudra*, das für das Inbewegungsetzen des Rades der Lehre steht.

Wenn man die Gesamtheit der buddhistisch geprägten Aussagen Jesu betrachtet, erscheint eine am buddhistischen Gedankengut geformte Ausgestaltung von Motiven, die in der Schule seiner Jünger entstanden sind, weit weniger abwegig. Wir müssen sogar davon ausgehen, daß einige seiner Schüler in gewisser Weise ebenso »buddhistisch indoktriniert« waren. Die Einfügung der Versuchungsgeschichte durch die Anhänger Jesu erfolgte dann auf dem Hintergrund der Idee, daß sie in ihrem Meister einen Buddha sahen, auf den die mythischen Elemente in der Biographie Shakyamunis angewendet werden durften.

Am Jordan: Der Ur-Jesus und die Täufer

Die brauchbarste Überlieferung über den Ur-Jesus bewahrt das Buch Q. Aus ihm lernen wir den buddhistischen Lehrer kennen, ihm entnehmen wir die Grundzüge seiner Persönlichkeit. Die verwendbaren biographischen Daten allerdings, die uns das Buch liefert, sind äußerst gering. Wir erfahren nichts über die Jugendzeit Jesu. Die Kindheitsgeschichten, wie wir sie in den Evangelien und in apokryphen Schriften vorfinden, haben sich bei näherer Betrachtung als Entlehnungen, hauptsächlich aus dem indischen Raum, erwiesen. Die einzige biographische Konstante aus Q wurde in der Kriegszeit eingefügt und bezieht sich auf das Erscheinen Jesu in der Nähe des Jordan-Propheten Johannes. Auch hier ist aber nur indirekt von der Begegnung die Rede.

Auffällig ist, daß Jesu öffentliches Auftreten sich vergleichbar zu dem Buddhas vollzog. Er trat als Schüler des Johannes in Erscheinung, der als strenger Asket und Büßer bekannt war. Als Siddhartha Gautama nach dem Fortzug aus dem Palast sich nach Lehrmeistern umsah, schloß er sich dem Brahmanen Rudraka an. Er war gleichsam sein »Johannes«. Wie Jesus emanzipierte er sich von ihm, als er erkannte, daß ihn seine Lehre nicht zur Befreiung und wahren Einsicht führen würde. Er entschloß sich daraufhin, in die Wildnis zu gehen, um durch strenge Askese selber die Erkenntnis zu erlangen. Wir erinnern uns, daß Jesus nach seiner Taufe durch Johannes in gleicher Weise in die Wüste zog und fastete. Fünf Schüler des Rudraka schlossen sich Gautama an, so wie die ersten Schüler Jesu, dem Johannesevangelium zufolge (Joh 1,35–39), Jünger des Täufers waren. Als Gautama eines Tages sein Fasten aufgab, weil er einsah, daß asketische Übertreibung nicht zum Ziel führt, verließen ihn seine Anhänger und glaubten, daß er die Suche nach der Erlösung aufgegeben habe. Unweigerlich wird man an die Worte erinnert: »Johannes ist gekommen, der aß nicht und trank nicht. Des Menschen Sohn ist gekommen, der ißt und trinkt« (Mt 11,18–19). Nach seiner Erleuchtung fand Buddha seine fünf Weggefährten von damals in Isipatana wieder, bekehrte sie zu seiner Religion und predigte ihnen zum ersten Mal seine Lehre.

Die Übereinstimmungen in den Biographien sind hinsichtlich dieser Episoden zwar nicht eindeutig, zeigen aber eine recht merkwürdige Vermischung. Als Fremdkörper erscheint in den Evangelienberichten das Fasten Jesu in der Wüste nach seiner Taufe, nachdem er doch als »Esser« und »Trinker« in schroffen Gegensatz zu Johannes, dem typischen Wüstenasketen, gestellt wurde. Es hat den Anschein, als ob wir an dieser Stelle eine Vermischung von echtem biographischen Material und verschiedenen Traditionen vorfinden: einerseits die Überlieferung des Johanneskreises, andererseits der Versuch der Evangelien, Jesu Auftreten im Umfeld des Täufers durch fremdes, auch buddhistisches Material »anzureichern«. Wir berühren hier einen Punkt, der in der Geschichte des Christentums von außerordentlicher Wichtigkeit ist: Das Umfeld, in welchem Jesus lebte, bevor er sich als Mittdreißiger aus dem Schatten des Johannes löste, um seine eigene Lehre zu verkünden. Johannes selbst erscheint im Aufbau der Evangelien als eine überaus zentrale Gestalt, und das zu Recht. Jesus war ein Unbekannter, ein Namenloser. Johannes hingegen war der weithin gerühmte Prophet. Wenn uns also in der Wiedergabe der Begegnung zwischen Jesus und Johannes Einschübe aus buddhistischen Texten begegnen und nicht eine vollkommen stimmige, eigenständig gestaltete Geschichte, müssen wir annehmen, daß hier zwei Traditionskreise aufeinandertrafen, die den Trägern der Jesus-Tradition beide wichtig erschienen: Jesus sollte in der »Atmosphäre« des Johannes belassen werden, aber sein Auftritt sollte zugleich mit Elementen aus der Buddha-Biographie mythisch eingekleidet werden.

Im Buch Q wird Johannes als Täufer und Mahner zu Buße und Umkehr eingeführt. Dann wird die Geschichte von Jesus und dem Hauptmann von Kapernaum erzählt, dessen Diener er aus der Ferne heilt, weil sich der Hauptmann nicht für würdig erachtet, einen so bedeutenden Mann zu sich nach Hause zu bitten. Johannes, dem von der Heilung Kunde gebracht wird, sendet seine Jünger aus, nachzuforschen, ob Jesus derjenige sei, der verheißen wurde, oder ob man noch eines anderen harren solle. Daraufhin belehrt Jesus die Menge über Johannes, er sei der Größte unter den Menschen und mehr als ein Prophet, nämlich der in der Schrift angekündigte Vorläufer des Messias. Abschließend tadelt er »dieses Geschlecht«, weil es den Asketen Johannes verachtet und ihn selbst, der nicht asketisch lebt, als Fresser und Säufer beschimpft. Schließlich folgen die Weherufe über die galiläischen Städte.

Die erste Anreicherung der Spruchquelle durch dieses Q^2-Material ist in vielerlei Hinsicht lehrreich. Betrachten wir den Text für einen Moment als literarische Erfindung. Sein geschichtlicher Hintergrund ist folgender: Johannes war ein überaus populärer Prophet. Von überall her, aus ganz Judäa, aus Jerusalem und vom gesamten Jordangebiet (Mt 3,5) strömten die Menschen scharenweise zu ihm. Die Taufstelle, wo er tätig war und alle Willigen ins Jordanwasser tauchte, lag in der öden Gegend von Ghor, etwa drei Gehstunden von Qumran entfernt, wo eine sektiererische jüdische Fraktion lebte. Die kultischen Handlungen der Qumran-Sekte waren mit denen der Täufer verwandt. Zur rituellen Praxis von Qumran zählten Tauchbäder. Mit dieser Reinigung sollten sich die Mitglieder bewußt werden, daß Gott die Menschen mit dem Geist wie mit Reinigungswasser besprengen und sie so mit ihm gemeinschaftsfähig machen wird. Es ist durchaus möglich, daß Johannes selbst zum Kreis von Qumran

gehörte und gewissermaßen im Außendienst eingesetzt war, bis
er eine eigenständige Tradition begründete. Seine Botschaft war
eschatologisch-apokalyptisch. Er behauptete, die Endzeit stünde
unmittelbar bevor mit dem Anbrechen der Gottesherrschaft und
dem Kommen des Größeren, Stärkeren, Würdigeren. In gleicher
Weise erwarteten die Qumraner die Herrschaft Gottes durch das
Erscheinen der zwei Messiasse aus Aaron und Israel. Allerdings
warb der Täufer nicht für die Qumran-Gemeinschaft. Er rief auf
zu Buße und Läuterung, taufte und entließ die Menschen wieder.
Wenn es damals einen Mann gab, der unter den Juden als großer
Prophet galt, war es dieser Johannes. In seiner messianischen Bewegung hoffte das Volk auf die Erfüllung der Verheißung. So
weit reichten sein Ruf und seine unnachgiebigen zornigen Ver-
wünschungen, daß sich Herodes Antipas, der Herrscher von Galiläa und Peräa, bedroht fühlte, ihn gefangennehmen und später
töten ließ. Wollte jemand, besonders unter den Menschen, welche die große eschatologische Wende erwarteten, eine Person bekannt machen, die bedeutender als Johannes sei, wäre es nur
klug, sie durch Johannes legitimieren zu lassen. Der Q²-Einschub
als literarische Form tut genau das. Er preist den Täufer als bedeutenden Propheten, läßt ihn staunen über die Wundertaten eines »Größeren« und fügt den überaus geschickten rhetorischen
Passus ein, in dem Jesus selber Johannes erhöht und ihn gleichzeitig als seinen Vorläufer darstellt. Daß Jesus daraufhin ganz
nach Art des Täufers drohende Reden führt, ist nur folgerichtig.
So gesehen könnte man von einer sehr gelungenen Fiktion sprechen, um Jesus in den Kreisen derer, die auf den Messias hofften,
akzeptabel zu machen. War dies der Sinn der Einfügung durch
die Jesus-Anhänger während des jüdischen Krieges? Aller Wahrscheinlichkeit nach war ihre Intention wirklich dieser Art. Dies
ist der Angelpunkt, an dem Jesus vom buddhistischen Lehrer
zum messianischen Retter verwandelt wird. Zugleich sagt uns
diese Stelle, daß sie nicht eine vollständige romanhafte Erfindung
darstellt, sondern auf ein reales Geschehen zurückgeht. Die An-
frage des Täufers an seine Anhänger, ob Jesus der Verheißene sei

oder nicht (Mt 11,3), bewahrt das Echo eines tatsächlichen Ereignisses. Sonst hätte man den Zweifel des Johannes nicht erwähnt und Jesus gleich als den Messias durch Johannes preisen lassen. Das wäre für die Sache sicherlich effektiver gewesen. Offenbar war der Zweifel des Johannes unter seinen Anhängern bekannt, so daß man ihn nicht einfach unter den Tisch fallen lassen konnte. Man konnte es auch deshalb nicht, weil man gerade unter diesen Johannes-Jüngern hoffte, neue Streiter für die Sache Jesu zu gewinnen.

Das läßt uns schließen, daß Jesus – über 30 Jahre alt – tatsächlich in der Umgebung des Täufers zuerst in Erscheinung getreten ist und mit seinen radikalen buddhistischen Lehren von der Feindesliebe, von Selbsterkenntnis und dem Verfolgen eines inneren Weges viele aufhorchen ließ, die an den Jordan gepilgert waren in Erwartung großartiger Ereignisse. Da taucht plötzlich ein Unbekannter auf, der es wagt, neben dem Täufer von unerhörten Dingen zu reden. Wahrscheinlich sind damals einige Johannes-Anhänger zu Jesus »übergelaufen« und bildeten so den Kern der ersten Jesus-Jünger, was das Johannesevangelium bestätigt (Joh 1,35–39). Wenn diese Johannes-Jünger, die einer Täufersekte angehörten, sich nunmehr den für sie völlig neuen buddhistischen Lehren Jesu zuwandten, war es nur verständlich, daß sie in den Reihen Gleichgesinnter nach Anhängern ihres neuen Meisters Ausschau hielten. Diese waren wohl nur zu überzeugen durch die Autorität ihres Führers Johannes. Also erfanden sie die gegenseitigen Verehrungsbezeugungen zwischen Johannes und Jesus. Offenbar machten sie um die Sache so viel Wind, daß Johannes selber nicht mehr sicher war, was er davon zu halten hatte, und seine Schüler losschickte, Erkundigungen einzuziehen.

Später, nach den Jahren weitgehend erfolgloser Missionsbestrebungen, standen die Q-Leute wohl noch mit den Täufersekten in Verbindung und vertraten ähnliche apokalyptische Erwartungen. Für die Täufer aber war die von der Jesus-Bewegung als kostbarer Schatz gehütete Q^1-Sammlung nicht maßgeblich. Für sie, wie etwa für die Sekte der Mandäer, blieb Johannes ihre unantastbare Führerpersönlichkeit. Die Q-Leute waren während der Krisenzeit in der Periode des jüdischen Krieges darauf aus, in der nicht unbedeutenden Fraktion der Täufergemeinden Proselyten zu machen, und versuchten mit ihrem Spruchevangelium, durch die Einschiebung der Johannes-Erzählung an prominenter Stelle, einen werbewirksamen Effekt zu erzielen. Nunmehr wurde auch schriftlich festgehalten, wie Jesus sich als Anhänger des Johannes und zugleich als tiefer Verehrer seines Meisters zu erkennen gab: »Ich sage euch, unter den von Frauen Geborenen ist keiner größer als Johannes« (QS 17). Und dieser bedeutende Prophet Johannes, von Jesus als »Größter« anerkannt, wird nunmehr als der Vorläufer des Messias Jesus ausgemacht. Die Jesus-Anhänger versuchten ihren durch die Autorität des Johannes selbst eingeführten Messias nicht ohne versteckte Drohung den Täufern anzubieten, sollten sie ihn denn nicht anerkennen, denn als Nachsatz zu der Aussage, daß kein Mensch größer als Johannes sei, lesen wir: »Aber der Kleinste im Reich Gottes ist größer als er« (QS 17). Diejenigen, die sich mit Recht auf das Reich Gottes Hoffnung machen konnten, das waren die Jesus-Anhänger. Man streckte den Täufern die Hand aus: Kommt auch ihr ins Reich Gottes, folgt dem Fingerzeig eures Meisters Johannes und springt auf den Zug auf, der mit dem Erscheinen des Messias abgefahren ist!

Aus dieser Urform der Legendenbildung ergeben sich die Überlieferungen, die in der Q-Gemeinde lebendig blieben, von selbst, und die Berichte um Jesu Taufe im Neuen Testament sind eine bestens verständliche Erweiterung davon. In den Evangelien wird der enge Bezug zu Johannes geradezu aufdringlich. Gleich zu Beginn seines Wirkens lassen die Evangelisten Jesus dieselben Worte und Mahnungen an seine Zuhörer richten und dieselben bildhaften Darstellungen verwenden wie Johannes! Um ihre innere Verwandtschaft zu verdeutlichen, schrecken sie nicht davor zurück, dem Täufer, der dem »Natterngezücht« droht – jeder Baum, »der keine gute Frucht bringt, wird umgehauen und ins

Feuer geworfen« (Lk 3,9) –, sogar die völlig unpassende Predigt der Gewaltlosigkeit, das zentrale Thema Jesu, zu unterschieben (Lk 3,14). Jesus erscheint an der Seite des Täufers als ein Prophet seines Schlags und seiner Zunge.

Aber war es so? Und was ist von der Taufe Jesu zu halten, von der die Q-Tradition nichts weiß?

Die christliche Theologie hatte es mit der Taufe Jesu besonders schwer. Wie kann es angehen, daß Jesus getauft wurde, wenn die Taufe des Johannes eine Taufe zur Vergebung der Sünden war (Mk 1,4)? Ein Jesus, der es nötig haben könnte, sich von Sünden reinzuwaschen oder auch nur einer messianischen Sekte durch einen Einweihungsritus beizutreten, war für das Christentum schlechterdings unmöglich. Also beeilte man sich, die Taufe Jesu als Messiasweihe zu interpretieren.

Um die Taufe Jesu ranken sich verschiedene Legenden, die vielleicht eine Erinnerung an eine tatsächliche Problemsituation zwischen Jesus und Johannes bzw. zwischen den Jesus-Anhängern und den Täufern bewahren. Es mag allerdings auch sein, daß die Taufe – wegen ihrer hervorragenden Bedeutung in der späteren Christengemeinde – nachträglich in bezug auf Jesus in ein theologisch akzeptables Licht gerückt wurde. Auffallend ist, daß weder Q noch das älteste christliche Evangelium des Marcion[71] eine Taufe Jesu erwähnen. Im ebionitischen Matthäusevangelium[72] hingegen weigert sich Johannes zunächst sogar, Jesus zu taufen, weil er diesen für »zu groß« hält und er nicht würdig sei, ihn zu taufen. Das apokryphe Hebräerevangelium berichtet von ähnlichen Problemen bei der Taufe. Hier allerdings sind es die Angehörigen Jesu, die ihn dazu drängen, sich taufen zu lassen, während Jesus selbst dies für unnötig hält.

Wenn Jesus tatsächlich unter den Täufern am Jordan aufgetaucht ist, und vieles deutet darauf hin, mag es sein, daß er sein öffentliches Wirken in diesen Kreis verlegt hat, weil er erhoffte, dort offene Ohren für das zu finden, was er zu lehren hatte. Von den Pharisäern, den Schriftgelehrten und den Hütern der Orthodoxie war nicht zu erwarten, daß sie ihn überhaupt ernst nehmen würden. Es war das unzufriedene Volk, das sich nach neuen spirituellen Impulsen sehnte und umgetrieben von einer unerklärbaren Unruhe den Wüstenpropheten am Jordan aufsuchte, das ihm als geeignetes Publikum erschien. Ob Jesus dort jemals dem Johannes begegnet ist, bleibt ein Geheimnis, aber der Täufer erfuhr von ihm, und die widerstreitenden Berichte über Jesu Taufe deuten vielleicht darauf hin, daß einige Johannes-Jünger Jesus drängten, sich auch taufen zu lassen.

Interessant ist in jedem Fall, daß die legitimen Nachfolger des Johanneskreises, die Mandäer, in ihrem wichtigsten religiösen Werk, dem Johannesbuch, Jesus als einen abtrünnigen Mandäer ansehen. Johannes tauft ihn, allerdings zögernd, denn vom mandäischen Standpunkt betrachtet, tat Jesus unrecht, eine eigene Religion zu begründen.[73]

Das Hebräerevangelium, das älter ist als das ebionitische Matthäusevangelium, bewahrt eine ursprünglichere Form, in der die theologische Redaktion noch nicht weit fortgeschritten ist. Johannes bittet darin Jesus, *er* möge ihn taufen. Betrachtet man die Ereignisse, ist vieles historisch unerklärbar, zumal Johannes auch nach der Taufe (seiner eigenen oder der Jesu) noch Jünger hatte, die ja dann eigentlich alle Jünger Jesu wären, für den Johannes nach der Schrift nur der Vorläufer sein sollte. Daß sich Johannes später im Kerker von Machaerus immer noch nicht sicher ist, ob mit Jesus der erhoffte Messias erschien, zeigt die Verwirrung um das Taufgeschehen.

Wenn uns im Fragment des Hebräerevangeliums wirklich die älteste Form der Episode überliefert ist und dem Johannesbuch der Mandäer in dieser Beziehung Glauben geschenkt werden kann, gewinnen wir folgendes Bild. Jesus gehörte in gewisser Weise kurz vor seinem ersten öffentlichen Auftreten dem Kreis der Jordan-Täufer an, die sich in scharfer antijüdischer Polemik vom Judentum getrennt hatten und zu einer gnostischen Sekte wurden, in deren Zentrum sie die alten jüdischen Waschungsriten zur Taufe erhoben hatten. Johannes, der Jesus als seinen Jünger taufen wollte, geriet mit dem Querdenker Jesus in Konflikt. Die

Auseinandersetzung muß einige Anhänger aufmerksam gemacht haben auf den ungewöhnlichen Lehrer, der sich gegen den Wüstenpropheten stellte. Der Nachhall dieses Dilemmas hat in den Schriften verschiedener Sekten und Zeiten zu unterschiedlichen Darstellungen geführt. Das Hebräerevangelium sieht Jesus noch von seinen Angehörigen bzw. den ihm nahestehenden Personen dazu gedrängt, sich taufen zu lassen, wobei er selbst den Grund nicht einsehen will. Das klingt wie ein glaubwürdiges Geschehen, vor allem im Hinblick auf den Jesus, den wir durch Q[1] kennengelernt haben, und würde genau zu den Entwicklungen der teilweise fiktiven Jesus-Biographie, wie sie uns in den beiden späteren Ebenen der Q-Redaktion entgegentritt, passen. Im Matthäusevangelium konnten die Ereignisse um die Taufe nicht verschwiegen werden, weil sie in verschiedenen Schriften bereits kursierten. Erst die theologische Bearbeitung, die Johannes zum Vorläufer Jesu machte, brachte jene Widersprüche in den Evangelien-Text, der so vielen Exegeten Kopfschmerzen bereitet: Wie ist es möglich, daß Johannes nach der angeblichen Taufe Jesu fragt, ob er der sei, »der da kommen soll«, wenn sich doch bei der von ihm vorgenommenen Taufhandlung die Himmel öffneten, eine Stimme herausdrang und die denkwürdigen Worte vernehmen ließ: »Dies ist mein geliebter Sohn, an dem ich mein Wohlgefallen habe«? Eine Erklärung kann nur darin liegen, daß sich bei der Taufe nichts dergleichen ereignete oder, was wahrscheinlicher ist, eine Taufe Jesu niemals stattgefunden hat.

Daß Jesus von einer äußeren sakramentalen Handlung wie der Taufe nichts hielt, um als Reiner zu gelten, ist in einer weiteren Einfügung aus Q[2] ersichtlich. Sie findet sich in den Weherufen über die Pharisäer, die inhaltlich ganz an den Ur-Jesus gemahnen und deshalb wohl entsprechende Parallelen im buddhistischen Schrifttum aufweisen. Sie wurden lediglich, wie es für die Redaktion der Jesus-Worte aus der Kriegszeit üblich war, für die Porträtierung eines zürnenden Jesus literarisch umgestaltet.

Du Narr! Wozu deine langen Lokken? Wofür deine Kleider aus Fell? In dir haust Finsternis; nur das Äußere reinigst du. (Ud 33,8)

Wozu deine Asketenhaare, Narr! Wozu deine Kleider aus Tierhäuten? In dir ist ein Urwald, doch äußerlich schmückst du dich. (Dh 26,12)

Wehe euch, ihr Pharisäer, denn ihr reinigt die Außenseite des Bechers und der Schüssel, euer Inneres aber ist voll Gier und Unmäßigkeit. Ihr Toren! Reinigt die Innenseite, dann wäre auch die Außenseite sauber.
Wehe euch, ihr Pharisäer, daß ihr den Vorsitz in den Synagogen und die Begrüßungen auf den Märkten liebt. Wehe euch, denn ihr seid wie die Gräber, äußerlich schön, aber voller Schmutz im Inneren. (QS 34)

Jesus verwendet das Symbol des Bechers, den die Pharisäer äußerlich rein halten, innerlich aber verdrecken lassen, um die überragende Bedeutung der geistigen Haltung und ihren Ausdruck sowohl im Wort als auch in den Taten zu unterstreichen. Wir haben dieses Thema in Q^1 in verschiedenen Varianten kennengelernt. Der Ur-Jesus wurde offenbar nicht müde, den Menschen zu vermitteln, daß wahre spirituelle Größe nichts mit Äußerlichkeiten zu tun hat, keiner besonderen Kasteiungen bedarf, keiner Reinigungsriten, keiner zur Schau gestellten Opferbereitschaft. Alles, was sie voraussetzt, ist in den Grundsätzen des achtfachen Pfades enthalten.
Eigentümlich ist in diesem Zusammenhang eine Parallele zwischen dem Taufbericht aus dem Hebräerevangelium mit einer Stelle aus dem *Lalitavistara,* auf die Van den Bergh van Eysinga aufmerksam gemacht hat.[74] Als seine Mutter den jungen Gautama in einen Tempel bringen will, um ihn »zu den Göttern« zu führen, zögert dieser anfangs, willigt aber schließlich aus Respekt vor dem religiösen Brauch der Zeit ein. In beiden Fällen ist das zugrundeliegende Thema, das Zögern, schließlich die Einwilligung aufgrund bestehender Gewohnheiten, identisch. Interessant ist übrigens auch der Zusammenhang zwischen der Taufe und

der Verklärung in den Evangelien. Die Worte, die bei der Taufe und der Verklärung vernommen wurden, sind fast deckungsgleich. Es hat den Anschein, daß man die Taufe in Zügen darstellte, die der Verklärung entnommen wurden.

Allerdings muß man zu bedenken geben, daß auch das Textstück des *Lalitavistara,* das eine Parallele zum Taufbericht Jesu bietet, mit einem Hinweis Gautamas endet, nach seiner Transformation würden Götter und Menschen sagen, er sei Gott durch sich selbst. Somit findet der ganze mythische Abschnitt des Taufgeschehens seine Entsprechung in der Buddha-Biographie, was unsere Vermutung unterstreicht, daß eine Taufe Jesu niemals stattgefunden hat.

Sehr aufschlußreich ist im übrigen auch die Antwort Jesu an die Johannes-Jünger, die im Auftrag ihres Meisters sich über Jesu Wirken erkundigen. Die Worte, die er den Täufern mit auf den Weg gibt, beziehen sich in der Hauptsache auf seine Erfolge als Heiler. Ob er sie selber formuliert hat oder seine Schüler, sei dahingestellt. Das Verblüffende allerdings ist der Umstand, daß von der Tätigkeit Buddhas exakt mit denselben Worten berichtet wurde!

Blinde wurden sehend, Taube konnten hören … Kranke wurden geheilt. Den Hungernden und Dürstenden wurden Hunger und Durst gestillt. Betrunkenen war ihre Trunkenheit genommen. Wahnsinnige erhielten ihren Verstand wieder. (*Lalitavistara* VII)	Jesus sprach: »Geht und erzählt Johannes, was ihr hört und seht: Blinde sehen, Lahme gehen, Aussätzige werden rein, Taube hören, Tote werden erweckt und Armen wird die frohe Botschaft verkündet.« (QS 16)

Die Begegnung mit den Täufern war eine Station auf Jesu »hausloser« Reise. Jesus versuchte dort mit seinen ethisch-moralischen Lehren jene anzusprechen, die sich gegen das religiöse Philistertum der Zeit wandten. Die Taufe selbst hielt er sicher für unnötig, denn nach buddhistischer Vorstellung nutzten äußere Reini-

gungen nichts. Allein die Reinigung des Inneren mußte angestrebt werden.

Q[1] ist so einheitlich buddhistisch geformt, daß man nicht sagen
kann, Jesus habe sich da und dort Anregungen für moralische Instruktionen geholt. Er entnahm sie alle dem Schatzhaus buddhistischer Weisheit. Wie aber kam es, daß der Ur-Jesus eine
buddhistische Lehre verbreitete und jene Ideale in Palästina bekannt machen wollte, die Siddhartha Gautama ein halbes Jahrtausend zuvor seinen Schülern am Ganges vermittelte? Woher hatte
er sein Wissen? Sind etwa die Nachfahren der Buddhistenmönche noch in den Tagen Jesu in Alexandria und Syrien, wohin sie
Ashoka gesandt hatte, tätig gewesen? Um diese Fragen zu klären, werfen wir nun einen genaueren Blick auf die West-Missio-
nen des Kaisers Ashoka.

Teil III

Der Weg des Ur-Jesus

Der Christus-Mythos erzeugte ein weitaus
phantastischeres imaginäres Universum als alles,
was die Jesus-Traditionen hervorgebracht haben.

Burton L. Mack, The Lost Gospel

Buddhas Lehre auf dem Weg nach Westen

itte des 3. Jahrhunderts v. Z. entsandte König Ashoka
nicht nur Missionare, er ließ in fernen Ländern sogar Hospize und Asyle errichten, setzte Berater ein, um die Interessen
der Brüder zu vertreten, um sie gegen Neid und Verfolgung zu
schützen und um den Respekt vor dem Leben und das Mitleid
mit allen Wesen zu lehren. Im *Mahavamsa*, im *Dipavamsa* und
im *Suttavibhanga* des Buddhaghosa lesen wir von der Bekehrung
der *Yavanas* (Griechen) unter Ashoka. Darin werden die alten erfahrenen Mönche (*Thera*) namentlich genannt, die an der Spitze
der Missionierung des frühhellenistischen Griechenlands standen. Der *Thera* Maharakkhito predigte bei den Griechen vor einer großen Menge das *Sutta Kalakarama*. Tausende hätten daraufhin zu der neuen Religion Zuflucht genommen. Unter den
von *Thera* Moggaliputto ausgewählten Missionaren befand sich
sogar ein bereits konvertierter Grieche, der *Thera* Dhammarakkhito. Dieser wurde ins Land der Aparantaka im äußersten
Westen entsandt, wo er das *Sutta Aggikhandopama* verkündete.
Wieder seien zahlreiche konvertiert, auch viele Frauen.

Dem Eindruck nach zu schließen, den einzelne buddhistische Asketen im Westen hinterlassen haben, wie Zarmanochegas in
Athen, müssen wir davon ausgehen, daß die Berichte über die
Missionserfolge nicht einer geschichtlichen Basis entbehren. Freilich muß man, was die Anzahl der Konvertiten anbelangt, über
die indische Vorliebe für maßlose Übertreibungen hinwegsehen.

Mehr als 2000 Jahre dauerte es, bis wir eine Ahnung davon
bekommen konnten, daß diese Berichte keine Erfindungen der
religiösen Propaganda waren und wie ernsthaft Ashoka die Missionierung wirklich betrieb. Erst im Jahre 1915 entdeckte der berühmte Archäologe Sir John Marshall in Taxila-Sirkap im nördlichen Industal eine eigentümliche Inschrift. Sie fand sich auf
einer achteckigen weißen Marmorsäule, abgefaßt in einem ira-

nisch beeinflußten Aramäisch. Zwar wußte man, daß man sich in den westlichen Provinzen, die früher zu Persien gehörten, des achämenidischen Kanzlei-Aramäisch bediente und im Nordwesten, im Gegensatz zu den anderen Landesteilen, wo man das Brahmi-Alphabet verwendete, die Kharoshthi-Schrift einsetzte, aber in den Grenzländern lagen die Dinge viel komplizierter. Bisweilen wurden auf verschiedenen Edikten die Buchstaben einer Schrift verwendet, aber die Sprache, die sie ausdrückten, konnte einmal persisch, ein anderes Mal indisch oder eine ganz andere sein. Entsprechende Mühe hatten die Sprachforscher damit, die Taxila-Sirkap Inschrift zu entziffern. Zudem ist die linke Hälfte der Inschrift nicht mehr zu lesen und auch sonst ihr Erhaltungszustand beklagenswert. Zuerst dachte man, es handle sich um einen Gedenkstein für einen hohen Beamten der Stadt. Noch Ende der vierziger Jahre wurde die These aufgestellt, es sei eine Bauinschrift. Erst als 1958 der Fund einer weiteren aramäischen Inschrift aus der Provinz Kandahar in Afghanistan, mehr als 800 Kilometer südwestlich von Taxila, veröffentlicht wurde,[1] lüftete sich langsam das Rätsel um die Taxila-Schrift. Die Kandahar-Inschrift war ein Schlüsselfund, in der Bedeutung vergleichbar dem Rosette-Stein, der Jean François Champollion die Entzifferung der ägyptischen Hieroglyphen ermöglichte, denn die Inschrift war zweisprachig, aramäisch und griechisch. Der Kandahar-Text gibt die wichtigsten Inhalte wieder, die Ashoka in seinen berühmten Felsenedikten verlauten ließ. Aufgrund dieses Fundes konnte der deutsche Forscher Helmut Humbach im Jahre 1969 die Taxila-Inschrift eindeutig als eine ein wenig gekürzte, wörtliche Übersetzung der zentralen Passage des 4. Felsenedikts Ashokas identifizieren, mit seinen Aufforderungen zum Nichttöten, zum Gehorsam gegenüber dem Vater und der Befolgung eines rechten Lebenswandels.[2] Jetzt wurde der Fundort des Inschriftensteins in einer Mauer der buddhistischen Mönchswohnungen, die zum sogenannten »Doppelköpfigen Adler-Stupa« im Ausgrabungs-Block F von Taxila gehören, verständlich (vgl. Abb. 26).

Weitere Entdeckungen von Ashoka-Inschriften in immer weiter westlich gelegenen Gebieten in Afghanistan in den sechziger Jahren machten deutlich, wie intensiv Ashoka seine Anordnungen und Missionssendungen geplant und vorangetrieben hatte. Nicht nur hatte er Bestimmungen zur buddhistischen Missionierung erlassen, er ließ sogar in Bezirken außerhalb seines unmittelbaren Einflußgebiets die Edikte anbringen, und zwar in den jeweiligen Landessprachen und Schriften. Dies ist ein untrügliches Zeichen für das Ausmaß der Mission im Ausland. Darüber hinaus geben die Inschriften immer mehr Geheimnisse preis, die erst in allerjüngster Zeit zum Vorschein kamen. Und wer vermag zu sagen, wie viele solcher Inschriften auf den Westrouten noch ihrer Entdeckung harren?

Von den ersten beiden in den sechziger Jahren in Afghanistan gefundenen Ashoka-Inschriften war eine sogar vollständig in griechischer Schrift abgefaßt und damit eindeutig den griechisch sprechenden Völkern des Mittelmeeraumes zugedacht. Auf ihr war das 12. und 13. Felsenedikt wiedergegeben. Die andere war in indischer Sprache, allerdings in aramäischer Transkription verfaßt. Diese indo-aramäische Inschrift wurde ebenfalls in Kandahar entdeckt und ähnelte sehr einer schon in den dreißiger Jahren in Pul-i-Darunteh im afghanischen Laghman-Tal gefundenen, die man damals nicht entziffern konnte. Erst 1966 gelang auch hier durch den neuen Fund die Entzifferung als »typischer« Ashoka-Text.[3]

Im Jahr 1969 schließlich fand ein belgisches Ethnologenehepaar in der Provinz Laghman eine weitere vollständig aramäische Ashoka-Inschrift (als L I bezeichnet), die äußerst aufschlußreich ist.[4] Wenige Jahre später wurde in unmittelbarer Nähe des Fundorts noch eine Inschrift entdeckt (L II), deren Inhalt mit der ersten fast identisch ist.[5] Sie fand sich in der Nachbarschaft der alten Handelsstraße, die Westen und Osten verbindet, auf einem von weitem gut sichtbaren Felsblock. Die Westroute, auf dem die Karawanen vom bedeutenden Zentrum Taxila aus reisten, führte über den Kyber-Paß und das Laghman-Tal ins heutige Kabul, von dort in südlicher Richtung nach Kandahar und weiter an die Südküste des Kaspischen Meeres. Von dort konnten die Karawanen auf drei Wegen weiter nach Westen reisen. Jetzt erst wurde deutlich, daß alle diese Ashoka-Edikte auf der Landroute in Richtung Zweistromland und nach Syrien und Griechenland lagen: Diese Inschriften sprachen nicht nur von der buddhistischen Ethik, die Ashoka überall verbreiten ließ, sondern sie waren zugleich Wegweiser! Sie deuteten den Pfad nach Westen, den die Missionare Ashokas eingeschlagen hatten auf ihrer Aussendung zu den Seleukiden, Ptolemäern und Mazedoniern. Die Wegweiser sollten all denjenigen die Reise erleichtern, die sich in gleicher Weise auf diese bedeutende Mission begeben wollten. Auf der Inschrift L I heißt es wörtlich: »Dort unten (der Ort) genannt Tadmor.«[6] Tadmor war der alte Name für Palmyra. Hier wird also unzweideutig der Weg gewiesen zu der bedeutenden Karawanenstadt Palmyra, der großen Oase etwa 3800 Kilometer westlich von Laghman, der wichtigsten Station für die Karawanenzüge nach Syrien-Palästina (vgl. Abb. 25). In den folgenden Zeilen der Inschriften L I und L II, die schwer deutbar sind, ist noch vom »Karawanenweg« die Rede, und es werden Ziffern geboten, die offensichtlich Entfernungsangaben darstellen. Je nach Auslegung der Schriftzeichen (iranisch oder aramäisch), die sich keineswegs immer eindeutig zuordnen lassen, ist auf L II des weiteren von »Religionsbringer« oder »Missionar« die Rede, oder es handelt sich um die zusätzliche Ortsangabe einer Festung als Wegbeschreibung.

Für den Landweg hatte Ashoka also die berühmte Handels- und Heerstraße über Palmyra ausgewählt, um die buddhistische Religion bis ans Ende der westlichen Welt zu tragen. Wie wir gezeigt haben, verkehrten auf diesen Wegen indische Händler schon in der Zeit der Achämeniden. In einem hippokratischen Text aus der Epoche unmittelbar nach dem Fall der Achämeniden wird Pfeffer in Griechenland mit dem Namen *peperi* bezeichnet und als persisch angesehen. In Wahrheit handelt es sich um den indischen Begriff *pippali*. Damals kamen viele indische Produkte mit den Persern nach Griechenland. Sie wurden über den Oxus bis in die Region des Kaspischen Meeres gebracht, von wo aus sie zum Pontos Euxeinos (das Schwarze Meer) weitertransportiert wurden oder über Palmyra in die syrischen Gebiete beziehungsweise über eine noch südlichere Route durch Mesopotamien und Arabien ins Land der Nabatäer. Noch in Süditalien, in Pompei, fand man Elfenbein, das offenbar aus Indien auf dieser Strecke eingeführt wurde. Als Verbindungsort auf dieser Route entwickelte sich in der blühenden Oase Palmyra bald eine auf hoher Stufe stehende griechisch-römische und griechisch-buddhistische Kunst.

Die Ashoka-Inschriften in diesen Gebieten sind also Hinweisschilder, die keinen gemeinen Handelsweg mehr kennzeichnen, sondern ein spirituelles Itinerarium. Denn Ashoka verstand die Aussendung der buddhistischen Missionare in Entsprechung zum inneren Aufbruch, zum Heilsweg, den Buddha vorgezeichnet hatte. In seinem 8. Felsenedikt von Shahbazgarhi spricht Ashoka von seiner Hinwendung zum Buddhismus. Darin vermerkt er: »Zehn Jahre nach seiner Weihe begab sich der König Devanampriya Priyadarsi nach *Sambodhi*.« Was bedeutet diese Aussage? Hatte sich Ashoka, zum Buddhismus bekehrt, zunächst auf eine religiöse Wanderung nach Bodh Gaya (*Sambodhi*) begeben, jenem Ort, an dem Buddha die Erleuchtung widerfuhr, wie der indische Forscher Bhandarkar meint?[7] Vielleicht ist diese Ansicht richtig, denn Ashoka spricht in diesem Felsenedikt ausführlich und in glühenden Worten über einen Besuch bei Anhängern der buddhistischen Sekte der *Sthaviras,* der tatsächlich in Bodh Gaya stattgefunden haben mag. *Sambodhi* bedeutet aber auch Einsicht, Weisheit, Intelligenz, das Erwachen, das grundlegend ist für die drei höheren Zustände der Arhatschaft. Es meint nie die Weisheit eines Buddha, sondern immer die Einsicht der höheren Zustände des Weges, der zur Arhatschaft führt. Dieser Weg ist von Siddhartha Gautama als der edle achtgliedrige Pfad beschrieben worden. Vielleicht wollte Ashoka nur ausdrücken, daß er im zehnten Jahr seiner Krönung sich entschlossen hatte, den

achtfachen Pfad in Angriff zu nehmen, zweifellos um in einer zukünftigen Geburt die Arhatschaft zu erlangen.[8]
In der buddhistischen Religiosität stehen geistige Ausrichtung
und äußere Handlungen in Entsprechung zueinander. Etwa das
meditative Wandeln im Wandelgang, die Umrundung des Stupa
im Uhrzeigersinn oder die Pilgerfahrten zu den Orten von
Buddhas Wirken. Wir dürfen daher vermuten, daß Ashoka beides im Auge hatte: die Aufforderung, dem achtgliedrigen Pfad
zu folgen, und in der Haltung eines Pilgers die Stätten des Heils
zu besuchen. In buddhistischen Texten wird dementsprechend
berichtet, Ashoka habe 249 v. Z. mit dem buddhistischen
Mönch Upagupta eine ausgedehnte Pilgerfahrt bis zum Geburts-
ort Siddhartha Gautamas im heutigen Nepal unternommen. Man
muß die Edikte auf der Westroute unter diesem Gesichtspunkt
betrachten: als Aufruf, der buddhistischen Lehre zu folgen, und
als Auftrag, sie den fremden Völkern, zu denen der Weg gewiesen wird, zu vermitteln.
Ashoka hatte alles andere als eine Zwangsmissionierung im
Sinn. Er war überzeugt vom Wert des *Dharma* und wollte, daß
jeder, der ein offenes Ohr für seine Wahrheit hat, ihn vernehmen
kann. Er war ein ausgesprochen toleranter Herrscher. Nach seiner Bekehrung zum Buddhismus hat er diesen zwar tatkräftig
unterstützt, aber keineswegs die anderen Religionen unterdrückt.
Im Gegenteil, er bedachte alle Religionsgemeinschaften mit
großzügigen Schenkungen und verwirklichte auch auf diese Weise die von Buddha geforderte Haltung der Hochherzigkeit.
Buddha hatte seinen Schülern aufgetragen, allen Gottheiten zu
opfern, die sie an den Orten vorfinden, wohin sie ziehen würden
(*Mahaparinibbanasutta* 1,31). Ashoka gab den Missionaren in
diesem Geiste Ermahnungen mit auf den Weg. »Ehrung der eigenen Glaubensgenossenschaft oder Tadelung einer fremden Glaubensgenossenschaft geschehe nicht ohne triftigen Grund«, ließ er
in seinem 12. Edikt in den Fels meißeln und weiter: »Ehre aber
gebührt einer fremden Glaubensgenossenschaft auf diese und
jene Weise. So handelnd, fördert man ebenso das Wachsen des

238

eigenen Bekenntnisses sehr, wie man auch dem fremden Bekenntnis wohltut.«

Die Missionare, die der Maurya-König ausschickte, waren keine Streitarmeen *für* einen Glauben und *gegen* alle anderen Religionen, wie das in den christlichen Missionen später zur allgemeinen Praxis werden sollte. Ashokas Mönche verkündeten in den fernen Ländern den *Dharma,* ohne sich in offene Gegnerschaft zu anderen Glaubensformen zu stellen. Es war diese demütige Haltung, welche den Buddhisten des Königs im westlichen Ausland meist keinen nennenswerten Erfolg beschieden sein ließ. Man muß sich auch die Schwierigkeiten vor Augen führen, denen die Delegationen begegneten: die unbekannten Sitten, Bräuche, Glaubenssysteme, Sprachen und die Zurückhaltung weiter Teile der Bevölkerung vor Fremden. Eine Menge Hürden mußten überwunden werden, um den *Dharma* erfolgreich verbreiten zu können. So blieb den Missionaren nichts anderes übrig, als mit großer Mäßigkeit vorzugehen. Sie lebten zwar ihr mönchisches Dasein wie einst im heimatlichen Indien, aber sie paßten sich langsam den Gegebenheiten der neuen Umgebungen an.

In seinem 12. Edikt hatte Ashoka auch vermerken lassen: »Zusammenkommen aber ist heiligend. Wieso? ›Möchten sie voneinander den Dhamma hören und auch auf ihn hören, so sei es.‹ Dies ja wünscht der Göttergeliebte [Ashoka]. Was wohl? ›(Die Gläubigen) aller Bekenntnisse möchten sowohl im Lernen groß wie im Gutestun ersprießlich werden, so sei es.‹« Und Ashoka gab seinen Missionaren das »Gesetz der Ehrfurcht« mit auf den Weg, das sie stets befolgen sollten: »Wenig Pietätlosigkeit, viele gute Taten, Mitleid, Freigiebigkeit, Wahrhaftigkeit, Reinheit« (2. Edikt).

Ashokas Inschriften sind alle moralischen Inhalts, nicht dogmatisch oder mythologisch. So ist auch das besondere an der »christlichen« Botschaft stets in den Worten der Bergpredigt, den Sittensprüchen, den Heilsworten und Gleichnissen gesucht worden. In diesen tritt uns Jesus ebenfalls als Künder einer unerhörten Morallehre entgegen. Wie den Buddhisten und Ashoka die äußeren Formen der Religion, das demonstrierte gläubige Verhalten, unwesentlich war und sie allein auf das Leben gemäß dem achtfachen Pfad ausgerichtet waren, so lehrt Jesus ein Leben nach dem Sittengesetz – dem buddhistischen *Dharma*.

Theravadin und Therapeuten: Ägyptische Buddhisten

Im Frühling des Jahres 1908 begann die British School of Archaeology in Ägypten mit großangelegten Ausgrabungen in Memphis. Dabei stießen die Archäologen auf ein ausländisches Viertel, das um den Tempel des Merenptah (19. Dynastie) angelegt war. Dieser Bezirk für Fremde muß über viele Jahrhunderte bestanden haben. Die kleinen Tonköpfe, die überall zum Vorschein kamen, sind Porträts der verschiedenen Volksstämme, die seit der persischen Herrschaft (525–405 v. Z.) in den ausländischen Niederlassungen von Memphis eine neue Heimat gefunden hatten. Eindeutig lassen sich Sumerer, Akkadier oder Skythen unterscheiden, aber auch Tibeter oder Mongolen, sogar eine arische Frau aus dem Punjab und eine sitzende Figur in indischer Haltung mit einem Schal über der linken Schulter wurden gefunden (vgl. Abb. 29). Allem Anschein nach bestand zu Ashokas Zeiten in Memphis bereits eine indische Kolonie. Ob diese ursprünglich eine Handelsniederlassung war oder ob sie auf die Missionsentsendungen Ashokas zurückgeht, läßt sich nicht mehr entscheiden.[9] Die Tonstatuette der indischen Frau wurde auf ca. 200 v. Z. datiert, also nur wenige Jahrzehnte nach dem Beginn der großen Ashoka-Mission.

Schon zehn Jahre vor diesen Ausgrabungen wurde im ägyptischen Dendera ein Grabstein aus ptolemäischer Zeit entdeckt, der buddhistische Symbole trägt. Für Flinders Petrie bedeutete der Fund ein unabweisbares Indiz für den Einfluß der buddhistischen Mission in Ägypten.[10]

Wir haben im ersten Teil gezeigt, daß Ashokas Westmission vom

22

23

21 Der tanzende Gott Shiva Nataraja im Flammen-
kreis. Galt er als Vorbild für den Reinkarnationsgedanken im Jakobusbrief?

22 Selbstkasteiungen und -verbrennungen indischer
Asketen, die schon Alexander der Große in Indien be-
obachtete (aus A. Roger, Offene Tür zu dem Verborgenen Heydenthum, 1663).

23 Die Synagoge von Cochin an der Südwestküste
Indiens. Sie ist heute noch das Zentrum der Nachfahren vorchristlicher jüdischer Einwanderer.

24 Der leere Thron mit Sitzkissen und den Fußab-
drücken des Erhabenen als Symbol von Buddhas Anwesenheit (Amaravati, 2. Jh.).

25 Die Ruinen der einst blühenden Oase von Palmyra
– Station auf dem Weg der buddhistischen Ashoka-
Missionare.

26 Der Sockel des doppelköpfigen Adler-Stupa von
Taxila, wo die Archäologen die aufschlußreiche
aramäische Ashoka-Inschrift entdeckten.

27 Der Dharmarajika-Stupa in Taxila.

24

26

27

Aufschwung der Kultur in den hellenistisch beeinflußten Staaten profitierte, wir haben die See- und Landrouten verfolgt und den nach Alexander dem Großen enorm zunehmenden Verkehr zwischen Ägypten und Indien dargestellt. Unter Ashokas Zeitgenossen Ptolemaios II. Philadelphos erlebte Alexandria ihre größte Blüte. Hier tummelten sich die unterschiedlichsten Lager und Lehrmeinungen und entfalteten sich in gegenseitiger Befruchtung und im Wettstreit zu höchsten Ausformungen. Den Aufenthalt von Indern in Alexandria in den Jahrzehnten unmittelbar nach der Zeitenwende bestätigte Dion Chrysostomos (ca. 40–112 n. Z.) mit einer Rede, in der er die anwesenden Inder unter seinen Zuhörern begrüßte.[11] Kein vernünftiger Grund spricht dagegen, daß indische Gemeinden schon lange Zeit vor Dion Chrysostomos in Alexandria existierten, zumal wir die Inder selbst in dem weniger bedeutenden Memphis vorgefunden haben. Chrysostomos schreibt, daß die indischen Händler von ihren Landsleuten verachtet werden.[12] Man muß diese Aussage als Hinweis darauf werten, daß es sich bei den alexandrinischen Indern um Buddhisten handelte. In den Augen der Brahmanen der Sunga-Dynastie (ca. 180–68 v. Z.) waren sie Ketzer. Zudem war es den Brahmanen selbst untersagt, das Meer zu überqueren, weil sie dadurch Gefahr liefen, rituelle Verunreinigungen auf sich zu ziehen, und womöglich die Zugehörigkeit zu ihrer Kaste verlieren konnten. Für die buddhistischen Mönche der Ashoka-Mission wird es also nicht sonderlich schwierig gewesen sein, über die bereits vorhandenen ägyptischen Niederlassungen indischer Händler Fuß zu fassen.

In der Epoche bis zur Zeitenwende machte die hellenistische Welt mannigfache politische und kulturelle Veränderungen durch. Alexandria jedoch blieb das intellektuelle Zentrum und zog ständig Wißbegierige, Philosophen, Propheten, Heilsprediger, Schwarmgeister und spirituell Suchende an. Schon in der Diadochenzeit, unmittelbar nach dem Tod Alexanders, waren die politischen Führer durch den übertriebenen Herrscherkult, durch interne Kriege und Rivalitäten in ihren Möglichkeiten gelähmt. Trotz aller Anstrengungen war der äußere Bestand des riesigen, von Alexander zurückgelassenen Reiches nicht zu wahren. Die Region um Taxila war schon um 308 v. Z. wieder an Indien verloren worden, 280 v. Z. kam es zu einer Invasion von Kelten, 260 v. Z. machte sich Kappadokien selbständig, um 230 drangen die Parther immer weiter vor und beherrschten bald weite Teile Irans bis zum Westen Indiens und nach Syrien. Zudem machten im Inneren Reaktionen der unterworfenen Völker den Herrschern zu schaffen, so in Ägypten und später in Palästina, als die Makkabäer um 165 v. Z. sich gegen die extremen Hellenisierungsbestrebungen zur Wehr setzten. Eines allerdings prägte diese unruhigen Jahrhunderte vor und nach der Zeitenwende: Niemals zuvor gab es eine Epoche, in der fremdes Kulturgut und fremde Gedanken so offen aufgenommen wurden, in der Ost und West verschmolzen und in der Gedankensysteme und Religionen zu so ungeahnten Blüten trieben. Es ist die Zeit des Synkretismus schlechthin – und die Buddhisten hatten einen bedeutenden Anteil daran.

Ein weiterer eindeutiger Hinweis auf die Anwesenheit buddhistischer Mönche in Alexandria in hellenistischer Zeit findet sich in einer buddhistischen Chronik, dem *Mahavamsa*. Darin wird die Stadt *A'lasadda* ausdrücklich als Kolonie der buddhistischen Mission erwähnt. Alle Forscher sind sich darüber einig, daß A'lasadda natürlich Alexandria bezeichnet. Wir erfahren, daß in der Mitte des 2. Jahrhunderts v. Z. unter der Regierung von Dutthagamani in Ruanwelli auf Ceylon ein großer Stupa errichtet werden sollte. Zu diesem wichtigen Ereignis machten sich die buddhistischen Mönche aus allen Ländern, in denen sie sich niedergelassen hatten, auf den Weg nach Ceylon. So kam aus dem Gebiet der Pallavas (Parther) der große Weise Mahadevo mit 460 000 Mönchen und aus der Nähe von A'lasadda (Alexandria) der griechische *Thera* Mahadhammarakkhito mit 30 000 Bettelmönchen. Die spezielle Erwähnung der parthischen und der alexandrinischen Kolonie weist darauf hin, wie wichtig diese Niederlassungen für die Buddhisten waren. Trotz der geläufigen

Übertreibungen ist die genannte Anzahl der Mönche ein Ausdruck der Bedeutung dieser beiden ausländischen Gemeinden. Die parthische, die sich von Taxila nach Baktrien und tief in den Westen erstreckte, markierte die Buddhistenmissionen entlang der Palmyra-Route, die alexandrinische deutet auf die Siedlungen, die offenbar in unmittelbarer Nähe der Stadt am Mareotis-See gelegen waren.

Für die Ashoka-Missionare war Ägypten eine ideale Anlaufstelle. Ihre Art der Lebenshaltung war dort nicht fremd. Im Serapeum in Memphis gab es männliche und weibliche Einsiedler, die dem Studium und mystischer Kontemplation hingegeben waren. Auch der Isis-Kult kannte Askese und Ehelosigkeit. Der Boden für eine mönchische Gemeinde, wie jene der Buddhisten, war gut vorbereitet.

Doch was war aus den Buddhisten geworden, die in Ägypten Fuß gefaßt hatten? Sind sie von der fremden Kultur aufgesogen worden und so für immer in ihrer Eigenart verschwunden oder haben sie ihre Tradition fortgesetzt?

Aus der Zeit Jesu besitzen wir einen überaus wertvollen Bericht über eine mönchsähnliche Gruppe religiöser Sektierer in der Umgebung Alexandrias, deren Gemeinsamkeiten mit den Buddhisten aufmerksamen Religionsgeschichtlern bereits im 19. Jahrhundert nicht entgangen war. In der Sekte, die *Therapeutae* (Therapeuten) genannt wurde, sah Henry Longueville Mansel bereits 1875 die Vereinigung von alexandrinischem Judentum mit den Lehren und Lebensweisen der Buddhisten.[13] Sind wir mit den Therapeuten tatsächlich den Nachfahren der ägyptischen Ashoka-Mission zu Ptolemaios II. Philadelphos auf der Spur?

Wir können heute von Glück sagen, daß wir überhaupt etwas von den Therapeuten wissen. Denn unser einziger Gewährsmann ist der in Alexandria ansässige hellenisierte Jude Philo (20 v. Z.-50 n. Z.), ein Zeitgenosse Jesu, der uns in seinem Traktat *De vita contemplativa* (»Vom kontemplativen Leben«) ein Lebensbild der Gemeinschaft hinterlassen hat. Seit dem Entstehen christlicher mönchischer Gemeinden und Klostergründungen im 4. Jahrhun-

dert n. Z. fiel das Interesse der Kirchenhistoriker auf das Werk Philos und seine Beschreibung der Therapeuten. So ähnlich erachtete man ihre Lebensweise den zönobitischen Regeln, daß man sie als christliche Mönche betrachtete, und im 6. Jahrhundert findet sich sogar als lateinische Bezeichnung für das christliche asketische Mönchsleben der Ausdruck *vita therapeutica*. Bis zu Beginn des 18. Jahrhunderts wußte man nicht, daß die Therapeuten schon lange vor der Entstehung des Christentums existierten.[14] Diese Fehleinschätzung bewahrte den Text Philos vor der Vernichtung. Die kirchlichen Redakteure, eifrig damit beschäftigt, ihr eigenes Bild vom Christentum durch die Autorität alter Schriften zu untermauern, zögerten nicht, unliebsame Werke zu vernichten oder derart gespickt mit christlichen Einschüben zu kopieren, daß ihre eigentliche Gestalt heute mühsam wieder herausgeschält werden muß. Hätten sie geahnt, daß Philo mit den Therapeuten keineswegs urchristliche Mönche im Visier hatte, wäre die Abhandlung *De vita contemplativa* sicherlich vernichtet worden. Das »unvergleichliche« Christentum wollte derart ähnliche fremde Vorbilder einfach nicht bestehen lassen.
Die Wiederentdeckung der Therapeuten im 19. Jahrhundert und die Probleme der Juden und der beiden christlichen Konfessionen, sie einordnen zu können, führte zu einer grotesken Situation. Am Ende hatten jüdische Wissenschaftler ebensolche Angst, die Therapeuten als jüdische Sekte zuzulassen, wie die katholischen, sie als Mönche zu bezeichnen. Warum diese Schwierigkeiten? Sie hängen damit zusammen, daß die Therapeuten eine für das Judentum wie für die katholische Kirche beunruhigende historische Tatsache schafften: das Vorhandensein einer mönchsähnlichen Gruppe in Beziehung zu der jüdischen Siedlung um Alexandria im 1. Jahrhundert v. Z., die auffallende Züge des späteren Christentums trägt. Diese monastische Institution war, wie jene der Buddhisten, auf Armut, zölibatäres Leben, Gehorsam, das Tun guter Dinge und Barmherzigkeit aufgebaut. Es gab dafür weder in der jüdischen Welt Vorbilder oder Modelle noch in den heidnischen religiösen Gemeinschaften.[15]

Philo machte keinen Hehl daraus, daß er von der Lebensweise und Weltauffassung der Therapeuten beeindruckt war. Er präsentierte sie seinen Lesern von unvergleichlich höherem Rang als die dummen ägyptischen Tieranbeter und sogar als den griechischen Philosophen überlegen. Letzteres muß in Alexandria, der Hochburg hellenistischer Intellektualität, als Beleidigung empfunden worden sein, zeigt aber nur den Grad der Bedeutung, den Philo dieser kleinen Sekte beimessen wollte.

Die Therapeuten waren eine religiöse Bruderschaft, die sich besonders auf den niederen Hügeln in der Gegend südlich des Mareotis-Sees bei Alexandria niedergelassen hatten. Sie führten ein zurückgezogenes Leben, ganz ihren religiösen Übungen und Studien hingegeben. Wie es den Anschein hat, waren die Therapeuten vollkommen auf diese Region beschränkt. Von ihnen weiß Philo zu berichten:

1. Es gibt männliche und weibliche Therapeuten.
2. Sie legen alle ihre weltlichen Güter ab und verlassen ihre Häuser, Brüder, Kinder, Frauen, Eltern, Verwandte und Freunde.
3. Sie gestalten ihre Unterkünfte außerhalb der Städte, in Gärten, Dörfern und verlassenen Gegenden, wo sie Einsamkeit suchen, nicht weil sie die Menschheit hassen, aber um Menschen anderer Art aus dem Weg zu gehen und sich nicht mit ihnen zu mischen.
4. Ihre Häuser sind in einer sehr bescheidenen und armseligen Weise gebaut, nur auf zwei notwendige Dinge hin ausgerichtet: sie vor der Hitze der Sonne im Sommer und vor der kalten Luft im Winter zu schützen.
5. Jeder hat in seiner Hütte eine kleine Kapelle, Semneum oder Monasterium genannt.
6. Sie beten zweimal täglich, morgens und abends, zu Sonnenaufgang und Sonnenuntergang.
7. Sie besitzen alte heilige Schriften, über die sie viel meditieren. (Philo vermutet, daß es sich um die Literatur unter den Namen von Henoch und Abraham handelt, die als Prototyp der Aske-

ten und Einsiedler galten.) Als Resultat ihrer Studien komponieren sie Gesänge und Hymnen.

8. Am siebten Tag setzen sie sich nach ihrem »Dienstalter« zusammen. (Diese Regel bezieht sich nicht auf das tatsächliche Alter, sondern lediglich auf die Zeit der Mitgliedschaft im Orden.) Sie essen nur Brot und trinken nur Wasser. Der Ordensälteste hält einen Vortrag. Männer und Frauen sind dabei durch eine hohe Wand voneinander getrennt.

9. Sie besitzen nur zwei Gewänder und üben sich stets in Bescheidenheit.

10. Sie haben keine Diener, weil für sie alle von Geburt an gleich sind. Bei den Versammlungen bedienen die Novizen jene, die seit längerem dem Orden zugehören.

11. Sie sind Vegetarier und befolgen die Vorstellung, daß die höchsten Grade der Heiligkeit nur in Ablehnung tierischer Speisen erreicht werden können.

Wüßte man nicht, daß Philo diese Merkmale über die Therapeuten schrieb, müßte man unweigerlich eine Beschreibung des buddhistischen Mönchslebens vermuten. Denn alle aufgeführten Punkte sind absolut charakteristisch für die buddhistischen Gemeinden! Oder war Philo in den Therapeuten tatsächlich den Erben der Ashoka-Missionare begegnet?

Die vollständige Ablehnung weltlicher Dinge, die an der Basis des therapeutischen Lebensideals steht, ist natürlich der Ausgangspunkt der buddhistischen Überzeugung. Nach Philo ziehen die Therapeuten nicht aus Haß über die Menschheit die Einsamkeit den Städten vor, sondern aus dem Wunsch, sich von der Welt der Teilnahms- und Einsichtslosen fernzuhalten. Buddha hatte seine Anhänger in derselben Weise instruiert: »Wenn ein (buddhistischer) Schüler auf seinem Weg keinen Begleiter findet, der besser oder ihm gleich ist, soll er einen einsamen Weg verfolgen. Es kann keine Gemeinschaft geben mit den Narren« (Dh 5,3).

Die Therapeuten haben mit den Buddhisten das Vegetariertum

als Ausdruck ihrer Achtung vor dem Leben gemeinsam. Dieser Punkt wurde von Ashoka besonders betont, stärker als in den ursprünglich gemäßigteren Auffassungen Buddhas. Die Ashoka-Missionare werden darum dem Vegetarismus besondere Beachtung geschenkt haben. Aus diesem Grund hat sich das Vegetariertum als Überzeugung über lange Jahre in der alexandrinischen Niederlassung erhalten. Der Religionshistoriker Robertson Smith hatte schon 1894 darauf hingewiesen, daß die Entwicklungen zum Vegetarismus bei den Therapeuten sowie das gesamte spätere jüdische Asketentum nur von einem starken buddhistischen Einfluß her erklärbar seien.[16]

Daß die Therapeuten »Mönche« und »Nonnen« kannten, ist ein weiterer deutlicher Hinweis darauf, daß es sich um Buddhisten gehandelt haben muß. Die Anfertigung ihrer bescheidenen Hütten entspricht exakt den Vorschriften für den Hüttenbau, den die *Bhikshus* nach ihrer Ordensregel, dem *Patimokkha,* zu beachten hatten. Die Ansammlung von Hütten der Bettelmönche um ein Heiligtum und einen Versammlungsort wurde in der frühen Zeit *Vihara* genannt, was »Aufenthaltsort« bedeutet. Später wurde *Vihara* die Bezeichnung für buddhistische Klosteranlagen. Das abendliche und morgendliche Gebet gehört ebenfalls zum vorgeschriebenen Tagesablauf der Buddhisten;[17] im *Patimokkha* finden sich die Worte der buddhistischen Gebete.

Die Zahl sieben stand bei Buddhisten wie bei den Therapeuten in hohem Ansehen. Der siebte Tag, an dem sich die Therapeuten nach Eintrittsalter in den Orden zusammensetzten, ist eine korrekte Übernahme des »buddhistischen Sabbats« (*Uposatha*): Viermal im Monat fand ein Tag religiöser Observanz und Feier für Laienanhänger und *Bhikshus* statt. An diesen Tagen trugen die Laienanhänger weiße Gewänder, sie wurden »weißgekleidete Männer« genannt und enthielten sich weltlichem Handel und Belustigungen. Dieser *Uposatha*-Sabbat ist einer der wichtigsten Feiertage des Theravada-Buddhismus. Die Laien kommen ins Kloster, um den Darlegungen der Lehre zu lauschen, die ein *Thera* hält. Wie bei den Therapeuten wird man nicht durch das Lebensalter zu einem *Thera*. Auch ein relativ junger Mönch kann ein *Thera* sein, wenn er schon sehr lange der Ordensgemeinde angehört. Novizen bedienen auch unter den Buddhisten die »dienstälteren« Mitglieder. Zu den Trennungen von Nonnen und Mönchen gibt die Ordensregel sehr viele Verhaltensmaßregeln und Gebote. Ebenso finden sich darin genaueste Vorschriften über die Einschränkung bei der Anzahl und der Art der Gewänder, die ein Mönch oder eine Nonne besitzen darf.

Philo war ein kosmopolitisch orientierter, hellenisierter Jude. Wenn es aber um Gott ging, vergaß er seine hellenistische Bildung und besann sich seiner jüdischen Wurzeln. Vielleicht verdanken die Therapeuten, von denen er mit solchem Enthusiasmus schreibt, diesem Umstand einige ihrer »jüdischen« Züge. Er macht keinen Hehl daraus, daß er die Gemeinschaft dieser »spirituellen Athleten«, die aus den höchsten Motiven handeln, einen Rat der Vervollkommnung verfolgen und fähig der äußersten Entsagung sind, um die höchste Vision Gottes und der Wahrheit zu erlangen, zutiefst bewundert. Kann man es ihm verübeln, daß er sie stärker in die Nähe seiner eigenen religiösen Wurzeln zu rücken bemüht ist? Dennoch wird aus der Arbeit Philos deutlich, daß er selbst im unklaren darüber ist, ob es sich bei den Therapeuten um jüdische Asketen handelt.

In seiner Begeisterung, in der Philo die Zusammenkünfte der griechischen Philosophen im Gegensatz zu jenen der Therapeuten als degenerierte, marktschreierische Feste brandmarkt, vergißt er zu erwähnen, wovon die Therapeuten lebten, zumal sie keiner Arbeit nachgingen und kein Eigentum besaßen. Vielleicht hat er dies mit Absicht unerwähnt gelassen, weil es ihm erniedrigend erschien und nicht ganz zu dem idealisierten Bild paßte, das er sich von den Therapeuten zu machen versuchte. Jetzt dämmert die Gewißheit: Natürlich waren die Therapeuten, wie ihre buddhistischen Brüder in anderen Teilen der Welt, Bettelmönche (*Bhikshus* und *Bhikshunis*) und auf milde Gaben angewiesen.

Philo erwähnt auch, daß die Therapeuten kein Interesse an Prophezeiungen hatten, was sie ebenfalls stark von jüdischen Sekten unterscheidet und einen typisch buddhistischen Zug darstellt. Seine Vermutung, daß sie Henoch-Schriften zu ihren verehrten Texten zählten, erscheint daher unangebracht, zumal die Henoch-Literatur mit ihren bilderreichen apokalyptischen Vorstellungen, die in den beiden letzten Jahrhunderten vor der Zeitenwende von jüdischen Sekten intensiv gepflegt und angereichert wurde, ganz in der prophetischen eschatologischen Tradition stand – eine Überlieferung, die den Therapeuten fremd war. Es ging ihnen allein um das Verwirklichen einer großen Ordnung, einer heilsmäßigen Lebensführung, die sie in individueller Versenkung pflegten.

Den Beweis für die These, daß die Therapeuten buddhistische Mönche waren, liefert die Bezeichnung der Sekte selbst. Philo wußte nicht, was der Name *therapeuta* wirklich bedeutete. Erst die jüngste vorzügliche Untersuchung des Sprach- und Religionswissenschaftlers Zacharias P. Thundy, 1993 veröffentlicht, hat das Rätsel gelüftet: Das Wort *therapeuta* selbst ist buddhistischen Ursprungs![18] *Therapeuta* ist das Ergebnis des hellenisierten Sanskrit/Pali-Begriffs *Theravada*, der Name der buddhistischen Schulrichtung, deren Mitglieder von Gandhara aus in den Westen gezogen waren. Die Aussendung der Missionare war auf Anregung von Moggaliputta Tissa, dem Begründer der *Theravada*-Schule, beim Konzil unter Ashoka beschlossen worden. Es waren also in der Hauptsache *Theravada*-Mönche, die sich auf den Weg in die fernen Länder machten. Im Griechischen gibt es keine vergleichbaren Töne für den labio-dentalen Reibelaut *v* und für den apikalen (mit der Zungenspitze artikulierten) Reibelaut ð. Deshalb wurden das Indische *v* und ð im Griechischen zu *p* und respektive zu *t*. Thundy zeigt, daß dieselben Lautverschiebungen bei der griechischen Übersetzung von *Buddha* zu *Boutta* durch Clemens von Alexandrien eintraten. Das *p* in *Therapeuta* ist nur die stimmlose Form des bi-labialen stimmlichen Verschlußlauts *b*. Als weiteres Beispiel führt Thundy das Tamil-Wort *Karuva* (Zimt) an, das von Ktesias als *Karpion* übersetzt wurde.

Wie wir bei *Theravada* gesehen haben, begegnet uns hier die Änderung von *v* auf *p*.

Vielleicht ist es aber gar nicht nötig, auf diese Lautverschiebungen zurückzugreifen, um die Selbstbezeichnung der Therapeuten zu erklären. Denkbar wäre, daß sich die *Theravadins,* welche die ägyptische Mönchsgemeinde gründeten, in dem fernen Land in Ableitung von *Theravada* (»Lehre der Alten«), als *Theraputta* (»Söhne der Alten«) bezeichneten.[19] Wahrscheinlich hatten hauptsächlich junge Mönche die lange, beschwerliche und gefährliche Reise nach Alexandria in eine ungewisse Fremde angetreten, und ihre Selbstbezeichnung als »Söhne der Alten« wäre äußerst treffend.

Die Worte *Therapeut* oder *Therapie,* die uns heute als Fremdwörter geläufig sind, wurden anschließend von Philo zur Bezeichnung der herausragenden Tätigkeit der Therapeuten verwendet: das Heilen. Erst durch die Betitelung dieser religiösen Gruppe gelangte der Begriff mit der bekannten Bedeutung ins Griechische. Philo bringt deshalb den Namen der Sekte mit der Bedeutung »Heiler der Seele« in Verbindung, ohne wirklich den Zusammenhang zu verstehen. Deshalb nennt er sie hin und wieder auch »Bittsteller« oder »Bettler«. Genau die gleiche Bedeutung hat jedoch das Sanskrit-Wort *Bhikshu,* das den buddhistischen Mönch bezeichnet – wörtlich übersetzt heißt es »Bettler«, jemand, der um Almosen »bittet«.

Die Therapeuten Alexandrias sind die Theravada-Buddhisten, die Ashoka auf seine Mission zu Ptolemaios II. Philadelphos entsandt hatte; und sie sind in der Tat mit dem ausdrücklichen Auftrag losgeschickt worden, als Heiler für Menschen und Tiere zu wirken. Auf dem Girnar-Felsenedikt Ashokas heißt es: »Und darüber hinaus wird allenthalben innerhalb des Herrschaftsgebietes von Antiochus, dem griechischen König, in welchem die Generäle des Antiochus regieren, Piyadasis [Ashokas] doppeltes System der medizinischen Hilfe eingeführt, medizinische Hilfe für Menschen und medizinische Hilfe für Tiere, zusammen mit Medikamenten aller Arten, die für Menschen und Tiere geeignet sind.«

Weiter läßt er verlauten, daß er Heilkräuter aus fernen Ländern holen und überall anbauen ließ, wo es sie zuvor nicht gab. Zu Beginn des *Lalitavistara* wird Buddha als »König der Arzneien« gepriesen. In einem Hymnus desselben Abschnitts lesen wir weiter über den Buddha: »Du in der Heilkunde Erfahrener, die lange Leidenden, wahrhaftiger Arzt du, mit dreifacher Erlösung Heilmittel in Nirvanas Seligkeit versetze sie bald!« Heilung und Erlösung gehören im Buddhismus zusammen, sie sind die zwei Früchte *einer* Anstrengung. Wie ihr Meister waren Buddhas Anhänger dazu ausersehen, durch die Verkündung des *Dharma* sowohl »Medizin für das Seelenheil« zu bringen, als auch durch den Fortschritt in ihren meditativen Übungen körperlich heilende Fähigkeiten anzuwenden.

Die Begeisterung Philos über die Therapeuten versteht man besser, wenn man seine eigenen philosophisch-religiösen Traktate liest. In ihnen entwickelte er Gedankengänge, die sich eng an indische Vorbilder anlehnen. So erklärt er, Gottes- und Engelserscheinungen im Alten Testament seien aus einer Art *Maya* oder Sinnestäuschung zu verstehen. Die indischen Vorstellungen von *Maya*, der täuschenden Welt der Sinne, verband er geschickt mit platonischen Ideen, so daß Isaac Jacob Schmidt schon im Jahr 1828 die Überzeugung vertreten konnte: »Es findet sich gar manches eigenthümlich Buddhaistische bei ihm.«[20] Und wir können hinzufügen: das er von den von ihm so sehr verehrten Therapeuten gelernt hatte.

Besonders aufhorchen läßt uns selbstverständlich die Aussage Philos, die Therapeuten würden ihre Häuser verlassen, »ohne sich umzuwenden, nachdem sie zurückgelassen haben ihre Brüder, Kinder, Frauen, Eltern, alle ihre Verwandten, alle ihre Freundschaften mit Gefährten, ja die Länder, in denen sie geboren und aufgezogen wurden«.[21] Dieser Abschnitt kann gar nicht anders ausgelegt werden, als auf buddhistischem Hintergrund. Die radikale Abkehr von allen menschlichen Bindungen, besonders von der Familie, war innerhalb der jüdischen Gesellschaft unvorstellbar. Speziell in der Diaspora war der Zusammenhalt in den Siedlungen für das Judentum von besonderer Bedeutung. Nur *eine* Tradition kannte diese kompromißlose Trennung von allen Familienbanden als den »Weg in die Hauslosigkeit«: der Buddhismus. Und nur *einer* hat in Palästina seine Schüler mit genau den gleichen Worten aufgefordert, alle Familienkontakte von einem Augenblick zum anderen durchzuschneiden: Jesus. Der Schlüssel zur Lösung des Rätsels, wie Jesus mit den Worten der Buddhisten Anhänger erwählte und lehrte, liegt verborgen in der Sekte der Therapeuten. Sie ist das entscheidende Bindeglied.

Derselben Textstelle entnehmen wir einen anderen wertvollen Hinweis, den Philo mehr oder weniger beiläufig erwähnt. Die künftigen Therapeuten verließen nicht nur alle ihre Anverwandten, sie verließen auch die Länder, in denen sie geboren und aufgezogen wurden! Wenn es sich wirklich um eine jüdische Sekte gehandelt hätte, ist diese Aussage nicht zu verstehen. Dann würden wir annehmen, daß der Nachwuchs an Novizen sich aus der großen jüdischen Gemeinde in Ägypten rekrutierte, die seit dem 3. Jahrhundert v. Z. vor allem in und in der Umgebung von Alexandria ansässig war. Philo läßt uns vielmehr wissen, daß wohl nicht wenige Sektenmitglieder aus *anderen* Ländern kamen, und zwar erst *nachdem* sie dort aufgezogen worden waren. Die Therapeuten als die Nachfahren der alexandrinischen buddhistischen Mission Ashokas erhielten immer noch Zustrom von Brüdern aus der Heimat.

Man darf sich die Kolonie in Alexandria eben nicht als statische Gründung vorstellen. Die Buddhisten am Mareotis-See unterhielten weiterhin Kontakt mit ihren Landsleuten. Die weltoffene Stadt war dazu bestens geeignet. Der französischen Historiker Sylvain Lévi geht davon aus, daß die großen Handelsunternehmer in Alexandria oftmals den Besuch der »abenteuerlustigen Priester«, wie er die reisenden Buddhistenmönche nennt, erhalten hätten, die von der Neugier und dem Sendungsbewußtsein über die Grenzen ihres Landes hinausgetrieben worden waren.[22] Weniger waren es wohl die Handelsherren, die das Interesse der Buddhisten weckten, sondern eher ihre Glaubensbrüder, die bereits in Alexandria weilten. Der kontinuierliche Austausch mit dem Heimatland führte dazu, daß auch neue Ideen und Schriften, die in ihren Reihen entstanden, in den Westen gebracht wurden.

Der Bodhisattva: Idee und Ausstrahlung

Als ein wahrscheinlicher Herkunftsort dieser Brüder kommt Taxila in Gandhara in Frage – eine Stadt, nach Struktur, Besiedlung und Bedeutung mit Alexandria vergleichbar. Jene Stadt, in der Ashoka ein aramäisches Edikt aufstellen ließ, von wo aus die Handelsrouten nach Westen führten, und die schon früh das bedeutendste nördliche Zentrum des Buddhismus wurde. Sehr zu Unrecht ist die Region Taxila-Sirkap in seiner weltgeschichtlichen Bedeutung für den Ost-West-Austausch seit dem 6. Jahrhundert v. Z. unterschätzt und fast vollkommen ignoriert worden.

Taxila, keine 50 Kilometer von den heutigen pakistanischen Großstädten Islamabad und Rawalpindi entfernt, zählte mit Pushkaravati (heute Peshawar) zur bedeutendsten Stadt in der Region. Ihr Name geht auf den legendären Herrscher Takshaka zurück. Die Stadt hieß früher Taksha-sila, wobei *Sila* »Hügel« bedeutet, der Hügel des Takshaka.

In Taxila liefen verschiedene wichtige Handelsrouten zusammen: Eine aus der Gangesebene und dem östlichen Indien, die zur Königsstraße wurde und von der Megasthenes schrieb, daß sie von Pataliputra in den Nordwesten des Imperiums führte. Die andere kam von Westasien, führte durch Baktrien, Kapisi und Pushkaravati bei Ohind über den Indus nach Taxila. Die dritte Route zog von Kashmir und Zentralasien über das Srinagar-Tal und Baramula nach Mansehera hinunter ins Haripur-Tal. Es war vor allem auf diese drei wichtigen Straßen zurückzuführen, daß Taxila große Bedeutung erlangte und ständig an Bewohnern und Ansehen zunahm.

Seit der Einführung der Geldwirtschaft durch die Achämeniden nach 522 v. Z. wurde der Handelsplatz Taxila noch interessanter und über den Anschluß an die achämenidische Welt mit fernen Ländern, selbst mit Ägypten, verbunden. In vielen Dingen war Taxila Vorreiter für neue Entwicklungen. Hier wurden zuerst die länglichen Silberstücke, die *puranas,* als Zahlungsmittel verwendet, die den ungemein regen Handel förderten. Offenbar hatten die Gandharer diese privaten Zahlungsmittel, die von Handelsgilden herausgegeben wurden, vom zeitgenössischen babylonischen Münzwesen übernommen.[23]

Doch Taxila war keineswegs nur Wirtschaftszentrum. Sie galt als die älteste der 2000 Städte Nordindiens, weithin gerühmt vor allem durch ihre Universität, an der die drei Veden, das Ritual und die »Achtzehn Wissenschaften« gelehrt wurden. Aus allen Fürstentümern strömten die Wißbegierigen nach Taxila. In den buddhistischen *Jatakas* wird Taxilas Berühmtheit als Zentrum der Bildung in höchsten Tönen gepriesen. Aus diesen Pali-Texten erfahren wir, daß viele Prinzen und Edelmänner von weither, auch aus Magadha, nach Taxila gingen, um dort ausgebildet zu werden: junge Brahmanen, Khattiya-Prinzen und Söhne reicher Händler aus Rajagriha, Kasi und Kosala. Unter anderem erlernte auch Jivaka, der berühmte Hofarzt von König Bimbisara, der auch den Buddha heilte, die Kunst der Medizin in Taxila unter einem weithin hochgeschätzten Lehrer. Auch der Herrscher von Kosala, Prasenajit, der eng mit den Ereignissen zur Zeit Buddhas verbunden war, bekam seine Ausbildung in Taxila.

Wenn man die zeitgenössischen Berichte und archäologischen Funde zu Rate zieht, ist man geneigt von einem »Alexandria des Ostens« zu sprechen. Die Ausgrabungen von Sir John Marshall haben in Taxila feingeschnitzte Steine, hochpolierte Bildhauerarbeiten, Glaswaren und Münzen aus dem 6. Jahrhundert v. Z. von so ausgezeichneter Qualität zu Tage gefördert, wie sie in den späteren Jahrhunderten in Indien nie hervorragender hergestellt wurden. Nach Taxila, dem Mittelpunkt der Gelehrsamkeit, strömten natürlicherweise neue Ideen ein, und Verkünder neuer Gedanken konnten hoffen, Gehör zu finden. Wahrscheinlich sind schon frühe Schüler Buddhas nach Taxila gegangen, um den *Dharma* zu verkünden.

Wir haben gezeigt, wie die diplomatischen Beziehungen der Seleukiden mit den Maurya-Herrschern am Hof in Magadha, zuerst durch Megasthenes zu ausführlichen Berichten über die damaligen Verhältnisse in Indien führten. Dem Megasthenes folgten Deïmachos und Dionysios, deren Schilderungen leider alle verlorengegangen sind. Das ist um so bedauerlicher, weil sie ohne Zweifel durch Taxila gekommen waren und sich zudem in einer Zeit in Indien aufgehalten hatten, als der Buddhismus sich anschickte, große Bedeutung zu erlangen. Mit Sicherheit ist davon auszugehen, daß sie mit Buddhisten in Berührung gekommen sind, die nicht nur in Magadha, sondern auch schon in Gandhara lebten. Insbesondere für Dionysios muß das angenommen werden, der am Hof von Bindusara und später bei Ashoka Gesandter war.

Von Taxila aus bestand eine Nordroute nach China, gleichsam als eigenständige Hauptader neben der Seidenstraße. Sie führte durch das westliche Himalaya-Gebiet zwischen Mansehra und Thakot zum Indus. Auf diesem Weg finden sich zahlreiche buddhistische Bauwerke. Sie sind steinerne Zeugen für den großen Einfluß, den die Mönche entlang der Wege um Taxila ausübten. Auf dieser Nordroute soll der Buddhismus, antiken Darstellungen zufolge, bereits am Hofe des Ch'in Shih-huang-ti im 3. Jahrhundert v. Z. nach China gekommen sein. Der Bericht ist in der modernen Forschung zwar nicht unwidersprochen geblieben, dennoch ist es durchaus möglich, daß der Buddhismus bereits in den Jahrhunderten vor der Zeitenwende in China bekannt wurde.[24] Ein Hinweis darauf sind die deutlichen Anleihen im buddhistischen Gedankengut, die alte philosophische Traktate gemacht haben, wie das *Huai-nan-tzu*, eine Sammlung von Schriften der Gelehrten aus dem Umkreis des Prinzen Liu An aus dem 2. Jahrhundert v. Z.

Auf alle Fälle erfuhr die Gegend um Taxila zu Ashokas Zeit einen enormen Zustrom an buddhistischen Mönchen. Die *Thera-*

vada-Mönche zogen nach dem Konzilsbeschluß über die Missionierung in verschiedene Richtungen los, um den *Dharma* zu predigen. Die beiden Kinder Ashokas, Mahinda und Sanghamitta gingen nach Ceylon, die Mönche Sona und Uttara nach Burma.[25] Aber viele andere Mönche zogen ins obere Industal, wo sie die bedeutende, buddhistisch durchwirkte Kultur begründeten und von wo aus die Westmission in Angriff genommen wurde. Noch nach der Zeitenwende siedelten die Anhänger des *Mahayana* und des *Theravada* in den Oasenstädten Zentralasiens. Speziell in Gandhara und im Swat-Tal entwickelte sich der spezifisch hellenistisch beeinflußte Typus des Buddhismus. Von dort breitete sich der Buddhismus jenseits des Oxus ins Tarim-Becken aus.[26] In diesem Gebiet, das an den Karawanenwegen der berühmten Seidenstraße lag und heute unter dem Namen Sinkiang zu China gehört, entstanden im 1. Jahrhundert n. Z. die Fresken von Bezeklik, auf welchen die Verbreitung des Buddhismus in einer Gruppe von Gläubigen verschiedener Rassen – unter ihnen auch ein Syrer – dargestellt ist.

Die buddhistischen Niederlassungen in Taxila wurden durch die Ankunft der Mönche enorm verstärkt. Ashoka ließ einen großen Stupa errichten, der seinen Namen trug. In einer buddhistischen Schrift wurde Ashoka als *Dharmaraja* (»König des Gesetzes«) bezeichnet. Nach diesem Titel erhielt das religiöse Bauwerk die Bezeichnung Dharmarajika-Stupa (vgl. Abb. 27). Wahrscheinlich wurde der Hauptstupa über den Reliquien Buddhas errichtet, die Ashoka zu seinen Lebzeiten in alle Landesteile versenden ließ. Der Stupa ist mit mehreren Verstärkungswänden in Form der Speichen eines Rades um einen runden Kern konstruiert, um das *Dharmachakra* (»Rad des Gesetzes«) darzustellen. Bereits die Bauweise des Stupa sollte in den Augen der ihn in Meditation umrundenden Mönche das Konzept des *Dharma* in Erinnerung rufen. Der Dharmarajika Stupa stellt den Brennpunkt der alten buddhistischen Niederlassungen dar. Um das Bauwerk gruppierten sich zahlreiche Klöster und Stupas aus verschiedenen Epochen mit der größten Ansiedlung in Kalwan, etwa zwei Kilometer südwestlich des Dharmarajika. Zum größten Teil lagen die Klöster außerhalb der Stadtmauern an Flußläufen oder in der Nähe von Quellwasser und deuten auf die Vielfalt der buddhistischen Schulen hin, die in der Gegend von Taxila ansässig waren. Hier zählte die scholastische Auseinandersetzung mit den Lehren des Buddha zu den Hauptbeschäftigungen der gelehrten Mönche. Die verschiedenen, von unterschiedlichen Schulen vertretenen Interpretationen des Buddha-Wortes wurden in dieser Region in der berühmtesten Sammlung scholastischer Schriften, dem *Abhidharmapitaka,* zusammengefaßt.

Warum ist Taxila und die ganze Gegend von Gandhara für unsere Untersuchung so wichtig? Einerseits, weil von hier aus die Buddhisten als Therapeuten nach Ägypten gingen, zum anderen, weil sie von hier mit den neuen Strömungen innerhalb des Buddhismus versorgt wurden – Entwicklungen, welche die Art und Weise des Auftretens Jesu erklären.

In Gandhara formte sich die im ersten Teil angesprochene buddhistische Schule des Mahayana. Sie wurde durch die Schriften des sogenannten *Prajnaparamita* (»Vervollkommnung der Weisheit«) gefördert. In diesen Texten, die von ca. 50 v. Z. bis 150 n. Z. entstanden, wurde die mystische Einsicht in den Mittelpunkt gestellt. Die Autoren dieser Schriften richteten sich gegen den *Abhidharma,* der behauptete, intellektuelles Verstehen könne zu einem befreienden Wissen über die absolute Wahrheit führen. Das Zentrum des Mahayana bildet der Bodhisattva (»Erleuchtungs- oder Einsichtswesen«). Dieses Konzept ist für unsere Thesen von großer Bedeutung, denn der Ur-Jesus trat nicht nur als buddhistischer Prediger auf und lebte nicht nur als buddhistischer Wandermönch, er verkörperte vielmehr den Bodhisattva schlechthin.

Die Entwicklungen, die zu diesem bedeutenden Konzept führten, begannen schon sehr früh in der Geschichte des Buddhismus. Die Grundsteine wurden bereits beim 2. buddhistischen Konzil zu Vaishali, etwa 100 Jahre nach Buddhas Tod, gelegt. Damals spaltete sich die Lehre in zwei große Schulen, jene der *Sthavira*

(»Anhänger der Ältesten«) und die der *Mahasanghika* (»Groß-
gemeindler«, weil sie die Majorität ausmachten), aus der ab dem
1. Jahrhundert v. Z. der Mahayana hervorging. Als sich Mitte
des 3. Jahrhunderts v. Z. unter Ashoka die führenden Mitglieder
der Buddhisten in Pataliputra am Ganges zum 3. großen Konzil
zusammenfanden, mußten die Mönche feststellen, daß die Lehre
auch innerhalb dieser beiden Fraktionen nicht mehr einheitlich
überliefert wurde. Längst waren die Worte Buddhas von unterschiedlichen Lehrmeinungen ausgelegt worden, weitere Schulen
und Sekten hatten sich gebildet, die der Religion des Buddha verschiedene theologische Gerüste angepaßt hatten. Für die weitere
Ausformung des Buddhismus war dieses 3. Konzil darum von
einschneidender Bedeutung.
Zentral für das neue Religionsverständnis wurde der Bodhisattva. Er übertraf in der Verwirklichung und Praktizierung nicht-
konzeptueller Weisheit den Heiligen (*Arhat*) des *Abhidharma*,
der allein seine eigene Erlösung im Auge hatte.[27] Auf seinem
Weg zur Buddhaschaft vervollkommnet ein Bodhisattva nach
mahayanistischer Vorstellung sechs Tugenden: Gebefreudigkeit,
Sittlichkeit, Geduld, Energie, Meditation, Weisheit. Die Gebefreudigkeit schließt das Geben von materiellen und geistigen
Dingen mit ein und einen barmherzigen Lebenswandel, in dem
erworbenes Verdienst nicht für sich behalten, sondern für die Erlösung anderer Wesen hingegeben wird. Niemand hat nach
Siddhartha Gautama diese Tugenden nachdrücklicher verwirklicht als der Ur-Jesus.
Um die Zeitenwende war die deutliche Trennung zwischen
Hinayana und Mahayana noch keineswegs vollzogen. Auch unter den *Theravadins* verbreiteten sich mahayanistische Gedanken. So begann die plastische Darstellung des Buddha, die eigentlich für den Mahayana typisch ist, innerhalb der hinayanisti-
schen Schule der *Sarvastivada* unter Kanishka I. in Gandhara.[28]
Taxila als großes intellektuelles Zentrum und wichtiger Handels-
ort war bestens geeignet, die neuen religiösen Ideen in den Westen zu transportieren. Von dort waren die Karawanen der Asho-

ka-Missionare über Palmyra nach Syrien gezogen, von dort liefen die Handelswege das Industal hinunter zum Hafen von Barbarikon, wo die Schiffe aus dem Roten Meer anlegten. Die Buddhisten brachten ihre neuen Konzepte und Schriften in die nördlichen Regionen von Syrien und Mesopotamien, insbesondere nach Edessa, wo sie im Lauf der Jahre eine untrennbare Verbindung mit dem Christentum eingingen; und sie brachten sie über den Seeweg zu ihren Mitbrüdern nach Ägypten. Über Taxila war gewährleistet, daß die Buddhisten in Alexandria mit der Heimat in Verbindung blieben und von den neuen theologischen Entwicklungen erfuhren. Eine geistige Achse verband fortan die beiden großen Städte religiöser Gelehrsamkeit Alexandria und Taxila. Bald trachteten auch die Therapeuten am Mareotis-See danach, das Ideal des Bodhisattvatums zu verwirklichen und lebten nach den Sittlichkeitsregeln (*Bodhisattva-Shila*), die als Voraussetzung für diesen Weg galten. Wohl deshalb, weil sich das Leitmotiv des demütigen, sich niemals selbst erhöhenden Bodhisattva unter den Therapeuten verbreitet hatte, vermutete der Historiker Sylvain Lévi, daß die buddhistische Propaganda nur die einfachen und berührenden Rezepte und Maximen der Liebe und der universellen Barmherzigkeit in den Westen einführte. Sie war auf die niederen Klassen in der hellenistischen Gesellschaft gerichtet, die ohnedies dem Orient zugetan und von messianischen Hoffnungen ergriffen waren. Zumal sich die Missionsbemühungen von der intellektuellen Oberschicht zurückhielten, erfuhren die buddhistischen Texte in der Fremde keine literarische Erneuerung.

In Palästina wußte man von den Jugendjahren Jesu nichts mehr, weil er nicht im Lande weilte. Wir haben gesehen, daß fast die gesamten neutestamentlichen Kindheits- und Jugenderzählungen Jesu legendär sind und auf eklektisch zusammengetragenen Texten basieren. Eine dieser Geschichten berichtet das Matthäusevangelium. Sie wurde zu einem beliebten Thema der Kunst: die »Flucht nach Ägypten«. Dem Evangelium zufolge warnte ein Engel Maria und Joseph, Herodes würde alle Knaben bis zum zweiten Lebensjahr in der Gegend von Bethlehem töten, nachdem er von den »Weisen aus dem Morgenland« erfahren hatte, daß ein Stern die Geburt des Herrschers über Israel angekündigt habe. Daraufhin brachten die Eltern das Jesuskind in Ägypten in Sicherheit und blieben dort mehrere Jahre bis nach dem Tod des Herodes.

Zunächst ist der Kindesmord, um einen vorherbestimmten Thronanwärter aus dem Weg zu räumen, ein bekanntes legendäres Motiv, das uns in den Geburtsgeschichten von Krishna, Moses, Zeus, Perseus, Ödipus, Romulus und Augustus begegnet. Geschichtliche Glaubwürdigkeit kann das Geschehen kaum beanspruchen. Zum anderen ist es nicht einsichtig, warum die kleine Familie ausgerechnet nach Ägypten fliehen sollte. In die Heimat nach Galiläa waren es etwa 100 Kilometer, der Weg nach Ägypten war ungleich länger und beschwerlicher; er führte viele Hunderte Kilometer über Gaza die Küste entlang. Matthäus kennt freilich den Grund dieses unbequemen Fluchtortes, damit sich nämlich das Wort der Schrift erfülle: »Aus Ägypten rief ich meinen Sohn.« Dieser Satz aus Hosea (11,1) bezieht sich unzweideutig auf Moses, der das Volk Israel aus Ägypten geführt hatte. Matthäus bedient sich aus dem Legendenschatz des Motivs des Kindesmordes und aus den heiligen Schriften der Juden der Redewendung »mein Sohn«, um die Aussage auf Jesus zu münzen und so eine Rechtfertigung für ein biographisches Detail zu schaffen, das ihm offenbar vorlag und das er anders nicht erklären konnte: einen Aufenthalt Jesu in seiner Jugend in Ägypten.

Nach allem, was wir bislang dargestellt haben, paßt dieser Umstand perfekt ins Bild. Man wußte von Jesu Jugend in Palästina nichts, weil er einen Gutteil davon in Ägypten verbracht hatte – bei den Therapeuten! Die Flucht nach Ägypten war nichts als eine literarische Einkleidung der Erinnerung, daß Jesus schon in jungen Jahren zu den Therapeuten nach Alexandria gebracht wurde, wo er in der buddhistischen Lehre erzogen wurde. Eine dunkle Tradition hatte sich erhalten und kam an die Oberfläche, angereichert mit dem mythischen Schmuckwerk, jenem künstlichen Glanz über den historischen Ereignissen, der um jeden Menschen von nicht nur welt-, sondern heilsgeschichtlicher Bedeutung wie ein Lorbeerkranz gewoben wird.

Bei den buddhistischen Mönchen am Mareotis-See hatte Jesus Zeit genug, in der Lehre Buddhas Fortschritte zu machen. Von seiner späteren Art zu lehren und dem Eindruck, den er bei den Menschen hinterlassen hat, kann kein Zweifel daran bestehen, daß Jesus ein intelligenter, wachsamer Knabe war, mit offenem Geist und Herzen für die zeitlose Lehre des Buddha Shakyamuni. Sicher wird er sich intensiv mit den neuen Strömungen auseinandergesetzt haben, welche die *Bhikshus* aus Taxila nach Ägypten gebracht hatten, mit der alles überstrahlenden Gestalt des Bodhisattva. Vielleicht war den Mönchen auch aufgefallen, was für ein außergewöhnlicher Mensch der junge Jesus war, und sie sahen in ihm selbst einen Bodhisattva, erzogen ihn in diesem Sinne und schickten ihn später auf seine hauslose Reise im Wissen, daß ein »Erleuchtungswesen« in diesem Teil der Erde erschienen war, der Menschheit die Augen zu öffnen für ihre Erlösung.

Wir wissen nicht, wie lange Jesus bei den ägyptischen Buddhisten gelebt hat. Es ist möglich, daß er sogar selber nach Indien gereist ist,[29] wenngleich das keine notwendige Voraussetzung für eine Erklärung der buddhistischen Lehren des Ur-Jesus ist. Wir haben gesehen, daß zur Zeit Jesu die Therapeuten eine vollkommen intakte buddhistische Mönchsgemeinde waren, die sicherlich ihre heiligen Schriften bewahrten und gemäß den Regeln und Vorschriften der Buddhisten lebten. Da Jesus ein Jude war, hielten es die Mönche für ratsam, »ihren« Bodhisattva in seine Heimat zu entsenden; und in der Tat sollte Jesus später sagen, er sei »zu den verlorenen Schafen des Hauses Israel *gesandt*« worden. Ägypten war von alters her eine Zufluchtstätte für unzählige Juden, mit Synagogen, Schulen und Lehrern. Sicherlich hatte Jesus dort bereits Gelegenheit gehabt, auch die heiligen Schriften des Judentums zu studieren. Es ist sogar anzunehmen, daß ihn seine buddhistischen Lehrmeister dazu angehalten hatten. In ihrer Achtung anderer Religionen, wie es ihre Vorgänger von

Ashoka mit auf den Weg bekommen hatten, und unter der Perspektive, daß Jesus speziell unter den Juden wirken sollte, war das nur verständlich. Ob Jesus tatsächlich schon als zwölfjähriger Knabe durch seine Reden die Priester im Tempel von Jerusalem in Erstaunen versetzte, muß dahingestellt bleiben. Es gibt dazu, wie wir gezeigt haben, eine buddhistische Parallele, und das Motiv des »weisen Knaben« ist ein archetypisches Muster für Heldenlegenden. Unmöglich wäre ein solcher Auftritt nach der gründlichen Schulung, die er genossen hatte, keineswegs. In jedem Fall war es nicht ratsam vor 6 n. Z., als Jesus also zwölf oder 13 Jahre alt war, zurückzukehren. Archelaus, ein Sohn des Herodes, hatte als Statthalter von Judäa und Samaria eine grausame Tyrannei errichtet, die ihm 6 n. Z. die Verbannung einbrachte.

Um das Jahr 30 n. Z., als es an der Zeit war für Jesus, den Bodhisattva, nach Palästina zurückzukehren, um die buddhistischen Lehren seinen Landsleuten zu vermitteln, suchte man nach dem geeigneten Weg. Um das religiöse Empfinden und Denken der Juden verstehen zu lernen lag es nahe, daß er sich nach dem Ende der Lehrzeit in Ägypten in jenen Kreisen aufhielt, die eine gewisse Affinität zu den Therapeuten hatten. Dafür kommt nur eine Gruppe in Frage – die Essener.

Die Essener-Connection

Warum die Essener? Zunächst weil unser Gewährsmann Philo so weit ging zu behaupten, Therapeuten und Essener seien zwei Gruppen einer Ausrichtung. Für ihn waren die Therapeuten die Theoretiker und die Essener die Praktiker. Zum anderen behauptet Philo sogar einmal, die Essener in Palästina und Syrien seien identisch mit den Magiern in Persien und den Gymnosophisten in Indien! Gymnosophisten nannte man die indischen Weisen, ohne Unterschied ob Brahmanen oder Buddhisten. Zu den Essenern bestanden von Seiten der Therapeuten sicherlich noch Beziehungen, zumindest in ihrer geistigen Ausrichtung. Dort konnte Jesus hoffen, das jüdische religiöse Denken noch besser kennenzulernen, als es ihm vielleicht in Ägypten möglich war, und zudem auf offene Ohren zu stoßen für seine eigene Botschaft. Als Jesus ins Licht der Öffentlichkeit trat, fand er sich in den Reihen der Qumraner und Täufer, also inmitten sektiererischer Juden, deren Verbindung zu den Essenern augenfällig ist. Diese Beziehungen sollten prägend werden sowohl für die Verbreitung seiner Lehre als auch für ihre Verstümmelung. Doch, greifen wir nicht vor.

Die Ähnlichkeit der essenischen Ideale mit den buddhistischen sind so augenfällig, daß es mittlerweile eine unübersehbare Anzahl von Büchern gibt, die sich mit der Frage beschäftigen, wie das buddhistische Denken zu den jüdischen Essenern kommen konnte. Folgen wir dem Urteil Philos, dann kam es durch die Therapeuten. Der Theologe Adolf Hilgenfeld sah schon im 19. Jahrhundert im Essenertum »die jüdische Religionslehre von dem ernsten Streben des Parsismus und von dem universalistischen Zuge des Buddhismus befruchtet« und als jenen Boden an, »aus welchem das Senfkorn der christlichen Weltreligion hervorwachsen sollte«.[30] Der holländische Forscher Ernest de Bunsen nahm an, daß die buddhistischen Ideen durch ausländische Juden bei den Essenern eingeführt wurden und daß sie später die Ausgestaltung der christlichen Dogmen beeinflußten.[31] Wer also waren die Essener?

Viele meinen, daß sich diese Frage heute besser denn je beantworten lassen muß, nachdem die Schriften von Qumran zum großen Teil ausgewertet sind und es als eine weit verbreitete Gelehrtenmeinung gilt, daß die Bewohner von Qumran Essener waren. In Wahrheit haben sich dadurch die Dinge verkompliziert, und wir können hier nur die wichtigsten Gesichtspunkte aus dieser sich gegenwärtig entfaltenden spannenden Periode der Wurzeln der abendländischen religiösen Tradition darstellen.

Schon die Herkunft der Bezeichnung »Essener« ist nicht eindeutig geklärt. Philo brachte die Ausdrücke »Essenoi« oder »Essaioi« (Plinius schreibt »Esseni«) mit dem griechischen Begriff *hosios* (»heilig«) in Verbindung. Das griechische *hosios* hat aller Wahrscheinlichkeit nach die gleiche Wurzel wie das Indische *isi*. Der bekannte Fachmann für buddhistisches Schrifttum Samuel Beal hält es für wahrscheinlich, daß der Name der Essener von *isi*, plural *isi* oder *isayo*, stammt.[32] Das Magadhi- oder Prakrit-Wort *isi* bedeutet »Heiliger« oder »heiliger Mann«. Durch Zufügung von *maha* (»groß«) ergibt sich der häufig als Ehrentitel für Buddha gebrauchte Ausdruck *Mahesi* (der »Große Heilige«). Bisweilen wurde auch ein Ursprung des Namens aus dem *Avesta*, den heiligen Schriften des Zoroastrismus, für möglich gehalten, etwa durch seine Herführung aus dem Begriff *ashavan*, der ebenfalls die Bedeutung von »heilig« oder »fromm« hat.[33] Eine andere Interpretation geht von der Tätigkeit der Essener als Heiler aus und leitet den Namen vom Aramäischen *'yssyn* (»Heiler«) ab, wodurch sich ein passendes semitisches Original für die griechische Form des Titels ergibt.[34] Wie wir bei der Diskussion der Therapeuten gesehen haben, gehören ein heiliger Lebenswandel und ein Leben als Heiler zusammen. Die entsprechenden Begriffe sind demnach selbst bereits verwandt. Insofern können beide Formen der Ableitung Ansprüche auf Richtigkeit stellen.

Durch die Identifizierung der Bewohner von Qumran als Essener und die Erforschung der Wurzeln der Gemeinde stießen einige Religionshistoriker auf die Chassidim (vgl. S. 272) als mögliche Vorläufer der Essener. Die Chassidim waren im 2. Jahrhundert v. Z. eine Gruppe militanter Gegner der Hellenisten. Einige vermuten in den Chassidim allerdings die Vorläufer der Pharisäer, andere sehen sie als Vorgänger sowohl der Essener als auch der Pharisäer. Allerdings, die Herkunft der Bezeichnung »Essener« von »Chassidim« oder dem syrischen Äquivalent läßt sich keineswegs bezeugen.

Diese Diskussion steht und fällt mit der Einordnung der Qumraner, die den Forschern so viel Kopfzerbrechen bereitet. Einerseits deuten mehrere Passagen in den Qumran-Texten auf das spirituelle Heilen, das Heilen der Sünde als die grundlegende Doktrin der Qumran-Gemeinde hin,[35] was sie in nächste Nähe zu den Essenern und Therapeuten rücken würde. Andererseits taucht der Name »Essener« in den vielen Schriften der Sekte niemals als Selbstbezeichnung auf. Die Qumraner nannten sich selbst entweder *Bene Sadok* (»Söhne Zadoks«) oder *Ebjonim* (»Gemeinde der Armen«). Der letztere Begriff scheint weite Verbreitung gefunden zu haben, denn auch die judenchristlichen anti-paulinischen Urchristen wandten diesen auf sich selber an, indem sie sich *Ebioniten* nannten. Im *Damaskusdokument* schrieben die Qumraner programmatisch ihre Sendung nieder: »Die Söhne Zadoks sind die Erwählten Israels, die ›Berufenen des Namens‹, die auftreten werden am Ende der Tage« (CD, Dam IV, 3,4).

Da Jesus im Umkreis der Qumraner erschien und es offenbar eine Verbindungslinie der Qumraner zu den Essenern und über diese zu den Therapeuten gab, müssen wir diese »Achse« untersuchen, um den Weg des Ur-Jesus von den Therapeuten zurück nach Palästina nachzuzeichnen und die Einstellung seiner Gefolgsleute besser verstehen zu können. Wir betrachten deshalb zunächst die Essener unabhängig von den Schriften aus Qumran und ihren inneren Zusammenhang mit den ägyptischen Buddhisten, um Herkunft und Bedeutung der Sekte zu bestimmen, bevor wir uns der Frage zuwenden, ob die Qumraner mit den Essenern wirklich identisch sein können.

In seinem bedeutenden Geschichtswerk *Über den Jüdischen Krieg* schreibt Flavius Josephus: »Bei den Juden gibt es nämlich drei Philosophenschulen: die Pharisäer, die Sadduzäer und schließlich die Essener, von denen allgemein behauptet wird, daß sie sich tatsächlich um eine besondere Selbstheiligung bemühen.« Als 16jähriger entschied sich Flavius Josephus, alle drei Sekten zu »testen«, welche die beste sei, war aber von keiner so recht überzeugt. Wahrscheinlich hat Josephus nicht die Geduld aufgebracht, auch nur bei einer der religiösen Gruppen ein Noviziat durchzustehen. Er wird zwar einen gewissen persönlichen Einblick in die Ideenwelten und Bräuche gewonnen, aber die meisten Informationen von Dritten erhalten haben. Josephus berichtet, die Essener seien der Abstammung nach Juden. Er streicht den freundschaftlichen Umgang miteinander und ihr bewundernswertes Gemeinschaftsgefühl heraus. Die Ehe würden sie zwar nicht hochachten, aber sie seien auch nicht völlig dagegen. Materieller Besitz, den sie verabscheuen, wird der Sekte übertragen, wodurch man bei den Essenern weder auf erniedrigende Armut noch auf überheblich machenden Reichtum trifft, obwohl sie weder kaufen noch verkaufen. Sie lehnen jede sinnliche Lust ab. Enthaltsamkeit und Widerstand gegen die Begierden erachten sie als Tugend. Sie verwenden keine Öle und kleiden sich immer in weißen Gewändern. Sie bewegen sich in einer demütigen Körperhaltung, »als hätten sie Angst vor einem Erzieher«. Während Josephus vermerkt, die Essener wären auf viele Städte verteilt, überliefert Philo, daß sie hauptsächlich in Dörfern leben und Städte meiden würden. Die einzelnen Gemeinschaftsgruppen werden von Verwaltern geleitet, die sich um die Regelung ihrer Angelegenheiten kümmern. Reisende Mitbrüder können über den Besitz der betreffenden örtlichen Gemeinschaft verfügen. Sie werden wie alte Bekannte aufgenommen. Aus diesem Grund reisen sie ohne Gepäck und nur mit Waffen, um sich gegen Räuber zu verteidigen. Philo streicht die pazifistische Einstellung der Essener viel deutlicher heraus als Josephus. Er erwähnt ausdrücklich, daß sie keinerlei Geräte herstellen, die zu Kriegszwecken gebraucht werden könnten und daß sie Gewalt als gottlos und zerstörerisch im Hinblick auf die Gesetze der Natur erachten.

Vor Sonnenaufgang sprechen die Essener über keine niederen weltlichen Angelegenheiten. Nach alter Sitte verrichten sie ein Gebet, in dem sie Gott darum bitten, er möge die Sonne über ihnen aufgehen lassen. Danach waschen sie sich, und bevor sie ins Refektorium gehen, das wie ein heiliger Raum für sie ist, binden sie sich eine Leinenschürze um, die eine rituelle Bedeutung zu haben scheint. Schweigend nehmen sie eine einfache Mahlzeit ein und widmen sich bis zum Abend ihrer Arbeit. In den Gemeinschaftsräumen herrscht immer Stille, die den Menschen draußen, wie Josephus bemerkt, »wie ein schauerliches Mysterium anmutet«. Die Ruhe, welche die Essener auch äußerlich in dieser Weise ausstrahlen, hält Josephus für eine Folge der ständig eingehaltenen Nüchternheit und der Zurückhaltung, Speise und Trank nur bis zur Sättigung zu sich zu nehmen.

Die Essener entscheiden nach eigenem Ermessen, wenn es darum geht, Hilfe zu leisten oder Barmherzigkeit zu üben. Sie halten alle Gefühlsregungen unter strengster Kontrolle und tun alles für den Frieden. Ihre Hauptbeschäftigung besteht darin, sich dem Studium ihrer heiligen Schriften zu widmen. Darüber hinaus untersuchen sie medizinische Kräuter und die heilenden Eigenschaften von Mineralien.

Das Noviziat dauert ein Jahr, wobei die Standhaftigkeit des Anwärters in der Enthaltsamkeit geprüft wird. Nach erfolgreichem Bestehen darf er der Gemeinschaft näherreten und an den heiligen Bädern teilnehmen. Daraufhin wird zwei weitere Jahre sein Charakter geprüft. Bevor der Novize allerdings zu dem wichtigen gemeinsamen Mahl zugelassen wird, muß er schwören, die Gottheit zu ehren, Gerechtigkeit zu üben, weder aus freiem Antrieb noch auf Befehl jemanden zu schädigen und vor allem gegen die Obrigkeit die Treue zu bewahren. Der Novize gelobt des weiteren die Wahrheit zu lieben, die Lügner zu entlarven, nicht zu stehlen, keinen sündhaften Gewinn zu erstreben und keine Geheimnisse vor den anderen Sektenmitgliedern zu haben. Die Ungerechten jedoch verspricht er zu hassen und die Gerechten in ihrem Kampf zu unterstützen. In höchstem Maße verehren sie neben Gott den Namen des Gesetzgebers, und wer ihn nicht ehrt, wird mit dem Tod bestraft.

Körperliches bedeutet den Essenern wenig, weil es der Vergänglichkeit unterworfen ist. Überhaupt fühlen sich die Essener vom Schicksal regiert. Ihre Vorstellung von der Seele klingt bei Josephus recht »platonisch«: Für die Essener sei die Seele, vom feinsten Äther herabgestiegen, im Leib gefesselt und hebe sich nach dem Tode wieder nach oben. Dann gelange die Seele der Rechtschaffenen in ein Paradies jenseits des Ozeans, die der Bösen in eine finstere, eiskalte Höhle.

In diesen Schilderungen erkennen wir einige Übereinstimmungen mit den Therapeuten, aber auch Unterschiede. Auffallend ist, und das hat zu den zahlreichen Vergleichen der Essener mit den Buddhisten geführt, daß die Essener eine ganze Reihe von Bräuchen und Lebenshaltungen mit den Buddhisten gemeinsam haben:

Das Verabscheuen von Reichtum und die Einrichtung von Gemeinschaftseigentum ist ein auffälliger Zug der buddhistischen Laiendisziplin. König Ashoka gab alle seine Besitztümer dem Orden und unterstützte die Gütergemeinschaft der Buddhisten. Die Ablehnung von körperlicher Pflege durch Öle ist eine wörtliche Bestimmung in der buddhistischen Gemeinde. Im *Vinayapitaka* werden die Laienanhänger als »Weißgekleidete« bezeichnet. Auch die buddhistischen Ordensgemeinden haben Verwalter (*Karmadana,* »Tatspender«), die sich um die allgemeinen Belange der sekularen Dinge des Konvents kümmern. Absolut typisch buddhistisch ist die Aufnahme von Reisenden des Ordens, denn die Buddhisten waren ausdrücklich Wandermönche, die sich nur während der Regenzeit in Klöstern aufhielten. Freilich waren sie auch Bettelmönche, und als solche trieben sie niemals Handel. Von chinesischen Reisenden in den ersten Jahrhunderten nach der Zeitenwende wissen wir, daß in den buddhistischen Klöstern bei Sonnenaufgang und bei Sonnenuntergang Gebete gesprochen wurden. Im *Patimokkha* finden sich die Worte der buddhistischen Gebete. Samuel Beal, als vehementer Verfechter der These, die Essener seien die Fortführer buddhistischer Ideale in Palästina, bemerkt: »Die Regeln der Essener über die Ehrerbietung gegenüber älteren Mitgliedern, die Aufnahme von Novizen und die Gründe, die zum Ausschluß aus der Gemeinschaft führen sind alle typisch buddhistisch.«[36] Allerdings erinnert auch die scheue und demütige Haltung der Essener frappierend an die Vorschrift Buddhas an seine Mönche, sie mögen stets mit gesenktem Haupt gehen. Die buddhistische Selbstschilderung des Bodhisattvas könnte einem Regelbuch der Essener entnommen sein: »Als ein Bodhisattva bewahre ich meinen Geist fest und unerschütterlich, freundlich und standhaft, voll Achtung und Ehrfurcht, voll

Scham und Furcht, ruhig und nur darauf bedacht, anderen zu dienen, in allen untadeligen Dingen das Selbst stets den Wesen unterordnend gleich einem Zaubergebilde, frei von Stolz« (*Shikshasamuccaya*).

Freilich sind die Leitsätze der gegenseitigen Hilfe, die Kontrolle von Gefühlsausbrüchen, die unbedingte Achtung allen Lebens, die Offenheit gegenüber Sektenmitgliedern alles eminent buddhistische Vorstellungen und Anordnungen. Vielleicht darf man die naturkundlichen Studien der Essener zu medizinischen Zwecken als Relikte der Mission des Ashoka sehen, dessen Ehrgeiz sich ja nicht zuletzt auch auf den Export von Heilkräutern und medizinischen Kenntnissen erstreckte.

Über die Herkunft der Essener, ihre Wurzeln und die Einflüsse, die auf sie gewirkt haben, wird seit 200 Jahren heftig spekuliert. Die unterschiedlichsten Ansichten stehen einander gegenüber. Einige sahen im Essenismus eine jüdische Erneuerungsbewegung mit dem Ziel ein universales Priestertum als Ausdruck für das wahre Israel zu verwirklichen (gemäß Exodus 19,6), andere führten die Entstehung der Sekte auf die Makkabäerzeit zurück, als einige »Reine« den Tempelkult in Jerusalem in der Hand illegitimer Priester wähnten. Diese hätten sich abgespalten und ihre eigene Gemeinschaft gegründet. Da auch die Qumran-Gemeinde vielfach auf die Probleme während der Makkabäerzeit zurückgeführt wird, wollen wir uns kurz die historischen Ereignisse vergegenwärtigen.

Nach der Rückkehr aus der Babylonischen Gefangenschaft sank die Bedeutung des Volkes Israel. Das an Mitgliedern verhältnismäßig kleine Volk war isoliert und hatte keine politische Eigenständigkeit mehr. Mit dem Verfall des achämenidischen Reiches endete der Schutz der Befreier. Im eigenen Land vermehrten sich die Probleme. Man war ziellos geworden, die fremden Einflüsse, die aus der Gefangenschaft mitgebracht wurden, hatten zugleich einen Riß in der ursprünglichen religiösen Überlieferung hinterlassen. Am Horizont tauchte die Gefahr auf, die eigene Identität zu verlieren. In dieser Zeit entstand wohl schon die Erwartung

eines Messias – eines Idealherrschers aus Davids Dynastie. Mit
ihm sollte die Heilszeit anbrechen als Abschluß der Geschichte,
er sollte der Repräsentant dieser Gottesherrschaft sein und dem
Volk Israel jene Bedeutung zurückgeben, die es als erwähltes
Volk naturgemäß für sich beanspruchte. Auf diesem Hintergrund
muß man den freudigen Empfang Alexanders des Großen im
Jahr 332 v. Z. in Palästina sehen. Natürlich war Alexander nicht
der erhoffte Messias. Aber mit ihm kamen Neuerungen ins Land,
die das gesetzestreue Judentum für die kommenden Jahrzehnte
und Jahrhunderte auf eine harte Probe stellen würden. Alexander selbst, als kosmopolitischer Repräsentant des griechischen
Geistes, war an den Bräuchen, Sitten und Religionsvorstellungen der Juden sehr interessiert. Unverständlich für die Priesterschaft war es allerdings, daß er sich mit der gleichen Neugier
auch der verabscheuten Religion der Samariter zuwandte. Als
Ptolämaios I. bei den Diadochenkämpfen von Ägypten nach Palästina kam, wurde er gleichfalls von einem Gutteil der Bevölkerung offen aufgenommen. Bei seiner Rückkehr führte er eine große Anzahl Juden mit sich, die er in Ägypten ansiedelte. Er ge-
währte ihnen im Geiste hellenistischer Großzügigkeit völlige
Glaubensfreiheit, denn er erhoffte mit diesen Kolonisten, den
ihm ergebenen Bevölkerungsteil entscheidend zu stärken. Fortan
waren die Juden in Alexandria als fester Bevölkerungsbestandteil
registriert und auf zwei der fünf Bezirke aufgeteilt. Das Judenviertel lag im Nordosten der Stadt, jenseits des Hafens am Mareotis-See (vgl. Abb. 30).
Judäa, das damals nur das Gebiet um Jerusalem umfaßte, wurde
hingegen seit Beginn des 2. Jahrhunderts v. Z. dem eher juden-
feindlichen Seleukidenreich zugeschlagen, das in zerfallenden
Gebieten bis nach Indien reichte. Unter Antiochos IV. Epiphanes
(175–164 v. Z.) kam es in Judäa zu einer folgenschweren Krise.
Antiochos setzte alles daran, mit Gewalt die Juden zu hellenisie-
ren. Offenbar versprach er sich von einer in seinem ganzen zer-
bröckelnden Reich einheitlichen synkretistischen Religionsform
nach griechischer Vorstellung einen neuen Zusammenhalt. Un-

terstützt wurde Antiochos dabei von den jüdischen Aristokraten, welche die modischen Lebensweisen behagten. Die Oberschicht zeigte sich äußerst kompromißbereit, denn der Hellenismus versprach an diesem »rückständigen« Flecken eine neue Blüte des Geistes und bequemer Lebensart. Selbst die Bewahrer des ureigensten religiösen Erbes der Väter machten keine Ausnahme, denn das Priesteramt lag in den Händen des Adels. Der Hohepriester Onias III. wehrte sich noch gegen die hellenistischen Neuerungen, doch sein eigener Bruder Jason stürzte ihn und hatte als neuer Hohepriester nichts Eiligeres zu tun, als in Jerusalem ein Gymnasion nach griechischem Vorbild zu errichten. Den Jahwe-Tempel verachtete er und vernachlässigte die Opfer. Überall jenseits der engen Grenzen von Judäa schossen die hellenistischen Städte wie Pilze aus dem Boden. Jetzt sollte auch Jerusalem zu einer Stadt nach griechischem Vorbild werden. Auf dem Lande aber wurde die Stimme der Traditionalisten laut. Eine Woge des nationalen Widerstands schwappte über das Land, Straßenschlachten waren an der Tagesordnung und führten zu einem ausgewachsenen Guerillakrieg.

Antiochos dachte nicht daran aufzugeben. Er schlug zurück, und zwar in einer Weise, welche die gläubigen Juden zur Weißglut bringen mußte. Über der großen Brandopferstelle im hochheiligen Jerusalemer Tempel ließ er einen Altar für Zeus Olympios aufbauen, erließ 167 v. Z. ein Edikt, das Beschneidung und Thora-Besitz unter Todesstrafe stellte, plünderte den Tempelschatz und brannte große Teile der Stadt nieder. In Todesangst flohen viele Juden in die Wüste und ins Gebirge. Die Auflösung der Jahwe-Religion und der Versuch, den Nationalcharakter durch das Verbot spezifisch jüdischer Lebensweisen zu zerstören, stürzte das Volk Israel noch tiefer in ihre ohnehin schon lange schwelende Identitätskrise. In dieser hoffnungslosen Verfolgungszeit entwickelte sich das apokalyptische Schrifttum, vor allem die Bücher Daniel[37] und Henoch, mit den charakteristischen Vorstellungen vom »Menschensohn« des leidenden Volkes Israel. Die Zuversicht der Isrealiten richtete sich auf die Umkehrung der

Weltverhältnisse: Am Ende würden die Mächtigen allein vor dem göttlichen Gericht stehen. Das Henochbuch verlieh diesen Erwartungen mit den Worten Ausdruck: »Und an jenem Ort sahen meine Augen den Erwählten der Gerechtigkeit und der Treue; und Gerechtigkeit wird in seinen Tagen walten ... und die Gerechtigkeit und das Rechte nehmen vor ihm kein Ende« (Äth Hen 39,6 f.).

Während sich das Flüchtlingsproblem auf das ganze Land ausweitete, stellte sich der alte Priester Matthatias in Modein den Neuerern entgegen. Ein vornehmer Bürger des Ortes, der auf dem neu errichteten heidnischen Altar ein Opfer darbringen wollte, wurde von Matthatias erschlagen. Dann tötete er mit seinen fünf Söhnen noch den königlichen Kommissär. Sie zerstörten den Altar und flohen in die Berge. Dort sammelten sie eine Gruppe von Unzufriedenen um sich, die sich Chassidim (»die Frommen«) nannten. Nachts zogen diese jüdischen Fundamentalisten zu ihren Überfällen aus, um königliche Beamte und hellenisierte Juden zu töten. Überraschenderweise gelangen dem kleinen Haufen viele »Erfolge« dieser Art. Auf dem Sterbebett riet Matthatias seinen Gefolgsmännern, seinen dritten Sohn Juda als Führer zu wählen. Juda wurde als der Makkabäer bekannt. Die fortgesetzte Revolte Judas konnte nie endgültig unterdrückt werden. Als 164 v. Z. Antiochos zu einem Feldzug gegen die Parther außer Landes war, holten die Rebellen zum entscheidenden Schlag aus. Lysias, der als Regent von Antiochos zurückgelassen wurde, erlitt eine empfindliche Niederlage. Den Seleukiden blieb nichts anderes übrig, als die Repressalien wieder zu lockern. Juda durfte Jerusalem einnehmen, die Religionsfreiheit wurde wiederhergestellt, der Tempel gereinigt. Das geschah zur Wintersonnenwende, drei Jahre nach der Entweihung des Tempels. Heute erinnert das alljährliche Fest Chanukka an diese neuerliche Tempelweihe.

Von einem neutralen Standpunkt betrachtet, vereitelte die makkabäische Revolte die Ansätze zu religiöser Toleranz und führte unter Sektierern zu einer Verschärfung der Gesetzesbeachtung.

Eine der Gruppen, die aus den Kämpfen gegen die Hellenisten hervorgingen, sollen die Essener gewesen sein.

Seit Mitte des 2. Jahrhunderts verfiel das Seleukidenreich zunehmend, und Rom begann, Interesse an der Region zu zeigen. Judäa erlebte eine Zeit der Expansion in die Nachbargebiete von Galiläa, an die Küste von Samaria, nach Transjordanien, selbst nach Idumäa und in die hellenistisch organisierte Dekapolis. Unter der Führung der von neuem Selbstbewußtsein getragenen Jerusalemer Priester griffen die Juden zu denselben Formen ethnischer Unterdrückung, welche die Seleukiden gegen sie angewandt hatten. Es kam zu erbarmungslosen Zwangsjudaisierungen und gewaltsamen Eingliederungen. Seit 104 v. Z. entschied man, daß nicht nur das Priesteramt, sondern auch der Königstitel erblich sei. Den Pharisäern gelang um 70 v. Z. wieder die Trennung wegen der Unvereinbarkeit der Interessen. Nach dem Tod von Aristobulos (36 v. Z.) gelangte das Amt des Hohepriesters wieder in die Hand weniger Familien, aber man gründete ein Beratergremium, den Sanhedrin, das bald großen politischen Einfluß gewann.

In den Jahrzehnten vor der Zeitenwende kamen die Juden abermals und endgültig unter fremde Herrschaft. Die Römer fügten Judäa in ihr Imperium ein und entmachteten die herrschende Dynastie der Hasmonäer. Gegen ihren letzten Vertreter, Antigonos, der sich mit den Parthern verbündete, setzten die Römer die idumäische Dynastie unter Herodes ein. Jetzt wurden wiederum jene Neuerungen ins Land gebracht, gegen die Matthatias und seine Epigonen seinerzeit die Rebellion entfacht hatten. Von 39–4 v. Z. errichtete Herodes einen Staat nach hellenistischem Modell, der die Interessen Roms vertrat. Allerdings ging man diesmal vorsichtiger vor. Herodes verhielt sich unauffällig. Er duldete das Priesteramt, lebte gesetzestreu und ließ den Tempel prachtvoll ausbauen. Dennoch entstand unter der Bevölkerung erneut Mißtrauen. Es ließ sich nicht leugnen, daß alle Anstrengungen auf Geheiß einer fremden Macht erfolgten und einer außerjüdischen Idee unterstellt waren. Die jüdischen Sekten, ob militant oder pazifistisch, holten die apokalyptischen Schriften der Makkabäerzeit hervor und wandten ihre prophetischen Verheißungen auf die Gegenwart an. Niemals war das Volk Israel intensiver durchdrungen von den messianischen Hoffnungen auf ein Eingreifen Gottes als in den Jahrzehnten um die Zeitenwende.

Vielleicht liegen die Gründe für die Bildung einer sektiererischen Fraktion, die zu den Essenern wurde, tatsächlich in der Makkabäerzeit. Vielleicht formierten sich die Essener, wie die Chassidim, in Opposition gegen die Hellenisierungen. Aber eine hinreichende Erklärung für die besondere Lebensform und die unjüdischen Überzeugungen der Essener bilden die Ereignisse in den zwei Jahrhunderten vor der Zeitenwende nicht. Im Lauf der Zeit mußten immer mehr Forscher eingestehen, daß die Essener, auch wenn ihre Wurzeln in der Epoche der makkabäischen Revolte sprossen, in der Entwicklung des Judentums eigentlich keinen Platz finden. Sie machten verschiedenste Einflüsse dafür verantwortlich, den alexandrinischen Hellenismus, den iranischen Parsismus, das platonische Denken, babylonische Vostellungen oder sogar das Pythagoreertum. Alle diese Vermutungen zielten darauf ab, jene Elemente erklären zu wollen, die sich, wie wir gesehen haben, so eng an die mönchischen Lebenshaltungen der Buddhisten anschließen.

In diesem Zusammenhang lag die Einwirkung der pythagoreischen Gedankenwelt auf den Essenismus nahe, zumal Pythagoras indisches religiöses Denken und mönchische Lebensformen im Abendland praktizierte. Viele akzeptierten bereitwilliger, die vergleichbaren Sitten unter den Essenern den geographisch näherliegenden pythagoreischen Schulen zuzuschreiben als dem fernen Indien. Darüber hinaus ist der Vergleich der Essener mit den Pythagoreern keineswegs eine neue Entdeckung. Die Ähnlichkeit war bereits unserem zeitgenössischen Berichterstatter Flavius Josephus aufgefallen, der für seine gebildete hellenistische Leserschaft gern Vergleiche mit griechischen philosophischen Schulen heranzog. Die Pharisäer etwa hielt er für »annähernd vergleichbar« den Stoikern. Von den Essenern berichtete er mit großer Überzeugung, sie würden in einer Art leben wie jene, die Pythagoras bei den Griechen verwirklicht hatte. Und hatte Pythagoras nicht eine Lebensform gelehrt, die er aus einer indischen Quelle bezog? Und hatte nicht auch Philo die Essener mit den indischen Gymnosophisten verglichen? Zweifellos ist es der spezifische Einfluß aus dem Buddhismus, der zu der eigentümlichen, im gesamten jüdischen Kulturraum beispiellosen, religiösen Gemeinschaft geführt hat. Die Vermutung liegt nahe, daß dieser Einfluß durch die ägyptischen Therapeuten zustande gekommen ist, die Philo ganz in die Nähe der Essener gerückt hat. Allem Anschein nach hatten entweder Bestrebungen, die alexandrinische Mission der Therapeuten zu erweitern, zu Erfolgen in Judäa geführt, oder es haben alexandrinische Juden vielleicht schon im 3. Jahrhundert v. Z. die Ideen der Therapeuten nach Palästina gebracht, wo sie in kleinen Kreisen ein verborgenes Dasein führten. Jüdische Gläubige konnten für die Ideale der Therapeuten gewonnen werden, ohne daß sie ihre kulturelle und religiöse Eigenart aufgeben mußten. Während der Hellenisierungskrise formten sich die Essener als eine mönchsähnliche Gemeinschaft, in der sie zwei Weltbilder verbanden, jenes der Buddhisten und das der gesetzestreuen Juden.

Das Geheimnis der Qumraner

Mit dem Fund der Schriften in den Höhlen vom Qumran war die berechtigte Hoffnung verbunden, die Rätsel um die Essener ein für alle Mal zu lösen. Doch das Gegenteil trat ein.
Zuerst wurden alle Untersuchungen in dieser Richtung erschwert, weil die Qumran-Texte nur zögerlich und unvollständig zugänglich gemacht wurden, und jetzt müssen wir feststellen, daß wir das Bild, das uns Josephus, Philo und Plinius von den Essenern überliefert haben, revidieren müßten, wenn wir die Annahme aufrecht erhalten, die Qumran-Leute stellen *die* esseni-

sche Gemeinde schlechthin dar. Diese Idee vertraten jene Qumran-Forscher, die Michael Baigent und Richard Leigh in ihrem vieldiskutierten Buch[38] dem »Konsensus« zurechnen. Darunter verstehen sie eine Gruppe von Wissenschaftlern, die nach dem Diktat des Vatikans bestimmte Schriften von der Veröffentlichung zurückhielten, um die These aufrechtzuerhalten, bei den Qumranern fänden sich keine Hinweise auf ein »Christentum vor Jesus«. Aber diese Meinung steht nicht auf sicherem Grund. Die Dinge verkomplizieren sich weiter. Doch greifen wir nicht vor.

Die Ursprünge der Sekte von Qumran liegen noch im dunkeln. Die Angaben dazu aus der sogenannten *Damaskusschrift* (CD, Dam) können verschieden interpretiert werden. Die *Damaskusschrift* wurde nicht in den Höhlen von Qumran gefunden. Sie wurde bereits 1896 von Salomon Schechter in der karäischen Geniza, einer Synagoge in Alt-Kairo, entdeckt. Erst nach den Funden von Qumran konnte das 1910 zuerst veröffentlichte Werk eindeutig der Qumran-Gemeinde zugeschrieben werden. Darin heißt es, 390 Jahre nach der Gefangenschaft unter Nebukadnezar habe die »Zeit des Zorns« begonnen (CD, Dam I,5). Damals richtete sich eine Gruppe gegen bestimmte religiöse Gepflogenheiten, löste sich von ihren alten Verbündeten und ging in ein freiwilliges Exil, wo sie eine Gemeinde auserwählter Sektierer gründete. Es könnte also sein, daß die Fraktion der Qumraner als intern-jüdische Protestbewegung[39] um 170 v. Z. eine eigenständige religiöse Partei gebildet hat, als Teil der jüdischen Reaktion gegen die gewaltsamen Hellenisierungen. Vielleicht war der direkte Auslöser die Ermordung des Essener-Sympathisanten Onias III. durch den Hellenisten Menelaus um 171 v. Z. (2Makk 4,31–38).[40]

Die *Damaskusschrift* hat ihren Namen von der rätselhaften Ortsbezeichnung »Damaskus«, die das Manuskript als Ort des Exils bezeichnet. Die Wissenschaftler streiten heftig um die Bedeutung dieses »Damaskus«. War damit die Stadt Damaskus gemeint, weit im Norden, jenseits von Galiläa und der Dekapolis, oder stand »Damaskus« nur als Code, der vielleicht den Ursprungsort der Sekte bezeichnet? Wörtlich gemeint könnte »Damaskus« auf eine Exilzeit der Gemeinde in der Nähe von Damaskus verweisen oder darauf, daß eine bestimmte Gruppe der Sekte bei Damaskus lebte. Als Deckname kommt die verschlüsselte Bezeichnung für Qumran selbst in Frage – die Wüstenniederlassung als Exilort. Vielleicht aber soll Damaskus, gemäß Amos (5,27), auf Babylon verweisen. Zumal auch der Sonnenkalender der Qumran-Gruppe auf babylonische Wurzeln zurückzugehen scheint, könnte die Sekte ihre geheimnisvolle Abstammung auf Zeit und Ort der Babylonischen Gefangenschaft beziehen.

Diese Verbindung zu Babylon darf nicht unterschätzt werden. Für die Qumraner waren die Jesaja-Schriften, von denen die Kapitel 40–55 in die exilische und die Kapitel 56–66 in die nachexilische Zeit gehören, von besonderem Wert. Der Anbruch einer neuen Heilszeit, den ihre *Kriegsrolle* glorifiziert, ist nach einer Stelle aus Deuterojesaja geformt (Jes 40,3). Die rituellen Taufbäder, die in Qumran in eigens dafür errichteten Zisternen durchgeführt wurden, und das Wirken Johannes des Täufers in unmittelbarer Umgebung der Siedlung verstärkt die Vermutung, daß die Qumraner alte Sitten bewahrten, die sie aus Mesopotamien mitgebracht hatten. Im Zweistromland hatten Täufergemeinden eine uralte Tradition, und noch im 3. Jahrhundert n. Z. berichtet der Ketzerjäger Hippolyt von Sektierern, die ihre Taufe im fließenden Wasser des Euphrats verrichteten. Auch die Einordnung des Täufers Johannes als »Nazoräer« geht auf einen babylonischen Ausdruck zurück. Der Assyrologe Heinrich Zimmern hat gezeigt, daß im alten Babylonien *Nasaru* (oder *Nasiru*) »Hüter göttlicher Geheimnisse« bedeutete. Von Babylon scheint der Ausdruck bei der Rückkehr aus dem Exil nach Palästina gebracht worden zu sein.

Babylon selbst war verständlicherweise unter den Juden verhaßt. Deshalb wurden nur vereinzelt kultische Bräuche mit in die Heimat geführt. Aber was die Vorläufer der Qumraner aus dem Exil nach Judäa transportierten, waren zahlreiche Elemente der zarathustrischen Religion ihrer persischen Befreier.[41] Zarathustra hatte während der Epoche der Babylonischen Gefangenschaft, vermutlich in Baktrien (heute Afghanistan), einen kosmischen Dualismus zwischen *Ahura Mazda* (*Ohrmazd*), dem Gott des Lichts, und *Angra Mainyu* (*Ahriman*), dem Gott der Finsternis, gelehrt. Der rigorose Dualismus, der später in den Qumranschriften gleichsam als »Normalton«[42] erscheint, hat seinen Ursprung ohne Zweifel in diesen persischen Lehren. Als stark von iranisch-zarathustrischem Gedankengut geprägt, erweist sich vor allem der wichtige *Sektenkanon* (oder *Gemeinderegel*, 1QS) von Qumran.

Wenn man das Qumran-Material oberflächlich betrachtet, fällt sofort ins Auge, daß wir es mit ausgesprochen jüdischen Texten zu tun haben. Von einem Fremdeinfluß ist auf den ersten Blick wenig zu sehen. Vielmehr geht es um Fragen jüdisch-fundamentalistischer Natur, um das Gesetz und um die Propheten. Den Qumran-Leuten galt das mosaische Gesetz als Grundlage ihres Denkens und Handelns. Ständig lasen sie abwechslungsweise in ihren heiligen Büchern unter der Aufsicht der Meister, meditierten darüber und legten die Texte aus in bezug auf die jeweils gegenwärtige Situation. Nie sollte jemand fehlen, der das »Gesetz sucht Tag und Nacht«, heißt es in der *Gemeinderegel*. Trotz dieses typisch jüdischen Charakters zeichneten sich die Qumran-Leute vor allem durch ihr elitäres Selbstverständnis aus. Sie verstanden sich als einzige legitime Erben des Moses und deshalb als Auserwählte eines »Neuen Bundes«. Damit machten sie eines deutlich: Es reicht keineswegs als Jude geboren zu werden, um dem »Neuen Bund« angehören zu dürfen. Es bedarf einer persönlichen Anstrengung, einer regelrechten Initiation, um das wahre Israel zu verwirklichen.

Was bei flüchtigem Hinschauen auf ihre in Ehren gehaltenen Bücher als typisch jüdische Sekte erscheint, entpuppt sich bei genauerer Betrachtung als Erneuerungsbewegung, deren Entwicklung nicht aus dem traditionellen Judentum verständlich wird. Die Reformen in Qumran waren dermaßen zahlreich und ungewöhnlich, daß sie in eine völlige Transformation des herkömmlichen Judentums mündeten. Wenn die Evolution, die zur Qumran-Gemeinde geführt hat, nicht aus der jüdischen Tradition erklärbar ist, worauf gründet sie dann?

Der Professor für semitische Sprache und Kultur an der Sorbonne, André Dupont-Sommer, zählte sowohl zu den einflußreichsten Fachleuten für buddhistische Altertümer als auch zu den führenden Erforschern der Qumran-Schriften. Wie kaum ein anderer hat er Einblicke gewonnen in beide Welten und wie kaum ein anderer war er in der Lage, Buddhisten und Qumraner zu vergleichen. Aufgrund seiner Studien kam Dupont-Sommer zu dem Ergebnis, daß die Qumran-Gemeinde ohne Zweifel vom Buddhismus beeinflußt worden ist![43] In der Hauptsache stützt er sich auf den Begriff der Gemeinschaft (*Jachad*), der in Qumran eine hervorragende Rolle spielte, und auf verstreute buddhistische Anklänge, insbesondere in der Qumran-Schrift *Das Testament der zwölf Patriarchen*. Das Mitleidsgebot, das sich gleichsam als Leitmotiv[44] durch das gesamte Werk zieht und in der Aufforderung gipfelt, alle zu lieben und den Haß aus den Herzen zu verbannen (*Testament des Gad* 6–7), sieht er als eindeutige Entlehnung aus dem Buddhismus an. Bemerkenswert sind auch Elemente, die aus den Gedankenkreisen der Ashoka-Mönche stammen: Mitleid mit allen Lebewesen, nicht nur mit Menschen, sondern auch mit den Tieren, und der Verweis darauf, daß Gott jeden so behandeln wird, wie er seinen Nächsten behandelt (*Testament des Sebulon* V,1–3).

Ein solches Urteil, das die Qumraner als heimliche Buddhisten ausgibt, aus dem Munde eines angesehenen Forschers hat besonderes Gewicht und verleiht unseren Untersuchungen großen Nachdruck. Freilich muß man im Auge behalten, daß Dupont-Sommer zu den entschiedensten Verfechtern der These zählt, welche die Qumraner mit den Essenern gleichsetzt, deren buddhistische Wurzeln offensichtlich sind.[45] Gehen wir dieser Ansicht deshalb auf den Grund, um nicht vorschnell die beiden Gruppen zusammenzulegen.

Gegen eine voreilige Gleichsetzung der Qumran-Gemeinde mit den Essenern spricht der Bericht des Plinius. Offensichtlich war Plinius, dessen Buch im Jahr 77 n. Z. erschien, während des Krieges in Palästina, denn er teilt die Zerstörung Jerusalems, En Gedis und Jerichos mit. Die Niederlassung der Essener schilderte er wohl aus der Zeit nach dem Krieg. Kurz davor müssen also die Essener des Plinius noch in einer intakten Siedlung gelebt haben. Diese kann nicht Qumran gewesen sein, zumal ihre Bewohner um 68/69 n. Z. von den Römern vertrieben wurden. Von diesem Zeitpunkt an, bis mindestens 74 n. Z., war Qumran, wie die Ausgrabungen zeigen, von römischen Soldaten und nicht von Juden besetzt.[46]

Der entscheidende Punkt ist die richtige Übersetzung einer lateinischen Ortsangabe des Plinius. Er vermerkt, daß sich die vormals blühende Stadt En Gedi, die zur Abfassungszeit in Schutt und Asche lag, »unterhalb der Essener« befand. Viele haben diese Erwähnung mit einer südlichen Richtung übersetzt und Qumran mit der gemeinten Essener-Siedlung identifiziert. Chirbet Qumran[47] befindet sich tatsächlich etwa 30 Kilometer nördlich von En Gedi, aber nur etwa 20 Kilometer östlich von Jerusalem. Warum hatte Plinius zur Lokalisierung das weiter entfernte, unbekannte En Gedi angegeben und nicht das näher gelegene und berühmte Jerusalem? Vielleicht erwähnte er En Gedi aus einem ganz anderen Grund, denn die Aussage des Plinius läßt noch eine andere Leseweise zu: Die Essener, die er meinte, lebten auf einer Anhöhe oberhalb von En Gedi. Das würde auch das Problem lösen, daß seit gut einem Jahrzehnt vor Abfassung der Schrift Qumran fest in den Händen der Römer war.

Eine andere Schwierigkeit bei der Identifizierung der Qumran-Bewohner mit den Essenern ergibt sich aus den Ausgrabungen des Friedhofs. In den 43 Gräbern, die geöffnet wurden, fanden sich in sieben Frauenskelette, in vier weiteren die Gebeine von Kindern. Im Gegensatz zu den Essenern lebten die Qumran-Leute wohl nicht ehelos. Übrigens gibt es in der gesamten Qumran-Literatur keine Parteinahme für den Zölibat. Allerdings dürfen wir der Frage der Ehe in diesem Zusammenhang kein allzu großes Gewicht beimessen, zumal auch Flavius Josephus sich über die Einstellung der Essener zur Ehe nicht eindeutig äußert. Dem von den Gelehrten kaum beachteten Urteil des Dionysios Bar Salibi zufolge waren die Essener verheiratet, rührten aber drei Jahre lang ihre Frauen nicht an. Wurden diese später schwanger, wurden sie wieder nicht angerührt. Geschlechtsverkehr sei ihnen nur gestattet gewesen, um Kinder zu zeugen.[48]

Kommen wir zu weiteren auffälligen Unterschieden. Das »Sonnengebet« der Therapeuten und Essener ist für Qumran nicht bezeugt. Nichts lag den Essenern ferner, als Handel zu treiben. Sie lebten allein für ihr spirituelles Fortkommen. Die Qumran-Leute hingegen zeigten sich in dieser Hinsicht ausgesprochen pragmatisch. Sie durften sogar mit »den Söhnen des Verderbens« handeln, freilich nur »gegen Barzahlung« (CD, Dam XIII, 14,15). Während die Essener Tieropfer kategorisch ablehnten, sprachen sich die Qumraner nur gegen die damals praktizierte Opferpraxis aus. Die Essener durften keine Eide leisten, während den Qumranern unter bestimmten Voraussetzungen das Schwören erlaubt war. Im Gegensatz zu den Essenern hatten die Qumraner eine klare Messias-Erwartung.

Der auffallendste Unterschied liegt in der Einstellung zu kämpferischen Auseinandersetzungen. Die Essener waren zweifellos friedliebend und wurden deshalb auch allgemein akzeptiert. Waffen trugen sie nur zur Selbstverteidigung. Die Qumraner hingegen erscheinen vom zelotischen Bazillus infiziert und eckten überall an.

Im Schrifttum von Qumran, so heterogen es auch ist, läßt sich der ausgeprägte Dualismus, den wir als Import aus dem Iran ausgemacht haben, nicht übersehen: die Söhne des Lichts stehen gegen die Söhne der Finsternis (*Kittim*), Wahrheit gegen Lüge, Reinheit gegen Unzucht. Im *Sektenkanon* kann man es unzweideutig nachlesen: Die Gemeinschaft wurde in der Einstellung erzogen, die Söhne der Finsternis auf ewige Zeiten zu hassen. Die sogenannte *Kriegsrolle* (1QM) beschwört sogar die endzeitliche

Schlacht zwischen den Söhnen des Lichts und den Söhnen der Finsternis als einen heiligen Krieg zwischen Gläubigen und Ungläubigen. Seite an Seite mit den himmlischen Mächten würden dann die gerechten irdischen Krieger gegen die finsteren Gegner kämpfen, die von *Belial* und seiner Mannschaft der Bösen unterstützt werden. Diese Endschlacht kosmischen Ausmaßes beginne, »wenn die Emigration der Söhne des Lichts zurückkehrt aus der ›Wüste der Völker‹, um zu lagern in der Wüste von Jerusalem« (1QM I,3) und soll zur Einsetzung einer »Königsherrschaft« führen (1QM VI,6).

Die *Kriegsrolle* ist ein nüchterner Bericht in der Art eines Lehrbuchs, der zu den beschriebenen phantastischen Ereignissen in merkwürdigem Gegensatz steht. In jedem Fall muß das Buch in Qumran in hohem Ansehen gestanden haben, denn man fand in Höhle vier Fragmente mehrerer Handschriften davon. Auffallend ist, daß die in der *Kriegsrolle* und verwandten Schriften dargestellte Vorstellungswelt, jener der Zeloten außerordentlich ähnlich ist. Das distanziert die Qumraner zusehends von den Essenern, wie sie uns Philo und Josephus schilderten.

Entscheidend für die Einschätzung der Qumraner ist die Abfassungszeit des Textes. Sollte er sehr alten Datums sein, müßten wir davon ausgehen, daß die Qumraner niemals friedliebende Essener waren, sondern seit ihren Anfängen einer kämpferischen Fraktion jüdischer Fundamentalisten zugehörten. Manche vermuten, daß durch die höchst aktive Rolle der Söhne des Lichts im Kampf die *Kriegsrolle* in die frühe Makkabäerzeit datiert werden muß, noch vor die Gründung des Gemeindezentrums in Qumran. Die *Kittim* wären dann die seleukidischen Hellenisten. Allerdings scheint das unwahrscheinlich. Die in der *Kriegsrolle* enthaltenen detaillierten militärischen Anweisungen stammen aller Wahrscheinlichkeit nach aus einem römischen Kriegshandbuch, was die Abfassung der Schrift ins 1. Jahrhundert n. Z. verlegt. Mit den *Kittim* waren offenbar die Römer gemeint.

Was ist davon zu halten? Haben die Qumraner eine Entwicklung durchgemacht, von sanften Essenern zu kämpferische Reden schwingenden Zeloten? Betrachten wir Alter und Art der anderen Schriften aus Qumran, um eine Antwort darauf zu finden.

Im Sommer 1990 wurden 14 Proben der Manuskripte zu Radiokarbon-Datierungen an der ETH Zürich nach der modernen BMS-Methode[49] freigegeben. Die älteste Probe wurde einmal auf 405–354 v. Z. und ein anderes Mal auf 306–238 v. Z. datiert, die jüngste auf 675–765 n. Z.[50] Dieses Ergebnis ist seltsam und verwirrend. Nach dem jüdischen Krieg und der Zerstörung von Qumran wurde die Anlage nie mehr bewohnt. Wer hatte noch 700 Jahre danach ein Interesse daran, ein Schriftstück in der unwirtlichen Gegend in einer Höhle zu deponieren? Man müßte annehmen, daß derselbe von den anderen Manuskripten in der Höhle wußte, sonst würde sein Handeln gar keinen Sinn ergeben. Wenn es aber bekannt war, daß Schriften in den Höhlen aufbewahrt wurden, die sicherlich schon damals eine große Bedeutung gehabt hatten, fragt man sich, warum sie nicht geborgen wurden?

Offenbar war das Verstecken von Rollen in Höhlen der Wüste Juda ein weit verbreitetes Phänomen und nicht auf die Gegend von Qumran beschränkt. Im 2. Jahrhundert n. Z. hat man in einer Höhle bei Jericho ein Manuskript gefunden, wie Origenes überliefert. Der nestorianische Erzbischof Timotheus I. aus Bagdad (um 800 n. Z.) berichtet über einen arabischen Jäger, der bei Jericho in einer Felsspalte viele Bücher gefunden habe. Die alarmierten Juden identifizierten sie als biblische Bücher und mehr als 200 Psalmen des Königs David. Nicht nur im Wadi Qumran fand man religiöse Schriften, in mehreren Wadis am östlichen Steilhang der Wüste Juda wurden antike Texte entdeckt, etwa in Murabba'at, Nahal Hever, Nahal Mismar, Chirbet Mird und sogar in der Zeloten-Festung Masada.

Einen Hinweis auf das Verbergen von kostbaren Gütern gibt uns die sogenannte *Kupferrolle* aus dem Qumran-Fund. Sie ist in verschiedener Hinsicht aufschlußreich. Die grobe, große Handschrift, die unregelmäßigen Zeilen, die Erwähnung vieler historischer Ortsnamen und die griechischen Randbemerkungen[51] sind klare Anzeichen, daß es sich bei diesem Text um ein Autograph und nicht um eine Kopie handelt. Am Ende finden wir die Angabe: »In einer Kluft ... nördlich von Kohlat, mit einer Öffnung gegen Norden und unter Gräbern, befindet sich eine Kopie dieses Schriftstücks mit Erklärungen, Maßen und Details jedes einzelnen Versteckes« (*Kupferrolle* XII,10–13). Mit buchhalterischer Präzision werden Angaben über versteckte Schätze, verschiedene Bücher und Schriftstücke an vielen Plätzen in der judäischen Wüste gemacht. Die *Kupferrolle* bezeugt, daß man wertvolle Gegenstände, und zu diesen zählten durchaus auch hochgeschätzte Schriften, an verschiedenen Stellen in der Wüste versteckte, die man durch die Wadis, die von Jerusalem zum Toten Meer führen, erreichen konnte.

Was hat das alles zu bedeuten? Gehörten vielleicht gar nicht alle Schriften aus den Höhlen den Qumranern, oder hatten die Bewohner von Chirbet Qumran am Ende mit den Texten gar nichts zu tun? Für die Einordnung der Gruppe von Qumran ist entscheidend, ob die Schriftstücke einer Sekte angehörten, die in diesem Gebiet ansässig war und die, wie der Archäologe Pater Roland de Vaux vermutet, den Gebäudekomplex von Qumran als Klosteranlage benutzte.

Der Umfang der Bibliothek versetzt in Erstaunen: In den elf Höhlen wurden nicht weniger als 823 verschiedene Manuskripte gefunden, davon allein 580 in Höhle vier. Alle Texte sind religiösen Inhalts, keiner beschäftigt sich mit naturwissenschaftlichen, geschichtlichen oder medizinischen Themen. In Höhle sieben lagen nur griechische Schriftstücke. Unter den Manuskripten befanden sich kanonische Texte der hebräischen Bibel, sogenannte *Pescharim*, [52] Pseudoepigraphica (fälschlich zugeschriebene Schriften) und Schriften, die nur aus Qumran bekannt sind, wohl in der Gemeinde entstanden oder in die Bibliothek aufgenommen wurden (z.B. *Sektenkanon, Genesis-Apokryphon, Tempelrolle*). [53]

Ist es überhaupt möglich, daß die Mönche von Qumran dieses enorme Material geschrieben hatten? Man müßte von vielen hundert Schreibern ausgehen, die ausgerechnet in der unwirtlichen Wüstengegend nichts anderes zu tun hatten, als heilige Schriften zu kopieren. Die verblüffende Menge und Vielfalt der Texte deutet darauf hin, daß sie aus verschiedenen Zentren stammen, vielleicht sogar aus Jerusalem.

Außerdem sind mit Ausnahme der *Kupferrolle* alle Qumran-Schriften Kopien. Keine einzige ist ein originales Autograph eines Autors! Können wir also noch guten Gewissens von eigenen Büchern einer Sekte sprechen, wenn uns nichts als Kopien vorliegen? Während man in anderen Höhlen der judäischen Wüste zahlreiche dokumentarische Autographen entdeckte, etwa Briefe und Urkunden aus der Bar-Kochba Zeit (Anfang 2. Jh. n. Z.), fand sich in Qumran kein einziges behördliches Dokument. In wissenschaftlichen Kreisen wird die Meinung diskutiert, daß deshalb keine Autographen und offiziellen Dokumente zum Vorschein kamen, weil die Rollen nicht der Qumran-Gemeinde gehörten, sondern in Wahrheit Überreste verschiedener Bibliotheken aus Jerusalem sind. Das Qumran-Institut in Groningen hat das Rätsel durch die sogenannte »Groningen-Hypothese« zu lösen versucht: Die Manuskripte in den Höhlen von Qumran gehörten zwar der Bibliothek der Qumraner, wenngleich sie nicht alle dort entstanden.

Welches Bild von der Qumran-Gemeinde gewinnen wir aus den vielen widerstreitenden Fakten? Es steht außer Zweifel, daß es im Palästina der damaligen Zeit zahlreiche Gruppierungen, Verbände und Interessensgemeinschaften gab, denen man durch eine Klassifikation in die bekannten Sekten – Sadduzäer, Pharisäer, Essener – nur zum Teil gerecht wird. Historische Forschungen haben eine Reihe anderer Sekten ans Tageslicht gebracht, und sicherlich gab es viele mehr, von denen wir keine Kunde haben, vielleicht sogar nie erfahren werden. Zudem blickten die Qumran-Leute in den ersten Jahrzehnten unserer Zeit bereits auf eine zweihundertjährige Geschichte als eigenständige Partei zurück; 200 Jahre, in denen sie sich in ihrer selbstgewählten Wüsteneinsamkeit sehr wohl vom ursprünglich essenischen Gedanken wegentwickelt haben konnten.

Der Umstand, daß so gut wie keine Autographen gefunden wurden, deutet darauf hin, daß die Sekte von anderen, älteren Schulen abhängig war. Zumal die Schriftrollen mehrere altjüdische Strömungen repräsentieren, stammen nicht alle Texte unbedingt aus Qumran und wurden vielleicht sogar zu verschiedenen Zeiten in den Höhlen deponiert. Aber auch die für die Qumraner typischen Manuskripte spiegeln in ihrer Vielgestalt eine synkretistische Gemeinde. Die essenischen Elemente (und mit ihnen die buddhistischen), die zweifellos im Schrifttum eine Rolle spielen, verweisen darauf, daß die ältere Strömung, auf die sich die Qumraner zurückführen lassen, die Essener waren. In ihren Büchern ist ausdrücklich von einem Bruch in der Entwicklungsgeschichte der Sekte die Rede, von der Abspaltung von einer größeren Gruppe. In diese Richtung gehen auch die Vermutungen von Florentino Garcia-Martinez, dem Leiter des Qumran-Forschungsinstituts an der Universität Groningen, der von einer Abspaltung der Qumraner von den Essenern spricht.[54] Die Gründungsphase der Gemeinde fand nach dem *Habakuk-Kommentar* (1QpHab) in der Zeit der Hohepriester Jonathan und Simon statt. Es mag sein, daß es schon unter Johannes Hyrkanus (142–104 v. Z.) zum Bruch mit den Essenern kam und die Qumran-Leute einem geheimnisvollen Führer, dem »Lehrer der Gerechtigkeit« als ihrem »Erklärer des Wissens«, folgten. In der *Damaskusschrift* wird berichtet, daß jene, die »ihre Sünde einsahen«, 20 Jahre wie Blinde umherirrten. »Da merkte Gott auf ihre Taten, weil sie ihn mit ganzem Herzen suchten, und er ließ ihnen den Lehrer der Gerechtigkeit erstehen, um sie auf den Weg seines Herzens zu führen ...« (CD, Dam I,10 f.).

Vielleicht hat dieser rätselhafte Lehrer der Gerechtigkeit seine Mitbrüder auf die älteren Wurzeln aus nachexilischer Zeit gestoßen, und so traten die babylonischen und zoroastrischen Relikte verstärkt in den Vordergrund. Der Grundtenor der Gemeinde wurde unnachgiebiger, schärfer und immer mehr vom apokalyptisch-prophetischen Geist durchtränkt. Als sich die Qumraner nach der zwanzigjährigen Wanderschaft unter der Führung ihres

Lehrers der Gerechtigkeit in der Gegend von Qumran niederließen, taten sie das im festen Glauben an die Ankunft des Messias.
Ihr Fundament und ihre Entwicklung läßt uns verstehen, daß sie
die Täufergemeinden um Johannes, deren Anliegen sehr ähnlich
waren, förderten.

Eine frühe Trennung der Qumraner von den Essenern ist durchaus möglich. Ob diese allerdings tatsächlich mit dem rätselhaften
Lehrer der Gerechtigkeit in Zusammenhang steht, ist nicht eindeutig zu sagen. Auffällig ist, daß zahlreiche Schriften, die auf
den »Auszug« der Gemeinde anspielen, die über die Verschärfung der Gesetze berichten oder über den Lehrer der Gerechtigkeit, wesentlich jüngeren Datums sind, als von vielen angenommen. Der in mühsamer Kleinarbeit rekonstruierte Brief *Miqzat
Maaseh Ha-Thora* (»Einige der Bräuche der Thora«) etwa, schildert als Besonderheit der qumranischen *Halacha* (»rituelles Gesetz«) eine Gesetzesverschärfung. Dieser Text, der vorschnell ins
2. Jahrhundert v. Z. datiert wurde, soll sadduzäischer Ausrichtung sein. Demnach hätten die frühesten Sektenmitglieder die Situation nach der makkabäischen Revolte (168–164 v. Z.), als die
Makkabäer die zadokitische Priesterschaft ablösten, nicht akzeptiert. In diesem Fall können die Qumraner nicht mit den Chassidim des 2. Jahrhunderts v. Z., den Gegnern des Hellenismus, aus
denen die priesterliche Führung der Makkabäer hervorging, in
Beziehung gestanden haben.[55] In Wahrheit ist jedoch nur bei einem der 20 Gesetze eine »vertretbare Verbindung zum Ritualge-
setz der Sadduzäer«[56] nachweisbar, und zudem ist das hebräische
Idiom der Schrift gänzlich verschieden von fast allen anderen bekannten Schriften. Der Text kann erst im 1. Jahrhundert n. Z.
entstanden sein, als der verwendete Dialekt nachweislich existierte.

Auch die drei geheimnisvollen Figuren, die zu vielen unterschiedlichen Spekulationen geführt haben, gehören wahrscheinlich der
späten Phase der Gemeinde an: der »Lehrer der Gerechtigkeit«,
der »Lügenmann« und der »Frevelpriester«. Wäre der Lehrer der
Gerechtigkeit tatsächlich eine bedeutende Gründerfigur gewesen,

würden wir erwarten, viel mehr über ihn in den Qumran-Manu-
skripten lesen zu können. Aber man erfährt von ihm nur selten,
so in der *Damaskusschrift,* im *Habakuk-Kommentar* und in einem Psalm-Pescher. Auffallenderweise zählen alle diese Schriften
zu den jüngsten der gesamten Qumran-Bibliothek. Der *Habakuk-
Kommentar,* auf den in der Hauptsache unser Wissen um den
geheimnisvollen Lehrer der Gerechtigkeit zurückgeht, stammt
nach dem paläographischen Befund ebenfalls aus dem 1. Jahrhundert n. Z.

Der Lügenmann war wohl ein Qumran-Mitglied, das sich von
der Gemeinde trennte. Er hat wohl andere, in den Augen der Anhänger des Lehrers der Gerechtigkeit falsche Lehren verbreitet
und sogar den Lehrer der Gerechtigkeit mit dem Schwert verfolgt. Die Gemeinde des Lügenmannes und er selbst werden oft
einfach als *Ephraim* (Samarien) bezeichnet. Der Frevelpriester
scheint nie der Qumran-Gruppe angehört zu haben. Es ist frag-
lich, ob sich hinter ihm überhaupt eine historische Gestalt ver-
birgt oder ob er nur eine – übrigens typisch hellenistische – literarische Übertragung des griechischen Tyrannen als Prototyp des
Gegners der Gruppe darstellt.

Zweifellos muß der Lehrer der Gerechtigkeit ein bedeutender
Führer gewesen sein. Manche Forscher vermuten, daß auch die
Hymnenrolle auf die Zeit des Lehrers der Gerechtigkeit zu datieren ist, vielleicht sogar von ihm verfaßt wurde. Ein Hinweis darauf ist etwa die Aussage: »Du setzt mich zum Zeichen den Erwählten der Gerechtigkeit und zum Übersetzer der Erkenntnis in
wunderbaren Geheimnissen« (1QH 2,13). Solche an Mysterienreligionen gemahnende Aussagen und die »Lichtmetaphysik« der
Hymnenrolle stellen auffällige hellenistische Elemente dar. Wenn
diese Texte tatsächlich vom Lehrer der Gerechtigkeit verfaßt
wurden, so muß er ein Mann gewesen sein, der, bei aller Ernsthaftigkeit jüdisch-religiöser Haltung, vom hellenistischen Geist
durchdrungen war. Die *Hymnenrolle* ist gleichsam ein Medita-
tionsbuch auf dem Hintergrund endzeitlicher Schrecknisse, das
keinerlei Parallelen in der jüdischen Literatur kennt. Das Neue

28

29

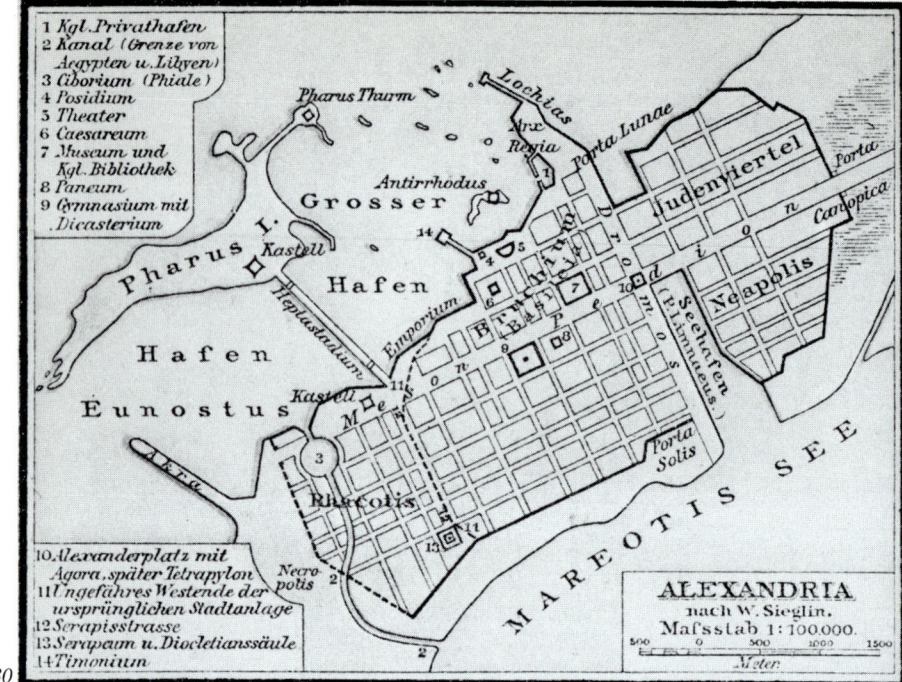

28 Ashoka-Säulenedikt von Sarnath in Brahmi-Schrift (3. Jh. v. Z.).

29 Zwei indische Figuren, die 1903 in Memphis (Ägypten) ausgegraben wurden (um 200 v. Z.): Links eine Frau aus dem Punjab; rechts eine Figur in indischer Sitzhaltung.

30 Alexandria in ptolemäischer Zeit. Rechts das Judenviertel. Südlich des Mareotis Sees siedelten die Therapeuten.

31 Bodhisattva Maitreya (Höhlentempel von Ajanta, 6./7. Jh.).

32 Ein buddhistischer Mönch reicht König Kanishka I. (1. Jh. n. Z.) über einem buddhistischen Steinzaun eine Lotusblüte als Symbol der Lehre (Ziegel von Haran).

33 Buddha Maitreya (Karashahar, 6./7. Jh.).

34 Jesus (Codex Aureus, um 879).

35 Jesus (mittelalt. Buchillustration). Die mittelalterlichen Darstellungen Christi zeigen frappierende Übernahmen der buddhistischen Abbildungen Maitreyas.

36 Auf dieser Skulptur trägt der Bodhisattva Padmapani Lotusblüten an den Stellen der Wundmale Jesu (Sarnath, ca. 9. Jh.).

31

32

33

35

an dem Text ist die darin zum Ausdruck kommende hellenistische Art der Seelenführung.[57]

Nach einer Zeit des ziellosen Umherirrens lenkte der Lehrer der Gerechtigkeit die Qumran-Schar auf den richtigen Pfad. Die spärlichen Hinweise auf ihn und die Datierung der Schriften verlagert ihn ins 1. Jahrhundert n. Z. Auf welches Ereignis mag dann die Zeit der Wanderung anspielen?

Bei ihren Ausgrabungen am Westufer des Toten Meeres haben die Archäologen in En el-Ghuweir, 15 Kilometer südlich von Qumran, ein ähnliches Gebäude wie das von Chirbet Qumran ausgegraben, in dem sich eine weitere Niederlassung der Qumraner befand.[58] Sie wurde, wie En Gedi, Ein Feshkha und die Anlage von Qumran um 40 v. Z. durch eine Invasion der Parther zerstört. Als Folge nahm die Bevölkerung in En Gedi und den anderen Oasen am Westufer des Toten Meeres zwischen 40–37 v. Z. dramatisch ab. Die Gegend war jahrzehntelang fast vollkommen verlassen. Wo die Qumran-Leute in der Zwischenzeit waren, ist unbekannt.[59] Befanden sie sich zu diesem Zeitpunkt führungslos und heimatlos auf der »zwanzigjährigen« Wanderschaft, wie die *Damaskusschrift* erzählt? Die Rückkehr nach der Wanderschaft unter der Leitung des Lehrers der Gerechtigkeit kann auf die Wiederbesiedlung von Qumran in den frühen Jahren nach der Zeitenwende hindeuten. Demnach hatten jene, die dem Lehrer der Gerechtigkeit folgten, wieder Qumran in Besitz genommen, während eine andere Fraktion dem Frevelpriester und vielleicht wieder eine andere Gruppe dem Lügenmann folgte. Die Anhänger des Frevelpriesters waren mit der Inbesitznahme von Qumran durch die Gruppe um den Lehrer der Gerechtigkeit wohl nicht einverstanden, denn sie verfolgten ihn bis ins Exil nach Qumran, und das selbst an ihrem geheiligten Tag.[60]

Dort, im Code-Land »Damaskus«, schlossen die Qumraner den »Neuen Bund«, jene Idee, die erst wieder im Christentum auftaucht: »... entsprechend der (Gesetzes-)Findung der Glieder des Neuen Bundes im Lande Damaskus« (CD Dam VI,19).

Unsere Rekonstruktion führt also zu folgendem Bild von der Qumran-Gemeinde: Die Qumraner waren eine Gruppe von jüdischen religiösen Eiferern, deren mythische Wurzeln mesopotamisch und persisch beeinflußt und die im 2. Jahrhundert v. Z. eine Abteilung der Essener waren. Von den Essenern bewahrten sie vor allem die auf die Buddhisten zurückgehende mönchische Lebensweise und die fundamentale Idee der Gemeinschaft (*Jachad*). Im Laufe der Zeit machten die Qumraner eine Evolution durch. Sie entfernten sich in ihrer sektiererischen Abgeschlossenheit immer weiter vom ursprünglichen Essenertum. Während ihrer Vertreibung aus Qumran, als die Parther die Anlage zerstörten und die Gruppe ziellos umherwanderte, entstand ein verstärkt kämpferischer Unterton in ihren Reihen. Eine wichtige Führerpersönlichkeit, der Lehrer der Gerechtigkeit, führte sie schließlich zurück zu den Höhlen und dem Gemeinschaftszentrum von Qumran und versprach den Beginn der Endzeit und das Auftreten der Messiasse von Aaron und Israel. Die »Neo-Qumraner«, die bald nach der Zeitenwende ihre alte Siedlung wieder in Besitz nahmen, hatten sich auf dem Hintergrund ihrer dualistischen Weltanschauung ein zelotisch beeinflußtes Weltbild zurechtgelegt und waren bereit, im Endkampf die Waffen zu schwingen. Vor dem jüdischen Krieg mußte die Gruppe ihre Stellung in Qumran räumen. Vielleicht haben sich dort für einige Zeit, ähnlich wie in Masada, Zeloten niedergelassen und mit einigen der besonders kriegerischen Qumraner verbündet. Gegen Ende der sechziger Jahre wurde Qumran schließlich von den Römern eingenommen. Die *Kriegsrolle,* die aus jener Zeit stammt und sich in ihrer Sprache von der *Gemeinderegel* und der *Damaskusschrift* deutlich unterscheidet, könnte gleichsam als zelotischer »Import« erst im Lichte dieser neuen Geisteshaltung entstanden sein.

In der Tat eignete sich die Anlage von Chirbet Qumran eher für eine Burg, denn für ein Kloster. Es gibt einen Wehrturm, große Zisternen und eine Kanalanlage für lange Belagerungszeiten. Von der ehemaligen Schreibstube der Qumraner war nicht viel übriggeblieben. Man hatte wichtigeres im Sinn: Den Kampf gegen die Söhne der Finsternis. Josephus, als Feldherr auf Seiten der Römer kämpfend, bestätigt, daß die Essener an den Kampfhandlungen teilnahmen. Wahrscheinlich hatte er die Qumraner im Sinn, die immer noch als essenische Partei galten. Es verwundert deshalb nicht, daß die Archäologen nur die Reste dreier Tische mit zwei darin eingelassenen Tintenfässern und kein einziges Pergamentstückchen fanden. Vielen bedeutet dies, daß Qumran nie ein Kloster mit einem bedeutenden Scriptorium war, sondern nur eine Festung der Zeloten. Denn sogar in Masada, der Hochburg der Zeloten, hatte man schon im letzten Jahrhundert wie in den Höhlen von Qumran eine hebräische Fassung des Sirachbuches entdeckt. Die Frage nach dem Zusammenhang zwischen Masada und Qumran darf nicht außer acht gelassen werden. Schließlich war in Masada sogar ein Fragment der erst kürzlich veröffentlichten und nachweislich in Qumran entstandenen Schrift *Lieder für das Sabbat-Opfer* aufgetaucht.

Die Erklärung liegt auf der Hand: Vor dem jüdischen Krieg wurde das einstige Kloster mit seinen Taufbecken und Schreibstuben zur Festung umfunktioniert. Die Zisternen, mit einem Fassungsvermögen von 1127 Kubikmetern, waren als Wasserspeicher bestens geeignet. Außerdem ließ sich in Notzeiten Wasser von den nahegelegenen Quellen von Ein-Feshkha holen. Als Wohnstätten wurden die umliegenden Höhlen aufgegeben. Statt dessen wurden alle wichtigen Schriften außerhalb der Anlage in eben diesen Höhlen deponiert. So kamen die Texte aus verschiedenen Phasen der Gemeinde einträchtig nebeneinander. Vielleicht erfuhren auch andere religiöse Gruppierungen von diesem hervorragenden Versteck und brachten bei Kriegsbeginn einige ihrer Schriften an denselben Stellen in Sicherheit.

Wie Qumraner den Jesus-Mythos auf den Weg brachten

Es kann nicht Sinn und Zweck unserer Untersuchung sein, das Qumran-Material detailliert nach seiner Bedeutung zu durchforsten. Wir stellen es hier nur dar, insofern es von Wert ist, um die Beziehung der Qumran-Leute zu den Essenern und den Zusammenhang mit Jesu Auftreten in unmittelbarer Nähe zu Qumran zu verdeutlichen.

Nach seiner Rückkehr von den Therapeuten aus Ägypten wird sich Jesus vielleicht eine Zeitlang bei den Essenern aufgehalten haben. Später entschied er, sich den Täufern, vielleicht auch den Qumranern, anzuschließen. Dort, in der kargen Gegend am Jordan, kamen jene hingeströmt, die mit den religiösen Zuständen der Zeit unzufrieden waren. Sie würden, so hoffte er, auf seine buddhistische Lehre hören. Eine Aussage aus Q macht deutlich, an wen er seine Botschaft zu richten bestrebt war: »Armen wird die frohe Botschaft verkündet« (QS 16). Jesus meinte keineswegs, daß er nur zu armen Menschen zu sprechen gedachte, er meinte damit die Qumraner, denn die »Armen«, war die gängige Selbstbezeichnung der Qumraner. Er machte auf sich aufmerksam durch beispiellose Reden und radikale Ansichten, die im Kontrast zum großen Johannes standen: Er lehnte die Taufe ab und verwarf die strenge Askese, die der Täufer lehrte. Vielmehr vermittelte er Buddhas mittleren Weg, rief zu Liebe und Sorglosigkeit auf und gewann Täufer wie Qumraner.

Es waren diese Jesus-Jünger – Gefolgsleute Johannes des Täufers und der eng mit der Johannestradition verwobenen Qumraner[61] – die ihre ehemaligen Sektenmitglieder zu ihrem neuen Glauben bekehren wollten. Durch sie kamen Ideen in die Evangelien, die in Qumran alltäglich waren. Betrachten wir darum für einen Augenblick die »Qumran-Fragmente«, die uns im Neuen Testament wiederbegegnen, um zu sehen, auf welchen Wegen die Worte des Ur-Jesus von Anbeginn verwandelt und verändert wurden.

Die Beziehungen zum iranischen Gedankengut der Qumraner werden ausschlaggebend dafür gewesen sein, daß einige typisch zarathustrische Ideen prägend für die Mythologie des Christentums wurden. Bei Zarathustra ragt besonders die Lehre vom großen Erlöser hervor. Mehrmals im Lauf der Geschichte seien gottgesandte Männer aufgetreten und hätten die Wahrheit verkündet, sie seien die historischen Propheten gewesen. Aber sie alle überrage der letzte Gottgesandte, der Heiland, mit dem die Endzeit beginne. Er sei wesensgleich mit Gott selbst, er sei der Heiland der, wie es heißt, »dir gleicht, o Herr«.[62] Von ihm wird gesagt, daß er den Menschen lehren wird die »geraden Pfade des Heils«, daß er die Welt vom Übel befreit, daß er Anteil nimmt an der Auferstehung und Wiederbelebung und den Endkampf gegen den bösen Geist leitet. Im übrigen wird er von einer jungfräulichen Mutter geboren werden, die Zarathustra die »Allüberwinderin« nennt. Es braucht nicht gesondert hervorgehoben zu werden, welchen Stellenwert diese mythisch-endzeitlichen Vorstellungen im Christentum erhalten sollten.

Für Qumran war die Erwartung eines Messias (oder zweier Messiasse) überaus charakteristisch. In einem Qumran-Text, der die Ordnung für die Gemeinde Israels am Ende der Tage wiedergibt, ist die Rede davon, daß der Messias geboren bzw. gezeugt wird (1QSa 2,11). Es kann also sein, daß die Jesus-Anhänger aus der Qumran-Gruppe in ihrem Meister diesen »gezeugten Messias« erkannt haben, der später durch die christliche Mythisierung zu einem göttlich gezeugten Messias in der Auferstehung wurde. Interessant ist weiterhin, daß der genannte Text das Erscheinen des Messias in Zusammenhang bringt mit der Tischordnung beim gemeinschaftlichen Mahl am »Tisch der Einung« und die Forderung aufstellt, keiner möge »seine Hand nach dem ersten Teil des Brotes und des Weines vor dem Priester ausstrekken, denn er segnet den ersten Teil des Brotes und des Weines, und er streckt seine Hand zuerst nach dem Brote aus. Danach streckt der Messias von Israel seine Hände nach dem Brot aus, und danach segnet die ganze Gemeinde der Einung jeder nach seiner Würde« (1QSa 2,17–21). Es ist offensichtlich, daß die Erzählung vom letzten Abendmahl eine literarische Nachbildung dieses eschatologischen Mahles von Qumran ist. Entstanden ist sie wahrscheinlich unter dem Eindruck jener Gefolgsleute Jesu, denen die symbolische Bedeutung des rituellen gemeinsamen Mahls in Qumran noch aus eigenem Erleben in Erinnerung war. Im übrigen war man in Qumran der Meinung, daß dann die »Gemeinde der Einung fest in der Wahrheit stehen« und antreten würde, das Land zu entsühnen, wenn sie ausgerechnet aus zwölf vollkommenen Männern besteht (1QS 7, 1.4–7).

Aber damit nicht genug. In der Qumran-Schrift mit der Bezeichnung 4Q 246 ist von einem »Sohn Gottes« die Rede, der Frieden auf Erden bringen, der im Namen Gottes als Sohn Gottes gepriesen wird und den man »Sohn des Allerhöchsten« nennen wird!

Sogar die Selbstbezeichnungen der Qumraner wurde von den frühen Jesus-Gruppen und den ersten Christen übernommen. Sie nannten sich »Arme der Gnade« oder »Arme aus Gnade« (1QHod 5,22), »Gemeinde der Armen« (4QPs 37,2,10), »Arme deiner Erlösung« (1QMil 11,9), schließlich sogar »Arme des Geistes« (1QMil 14,7) – eine Betitelung, auf die vielleicht sogar eine der Seligpreisungen der Bergpredigt des Ur-Jesus Bezug nimmt.

Die in Qumran als typisch hellenistisches Gut über Alexandria eingeflossenen Elemente der Mysterienreligionen begegnen uns in der Darstellung der Person ihres großen Führers. Den Lehrer der Gerechtigkeit bezeichneten seine Anhänger als jenen, dem »Gott alle Mysterien der Worte seiner Diener, der Propheten enthüllt hat.« Er wird als ein Eingeweihter höchsten Grades dargestellt. Das ist bezeichnend für die hellenistische Mode, Religion als ekstatisch-gnostisches Mysterium aufzufassen. Die Vorstellung von der Dunkelheit der göttlichen Offenbarung ist unjüdisch und findet sich in den jüdisch-apokalyptischen Gedankengebäuden nicht.[63] In der *Sektenschrift* wird den eingeweihten Gemeindemitgliedern geboten, »über die Wahrheit aller Geheimnisse der Erkenntnis zu schweigen« – eine typische Einweihungsformel, wie wir sie aus den hellenistischen Mysterienreligionen ken nen. Jene Jesusanhänger, die das Thomasevangelium als heiliges Buch bewahrten, hatten ihren Meister später, wie den Lehrer der Gerechtigkeit, als »Kenner der Mysterien« charakterisiert, der seine Schüler dazu aufforderte, es ihm gleich zu tun: »Jesus sprach: Die Pharisäer und die Schriftgelehrten haben die Schlüssel der Erkenntnis empfangen und haben sie versteckt. Selbst sind sie nicht hineingegangen, aber sie ließen auch nicht hineingehen, die hineingehen wollten. Ihr aber, werdet klug wie die Schlangen und unschuldig wie die Tauben« (ThEv 39).

Unwillkürlich wird man bei der Darstellung des Lehrers der Gerechtigkeit immer wieder an Jesus erinnert. Die Qumraner, die sich Jesus anschlossen, hatten natürlich ein vitales Interesse daran, ihn nach diesem Vorbild zu formen. Die Parallelen lassen sich in folgenden Punkten zusammenfassen: Wie der Lehrer der Gerechtigkeit trat Jesus als Führer einer »Gemeinde des Neuen Bundes« auf, richtete seine Verkündigung und Mahnung zu Buße und Umkehr vor dem nahenden Weltenende an das »letzte Geschlecht«, predigte die Erfüllung des Gesetzes (Mt 5,17), freiwillige Armut und ging mit den Hohepriestern und Schriftgelehrten scharf ins Gericht. Viele dieser Elemente haben wir als Erweiterungen der Spruchquelle auf der Ebene Q[2] kennengelernt. Sie wurden also von den Q-Leuten, den Nachfahren der Schüler aus Jesu unmittelbarer Umgebung veranlaßt. Bereits nach Durchsicht der ersten ausgewerteten Qumran-Manuskripte vermutete der Cambridger Forscher Jacob L. Teicher, daß die Gestalt Jesu nach dem Vorbild des Lehrers der Gerechtigkeit geformt wurde und Paulus als Frevelpriester und Lügenmann in einer Person zu gelten habe.[64] Diese Einschätzung erhält jetzt besonderes Gewicht. Teicher betonte den Messiasanspruch, der sowohl dem Lehrer der Gerechtigkeit als auch Jesus zugeschrieben wurde. Priesterliches und königliches Blut sollte der in Qumran ersehnte Messias in sich vereinigen, ganz so wie man es von Jesus behauptete, der angeblich mütterlicherseits von Levi, väterlicherseits von Juda abstammte. Am Jüngsten Tag würde nicht Gott, sondern sein Auserwählter (Jesus bzw. der Lehrer der Gerechtigkeit) die Menschheit richten. Diese absolut unjüdische Lehre erweist sich nun nicht mehr als »christliches Sondergut«, sondern als Übernahme der abtrünnigen Qumraner, die am Jesus-Mythos bastelten. Jesus war keineswegs der geheimnisvolle Lehrer der Gerechtigkeit, er erhielt dessen Züge verbunden mit den Messias-Erwartungen der Qumraner und ging als Stifter des »Neuen Bundes« in die Geschichte ein. Die Ex-Qumraner und Ex-Täufer, die jetzt zu den (literarischen) Trägern der Jesus-Bewegung von Q geworden waren, verwendeten bestimmte Qumran-Dokumente als Folien für die Arbeit am Jesus-Mythos. Dieses Unternehmen fand erst Jahrzehnte nach dem Verschwinden Jesu statt, und es mag durchaus sein, daß viele federführenden Mitglieder Jesus niemals begegnet waren. Es ist anzunehmen, daß die meisten überhaupt erst nach dem Ende der öffentlichen Tätigkeit Jesu geboren worden waren und vielleicht erst in der Kriegszeit von den eifrigen Jesus-Jüngern von Q aus ihren alten Sekten rekrutiert wurden. Für sie mag es überhaupt nicht abwegig erschienen sein, Jesus mit dem Lehrer der Gerechtigkeit in Beziehung zu setzen.

Was die endzeitlichen Erwartungen betrifft, gibt es noch ein interessantes Feld für zukünftige Forschungen über den Zusammenhang von Qumran mit dem Christentum. Die von den Qumranern verehrten Henoch-Schriften, die vielleicht sogar von ihnen mit entwickelt wurden, standen auch in der Jesus-Bewegung in hohem Ansehen. Für so bedeutsam hielten die Jesus-Leute die Henoch-Schriften, daß sie viele Reden Jesu und der Apostel ungeniert nach ihnen formten. Nur um ein Beispiel zu geben: »In jenen Tagen kommen die Völker in Aufruhr und die Geschlechter erheben sich am Tag des Verderbens« (Hen 99,4). Jesus wird bei seiner Ansprache über die Endzeit in den Mund gelegt: »Denn erheben wird sich Volk wider Volk und Reich wider Reich« (Mk 13,8; Lk 21,10). Alle Motive der apokalyptischen Ansprachen Jesu, mit den Ankündigungen von Erdbeben, Pest, Hunger, Ungerechtigkeit, Wehen und Drangsal finden sich in vergleichbarer Weise in Qumran und in der Henoch-Literatur. Diese Ähnlichkeiten waren für die katholische Theologie sehr unvorteilhaft, denn sie mußten Zweifel aufkommen lassen an der Originalität ihres angeblichen Religionsstifters. So kam es im 4. Jahrhundert zu einer Säuberungsaktion, durch die zahlreiche hebräische Handschriften vernichtet wurden und das Henoch-Buch aus den kanonischen Schriften verschwinden mußte.

Die ersten Qumraner und Täufer, die Jesus folgten, waren zutiefst von diesen eschatologisch-apokalyptischen Gedanken erfüllt. Sie hingen wahrscheinlich nicht deshalb an den Lippen Jesu, weil seine Lehren sie zutiefst überzeugt hatten, sondern weil sich die Messias-Ankündigung an die »letzten Geschlechter« des Lehrers der Gerechtigkeit nicht erfüllt hatte. In Jesus stand ihnen eine so ungewöhnliche und über allen Konventionen, Vorschriften und Gesetzesbeschränkungen stehende Persönlichkeit gegenüber, daß sie bereit waren, in ihm tatsächlich jenen zu sehen, »der verheißen war«. Und genau hierin lag Jesu Hauptproblem, für seine buddhistische Botschaft Gehör zu finden.

Die radikale Ethik interessierte seine Zuhörer nur am Rande. Sie wollten wissen, ob nun endlich der gottgesandte Erlöser gekommen war, sie von aller Drangsal zu befreien. Von Anfang an mußte Jesus gegen den messianischen Fanatismus seiner Anhänger ankämpfen. Die Zebedäus-Söhne Jakobus und Johannes baten ihn sogar im messianischen Gottesreich, die besten Posten zugesprochen zu bekommen (Mk 10,35–37). Lukas (4,14–30) bewahrt die Erzählung von Jesu Auftritt in der Synagoge von Nazareth am ausführlichsten, als Jesus den Schriftgelehrten zwar den Anbruch der Endzeit mitteilte, aber die Hoffnungen der Menschen auf ihn als Erfüller der aktuellen Endzeiterwartungen ablehnte. Die Begeisterung schlug in Wut um, und Jesus mußte sich in Sicherheit bringen, damit er nicht vom Felsen heruntergestürzt würde. Leicht war seine Aufgabe sicher nicht, den so emotional vom Gedanken der endzeitlichen Errettung in einem messianischen Sieg über alle Gegner der Auserwählten durchdrungenen Menschen, den *Dharma,* zu predigen, von der Sorglosigkeit und Feindesliebe zu künden. Wie sollte diese Lehre mit den ganz anders gelagerten Zukunftserwartungen vereint werden? Heute wissen wir, daß sie mit ihnen nicht vereint werden konnte, daß Jesus letztlich scheiterte und daß die paulinisch geprägte Kirche durch die Fortbewegung von den Gedanken des Ur-Jesus und seine Erhöhung zum Christus niemals den Gegensatz zwischen seiner Lehre und der synkretistischen Macht-Theologie überwinden konnte.

Das Mitleidsgebot des Ur-Jesus immerhin konnten die Nachfahren der Qumraner verstehen und in ihr Weltverständnis integrieren. Denn dieses war in ihrer eigenen Tradition aus den fernen Zeiten buddhistisch-essenischer Vergangenheit im *Testament der zwölf Patriarchen* erhalten geblieben.

Wir begegnen im Neuen Testament auch einer ganzen Reihe von Jesus-Worten, die entweder qumranische Ideen aufnehmen, oder sich gegen Praktiken, die in Qumran gepflogen wurden, richten. Vieles davon mag wiederum auf die Träger der Jesus-Bewegung zurückgehen. Es kann aber auch durchaus sein, daß Jesus selbst bestimmte Haltungen und Handlungsweisen der Sektierer übernahm oder sich gegen andere aussprach. Beides läßt sich verstehen, weil die Worte des Ur-Jesus direkt an Mitglieder der Gemeinde gerichtet waren. In der *Damaskusschrift* heißt es unter zahlreichen anderen Verordnungen über die Sabbat-Vorschriften: »Niemand darf einem Vieh am Sabbattage Geburtshilfe leisten. Wenn es in eine Grube oder eine Zisterne geworfen hat, soll man es am Sabbat nicht herausholen« (CD Dam XI,13,14); und weiter: »Ein lebendiger Mensch, der ins Wasser oder sonst wo hineinfällt, den darf man nicht mit einer Leiter, einem Strick oder einem anderen Gerät herausholen« (CD Dam XI,16,17). Offenbar hatte Jesus eben diese rohe, menschenverachtende Gesetzesauslegung der Qumran-Gemeinde im Visier, als er auf die Frage, ob man am Sabbat heilen dürfe, zur Antwort gab: »Welcher Mensch ist unter euch, der ein Schaf hat und, wenn es am Sabbat in eine Grube fällt, es nicht ergreift und herauszieht« (Mt 12,11)?

Der Ur-Jesus hat sicher die Feindesliebe und unbedingte Achtung allen Lebens als Mittelpunkt des rechten Handelns auch deshalb ins Zentrum seiner großen Bergpredigt gestellt, weil er um den grimmigen Feindeshaß seiner ersten Anhänger nur zu gut wußte. Sie waren noch ganz im qumranischen Geist der Erbarmungslosigkeit gegenüber den Söhnen der Finsternis gefangen. So richtet sich der Nachsatz der sechsten Antithese der Bergpredigt bei Matthäus, den wir als Teil der Darlegung der »fünf Vorschriften« Buddhas kennengelernt haben (s. S. 134 f.), speziell gegen diese Einstellung der Qumraner: »Ihr habt gehört, daß gesagt ist: Du sollst deinen Nächsten lieben und deinen Feind hassen« (Mt 5,43). An wen, als an die Qumran-Leute konnte diese eindeutige Formulierung gerichtet gewesen sein, zumal extremer Feindeshaß weder unter den Pharisäern noch unter den Sadduzäern bekannt war? Und eine Stelle bei Matthäus scheint eine Warnung gegen die Theologie der Qumraner zu enthalten[65] als jene, die in der Wüste ansässig sind: »Wenn sie euch also sagen: Siehe, er ist in der Wüste, so gehet nicht hinaus« (Mt 24,26). Diese Warnung vor den selbsternannten Wüsten-Propheten und den Hoffnungen der Qumraner, der Messias würde sich in der Wüste offenbaren, kam von Jesus selbst oder von seinen Anhängern.

Interessant ist in diesem Zusammenhang auch das Jesus-Wort vom Felsen (Petrus), auf dem er seine Kirche (Gemeinde) gründen werde (Mt 16,18; Joh 1,42). Es wurde wohl von den Jesus-Leuten eingefügt, denn es ist eindeutig der *Hymnenrolle* von Qumran entnommen. Darin lesen wir: »Denn Du [Gott] legst die ›Gründung‹ auf Fels« (1GH 6, 25 f.). Die Gemeinde erscheint in dieser Passage als ein Gottesbau. Johann Meier[66] zeigt in seiner Übersetzung, daß *swd* (»Gemeinschaft«) und *yswd* (»Fundament«) oft nicht auseinandergehalten wurden, was eine Wiedergabe als »Gründung« richtig erscheinen läßt. Die späten Jesus-Anhänger, die eine Begründung ihrer Kirche durch Jesus vorweisen wollten, entlehnten den Vergleich der *Hymnenrolle*.

Zur Praxis von Qumran gehörte das Heilen durch Handauflegen. Es scheint sich dabei um ein Relikt aus den essenischen Wurzeln der Gemeinde zu handeln. Im aramäischen *Genesis-Apokryphon* lesen wir: »Und er bat mich zu kommen, für den König zu beten und ihm meine Hände aufzulegen, auf daß er lebe ...

Und legte die Hände auf sein Haupt, und die Plage wich von ihm, und der böse Geist entfernte sich, und er lebte.«[67] Jesus wird gleich nach seinem ersten Auftritt als großer Heiler dargestellt. Allenthalben legt er den Menschen die Hände auf, befreit sie von Krankheiten, Gebrechen und bösen Geistern. Sicher ist Jesus tatsächlich als heilender Wandermönch in Erscheinung getreten, denn zu seiner Ausbildung bei den Therapeuten gehörte die Umsetzung von Buddhas Mahnung, die Menschen an Leib und Seele zu heilen. Trotzdem scheinen viele der Wunderheilungen im Neuen Testament literarische Erfindungen zu sein. Die Praxis des Handauflegens war den Jesus-Leuten aus Qumran bekannt, aber um ihren Meister als außergewöhnlichsten unter allen Schwarmgeistern, Propheten und Heilern hervorzuheben, griffen sie zu einer interessanten Propaganda-Idee, die vielleicht tatsächlich auf die ersten Jünger an seiner Seite zurückgehen mag: Um das Aufsehen, das Jesus als Heiler bald erregte, für ihre Mission zu nutzen, erzählten sie allenthalben von den wunderbaren Heilerfolgen, und daß ihr Meister aber den Geheilten stets drohend einschärfe, niemandem etwas von der Heilung zu erzählen (z.B. Mt 8,4; 9,30). Psychologisch gesehen, war das ein geschickter Schachzug. Damit machte man den Menschen deutlich, daß Jesus nicht irgendein Heiler war, sondern eine geheimnisumwitterte Person, über die man Stillschweigen zu bewahren hat. Selbstredend war das die beste Garantie dafür, daß die Kunde über den Wundermann sich rascher ausbreitete. Nach dem Ur-Jesus klingen die Drohungen, Stillschweigen zu bewahren, ohnehin nicht, und es ist offensichtlich, daß die Aufforderung nicht befolgt wurde. Denn die ausführlichste Kunde über Jesu frühes Wirken, ist genau jene, von der nichts hätte verlauten dürfen – seine Heilungen.

Wie unüberlegt ihm bisweilen die Jünger Wunderheilungen andichteten, zeigt eine Begebenheit, die sich in der Dekapolis, am Ostufer des Sees von Gennesaret ereignet haben soll. Dort habe der große Heiler Jesus die bösen Geister zweier Besessener auf eine Herde Säue übertragen, die sich prompt den Abhang hinunter in den Tod stürzte, worauf der eigentümliche Zauberer – verständlicherweise – von den aufgebrachten Hirten verjagt wurde (Mt 8,28–34; Mk, 5,1–17; Lk 8,26–37). Es ist völlig unglaubwürdig, daß der Ur-Jesus ein solch abstoßendes Schauspiel inszeniert hätte und zeigt nur den Grad an Erfindungsreichtum, den die christlichen Autoren an den Tag legten, um ihren Meister als den bedeutendsten darzustellen. Man richtete sich in der Auswahl bestimmter Wunder nach den damals umlaufenden Erzählungen über die Taten berühmter »Wundermänner« der Antike, wie Epimenides, Pythagoras, Empedokles und selbst Plato, den man nach seinem Tod für einen Sohn Apollos hielt. Von Empedokles erzählte man sich, er habe Kranke geheilt, Tote erweckt, Stürme beschworen und die Zukunft vorhergesagt. Die Ähnlichkeit mit den Jesus zugeschriebenen Wundern ist bisweilen verblüffend. Denken wir nur an die Stelle, als Jesus dem Petrus aufträgt, die Netze noch einmal zum Fischfang auszuwerfen (Lk 5,1–7). Sie ist einer Erzählung über Pythagoras nachgebildet, der in Kroton den Fischern voraussagte, wie viele Fische sie fangen würden, wenn sie ihre Netze noch einmal ins Wasser werfen würden.[68]

Zeitgenössische »Helden« aus dem Krieg gegen die Römer mögen neben den Qumran-Schriften und der Figur des Lehrers der Gerechtigkeit zu der Zeit, in der die Hauptsache des Materials zusammengetragen wurde, für diese literarische Nachbildung ebenfalls Pate gestanden haben. Von Josephus wissen wir etwa vom Schicksal, das der Galiläer Menachem im Jahr 66 n. Z. erlitt und das jenem Jesu verblüffend ähnlich ist. Wie Jesus war Menachem ein Davidssohn, der als Führer der *Sikarier* den jüdischen Aufstand angezettelt hatte. Er stammte aus Bethlehem, zog als König in Jerusalem ein, besetzte den Tempel, wurde verraten und getötet. Rudolf Augstein hat auf diese merkwürdigen Parallelen aufmerksam gemacht und vermutet, der Bericht über Menachem – ein Name, der übrigens »Tröster« bedeutet und später anstelle von »Messias« in Gebrauch war – hätte Markus als Vorlage für seine jesuanische Erzählung gedient.[69] Interessant ist, daß auch die These vertreten worden ist, Menachem sei der Lehrer der Gerechtigkeit der Qumran-Gemeinde gewesen.[70] Seitdem wir wissen, daß die Texte, welche auf den Lehrer Bezug nehmen, alle aus dem 1. Jahrhundert n. Z. stammen, könnte der nie namentlich genannte Lehrer durchaus auch ein Zelot aus dieser Zeit gewesen sein.

Alle diese Parallelen verdeutlichen zweifellos, daß die Jesus-Biographie von einem in kämpferisch-jüdischen Kreisen gängigen Schema geprägt ist und nicht einzigartig vor uns steht, wie uns das die Evangelien glauben machen wollen. Auf dem Hintergrund der Inflation an selbsternannten Josuas/Jesussen zeigen die gegenseitigen Entsprechungen zwischen dem Lehrer der Gerechtigkeit, Menachem und Jesus, daß alle drei Figuren Produkte verwandter Geisteskreise sind. Der Grund, warum wir in den Schriften der Jesus-Bewegung der Ebenen Q^2 und Q^3 so viel »qumranisches« und »johanneisches« Material vorfinden, beruht darin, daß die Q-Leute Jesus in den Horizont ihrer Utopien – den vertrauten religiösen Ideen – als messianische Retterfigur einfügen wollten. Auf diese Weise fanden Leitgedanken, die im Umkreis der Qumraner ausgearbeitet wurden, letztlich Eingang in die Evangelien. Durch die Anreicherung zugeschriebener, aber nicht authentischer Jesus-Worte im Prozeß der Bildung der christlichen Lehre und der mythischen Biographie Jesu, wurden die rein buddhistischen Lehren des Ur-Jesus zusehends in den Hintergrund gedrängt. Freilich verschwanden sie nicht aus den Schriften. Aber bald nahmen Taten und Reden, apokalyptische Prophezeiungen, geheimnisvolle Leidensankündigungen und Messias-Ansprüche dermaßen überhand, daß die Worte des Ur-Jesus nur noch einen kleinen Teil ausmachten, in den Hintergrund gerieten und nur deshalb nicht vollends dem Vergessen anheimfielen, weil sie in ihrem kompromißlosen Moralverständnis wie helle Strahlen aus dem eklektischen Sumpf der Evangelien hervorleuchten. Streichen wir die Elemente aus der Qumran- und Täufertradition, tritt wieder der Ur-Jesus vor uns hin: der Bodhisattva der universellen Liebe.

Wer aber hatte die buddhistischen Lehren des weisen Mannes verstanden? Viele werden es wohl nicht gewesen sein. Selbst seine engsten Schüler mißverstanden ihn oft und am Ende ließen ihn fast alle im Stich. Es verwundert deshalb nicht, daß die Urworte Jesu verschüttet wurden, die Spruchsammlung in fremde Zusammenhänge eingearbeitet und ihm vieles angedichtet wurde. Aus dieser Perspektive muß man die Wirkungsgeschichte Jesu als das großartigste Scheitern der Geschichte bezeichnen.[71] Als Überbringer seiner Botschaft steht der Ur-Jesus heute als Verlierer vor uns. Viel ist von ihr nicht geblieben. Großartig war seine Niederlage deshalb, weil Jesus durch die Vorarbeiten der Q-Leute während des Krieges und durch die Propaganda des Paulus (oder jener, die sich hinter diesem Namen verbargen) und seiner Epigonen als Gott und Stifter einer Religion in die Geschichte eingegangen ist, die er in dieser Form nie gewollt hat.

Indische Elemente im Christentum: Mönche, Kirchen und Erlöser

Die buddhistischen Quellen des Christentums werden nicht nur an den authentischen Worten Jesu deutlich, sie treten auch in der Entwicklung des Mönchswesens mit großer Klarheit hervor. Das Mönchtum stand immer im Gegensatz zur Kirche und hat im Lauf der Geschichte zahlreiche vehemente Konfrontationen mit der Amtskirche durchzustehen gehabt. Während die offizielle Kirche zu einem Verwaltungsapparat der geistlichen und weltlichen Macht wurde, versuchte das Mönchtum nach den Lehren des Ur-Jesus zu leben, dem Ideal der Armut, der Barmherzigkeit, der mystischen und meditativen Suche hingegeben. Dieser Gegensatz zur Priesterschaft erklärt sich dadurch, daß die Wurzeln des christlichen Mönchtums auf den Buddhismus zurückgehen. Wir können dies nur oberflächlich antippen, weil das Thema nicht zum zentralen Inhalt unseres Buches gehört und selbst eine umfangreiche Studie wert wäre. Das Mönchswesen entstand in

den ersten Jahrhunderten nach der Zeitenwende bezeichnenderweise in Ägypten und Syrien. Die Vorbilder, die man in Ägypten vorfand, waren insbesondere die Therapeuten, die ja, wie wir gezeigt haben, von der alten Kirche tatsächlich als die ersten »christlichen Mönche« angesehen wurden. Ihre buddhistische mönchische Lebensweise muß viele ernsthaft Suchende beeindruckt haben. Konnten sie auch die fremdartigen Lehren nur bedingt verstehen, so sahen sie doch die tiefe Ernsthaftigkeit, mit der die Buddhisten sich von der vergänglichen Welt des Scheins abwandten und in einem nach Innen gekehrten Dasein alle ihre Anstrengungen auf den Weg der Erlösung lenkten. Das vorgelebte Beispiel überzeugte. Es beeinflußte die Essener und die Qumraner. Auch die vom gnostischen Denken Infizierten suchten im Rückzug aus der Welt ein vergleichbares asketisches Leben. Auf diesen extremen Standpunkt, den Buddha, die Therapeuten und Jesus schon überwunden hatten, fielen die ersten Nachahmer zurück. Marcion (85– ca. 160) war einer der wichtigsten Verfechter des asketischen Ideals unter den Christen. Für die Geschichte des Mönchtums und der Entwicklung der katholischen Kirche hätte sein rigoroses Eintreten für Askese und den unbedingten Verzicht auf Geschlechtsverkehr bedeutungslos sein können, wäre er nicht so erfolgreich im Sammeln von Anhängern gewesen.
Marcion wurde in Sinope geboren, wo er bald zu einem erfolgreichen Reeder und Kauffahrer aufstieg. Als reicher Unternehmer begann er sich eingehend mit theologischen Fragen auseinanderzusetzen, vertrat gnostische Gedanken und schuf als Ersatz für das Alte Testament eine eigene heilige Schrift. Ganz in gnostischem Sinn betrachtete er den jüdischen Gott des Alten Testaments nur als Schöpfer der Welt (*Demiurg*), und da jede Schöpfung als böse erachtet wurde, war der Demiurg ein böser Gott. Ihm entgegen stehe der »fremde« Gott, der mit aller Schöpfung nichts zu tun habe und dem Lichtreich des reinen Geistes zugehöre. Dieser Gott der Liebe habe aus Gnade Christus in einem Scheinleib als Welterlöser gesandt. Mit solchen Vorstellungen waren die Theologen in Rom nicht zu gewinnen. Nicht einmal,

nachdem Marcion der römischen Kirchengemeinde eine ungeheure Summe Geld gespendet hatte. Um 144 wurde er exkommuniziert, seine Lehre als ketzerisch gebrandmarkt. Marcion ließ sich nicht entmutigen, er gründete eine antikatholische Gegenkirche, von der Justin zur Mitte des 2. Jahrhunderts gestehen mußte, daß sie auf dem gesamten Erdkreis verbreitet war. Während Marcion für die Katholiken der Erzketzer schlechthin war, mußten sie sich zwangsweise mit seiner Kirche auseinandersetzen. Denn im 2. und 3. Jahrhundert war die marcionitische der katholischen Kirche an Macht und Einfluß überlegen.

In Kleinasien, wo Marcion großen Zustrom an Gläubigen verzeichnen konnte, wirkte seine asketische Religion stark auf die entstehenden christlichen Mönchsgemeinden. Im 3. Jahrhundert verließen syrische Asketen die Welt der gewöhnlichen sozialen Bindungen und überkommenen Lebensweisen, um als Anachoreten (Einsiedler) in der Wüste zu leben. Diese einsamen Asketen blickten freilich auf eine alte Tradition im kleinasiatischen Raum zurück. Johannes der Täufer war ein solcher Wüstenasket oder ein gewisser Banus, von dem uns Flavius Josephus Kunde gibt, der sich nur von Früchten ernährte, mit Blättern kleidete und ständig in kalten Flüssen badete, um rein zu bleiben.

Der erste, der eine Schar Gleichgesinnter in Mittelägypten in die Wüste führte, war in der zweiten Hälfte des 3. Jahrhunderts Antonius. Er gründete damit die erste Eremitenkolonie, wodurch die Idee des Kloster-Mönchtums im christlichen Weltverständnis geboren war. In der Folge entstanden zahlreiche Eremiten-Kolonien in Ägypten, etwa in Leontopolis im Nildelta unter Hierakas, in der nitrischen Wüste unter Amun, in der sketischen Wüste unter Makarios dem Ägypter (ca. 300–380) und in Oberägypten unter Palaimon.

Das eigentliche Kloster-Mönchtum wurde durch Pachomios (ca. 292–346), der aus der oberen Thebais in Ägypten stammte, ins Leben gerufen. Pachomios trat der Asketenkolonie des Palaimon bei und gründete um 320 in Tabennisi bei Dendera ein Kloster, dessen Regel lange Zeit für das sogenannte zönobitische Mönch-

tum verbindlich war. Danach stiftete er weitere acht Männer-
und zwei Frauenklöster. Von Ägypten, jenem Land, wo zuerst die
Buddhisten Ashokas die mönchischen Regeln und Lebensweisen
etabliert hatten, breitete sich nunmehr das christliche Mönchtum
in die übrigen Mittelmeerländer aus. Von überall her reisten die
Gläubigen in das Land am Nil, um sich Anregungen für ihre eigenen klösterlichen Gemeinschaften zu holen. Die Regel des Pachomios sollte für die Mönchsgemeinden von Basilius, Cassian
und Benedikt von Nursia zu einem wichtigen Vorbild werden.
Während für das griechische Mönchtum die Regeln des Basilius
(330–379) mit ihren Elementen von Askese, Verneinung des Ei-
genwillens und unbedingten Gehorsams prägend wurden, über-
trug Cassian (ca. 360–430) die Ideale des ägyptischen Mönchtums nach Gallien, und Benedikt von Nursia (480–547) faßte
die Ideen des Cassian in jene strengere Form, die maßgeblich für
die gesamte spätere abendländische Tradition wurde. Bei ihm
scheint zum ersten Mal die Residenzpflicht im Kloster auf (*stabi-
litas loci*).

Schon unter den Mönchen des Pachomios spielte die Praxis der
meditatio eine bedeutende Rolle.[72] Ihre freie Zeit brachten sie
damit zu, sie mit dem Erlernen göttlich inspirierter Schriften zu
füllen, anstatt mit allzumenschlichen Unzulänglichkeiten. Hier
begegnen wir deutlich der Ahnenlinie, die von der therapeutisch
und essenisch beeinflußten judenchristlichen Tradition zum
ägyptischen und syrischen Mönchtum führte.[73] So zeigt die Praxis der *vigiliae* (Nachtwachen), *meditatio* (Versenkung) und *lectio continua* (ständiger Vortrag) dieser frühen Mönche starke
Ähnlichkeiten mit den in der *Gemeinschaftsregel* von Qumran
niedergelegten Vorschriften (1QS 6,6–8).

Die Ur-Ahnen des christlichen Mönchtums, die ägyptischen Therapeuten, waren noch ganz dem buddhistischen Mönchsideal
verschrieben. Zwar mußten sie nicht zwischen Wanderzeiten und
Zeiten klösterlicher Residenz abwechseln, wie das in Indien nötig war wegen der Regenzeit, die die Wanderungen beschwerlich
und gefährlich machte, aber dennoch waren sie sicher mobil.

Darum ergab sich auch für Jesus keine Notwendigkeit, in einer klosterartigen Gemeinde zu verweilen, sondern das Wanderleben nach alter buddhistischer Sitte aufzunehmen. Die gemeinschaftlichen Ansiedlungen in den einfachen Hütten der Therapeuten, der Essener und später der Qumraner, die in den Höhlen lebten,[74] waren eher aus der Not geboren, sich von der Gesellschaft der Ungläubigen zurückzuziehen.

Doch selbst noch im 5. Jahrhundert sind in den Mönchsregeln des Benedikt von Nursia die »buddhistischen Elemente« unverkennbar. Die monastische Praxis der Buddhisten wird *Trishiksha* (»dreifache Schulung«) genannt. Sie setzt sich zusammen aus der Schulung der Sittlichkeit (*Shila*), der Schulung des Geistes durch Meditation (*Samadhi*) und der Schulung der Weisheit durch das Studium der Lehrschriften (*Prajña*). Die benediktinische Praxis umfaßt die entsprechenden drei Elemente: *Opus manum, opus dei* und *lectio divina*.

Shila bedeutet mehr als nur moralische Lebensart, es betrifft das ganze tägliche Verhalten gegenüber Mitmenschen, Tieren und unbelebten Objekten. Die Ehrerbietung, die der Benediktiner seiner Mitwelt entgegenbringt, drückt sich im *Opus manum* aus und wird am augenfälligsten in der sorgfältigen Feldarbeit und im Anbau von Früchten. *Samadhi* bedeutet Konzentration und bezieht sich auf die Einstellung in der Meditation und bei der Anbetung. Die benediktinische Parallele ist das *Opus dei,* das Werk Gottes, also das tägliche Programm der Liturgie und der Messe. Wie der Buddhist früh aufsteht, um der kontinuierlichen Wachheit des Buddha-Zustandes zu genügen, macht dies der Benediktiner, um die ständige Aufmerksamkeit auf die jederzeit mögliche Wiederkunft Christi zu lenken. *Prajña* schließlich bezeichnet das Studium der Sutras und Shastras und soll zu Weisheit führen, wenn dieses Wissen verinnerlicht ist. Genauso ist die *Lectio divina* das ruhige und aufmerksame Lauschen auf die Rezitation der heiligen Schriften. In beiden Fällen bedürfen diese drei Disziplinen einander und ergänzen sich gegenseitig.

Die östlichen Einflüsse gingen nicht nur in das Mönchtum ein, sie erreichten das gesamte religiöse Leben im Westen. Darum mußte die paulinische Kirche, die sich parallel zum Mönchswesen bildete, in den ersten Jahrhunderten ihres Bestehens mit vielen anderen Religionen, Philosophien und mystischen Bewegungen konkurrieren, bis der Wettstreit schließlich im 4. Jahrhundert n. Z. vom römischen Kaiser zugunsten der katholischen Kirche entschieden wurde. Die Verdrängung nicht-paulinischer Kulte gelang jedoch nur, indem die Christen von diesen eine ganze Anzahl Rituale, Feste, Tempel, Sakramente und Mythologien übernahmen. So integrierte das Christentum im Verlauf seiner frühen Geschichte selektiv Einflüsse von der Apokalyptik, den Mysterien, der Gnosis, von östlichen Religionsvorstellungen und sogar von Philosophen von Plato bis Proclus.[75] Zu den augenfälligsten Entlehnungen aus dem Buddhismus gehören das Zeremonial der römisch-katholischen Kirche, Tonsuren, Rosenkränze, Räucherwerk, Glocken, Reliquienverehrung, Klöster, Unterscheidung zwischen Novizen, ordinierten Mönchen und Nonnen, Beichte und Zölibat. Der unverständliche Begriff »Rosenkranz« geht sogar auf eine falsche Übersetzung des indischen Wortes *Japamala* (»Gebetskranz«) zurück. *Japâ,* mit einem langen A am Ende, bedeutet »Rose«, während *Japa* mit einem kurz gesprochenen A am Ende, »Gebet« bedeutet! Sogar die Anzahl der Kugeln des Rosenkranzes entspricht jener des buddhistischen Gebetskranzes.[76]

Der Kunstgeschichtler James Fergusson konnte nachweisen, daß verschiedene Details im frühen christlichen Kirchenbau, wie Mittelschiff und Seitenschiffe, die Säulen, die halbkuppelige Apsis und der kreuzförmige Grundriß, alle von den Buddhisten entlehnt wurden. Als Beispiel wählt er den Felsentempel von Karli (78 v. Z.), dessen Anordnungen und Dimensionen dem Chor der Kathedrale von Norwich und der Abbaye aux Hommes in Caën sehr ähnlich seien. Wo in der christlichen Kirche der Altar steht, befand sich bei den Buddhisten die *Dagopa,* ein Baldachin oder ein kleiner Kuppelbau mit den Reliquien eines *Arhat,* genau wie man im Altar die Reliquien eines Heiligen einfügte.[77]

In ihren jungen Jahren erwuchs der christlichen Kirche in einer Bewegung, die 200 Jahre vor Jesus aus dem Osten nach Ägypten gelangt war, um die Zeitenwende Rom erreicht hatte[78] und schon bald zur wichtigsten Religion des römischen Reichs geworden war, ihr mächtigster Konkurrent – der Kult um *Mithras,* einem Gott aus dem Pantheon der Inder und Perser. Das vedische Indien verehrte Mithras als Schirmherr über menschliche Beziehungen – Freundschaften, Ehen, Verträge –, als Erhalter von Himmel und Erde und Kämpfer gegen Lüge und Irrtum. In Persien, wo er der Bote des Lichtgottes Ahura Mazda war, erschien er zur Morgendämmerung am Himmel, um dann mit seinem von vier weißen Pferden gezogenen Fahrzeug das Firmament zu durchqueren. Als Mittler zwischen der Welt des Lichts und der Welt der Finsternis, als Verbündeter der Menschen im Kampf gegen das Böse und als Führer der Seele bei ihrem Aufstieg zum ewigen Leben wurde Mithras bald mit dem von Zarathustra verheißenen Erlöser identifiziert, bis er schließlich als Sonnengott, der am Ende der Tage als Mensch erscheinen werde, zur alles überragenden Gottheit wurde und seinen Siegeszug über die griechisch-römische Welt antrat – zur gleichen Zeit wie der buddhistische Heiland Maitreya im Osten.

Interessant wird die Parallele durch die Etymologie des Namens Maitreya. Das Wort bedeutet soviel wie »freundlich, liebevoll« und ist über *Maitri* (»Freundschaft, Mitgefühl«) eine Ableitung von *Mitra* (»Freund, Verbündeter«), der Sanskrit-Form von *Mithras.* Als Eigenname verwendet, bedeutet Maitreya sogar »Sohn des Mitra«.[79] Wie Maitreya wartet Mithras gegenwärtig im Himmel darauf, am Ende der Tage zur Erde herabzusteigen. Der Legende nach wird der Erlöser von einer Jungfrau, einer Göttin, geboren und dringt aus einem Fels ans Licht der Welt. Seine Geburt wird von Hirten beobachtet, die herbeikommen und den neugeborenen Heiland anbeten. Seine irdische Mission, die Bezwingung der Welt des Bösen, gipfelt in seinem siegreichen Kampf mit dem Stier, bei dem zwei weitere Götter zugegen sind, Cautes und Cautopates, mit denen Mithras eine göttliche Trinität bildet. Aus dem Körper des sterbenden Stieres sprießen Ähren (Brot) und Reben (Wein),[80] bis Mithras schließlich im Sonnenwagen zum Himmel auffährt und dort vom Lichtgott als Herrscher der Welt inthronisiert wird, um dann noch einmal zur Erde zu kommen und die Toten zu erwecken und zu richten. Die Legende läßt offen, ob die Geburt ein vergangenes oder zukünftiges Ereignis ist. Für die Mithrasgläubigen jedoch war er der »Kommende«, dessen Ankunft jedes Jahr in der Nacht vom 24. auf 25. Dezember Gegenwart wurde, wenn die Gemeinde ihr wichtigstes Fest feierte. Ein weiteres großes Jahresfest fand zum Frühlingsbeginn statt. Der wöchentliche Gottesdienst wurde am Sonntag, dem Tag des Gottes, abgehalten. Wichtigste Kulthandlung dabei war ein Mahl mit Wein und Brot – gereicht in Hostien, die ein Kreuzzeichen trugen. Daneben kannte der Mithras-Kult noch weitere sechs Sakramente, die denen der katholischen Kirche völlig entsprechen – einschließlich der Ohrfeige bei der Firmung –, während das geistliche Oberhaupt der hierarchisch organisierten Mithras-Religion den Titel *Pater Patrum,* »Vater der Väter«, führte, wie später der römische Papst. Der Petersdom im Vatikan übrigens wurde ausgerechnet über einer mithräischen Kultstätte errichtet.

Als Kaiser Konstantin das katholische Christentum zu Beginn des 4. Jahrhunderts zur Staatsreligion erklärte, blieb ihm nichts anderes übrig, als die Liturgie der populären Mithraskirche (deren Hochburg nebenbei bemerkt Süddeutschland war) zu übernehmen: Weihnachten wurde zum Geburtsfest Jesu erklärt und Gottesdienste fanden fortan sonntags statt, mit den vom Mithraskult beibehaltenen Ritualen. »Die Messe ist nichts anderes als die Feier dieser [mithräischen] Mysterien ... Das *Dominus vobiscum* ist buchstäblich die Formel der Aufnahme *chron-k-am, p-ak.*«[81]

Ex oriente lux: Der Weg der Erkenntnis

Die zwangsweise Auseinandersetzung und Eingliederung östlicher Konzepte in das christliche Selbstverständnis war das Resultat des unaufhaltsamen Vordringens iranischen und indischen Geistesgutes in den hellenistischen Raum. Schon die frühen Jesus-Bewegungen integrierten dieses Material, um ein geeignetes theologisches Gewand für die Gestalt Jesu zu weben.

Der fruchtbare Nährboden, aus dem diese Ideen sprossen, wird Gnosis genannt. Die Gnosis erlaubt uns einen Einblick in die Werkstatt einiger Evangelisten und in die Wege, auf denen das buddhistische Material, das unabhängig von den Reden des Ur-Jesus im Neuen Testament auftaucht, in die Schriften des Christentums Eingang finden konnte.

Gnosis ist schwer zu definieren, weil es sich um ein sehr komplexes und unerhört interessantes religiöses Phänomen handelt. Sie entstand in der Begegnung mit den synkretistischen Bewegungen, die sich in hellenistischer Zeit im ganzen Nahen Osten, von Ägypten über Syrien bis nach Kleinasien ausbreiteten. Aus dem Orient wurden die gnostischen Systeme vor allem vom iranischen Dualismus geprägt, aus Babylonien entlehnte man die astrologische Symbolik, aus Indien strömten eine Vielzahl von Vorbildern ein, so der Wiedergeburtsgedanke und die Idee des vom Himmel auf die Erde herabsteigenden Gottes und Erlösers, schließlich kamen aus Ägypten, Syrien, Griechenland und Rom Elemente der Magie und Aspekte der Mysterienreligionen, nach jüdischen Ideen gestaltete man die mythologischen Formen der Schöpfungsgeschichte. Diese vielgestaltige Sammlung von Ideenfragmenten wurde zu einem Brei verrührt, der durch die philosophischen Schulen des Neuplatonismus und Neupythagoreertums zur Gärung gebracht wurde.

Gnosis bedeutet »Erkenntnis« und ist übrigens die exakte griechische Übersetzung zum Sanskritausdruck *Bodhi*, woraus »Buddhismus« gebildet wird. Wie der Buddhist als Grundlage seiner Religion die Erkenntnis des eigenen Zustandes hatte und von dieser Erfahrung aus zur Erkenntnis des Höheren vordrang, so trachtete der Gnostiker danach, in gleicher Weise dem Reich Gottes näherzukommen. Die Gnosis verstand sich wie der Buddhismus als Gegensatz zur Glaubensreligion: Erkenntnis (*Gnosis*) gegen Glauben (*Pistis*). Die Grundlage des gnostischen Denkens bildet die Einsicht in einen tiefgreifenden Dualismus: Die Welt ist ein Ort der Finsternis, des Vergessens und des Bösen. In einem Psalm der Naassener heißt es dementsprechend:»Die Welt ist durch Unwissenheit ein Ort des Schreckens und der Trauer.« Gebildet wurde die Welt vom»bösen Gott«, der dem Schöpfergott des Alten Testaments entspricht. Der Schöpfungsakt selbst war ein Abfall vom»guten Gott«, jenem»fremden Gott«, der über das Lichtreich des Geistes gebietet und mit Befleckung durch Schöpfung nichts zu tun hat. In den Menschen aber sei ein Funke des guten Gottes als Samen eingesenkt. Der gemeine Mensch verliert sich in der Vielgestalt irdischer Begierden – der Buddhist würde sagen im»Durst« am Leben – und kommt so nicht zur Einsicht. Der Gnostiker aber erkennt, indem er sich dem unsichtbar in ihm anwesenden»Licht« zuwendet, seine wahre geistige Heimat. Er wendet sich von allem Weltlichen ab und richtet all sein Trachten nur noch auf das Geistige Reich. Daß der Buddhismus mit seiner Weltabgewandtheit und seinen religiös-geistigen Übungen ein unvergleichliches Modell für die Gnosis bildete, versteht sich von selbst. Das gnostische System des Basilides beispielsweise ist voll von zahlreichen buddhistischen Einflüssen.[82] Bezeichnenderweise lautete einer der Vorwürfe gegen die Gnostiker, wie sie etwa Hippolyt, der eifrige Kämpfer gegen die Ketzer, vortrug, von indischen religiösen Vorstellungen infiltriert zu sein.

Die Bedeutung der gnostischen Denkrichtung kann man daran ermessen, daß die ältesten Kirchenväter in der Auseinandersetzung mit ihr und in ihrer Verdammung als Ketzerei, die Form ihrer eigenen»rechtgläubigen« römisch-katholischen Kirche entwarfen. Dabei mußte letztlich die Theologie der Kirche auch gnostisches Gedankengut integrieren. Denn sie wurde vor allem in Alexandria vorangetrieben, dem Brennpunkt gnostischer Lehren. Dort lebten und wirkten die Kirchenväter Clemens (ca. 150–214) und Origenes (ca. 185–254). Clemens von Alexandria war nicht nur mit der Geisteswelt Indiens vertraut, sondern kannte auch die Lehre Buddhas. Seine Aussagen, etwa über die Seelenwanderung, sprechen für sich selbst: »Vor der Grundlegung der Welt aber sind wir, die wir durch unser Sein in Gott selbst schon früher gewesen sind, wir, des göttlichen Logos vernünftige Geschöpfe, durch den wir uralt sind ...«[83] »Denn indem so eine Geburt auf die andere folgt, will sie uns im allmählichen Fortschreiten zur Unsterblichkeit führen.«[84] Origenes, der Schüler und Nachfolger des Clemens und Begründer der systematischen christlichen Theologie, hatte einen Lehrer der Ammonios Sakkas oder Ammonios der Saker hieß. Ob sich der Beiname »Saker« auf die gleichnamigen iranischen Skythen bezieht, die um die Mitte des 1. Jahrhunderts n. Z. Nordindien eroberten und dem Buddhismus unter ihrem Kaiser Kanishka zu neuer Blüte verhalfen, oder aber von »Shakya« abgeleitet war und also auf einen buddhistischen Mönch verweist, ist ungeklärt.[85] Auf alle Fälle könnte Origenes, einer der bedeutendsten frühchristlichen Theologen, seine indischen Kenntnisse direkt von einem buddhistischen Lehrer bekommen haben. Interessanterweise griff Origenes in seiner Auseinandersetzung mit Gnosis und Buddhismus auf Ideen von Philo zurück, den wir als großen Verehrer buddhistischer Ideale kennengelernt haben. Dadurch fand Origenes zu einer christlichen Auslegung der göttlichen Erscheinungsform entlang den Erklärungen der Manifestationen Buddhas, welche die mahayanistischen Lehren entworfen hatten. Wir treffen hier auf die aufschlußreichen Versuche, eine theologische Theorie zu finden für einen Jesus, der Mensch und zugleich Gott sein sollte; eine Theorie, deren Fundamente in der geistigen Heimat des Ur-Jesus errichtet worden waren. Schon die *Mahasanghika* hatten gelehrt, der historische Buddha sei die Inkarnation eines überweltlichen, transzendenten Buddhas gewesen. Daraus entwickelten die Philosophen des Mahayana die

Buddhologie des *Trikaya,* die Lehre von den *drei Leibern* des Buddha. Dieser Lehre zufolge geht aus dem kosmischen Prinzip des unpersönlichen, eigenschaftslosen Ur-Buddhas (*Adi-Buddha*) ein in himmlischen Sphären residierender persönlicher Buddha (*Dhyani-Buddha*) hervor, der sich dann als menschlicher Buddha (*Manushi-Buddha*) auf der Erde inkarniert, um die Lebewesen mit seiner Lehre vom Leid des Daseins zu erlösen. Es sind seine drei Leiber, mit deren Hilfe der Buddha stets in diesen drei verschiedenen Zuständen anwesend ist:

1. *Dharmakaya:* Der »Körper der großen Ordnung«, das absolute Buddhawesen, das mit der transzendenten Wahrheit, dem Urgrund allen Seins, identisch ist.
2. *Sambhogakaya:* Der »Körper des Entzückens«, der Körper eines Buddhas im himmlischen Buddha-Paradies.
3. *Nirmanakaya:* Der »Körper der Verwandlung«, die irdische Erscheinungsform eines Buddhas.

Der *Nirmanakaya* ist der sterbliche irdische Leib, mit dem ein Buddha auf Erden den Menschen erscheint. Er wird als Scheinleib gedacht, als »Körper der Verwandlung«, wie es in den buddhistischen Texten heißt. Diese Vorstellung fand die gnostische Schule der Doketen besonders reizvoll. Den Doketen zufolge sei Jesus nur in einem Scheinleib auf Erden gewandelt. Die Kreuzigung bedeutete ihnen nichts, zumal ihr nur der Scheinleib oder jemand anderer als der wahre Jesus ausgeliefert war. Auch die Lehre des Marcion, des großen Widersachers der alten Kirche, war von doketischen Gedanken durchdrungen. Eigenartig mutet es an, daß uns bei Paulus ebensolche doketischen Überzeugungen an vielen Stellen begegnen (Röm 8,3; Phil 2,7; 2Kor 5,16). Das ist Wasser auf die Mühlen jener kühnen Spekulationen, welche die Paulusbriefe weitgehend als Fälschungen im marcionitischen Geist sehen. Auf dieser Grundlage sind die buddhistischen Moralvorschriften, die sich in den Paulusbriefen wiederfinden, erklärbar. Der gnostische Zeitgeist sog aus dem großen Fluß der mündlichen Tradition, die sich von Osten nach Westen bewegte, wie ein Schwamm alle passenden religiösen Überzeugungen auf. Bei Paulus lesen wir: »Vergeltet niemand Böses mit Bösem« (Römer 12,17), im *Mahabharata* (3,198,43): »Reagiere auf Böses nicht mit Bösem.« Und die indische Aussage: »Was immer einer gesät hat, das erntet er« (*Mahabharata* 12,287,44), lautet im Galater-Brief (6,7): »Was der Mensch sät, das wird er ernten.«

Mit dem *Sambhogakaya,* dem »Körper des Entzückens«, existiert ein Buddha im jenseitigen Buddha-Paradies. Es ist der »leuchtende Körper« des »Reinen Landes«. Diese Vorstellung taucht im Umfeld der Gnosis wieder auf, wo vom »Lichtleib« die Rede ist, welcher der Seele bei ihrer Heimkehr in das angestammte jenseitige Lichtreich als Kleid übergestreift wird. Der schönste poetische Ausdruck dieser Idee tritt uns im sogenannten »Perlenlied« entgegen, das sich in den christlichen Thomasakten findet. Auch nachdem der irdische Scheinleib verfallen ist, kann ein Buddha durch den *Sambhogakaya* den Frommen in einer überirdischen Welt begnaden. Im Thomasevangelium, das unter diesen Einflüssen die Jesus-Aussagen von Q fortgeschrieben hat, heißt es entsprechend: »Jesus sprach: Wenn man euch fragt: Woher seid ihr gekommen? antwortet: Wir sind aus dem Lichte gekommen, von dort, wo das Licht durch sich selbst entstanden ist« (ThEv 50).

Philo übernahm die Idee, daß der *Sambhogakaya* nur den Bodhisattvas wahrnehmbar ist, und wandte sie auf die gläubigen Juden vor der Ankunft des Reiches an: Sie würden von einer göttlichen Erscheinung geführt, die nur jenen sichtbar sei, die gerettet werden. Henri de Lubac, der bedeutende katholische Theologe, der auf die Zusammenhänge der frühchristlichen Theologie mit dem Buddhismus aufmerksam gemacht hat und dafür vom Vatikan mit Schreibverbot belegt wurde, wies darauf hin, daß auch Origenes die buddhistische Dreikörperlehre in sein System eingebaut hat.[86] Origenes unterschied Erscheinungsformen Jesu unter der »Form Gottes« (entsprechend dem *Dharmakaya*), unter der

315

»Form des Knechtes« (entsprechend dem *Nirmanakaya*) und jener Form, die bei der »Verklärung« auf dem Berg den Umstehenden sichtbar wurde (Mt 16,1 f.; Mk 9,1), die dem Samboghakaya entspricht. Ein Text des Origenes mit starken buddhistischen Anlehnungen endet sogar mit denselben Worten, mit denen im Lotos des guten Gesetzes Buddha seine Lehrrede über »Geschicklichkeit in der Methode« (Upaya) beendet![87] Der Philosoph Plotin (205–270), der Fortführer gnostischer Gedanken und Begründer des Neuplatonismus, ein Zeitgenosse von Origenes, verarbeitete in seinem System so viele indische Vorstellungen, daß es beinahe als eine Abwandlung der Samkhya-Philosophie erscheint. Vielleicht hat er, als Mitreisender im Heer des römischen Kaisers Gordian III., Indien selber besucht.

Während die apokryphe christliche Literatur gleichermaßen vom gnostischen wie vom buddhistischen Denken durchwirkt ist, konnten sich auch die Evangelien selbst dieser Atmosphäre nicht völlig entziehen. Die erste in syrischer oder griechischer Sprache abgefaßte Evangelienharmonie, das sogenannte *Diatesseron* (griech. »durch vier«), wurde um das Jahr 170 durch Tatian zusammengestellt. Irenäus zufolge war Tatian der Führer der Enkratiker. Die Enkratiker waren sektiererische Christen, die ehelos lebten und Enthaltsamkeit von Fleisch predigten. Paulus hatte die Enkratiker angeprangert, vom Glauben abgefallen zu sein (1 Tim 4,1–4). Vielleicht vertraten sie in Wahrheit eine religiöse Haltung, die dem Glauben des Ur-Jesus näherlag, und es war vielmehr Paulus selbst, der vom eigentlichen Glauben abgefallen war, denn Hippolyt lehrt uns, woher die Enkratiker ihre Lehren hätten – von den indischen Gymnosophisten![88] Hippolyt wußte, wovon er sprach, denn er war einer der ersten der Kirchenväter, der uns einen ausführlichen Bericht über die Brahmanen und ihre Glaubensvorstellungen überliefert hat.[89] Den kirchlichen Autoritäten paßte eine Evangelienharmonie auf diesem Fundament überhaupt nicht ins Konzept. Früh im 5. Jahrhundert wurden alle Manuskripte des Diatesseron vernichtet, einschließlich des von Ephraem verfaßten Kommentars. Erst nachdem keine Kon-

kurrenzschriften mehr herangezogen werden konnten, gaben die
leitenden Kirchenmänner ihre eigene Version der vier Evangelien
des Neuen Testaments heraus und erklärten sie als kanonisch –
freilich erst nach gründlicher Ausmerzung ungewünschter Passagen.[90]
Die Evangelien selbst sind wohl zu einem entscheidenden Teil in
der Umgebung Alexandrias entstanden, wo die buddhistisch und
zoroastrisch infiltrierte Gnosis durch starke Fraktionen vertreten
war. Durch diese Kanäle floß zusätzliches buddhistisches Material ein, das allerdings unabhängig von der Sendung des Ur-Jesus
Aufnahme fand.
Ein Evangelium sticht in seiner Anlehnung an den Buddhismus
unter allen hervor – das Evangelium nach Johannes. Wir hatten
bereits zu Eingang des Buches erwähnt, daß der amerikanische
Forscher J. Edgar Bruns Inhalt und Theologie des Johannestex-
tes sogar als »christlichen Buddhismus« bezeichnete. Die Arbeiten Bruns weisen nach, daß der Autor des Johannesevangeliums
nicht nur dem Inhalt nach, sondern auch in seiner theologischen
Ausrichtung viel buddhistisches Material verarbeitet hatte. Auffällig ist im Johannesevangelium u. a. die Gestalt des »Jüngers,
den Jesus liebte«. Nirgends in den anderen Evangelien finden wir
eine Gestalt mit ähnlicher Funktion. Für Johannes war der Lieblingsjünger eine überaus zentrale Figur. Er war der Garant für die
Authentizität der johanneischen Interpretation der Lehren Jesu.
Der geliebte Jünger ist der treue Zeuge, der vom Meister ausgewählt war, seine spezielle Liebe zu empfangen (Joh 13,23), er alleine hielt ihm die Treue bis zum bitteren Ende (Joh 19,26), er
sah (Joh 19,35) und schrieb diese Dinge nieder (Joh 21,24). In
der Antike genoß der Autor des Johannesevangeliums, der mit
dem Jünger, den Jesus liebte, identifiziert wurde, als umfassender
Herausgeber und Schiedsrichter der Evangelienliteratur hohes
Ansehen. Das führte so weit, daß Behauptungen in Umlauf gebracht wurden, Johannes habe das Evangelium des Matthäus
vom Hebräischen ins Griechische übersetzt. Johannes galt ihnen
einfach als Garant für Denken und Aussagen Jesu.

Nun war das Konzept des Schülers in alter Zeit weit verbreitet: Moses hatte Joshua, Elijah den Elisha, Jeremias den Baruch, Sokrates den Plato, Peter hatte Markus, Paul den Lukas und später, weitaus legendärer, Johannes seinen Prochorus. Aber keiner von diesen war Gewährsmann für die religiöse Botschaft seines Meisters. Im besten Fall waren sie treue Sekretäre. Es gibt nur eine wirkliche Parallele zum geliebten Jünger in der religiösen Literatur, und das ist jene von Ananda, Gautamas geliebtem Schüler, der ebenfalls der einzige Bürge dafür war, daß Buddhas Lehre wahrheitsgemäß weitergegeben würde.[91]

Als Ananda beim ersten Konzil alle Reden seines Meisters wortgetreu wiedergab, erfüllte er die Aufforderung Gautamas zu dessen Lebzeiten an ihn: »O Ananda, erinnere diese meine Worte, die Worte des Buddha, und wiederhole sie öffentlich bei vielen Zusammenkünften« (*Amitayur-Dhyana-Sutra* 1,7). Vor allen Schülern hatte Buddha über diesen Ananda gesagt: »Für eine lange Zeit, Ananda, warst du mir sehr nahe durch Akte der Liebe, Freundlichkeit und Güte, die sich nie verändern und jenseits allen Maßes sind« (*Mahaparinibbanasutta,* II,145). Ananda war es auch, der an der Seite seines Meisters blieb, als Devadatta seinen letzten fruchtlosen Angriff auf das Leben Buddhas versuchte, während alle anderen geflohen waren, so wie Johannes einsam unter dem Kreuz stand.

Im Johannesevangelium treffen wir auch das Konzept von Maitreya, dem letzten irdischen Buddha, die Verkörperung der allumfassenden Liebe wieder. Der johanneische Christus verheißt das Kommen des Parakleten als Tröster, wie einst Gautama über Maitreya gesagt haben soll: »Er wird der letzte sein, der das große spirituelle Licht erlangen wird und der Buddha der brüderlichen Liebe (Maitreya) genannt werden.«[92] Auf der theologischen Ebene erscheint Ananda, Bruns zufolge, als die genaue Entsprechung des Parakleten, des heiligen Geistes als Tröster, der »euch alles lehren und euch an alles erinnern wird, was ich euch gesagt habe« (Joh 14,26).

Die Vorstellung von Maitreya als den Buddha des künftigen

Weltzeitalters ist wahrscheinlich zuerst in Taxila entstanden, wo die Vorhersage über die Inkarnation Maitreyas durch Buddha alte Tradition hat. Von dort ist sie auf den bekannten Wegen in die Zentren der Christenheit gelangt. Wie sehr der Bodhisattva Maitreya christliches Denken geprägt hat, zeigen seine künstlerischen Abbildungen. Maitreya wird in eigentümlicher Sitzhaltung mit auf dem Boden ruhenden Füßen dargestellt (vgl. Abb. 31). Diese für die Ikonographie des Buddhismus völlig untypische Pose zeigt seine Bereitschaft an, sich zu gegebener Zeit von seinem Sitz im Tushita-Himmel zu erheben und in die Welt zu kommen. Durch die tiefgreifende Begegnung der Religionen in den Landschaften zwischen Gandhara und Syrien wurde diese Darstellungsform für den siegreichen Christus Pantokrator übernommen, wie er uns in der byzantinischen Kunst der Spätantike und des frühen Mittelalters entgegentritt. Die Übereinstimmungen reichen von der Frontaldarstellung über die Sitzhaltung mit den gespreizten Beinen bis hin zu fast identischen Handhaltungen (*Mudras*), die im christlichen Kontext noch durch ein Buch – das Evangelium – angereichert wurden (vgl. Abb. 33–35).

Der Buddha Jesus: Interreligiöse Begegnungen

Mit dem Aufstieg des katholischen Christentums zur Staatsreligion des Römischen Reiches waren für jene religiösen Gruppen, die sich dem Diktat von Kaiser und Papst nicht unterwerfen wollten, die Tage gezählt. In einigen abgeschiedenen Gegenden Europas gelang es einigen gnostischen Gruppen bis ins Mittelalter zu überleben, doch wurden sie schließlich von der römischen Kirche blutig vernichtet. Andere Gemeinschaften flüchteten aus Syrien und Persien, wo sie von der zarathustrischen Kirche verfolgt wurden, nach Osten, an die Küsten Südindiens und ins Tarim-Becken, dem heute chinesischen Sinkiang, das zu jener Zeit ein Zentrum des Buddhismus war. Die Neuankömmlinge empfanden offenbar keinen großen Gegensatz zu Buddhas Lehre, wie

Schriften aus dem 4. Jahrhundert belegen, die man in der Oase Turfan fand. Hier lebten die christlich-gnostischen und die buddhistischen Religionsgemeinschaften nicht nur einträchtig miteinander, sondern benutzten sogar die gleichen Kultorte. Hier entstand ein buddhistisches Jesus-Messias-Sutra, hier stellte man Buddha als guten Hirten Jesus dar[93] und von hier aus wurde Buddha schließlich über die Legende von *Barlaam und Joasaph* zum Heiligen der katholischen Kirche. Der Kirchenlehrer Johannes Damascenus (675–749 n. Z.) berichtet zum ersten Mal die eigentümliche Erzählung, die von einem indischen König handelt, einem eingefleischten Gegner der Christen. Die Astrologen sagen ihm voraus, daß ihm ein Sohn geboren werde, der die neue Lehre, nämlich das Christentum, annehmen würde. Aus Angst vor der Verwirklichung dieser Voraussage läßt ihn der Vater völlig abgeschirmt von der Außenwelt aufwachsen. Er ermöglicht ihm Reichtum und alle Vergnügungen, die das weltliche Leben zu bieten hat. Eines Tages gelangt ein christlicher Einsiedler an den Hof und lehrt den Prinzen die christliche Botschaft. Dieser läßt sich taufen, gibt all seinen weltlichen Besitz auf, überzeugt schließlich selbst seinen Vater vom Christentum und folgt seinem Meister in die Wüste. Es liegt auf der Hand, daß wir hier die christliche Umdeutung der Geburts- und Jugendgeschichte des Buddha Shakyamuni aus dem *Lalitavistara* vorliegen haben.

Auf diesem Hintergrund der Vermischung von Christentum und Buddhismus entstand in den Gegenden zwischen Syrien und Indien auch das eigentümliche Konzept vom »Buddha Jesus«, das uns jetzt freilich weniger sonderbar, als vielmehr stimmig erscheint. Man ist versucht zu sagen: Der Kreis schließt sich. An den geistigen Ort, von dem der Ur-Jesus aufgebrochen war, den leidenden Menschen auf ihrem Weg zur Erlösung zur Seite zu stehen, wurde er wieder zurückgeleitet. Allerdings nicht von Christen, zumindest nicht im Sinne der Kirche, die in jenen Jahren seit dem 3. Jahrhundert sich anschickte, eine Form zu gewinnen, sondern durch Ketzer, die einem der interessantesten Religionsgründer der Geschichte folgten: Mani.

Mani (216–276) wuchs in der jüdisch-christlichen Täufergemeinde der Elchasaiten in Mesopotamien auf und sah sich selbst als den Parakleten. Die Religion, die er ins Leben rief und die wir heute Manichäismus nennen, versuchte Christentum und Buddhismus zu vereinen und zu übertreffen. Als »Apostel« Jesu begab sich Mani auf ausgedehnte Missionsreisen. Auf einer solchen gelangte er ins Industal und nach Belutschistan, wo er den örtlichen Herrscher zu seinem Glauben konvertierte. In Indien lernte er die Idee der Wiedergeburt kennen und baute sie in sein Gedankengebäude ein. Seine Gefolgschaft wurde bald zu einer riesigen Anhängerschar. Später bezeichnete ihn die »Große Hymne an Mani« als den »Buddha Mani«[94] und im »Buch des Kommens Buddhas« wird die Rückkehr Manis als Jesus vorweggenommen.

Von den Blüten, die durch Buddhismus und Christentum aus dem gnostisch-manichäischen System heraustrieben, wurde Mani als »Buddha Jesus« angesprochen und das Reich der Erlösten als eine Lichtwelt-Sphäre gedacht, in welcher »der König des Nirvana« existiert. Dieser sei der Vater des Lichts und aus den vier *Dharma*-Körpern Reinheit, Licht, Kraft und Weisheit zusammengesetzt. So wurde das iranische Konzept des »vierfältigen Gottes« oder des »Vaters mit vier Gesichtern« (Gott, Licht, Kraft und Weisheit) in buddhistischen Begriffen interpretiert und in einen christlichen Kontext eingebunden.

Eine wichtige Untersuchung zu einem anderen Evangelium, die in ihrer Tragweite nicht erkannt wurde, hat der Religionshistoriker Osborne vorgelegt. In einer tiefschürfenden Analyse führt er den Beweis, daß das Matthäusevangelium unter dem Einfluß zoroastrischer und buddhistischer Elemente in Edessa entstand.[95] Edessa war ein wichtiger Markt auf der Landroute von Gandhara nach Syrien und stand in regem Austausch mit dem nahe gelegenen Palmyra. Nicht nur waren die Missionare Ashokas bereits nach Edessa gekommen, es fanden sich in dieser Stadt bedeutende jüdische und christliche Kolonien. Auch in Edessa finden wir die typisch heterogene hellenistische Gesellschaft wieder, deren intellektuelle Vertreter mit den modischen gnostischen und orientalischen Religionssystemen liebäugelten. Die vielen buddhistischen Anklänge, die Matthäus noch außerhalb des Q-Materials eingearbeitet hat, sind wohl unter diesem Einfluß zustande gekommen. Man mag in diesem Zusammenhang sogar spekulieren, daß Matthäus von den Weisen aus dem Osten und der Flucht nach Ägypten berichtet, weil er eine zugrundeliegende Überlieferung von Kreisen in Edessa kannte, denen die buddhistische Herkunft des Ur-Jesus bekannt war. Übrigens kann auch diese Überlieferung durch eine vergleichbare aus der Buddha-Biographie beeinflußt worden sein, denn im *Lalitavistara* lesen wir, wie fünf ausländische weise Männer (*Rishis*) zum Buddhakind pilgerten, es anbeteten und als König und Gott priesen.

Die christliche Legende machte aus den Weisen bald drei Könige und nannte einen von ihnen Kaspar, ein Name, der sich über das armenische Gathaspar von Gundofarr (griech. Gondophares) ableitet. Gondophares war der indo-parthische König in Gandhara, der vom Apostel Thomas besucht wurde (s. S. 108). Der Legende nach soll also ein buddhistischer König aus Indien zum neugeborenen Jesuskind gepilgert sein.

Vernehmen wir im Matthäus-Bericht und der daran anknüpfenden Legende etwa das ferne Echo von der Ankunft der Ashoka-Missionare im Nahen Osten, oder dürfen wir sie als ein Gleichnis für die Ankunft der Lehre Buddhas in Palästina verstehen? Trägt Matthäus den in Edessa umlaufenden Erinnerungen an den Ur-Jesus Rechnung, indem er anklingen läßt, im Hause Davids sei ein neuer Buddha geboren worden? Ein alttürkischer Text deutet an, die Geschenke der drei Weisen – Gold, Weihrauch und Myrrhe – seien Symbole für die *drei Juwelen* des Buddhismus gewesen – Buddha, Dharma, Sangha.[96]

Die Wiederkehr der Dreiheiten – drei Könige, drei Juwelen – zählt zu den merkwürdigen Parallelen zwischen christlichen und buddhistischen Anschauungen: Die »dreifache Ausbildung« (*Trishiksha*), die »drei Körbe«, in denen der Schriftkanon (*Tripitaka*) zusammengefaßt ist, und natürlich die heiligste Instanz im alten Buddhismus, die erwähnten »drei Juwelen« (*Triratna*), Buddha, Dharma, Sangha. Die Zufluchtnahme der Gläubigen zu dieser heiligen Dreiheit steht bis heute im Mittelpunkt des Theravada-Kultes. Die christliche Theologie kennt die Dreifaltigkeit Vater, Sohn und Heiliger Geist, wobei der Sohn, die zweite Person, mit dem Logos gleichgesetzt wird und die dritte Person, der Heilige Geist, in der Gemeinde der Gläubigen wirksam wird. Im Buddhismus heißt die Gemeinde der Gläubigen *Sangha*, während dem Sanskrit-Wort *Dharma* das griechische *Logos* entspricht – seit Heraklit ein zentraler Begriff in der griechischen Philosophie. Die Einleitung zum Johannesevangelium – »*Im Anfang war das Wort (Logos)*...« – könnte man daher auch in einer Übersetzung wiedergeben, die wie ein Zitat aus den buddhistischen Schriften klingt: »*Im Grunde (aller Dinge) ist der Dharma.*« Auch die Lehre von den drei Leibern (*Trikaya*) des Buddha zeigt starke Analogien zur christlichen Dreifaltigkeitstheologie auf.[97] Freilich werden wir hier auch an die wichtige Doktrin des Origenes vom dreifachen Scharfsinn – buchstäblicher, moralischer und mystischer Scharfsinn – erinnert.

Aus der Dreikörperlehre entwickelte der Mahayana den Glauben an eine Vielzahl von Buddhas, »unendlich an der Zahl, wie Sandkörner im Ganges«, die sich immer wieder in menschlichen Formen auf der Erde inkarnieren. Jedem Weltzeitalter (*Kalpa*) ist ein transzendenter *Dhyani-Buddha* zugeordnet, aus dem ein jenseitiger Dhyani-Bodhisattva und ein irdischer, die Menschen lehrender Buddha hervorgehen. Der himmlische Buddha des gegenwärtigen Äons ist *Amitabha* (»der unermeßliche Glanz«). Seine menschliche Erscheinungsform ist der historische Buddha Siddhartha Gautama, der als irdischer Sohn des Amitabha verstanden wird. Sein Bodhisattva, sein geistiger Sohn, ist Avalokiteshvara (»der Herr, der [barmherzig] herabblickt«).

In der Verehrung des Amitabha verdeutlicht sich die Verwandlung des ursprünglichen Buddhismus. Buddha hatte noch gelehrt, daß man die Erlösung durch eigene Anstrengung erreichen müsse. Die neue Lehre verkündet, daß Erlösung durch den Erlösungswillen eines Buddha als Hilfe von außen schneller und leichter möglich wird. Der erste schriftliche Beleg für die Amitabha-Legende ist das *Sukhavativyuha*-Sutra aus dem 1. Jahrhundert n. Z. Der Text berichtet davon, wie Amitabha das »reine Land« *Sukhavati* errichtet, ein im Westen des Universums gelegenes Paradies. Als Mönch Dharmakara soll Amitabha in einem früheren Äon das Gelübde abgelegt haben, selbst ein Buddha zu werden, allerdings nur, wenn er durch seine guten Werke in die Lage versetzt würde, ein Buddhaland ohne Leid entstehen zu lassen. Dieses »glückliche Land« (Sukhavati) solle ein Ort sein, an dem alle darin Wiedergeborenen zum Nirvana heranreifen und die Erleuchtung erlangen würden. Nach ungezählten Inkarnationen als Bodhisattva fand Dharmakara schließlich die Befreiung. Unter dem Namen Amitabha weilt er seitdem als Herrscher von Sukhavati in seinem Buddhaparadies, in dem jeder wiedergeboren wird, der vor seinem Tod zu Amitabha darum betet. In Sukhavati gibt es keine Begierden, kein Leid, keine Schmerzen und kein Eigentum. Alle Bewohner leben in Lotoskelchen und widmen sich ausschließlich der Erreichung des Nirvanas. Das reine Land ist jedoch noch nicht das Nirvana selbst. Hier erleben jene ihre letzte Wiedergeburt, die an der Schwelle zur großen Erlösung stehen. Durch Amitabhas Unterweisung werden sie in Sukhavati schließlich ins Verlöschen geführt.

Bei seiner Aufgabe steht Amitabha der Bodhisattva Avalokiteshvara zur Seite, die Verkörperung des Mitleids. Der Legende nach hat er elf Köpfe und 1000 Arme und Augen, mit deren Hilfe er in seinem grenzenlosen Erbarmen alle retten kann, die sich an ihn wenden. Die 1000 Arme symbolisieren *upaya*, das Geschick bei der Darlegung der Lehre. *Upaya* ist die Aktivität des Absoluten in der Welt, die sich am vollendetsten im Erbarmen zeigt. Um die leidende Menschheit zum Heil zu führen, kann der mitleidvolle Bodhisattva auch verschiedene Erscheinungsformen annehmen. So schlüpft er etwa in die Gestalt von Gottheiten anderer Religionen und tritt dann etwa als Hindugott Shiva auf, damit auch Nicht-Buddhisten die befreiende Wahrheit des Dharma kennenlernen können. Der große deutsche Buddhismuskenner Hans Wolfgang Schumann nennt ihn »das Urbild des Erlösunghelfers schlechthin; sein hervorstechendster Wesenszug ist das Mitleid. Indem er den Menschen hilft, Gier, Haß und Verblendung in sich zu vernichten, macht er ihnen die Befreiung aus dem Wiedergeburtenkreislauf leichter.«[98] Mit der fortschreitenden Vergottung der Mahayana-Buddhas wurde Sukhavati freilich bald zu einem Ersatz für das Nirvana, war es doch für die Gläubigen um vieles einfacher zu verstehen als das abstrakte Verlöschen im Nichts des Nirvana. Die perfekte Utopie des reinen Landes gab den Menschen eine Vorstellung davon, was mit einem Leben ohne Begierde und Leid eigentlich gemeint war. Der Kult des reinen Landes, der von seinen Anhängern nichts anderes forderte als den festen Glauben an das Sukhavati-Paradies, und die allumfassende Gnade Amitabhas, wurden im 3. Jahrhundert zu einer Massenreligion und gelangten dann von Indien aus nach Ostasien. Hier wurden Amitabha[99] und Avalokiteshvara ab dem 7. Jahrhundert zu den Volksgottheiten schlechthin – eine Entwicklung, die der allmählichen Vergottung des Menschen Jesus im Christentum gleicht. In China und Japan wird Avalokiteshvara in weiblicher Form verehrt, als mitleidvolle Göttin *Kuan-yin* bzw. *Kwannon,* während die Amitabha-Anhänger Japans schließlich sogar das Mönchtum abschafften, wendet sich das grenzenlose Mitleid des leuchtenden Buddhas doch unterschiedslos an alle Menschen. In Tibet wurde der Lama, der als die irdische Inkarnation des Bodhisattvas gilt, unter dem Titel *Dalai-Lama* zum weltlichen und geistigen Führer des Landes. Im 17. Jahrhundert verlieh der damalige Dalai-Lama seinem Meister den Ehrentitel *Panchen-Lama* und erklärte ihn zur Wiedergeburt des Amitabha Buddha selbst.

Als die Jesuiten im 16. Jahrhundert nach Japan kamen, um die Heiden dort zum Christentum zu bekehren, entdeckten sie voller Entsetzen, daß vor ihnen offenbar schon andere Christen da gewesen waren und die Mehrheit der Bevölkerung für sich gewonnen hatten – sie hielten den Amitabha-Kult mit seiner »Nur der Glaube zählt«-Doktrin für eine Spielart des verhaßten Protestantismus. Vielleicht hatten die Jesuiten gar nicht so unrecht. Die Analogien zwischen christlicher Dreifaltigkeit und buddhistischer Triratna- und Trikaya-Doktrin lassen einen gemeinsamen Ursprung beider Philosophien vermuten. So wie der himmlische Amitabha zur Rettung der leidenden Menschheit als Gautama auf der Erde erscheint, läßt Gott seinen Sohn Jesus als Erlöser geboren werden.

Amitabhas jenseitiger Sohn, sein geistiger Reflex, der wie der Heilige Geist des Christentums unter den Menschen wirkt, ist Avalokiteshvara. In der Tat preist das *Sukhavativyuha-Sutra* den barmherzigen Bodhisattva als »mächtigen Buddha-Sohn« des Amitabha. Es wurde auch spekuliert, bei den kleinen Lotosblüten auf Handflächen und Fußsohlen, mit denen Avalokiteshvara in der Ikonographie als *Padmapani* (»Lotoshand«) dargestellt wird, handle es sich um die Kreuzigungsnarben Jesu, der nach seinem Tode in Indien in den Rang eines Bodhisattvas erhoben worden sei (vgl. Abb. 36). Die magische Formel, mit der die Gläubigen Avalokiteshvara anrufen, ist das berühmte »Om mani padme hum«. Dem Buddhismus-Fachmann Schumann zufolge kennzeichnen *Om* und *Hum* »den Anfang und das Ende und symbolisieren die Totalität – wie im Christentum das ›A‹ und ›O‹, der erste und letzte Buchstabe des griechischen Alphabets.«[100] In vergleichbarer Weise wird in der Offenbarung des Johannes Jesus als »A und O« bezeichnet.

Nachwort:
»Nun sag, wie hast du's mit der Religion?«

D ie Kirche, die sich den Argumenten um die buddhistischen
Elemente im Christentum nicht mehr einfach verschließen
kann, versucht sich neuerdings nach außen hin einsichtig zu zeigen, streckt die Hand aus und wehrt mit der anderen gleichzeitig
ab. In einem jüngst von der Vatikanischen Universität veröffentlichten Buch über *Buddha und Christus* heißt es: »Die Wahrheiten,
die Buddha gepredigt hat, sind eine Vorbereitung der Vorsehung
für die Verkündigung. Sie sind die Erleuchtung im Inneren des
Menschen und benötigen die Offenbarung Christi um vollständig zu sein.«[101] Und der Autor beeilt sich hinzuzufügen, daß Jesus Christus schließlich seinen Anhängern den Auftrag gegeben
hatte, alle Völker im Namen des Vaters, des Sohnes und des Heiligen Geistes zu taufen, womit sich sein Ausflug ins Reich des
Buddhismus nur als getarnter Missionszug erweist. Die Buddhisten scheinen sich indessen keineswegs unvollständig zu fühlen
ohne die »Offenbarung Christi«. Kein Wunder, denn diese »Offenbarung Christi« ist nichts anderes als die Offenbarung des
Paulus. Die Offenbarung Jesu hingegen *ist* bereits buddhistisch.
Buddhistische Quellen im Christentum können nicht mehr ge-
leugnet werden, wenngleich sie unter der Last der theologisch
verordneten Umschreibungen erdrückt wurden. Was aber viel
schwerer wiegt, ist der Umstand, daß die buddhistischen Inhalte
ursprünglich durch Jesus selbst verbreitet wurden. Ein Ergebnis,
das die Diskussion um den Buddhismus im Neuen Testament um
eine völlig neue Dimension erweitert, nämlich um die wahre
Lehre Jesu – seine buddhistische Lehre.
Das Christentum, ja selbst die christliche Botschaft, ist völlig verschieden von dem, was Jesus gelehrt hat. Je tiefer die Wissenschaft in die Aufdeckung der sogenannten Spruchquelle Q eindrang, desto deutlicher wurden die Unterschiede zwischen dem,

was der Ur-Jesus zu vermitteln versuchte, und dem, was die Propaganda seiner Anhänger daraus gemacht hat. Als die Schichten von angereicherten und angedichteten Ereignissen, Sprüchen, Gleichnissen und Aphorismen von Jesu Leben und Lehre abfielen, wurde eins offenbar: Die ungeschminkte Lehre des Menschen Jesus war der Dharma Buddhas.

Er verkündete ihn, als er von den Therapeuten zurückkehrte und unter die Jordan-Sektierer geriet. Er verweigerte die Taufe, stellte sich sowohl gegen die Orthodoxie als auch gegen sektiererische Extreme. Wie Buddha verwarf er strenge Askese und lehrte den mittleren Weg, den Weg der uneingeschränkten Achtung und Achtsamkeit, der Gelassenheit angesichts realer Gefahren und phantastischer apokalyptischer Szenarien. Seine Antwort auf Haß und Gewalt war Liebe und Gleichmut, gegen die Ängste vor dem Dasein sprach er von der Sorglosigkeit, dem Vertrauen auf eine geistige Führung, er hielt seine Schüler dazu an, allezeit bescheiden zu sein, niemals zu prahlen und sich selbst zu erhöhen, und er wies sie an, alle Habe fortzugeben, die Bindungen an Familie und Freunde zu lösen und als hauslose bettelnde Wandermönche die Wahrheit des Dharma zu verkünden.

Seine ersten Anhänger waren begeistert. Jesus war so untypisch, so anders als die Propheten, die allenthalben von ihrer Sache überzeugen wollten. Sie folgten ihm in wildem Vertrauen. Aber sie begriffen nicht. Zu sehr waren sie in ihren messianischen Hoffnungen verwurzelt. Zu sehr wollten sie, daß ihr Meister der Messias sei, zu sehr wollten sie teilhaben an seiner Erlösung. Die kurze Zeit, die Jesus blieb, reichte nicht aus, den Dharma ins Bewußtsein seiner Zuhörer zu heben. Jesus mußte verschwinden nach der unseligen Kreuzigung, nachdem ihm Freunde das Leben gerettet hatten. Palästina war für ihn ein gefährlicher – ein lebensgefährlicher – Ort geworden. Erfolglos versuchten seine Anhänger, die Grundsätze seiner Lehren in den Städten und Dörfern zu verbreiten. Sie wurden verjagt und verlacht, kaum einer, der ihnen ernsthaft lauschte. Bald erfuhren sie, was für ein schreckliches Vakuum Jesus unter seinen Schülern zurückgelassen hatte. Für die Jesus-Bewegung fügte es sich gut, daß die Konfrontation mit den Römern auf einen offenen Konflikt zusteuerte. In diesem Klima von Weltuntergangsstimmung und utopischer Sehnsucht nach einem Reich der Gerechten, konnte Jesus in den apokalyptischen Strom eingebunden werden. Der Fanatismus der Sektierer vereinnahmte ihn und machte aus dem buddhistischen Meister den Messias und Erlöser.

Im Zuge der Entwicklung der mannigfaltigen Jesus-Gemeinden, die sich auf unterschiedliche Texte und Traditionen beriefen, vielfältigen Gesellschaftsschichten und Sprachkreisen angehörten und in gegensätzlichen sozialen Umgebungen gediehen, entstanden zahlreiche Jesus-Mythologien. Darin unterscheidet sich die Evolution dieser Gesellschaftsgruppen nicht von anderen ähnlichen Sozietäten. Die Erforschung der Entwicklungsgeschichte von Q hat ans Licht gebracht, wie vielfältig die mythologischen Positionen in den Jesus-Kreisen waren, bis sie sich zu dem verdichteten, was wir Christentum zu nennen gelernt haben. Die Kongregationen vom Christus entwarfen nur einen Teil der Jesus-Mythologien. Ihre Gestalt gewannen sie vor allem in den Paulus zugeschriebenen Briefen, in deren Mittelpunkt das sogenannte Kerygma (Verkündigung) steht: Jesu Kreuzestod als stellvertretende Erlösungstat und seine Auferstehung zu kosmischer Herrschaft. Diese mythologische Ausgestaltung ist grundlegend für die christliche Kirche geworden, und auf dieser Folie betrachtet und beurteilt der Christ gewöhnlicherweise Jesus. Entstanden ist diese Jesus-Mythe im nördlichen Syrien, und es gelang ihr die Erinnerung an den Ur-Jesus fast vollständig zu tilgen und durch den Christus-Kult zu ersetzen.

Was gegenwärtig wahrhaft »Auferstehung« feiern kann, ist das wahre Anliegen Jesu, das für immer dem Vergessen anheimzufallen drohte. Jetzt können wir erkennen, daß in ihm das gleiche Herz schlägt, angerührt von der gleichen Liebe für die Menschheit und bestimmt von dem gleichen Gefühl des Mitleids für alle Wesen wie im Auftreten und der Lehre Siddhartha Gautamas, des Erwachten.

Anhang

Anmerkungen

Teil I Indien und der Westen

1 Grimm (1917).
2 Nestle (1947), S. 89.
3 Overbeck (1919).
4 Zit. nach: Der Spiegel Nr. 14, 1966.
5 Über die genauen Lebensdaten Buddhas streiten sich die Gelehrten. Vgl. Schumann (1988), S. 22 ff.
6 Mahavagga, I, 3, 4.
7 Samyuttanikaya, LVI, 11.
8 d'Eypernon (1946), S. 95.
9 Mylius (1988), S. 184.
10 Müller (1870). Vgl. auch Walhouse (1879).
11 Holwell, *Original Pinciples of the Ancient Brahmans*. London 1779.
12 Schmidt (1828).
13 Vgl. Schomerus (1932), S. 104.
14 Seydel (1882), ders. (1897).
15 Van Eysinga (1909); Garbe (1914); Schomerus (1932).
16 Edmunds (1902).
17 Jaspers (1949), S. 33.
18 Jaspers (1949), S. 22.
19 Radhakrishnan (1952), S. 134.
20 Gadd (1932), S. 191.
21 Scheil (1925), S. 55 f.
22 Wheeler (1968); Dales (1968).
23 Vgl. Delougaz (1952); Pigott (1948).
24 Vgl. Lemberg-Karlovsky (1972).
25 Lemberg-Karlovsky (1970).
26 Vgl. Oppenheim (1954).
27 Golzio (1983), S. 11.
28 Genaugenommen eine Vorform des erst später entstandenen klassischen Sanskrit.
29 Vendryes (1948).
30 Rahn (1933).
31 Heine-Geldern (1938); De Hevesy (1938).
32 Vgl. Schomerus (1932), S. 65.
33 *Illustrated Weekly of India*, Bombay 7. 11. 1992 und 27. 2. 1993; *Sunday*, Calcutta 12. 9. 1993; Amrit Bazar Patrika, Calcutta 7. 1. 1994.
34 Dulaurier (1907), S. 132.
35 Vgl. 2 Chr 9,10; 1 Kön 9,26–28 und 10,11; über Gold aus Ophir vgl. auch Jes 13,12.

36 1 Kön 10,22.
37 Vgl. zu David: 2 Sam 8,13; 1 Kön 11,15 ff.; zu Salomo: 1 Kön 11,14-22.
38 Kennedy (1898), S. 254 f. Vgl. auch Caldwell (1913), S. 88 f.
39 Lassen, Bd. II (1849), S. 589.
40 Bibby (1969).
41 Kennedy (1898), S. 249.
42 Bühler (1896).
43 Eschatologie: die Lehre von den letzten Dingen und dem Ende der Zeiten.
44 Winston (1966), S. 190.
45 Vgl. Strabo, xvi, c.3, par. 3; Lassen, Bd. II (1849), S. 601 f.
46 Vgl. Boyce (1982), S. 199.
47 Vgl. Lassen, Bd. II (1849), S. 581-584 und S. 593-596.
48 Vgl. Beal (1882), S. 143.
49 Garbe (1894), S. 85-105.
50 Schroeder (1884).
51 Schroeder (1884), S. 22.
52 Clemens, Strom. 1, 304, B.
53 Schroeder (1884), S. 37.
54 Der »Pythagoreische Lehrsatz« besagt, daß in einem rechtwinkligen Drei-
   eck das Quadrat über der Hypotenuse c flächengleich der Summe der
   Quadrate über den beiden Katheten a und b ist: $a^2 + b^2 = c^2$.
55 Cantor (1880), S. 540 ff.
56 Schroeder (1884), S. 92.
57 Vgl. Reese (1914).
58 Ob Alexander auf diese Weise Kunde vom Ganges erhalten hatte oder lediglich vom Satledsch, der in wenigen Tagesmärschen zu erreichen war, ist
   ungewiß. Vgl. Berve (1949), S. 98.
59 Bhandarkar (1955), S. 27 f.
60 Vgl. Raychaudhuri (1953), S. 299 f.
61 Vgl. Lassen, Bd. II (1849), S. 713.
62 Zit. nach Snelling (1991), S. 106.
63 Vgl. Bhandarkar (1955), S. 43 f.
64 Droysen, Bd. III (1836), S. 353.
65 Filliozat (1949).
66 McCrindle (1879).
67 Strabo, Geograph. II, v, 12.
68 Aus Sokotra kam auch die Aloe, die Nikodemus und Joseph von Ari-
   mathäa für die Heilung Jesu verwendeten. Vgl. Kersten und Gruber
   (1992), S. 285.
69 Ein im Periplus oft erwähntes Gewürz, von dem es viele Arten gegeben haben muß. McCrindle (1879), S. 111, vermutet, daß er sich um eine min-
   derwertige Art Zimt handelte.
70 Jouveau-Dubreil (1941), S. 26-29.
71 Pattabiramin (1946), S. 5 f.
72 India Abroad, 12. Mai 1989, S. 22.
73 Kersten (1993).

1 Amore (1985).
2 Thundy (1993).
3 Lillie (1887), S. 181.
4 Thundy (1993), S. 270.
5 Thundy (1993), S. 79–128.
6 Vgl. Seydel (1882), S. 106.
7 Im Protevangelium des Jakobus wird Jesus in einer Höhle geboren.
8 Thundy (1993), S. 108 f.
9 Vgl. Mus (1935), S. 475 ff.
10 Vgl. Campbell (1953).
11 Vgl. Klatt (1982), S. 106.
12 Garbe (1914), S. 49 f.
13 Vgl. Thundy (1993), S. 116.
14 Vgl. Gruber (1982); Gruber (1985).
15 Otto Flink, *Schopenhauers Seelenwanderungslehre und ihre Quellen,* nennt folgende Stellen: Mt. 14,1–2; 1 Kor 15,35–55; Mt. 17,9–13; Lk 9,7.8.19; Mk 9,9–13; Mt 19,28–30; Joh 3,3 u. 8. Den Karma-Gedanken sieht er ausgedrückt in Joh 9,2–3; Mt 19,30; Mt 5,4.26; Mk 10,29–31; Lk 18,29–30.
16 Schwarz und Schwarz (1993).
17 Schwarz (1990), S. 46.
18 Philonenko (1972).
19 Vgl. Amore (1985), S. 66.
20 *Dighanikaya,* II, 87; *Majjhimanikaya* 6.
21 Garbe (1914), S. 60.
22 Vgl. Klatt (1982).
23 Klatt (1982), S. 149.
24 Klatt (1982), S. 192.
25 Vgl. den ganzen Abschnitt 25 des *Udanavarga* 25,1–25.
26 Haas (1922).
27 Ein Lepton war die kleinste griechische Münze, vergleichbar einem Pfennig.
28 Schwarz und Schwarz (1993), S. 380.
29 Beal (1882), S. 172 f.
30 Haas (1922), S. 78.
31 Mack (1987), S. 322 f.
32 Seydel (1897), S. 36.
33 Pagels (1981), S. 17.
34 Conze (1953).
35 Kloppenborg (1987); Kloppenborg (1988).
36 Kloppenborg (1987), S. 37.
37 Kloppenborg (1987), S. 87. Vgl. auch Funk und Hoover (1992).
38 Hengel (1981), S. 57–60.
39 Riesner (1988); Riesner (1991).

40 Judge (1960/61).
41 Mack (1993).
42 Borg (1984), S. 234–237.
43 Crossan (1973); Breech (o. D.).
44 Wir setzen Jesu »Tod« in diesem Zusammenhang unter Anführungszeichen, zumal wir in anderen Publikationen nachgewiesen haben, daß Jesus nicht am Kreuz gestorben ist. Vgl. Kersten und Gruber (1993); Kersten (1993).
45 Vgl. Mack (1993), S. 4.
46 Mack (1993), S. 5.
47 Kloppenborg (1988); Mack (1993), S. 73–80.
48 Gerhardsson (1991).
49 Schwarz (1991); Riesner (1988), S. 392–404.
50 Carlston (1980).
51 Amore (1985); zuerst 1978 erschienen.
52 Schwarz (1991).
53 Streeter (1932), S. 41.
54 Schwarz (1986).
55 Origenes, De oratione 2,2; 14,1. Clemens, Strom. 1,24.
56 Schwarz (1990), S. 65.
57 Flavius Josephus, Jüdischer Krieg, II, 13, 4.
58 Flavius Josephus, Jüdischer Krieg, II, 13, 5.
59 Flavius Josephus, Jüdische Altertümer, 20, 5, 1.
60 Vgl. Robertson (1965), S. 80.
61 Festinger, Schachter, Riecken (1956).
62 Vgl. Piper (1989), S. 191.
63 Das Beispiel bringt Aune (1991), S. 224. Er beruft sich auf Fontenrose (1966), S. 15–19.
64 Mack (1993), S. 183.
65 Amore (1985), S. 163.
66 Vgl. Kloppenborg (1987), S. 246 f.
67 Nidanakatha VII, 114; Mahavagga I, 11–13.
68 Griech. diabolos ist der Verfolger/Kläger-Engel des himmlischen Gerichts.
69 Vgl. Klatt (1982), S. 141.
70 Vgl. Rhys Davids (1880), S. 83 f.
71 Tertullian, Adv. Marc. IV, 7–8.
72 Epiphanes, Haer. 30, 13. Die Ebioniten waren eine judenchristliche Sekte.
73 Vgl. Lidzbarski (1915), S. 103–109.
74 Van Eysinga (1904), S. 29.

1 Schlumberger et al. (1958).
2 Humbach (1969).
3 Beneviste et al. (1966).
4 Dupont-Sommer (1970).
5 Davary und Humbach (1974).
6 Dupont-Sommer (1980), S. 709.
7 Bhandarkar (1913).
8 Rhys Davids (1898).
9 Flinders Petrie (1908).
10 Flinders Petrie (1898), S. 54. Vgl. auch Salomon (1991), S. 736.
11 Vgl. Dion Chrysostomos III. Oratio XXXII, 40. Übers. v. H. Lamar Crosby, Loeb Classical Library, London, 1940, S. 209–211.
12 Oratio XXXV, 23.
13 Mansel (1875), S. 31 f.
14 Vgl. das Buch von Montfaucon (1709).
15 Dupont-Sommer (1980), S. 710.
16 Smith (1894), S. 302 f.
17 Beal (1882), S. 165.
18 Thundy (1993), S. 245.
19 Auf diese Idee hat uns Thomas Gotterbarm aufmerksam gemacht.
20 Schmidt (1828), S. 17.
21 Philo, *De vit. con.* 2.
22 Lévi (1893), S. 47.
23 Kennedy (1898), S. 277.
24 Vgl. Zürcher (1959).
25 Müller-Hess (1913).
26 Klimkeit (1985).
27 Vgl. Dayal (1931), S. 18 f.
28 Mukherjee (1988), S. 89.
29 Vgl. Kersten (1993).
30 *Zeitschrift für wissenschaftliche Theologie,* X, 1867, S. 110.
31 Bunsen (1880).
32 Beal (1882), S. 163.
33 Modi (1933), S. 211.
34 Vermes (1960), S. 441.
35 Vermes (1960), S. 443.
36 Beal (1882), S. 165.
37 Koch (1980), S. 8 f.
38 Baigent und Leigh (1991).
39 Talmon (1993).
40 Beckwith (1980).
41 Vgl. Winston (1966).
42 Dexinger (1993), S. 46.
43 Dupont-Sommer (1980).

44 Dupont-Sommer (1980), S. 714.
45 Dupont-Sommer (1960).
46 Vgl. Roth (1965).
47 Chirbet bedeutet »Ruine«.
48 Vgl. Brock (1977).
49 Vgl. dazu Kersten und Gruber (1992), S. 55 f.
50 Bonani et al. (1991).
51 Golb (1993).
52 Ein *Pescher* (plur. *Pescharim*) ist ein Text, der Schriften aus dem Alten Testament kommentiert und auf die Gegenwart bezieht. Die dahinter stehende Idee ist die, daß die Bibel ein Schatzhaus prophetischer Wahrheit verwahrt, das, in der rechten Weise ausgedeutet, für die jeweils gegenwärtige Situation Antworten und Richtlinien bereithält.
53 Vgl. Dexinger (1993).
54 Garcia-Martinez und Van der Woude (1990).
55 Schiffman (1990), S. 64–73.
56 Golb (1993), S. 97.
57 Vgl. Bardtke (1956/57).
58 Bar-Adon (1977).
59 Charlesworth (1980).
60 Vgl. 1QpHab XI,5–8. Für den Frevelpriester war das ein gewöhnlicher Wochentag, weil sich die Qumraner nach einem anderen Kalender richteten als das übrige Judentum.
61 Vgl. Hjerl-Hansen (1959).
62 Vgl. Jackson (1898).
63 Vgl. Schneider (1967).
64 Teicher (1951).
65 Hjerl-Hansen (1959), S. 495.
66 Maier und Schubert (1992), S. 211.
67 1QGenAp 20, 21 f., 29; vgl. auch Flusser (1957).
68 Porphyrios, *De vita Pythagorae,* § 25, Jamblichos, *De vita Pythagorica,* VIII § 36.
69 Augstein (1972), S. 362.
70 Vgl. Roth (1965).
71 Im Sinne von Carl Amery (1990, S. 108ff), der in seinem bedrückenden Roman *Das Geheimnis der Krypta* die Wissenschaft der »Sphagistik« als eine »Systematik der Verlierer« erfindet. »Sphagistik« ist die Lehre von den Niederlagen.
72 Riesner (1991), S. 205 f.
73 Vgl. Daumas (1967).
74 In den Höhlen waren die Temperaturschwankungen besser zu ertragen, die Anlage Chirbet Qumran war nur das Gemeindezentrum.
75 Meyer (1991), S. 438.
76 Garbe (1914), S. 123 f.
77 Zit. nach Lillie (1887), S. 206.
78 Plutarch zufolge im Jahre 67 v. Z. über Kilikien, die Heimat von Paulus.

79 Monier-Williams (1889).
80 In der iranisch-indischen Heimat der Legende war es die göttliche Pflanze *Soma* (altpers. *Haoma*). Vgl. Schütze (1972), S. 139.
81 Volney (1860), S. 185 f.
82 Kennedy (1902); vgl. auch Lubac (1937), S. 337.
83 Clemens, *Mahnrede* I, 6.
84 Clemens, *Strom.* I V 160, 3.
85 Vgl. Seeberg (1941).
86 Lubac (1937), S. 341. Vgl. auch Benz (1951); Przyluski (1937).
87 Origenes, *Contra Celsum.* Vgl. Lubac (1937), S. 348 f.
88 Hippolytus, *Refut.* VIII.
89 Hippolytus, *Refut.* I, 21.
90 Kee (1970), S. 250.
91 Bruns (1973/74), S. 236 f.
92 Vgl. Kern (1963).
93 Vgl. Klimkeit (1983).
94 Vgl. Band und Gabain (1930).
95 Osborne (1973/74).
96 Vgl. Röhrborn (1971). Vgl. dazu auch Klimkeit (1980).
97 Vgl. dazu auch Falk (1937).
98 Schumann (1990), S. 187.
99 *Amituo-fo* (China) und *Amida* (Japan).
100 Schumann (1980), S. 190.
101 Nguyen (1987), S. 129.

Literatur

Amery, C.: *Das Geheimnis der Krypta*. München, Leipzig, 1990.

Amore, R. C.: *Two Masters, One Message*. Kuala Lumpur, 1985.

Aufhauser, J. B.: *Buddha und Jesus in ihren Paralleltexten*. Bonn, 1926.

Augstein, R.: *Jesus Menschensohn*. München, 1972.

Aune, D. E.: Oral Tradition and the Aphorisms of Jesus. In: Wansbrough, H. (Hrsg.): *Jesus and the Oral Gospel Tradition*. Sheffield, 1991, S. 211–265.

Baigent, M., und R. Leigh: Verschlußsache Jesus. München, 1991.

Band, W. und A. von Gabain: Turkische Turfantexte III. *Sitzungsbericht der Preuß. Akad. der Wiss.* Berlin, 1930, S. 183–211.

Bar-Adon, P.: Another Settlement of the Judean Desert Sect at Ein el-Ghuweir on the Shores of the Dead Sea. *Bulletin of the American Schools of Oriental Research*, 227, 1977, S. 1–25.

Bardtke, H.: Das Ich des Meisters in den Hodajoth von Qumran. *Wissenschaftliche Zeitschrift der Universität* Leipzig, 6, 1956/57, S. 93–104.

Baur, F. C.: Apollonius von Tyana und Christus. *Tübinger Zeitschrift für Theologie*, 1832.

Beal, S.: *Abstract of Four Lectures in Buddhist Literature in China*. London, 1882.

Beckwith, R. T.: The Significance of the Calendar for Interpreting Essene Chronology and Eschatology. *Revue de Qumran*, 38, 1980, S. 167–202.

Beneviste, E., A. Dupont-Sommer, C. Caillat: Une inscription indo-araméenne d'Asoka provenant de Kandahar (Afghanistan). *Journal Asiatique*, 1966, S. 437–470.

Benz, E.: Indische Einflüsse auf die frühchristliche Theologie. *Akademie der Wissenschaften und der Literatur, Mainz. Abhandlungen der geistes- und sozialwissenschaftlichen Klasse*, 1951.

Bergh van Eysinga, G. A. van den: *Indische Einflüsse auf evangelische Erzählungen*. Göttingen, 1904.

Berve, H.: *Gestaltende Kräfte der Antike*. München, 1949.

Bhandarkar, D. R.: *Ashoka*. Calcutta, University of Calcutta, 1955.

–: Sambodhi in Ashoka's Rock Edict VIII. *Indian Antiquary*, XLII, 1913, S. 159–160.

Bibby, G.: *Looking for Dilmun*. New York, 1969.

Bonani, G., M. Broshi, I. Carmi, S. Ivy, J. Strugnell, W. Wölfli: Radiocarbon Dating of the Dead Sea Scrolls. *Atiqot*, 20, 1991, S. 27–32.

Borg, M. J.: *Conflict, Holiness and Politics in the Teachings of Jesus*. New York, 1984.

Boyce, M.: *A History of Zoroastrianism*. Bd. II. Leiden, Köln, 1982.

Breech, J.: *The Silence of Jesus*. Toronto, o. D.

Brock, S. P.: Some Syriac Accounts of the Jewish Sects. In: Fischer, R. H. (Hrsg.):

A *Tribute to Arthur Vööbus: Studies in Early Christian Literature and its Environments, Primarily in the Syrian East.* Chicago, 1977, S. 265–276.

Broshi, M.: Qumran – die archäologische Erforschung. In: J. B. Bauer, J. Fink und H. D. Galter (Hrsg.): *Qumran. Ein Symposion.* Graz, 1993, S. 63–72.

Brown, W. N.: *The Indian and Christian Miracles of Walking on the Water.* Chicago, London, 1928.

Bruns, J. E.: Ananda: The Fourth Evangelist's Model for »the Disciple Whom Jesus Loved«? *Studies in Religion,* 1973/74, S. 236–43.

–: *The Christian Buddhism of St. John.* New York, 1971.

Bühler, G.: *Indische Paläographie. Grundriß der Indo-Arischen Philologie und Altertumskunde.* Straßburg, 1896.

Bunsen, E. de: *The Angel-Messiah of Buddhists, Essenes, and Christians.* London, 1880.

Caldwell, R.: *A Comparative Grammar of the Dravidian or South-Indian Family of Languages.* London, 1913.

Campbell, J.: *Der Heros in tausend Gestalten.* Frankfurt, 1953.

Cantor, M.: *Vorlesungen über Geschichte der Mathematik.* Bd. I, Leipzig, 1880.

Carlston, C.: Proverbs, Maxims and the Historical Jesus. *Journal of Biblical Literature* 99, 1980, S. 87–105.

Charlesworth, J. H.: The Origin and Subsequent History of the Authors of the Dead Sea Scrolls: Four Transitional Phases Among the Qumran Essenes. *Revue de Qumran,* 10, 1980, S. 213–223.

Charlesworth, M. P.: *Roman Trade with India: A Resurvey.* Studies in Roman Economic and Social History in Honor of Allan Chester Johnson. Princeton, 1951.

Chattopadhyaya, N.: *Indische Essays.* Zürich, 1883.

Conze, E.: *Der Buddhismus. Wesen und Entwicklung.* Stuttgart, 1953.

Crossan, J. D.: *In Parables.* New York, 1973.

d'Eypernon, T.: *Les Paradoxes du bouddhisme.* Paris, 1946

Dales, G.: Of Dice and Men. *Journal of the American Oriental Society,* 88, 1968, S. 14–22.

Dani, A. H.: *The Historic City of Taxila.* Paris, 1986.

Daumas, F.: La Solitude des Thérapeutes et les antécédents égyptiens du monachisme chrétien. In: *Philon d'Alexandrie.* Paris, 1967, S. 347–359.

Davary, I. G. D. und H. Humbach: Eine weitere aramäoiranische Inschrift der Periode des Asoka aus Afghanistan. *Akademie der Wissenschaften und Literatur, Mainz. Abhandlungen der geistes- und sozialwissenschaftlichen Klasse,* 1974, S. 3–16.

Dayal, H.: *The Bodhisattva Ideal in Buddhist Sanskrit Literature.* London, 1931.

De Hevesy, G.: The Easter Island and the Indus Valley Scripts. *Anthropos,* 1938.

Delougaz, P.: *Pottery from the Diyala Region.* University of Chicago Oriental Institute Publication, Vol. LXIII, Chicago, 1952.

Dexinger, F.: 45 Jahre Qumran – ein kritischer Forschungsbericht. In: J. B. Bauer, J. Fink und H. D. Galter (Hrsg.): *Qumran. Ein Symposion.* Graz, 1993, S. 29–62.

Driver, G. R.: *The Judean Scrolls*. Oxford, 1965.

Droysen, J. G.: *Geschichte des Hellenismus*, 1836. (Neuausg. Basel, 1952-54).

Dulaurier, E.: Etudes sur la relation des voyages faits par les Arabes et les Persans dans l'Inde et à la Chine. *Journal Asiatique,* IVme série, 1907, S. 132.

Dupont-Sommer, A.: *Die essenischen Schriften vom Toten Meer*. Tübingen, 1960.

-: Essénisme et Bouddhisme. *Académie des Inscriptions et Belles-Lettres.* Comptes rendus des séances de l'année 1980, Nov-Dez., S. 698-715.

-: Une nouvelle inscription araméenne d'Asoka trouvée dans la vallée du Laghman (Afghanistan). *Comptes rendus des séances de l'Académie des Inscriptions et Belles Lettres.* 1970, S. 158-173.

Edmunds, A. J.: *Buddhist and Christian Gospels Now First Compared.* Philadelphia, 1902.

Faber, G.: *Buddhistische und neutestamentliche Erzählungen. Das Problem ihrer gegenseitigen Beeinflussung.* Leipzig, 1913.

Falk, M.: Origine dell'equazione ellenistica logos-anthropos. *Studi e materiali di storia delle religioni,* XIII, 1937, S. 166-214.

Festinger, L., S. Schachter und H. W. Riecken: *When Prophecy Fails.* Minneapolis, 1956.

Filliozat, J.: *La doctrine brahmanique à Rome au IIIe siècle.* Paris, 1956.

-: Les échanges de l'Inde e de l'empire romain aux premiers siècles de l'ère chrétienne. *Revue Historique,* 201, 1949, S. 1-29.

Flavius Josephus: *Der jüdische Krieg.* München, 1987 (4. Aufl.). Übers. Hermann Endrös.

Flinders Petrie, W. M.: *Dendereh.* London, 1898.

-: The Peoples of the Persian Empire. *Man,* 71, 1908.

Flusser, D.: Healing Through the Laying on of Hands in a Dead Sea Scroll. *Israel Exploration Journal,* 7, 1957, S. 107.

Fontenrose, J.: *The Ritual Theory of Myth.* Berkeley, 1966.

Funk, R. W. und R. W. Hoover: *Five Gospels, One Jesus. What Did Jesus Really Say?* Sonoma, 1992.

Gadd, C. J.: Seals of Ancient Indian Style Found at Ur. *Proceedings of the British Academy.* London, 1932, S. 191-210.

Garbe, R.: *Die Samkhya-Philosophie.* Leipzig, 1894.

-: *Indien und das Christentum. Eine Untersuchung der religionsgeschichtlichen Zusammenhänge.* Tübingen, 1914.

Garcia-Martinez, F. und A. S. Van der Woude: A »Groningen« Hypothesis of Qumran Origins and Early History. *Revue de Qumran,* 14, 1990, S. 521-541.

Gerhardsson, B.: Illuminating the Kingdom: Narrative Meshalim in the Synoptic Gospels. In: Wansbrough, H. (Hrsg.): *Jesus and the Oral Gospel Tradition.* Sheffield, 1991, S. 266-309.

Goddard, D.: *Was Jesus Influenced by Buddhism?* Thetford, 1927.

Golb, N.: Die Entdeckungen in der Wüste Judäas - neue Erklärungsversuche. In: Bauer, J. B., J. Fink und H. D. Galter (Hrsg.): *Qumran. Ein Symposion.* Graz, 1993.

Golzio, K.-H.: *Der Tempel im alten Mesopotamien und seine Parallelen in Indien*. Leiden, 1983.

Grimm, E.: *Die Ethik Jesu*. Leipzig, 1917.

Gruber, E. R.: *Tranceformation. Schamanismus und die Auflösung der Ordnung.* Basel, 1982.

–: *Traum, Trance und Tod*. Freiburg, 1985.

Haas, H.: *»Das Scherflein der Witwe« und seine Entsprechung im Tripitaka.* Leipzig, 1922.

Heine-Geldern, R. v.: Die Osterinselschrift. *Anthropos*, 1938.

Hengel, M.: *The Charismatic Leader and His Followers*. New York, 1981.

Hilgenfeld, A.: *Die jüdische Apokalyptik*. Leipzig, 1857.

–: *Ketzergeschichte des Urchristenthums*. Leipzig, 1884.

Hjerl-Hansen, B.: Did Christ Know the Qumran Sect? *Revue de Qumran*, 1, 1959, S. 495–508.

Humbach, H.: Die aramäische Inschrift von Taxila. *Akademie der Wissenschaften und Literatur, Mainz. Abhandlungen der geistes- und sozialwissenschaftlichen Klasse*, 1969, S. 3–13.

Jackson, A. V. W.: *Zoroaster*. New York, 1898.

Jacolliot, L.: *La Bible dans l'Inde*. Paris, 1869.

Jaspers, K.: *Vom Ursprung und Ziel der Geschichte*. München, 1949.

Jouveau-Dubreil: *Dupleix ou l'Inde conquise*. Pondicherry, 1941.

Judge, E. A.: The Early Christians as a Scholastic Community. *Journal of Religious History*, 1, 1960/61, S. 4–15, S. 57–65.

Kee, H. C.: *Jesus in History: An Approach to the Study of the Gospels*. New York, 1970.

Keenan, J. P.: *The Meaning of Christ: A Mahayana Theology*. Maryknoll, 1989.

Kelber, W. H.: *Written Gospel*. Philadelphia, 1983.

Kennedy, J.: Buddhist Gnosticism, the System of Basilides. *Journal of the Royal Asiatic Society*, 1902, S. 377–415.

–: The Early Commerce of Babylon with India, 700–300 B. C. *The Journal of the Royal Asiatic Society*. 1898, S. 241–288.

Kern, H. (Übers.): *The Saddharm-Pundarika: or the Lotus of the True Law*. New York, 1963.

Kersten, H. und E. R. Gruber: *Das Jesus-Komplott. Die Wahrheit über die Auferstehung*. München, 1993 (2. Aufl.).

Kersten, H.: *Jesus lebte in Indien*. München, 1993 (erw. Neuaufl.).

Klatt, N.: *Literarkritische Beiträge zum Problem christlich-buddhistischer Parallelen*. Köln, 1982.

Klimkeit, H.-J.: Der Buddha Henoch: Qumran und Turfan. *Zeitschrift für Religions- und Geistesgeschichte*, 32, 1980, S. 367–375.

–: Gottes- und Selbsterfahrung in der gnostisch-buddhistischen Religionsbegegnung Zentralasiens. *Zeitschrift für Religions- und Geistesgeschichte*, 35, 1983, S. 236–247.

–: Christian-Buddhist Encounter in Medieval Central Asia. In: Houston, G. W. (Hrsg.): *The Cross and the Lotus. Christianity and Buddhism in Dialogue.* Delhi et. al., 1985, S. 9–24.

Kloppenborg, J.: *The Formation of Q: Trajectories in Ancient Wisdom Collections.* Philadelphia, 1987.

–: *Q Parallels: Synopsis, Critical Notes, and Concordance.* Sonoma, 1988.

Koch, K.: *Das Buch Daniel.* Darmstadt, 1980.

–: Buddhistisches in den apokryphen Evangelien. In *Gurupujakaumudi.* Festgabe zum 50jährigen Doktorjubiläum Albrecht Webers. Leipzig, 1896.

Lassen, C.: *Indische Altertumskunde.* Bonn, Bd. I, 1847, Bd. II, 1849, Bd. III, 1858.

Lemberg-Karlovsky, C. C.: Trade Mechanisms in Indus-Mesopotamian Interrelations. *Journal of the American Oriental Society,* 92, 1972, S. 222–229.

–: Excavations at Tepe Yahya 1967–1969. *American School of Prehistoric Research Bulletin 27,* 1970.

Lévi, S.: Le bouddhisme et les Grecs. *Revue de l'Histoire des Religions,* XXIII, Paris 1893, S. 36–49.

Lidzbarski, M.: *Das Johannesbuch der Mandäer.* Giessen, 1915.

Lillie, A.: *Buddhism in Christendom or Jesus, the Essene.* (1887), Reprint New Delhi, 1984.

Lubac, H. de: Textes alexandrins et bouddhiques. *Recherches de Science religieuse,* 27, 1937, S. 336–51.

Mack, B. L.: *The Myth of Innocence.* Philadelphia, 1987.

–: *The Lost Gospel. The Book of Q and Christian Origins.* Shaftesbury, 1993.

Maier, J. und K. Schubert: *Die Qumran-Essener. Texte der Schriftrollen und Lebensbild.* München, 1991.

Mansel, H. L.: *Gnostic Heresies.* London, 1875.

McCrindle, J. W.: Anonymi [Arriani ut fertur] periplus maris erythraei. *The Indian Antiquary, 8,* 1879, S. 107–151.

Meyer, B. F.: Some Consequences of Birger Gerhardsson's Account of the Origins of the Gospel Tradition? In: Wansbrough, H. (Hrsg.): *Jesus and the Oral Gospel Tradition.* Sheffield, 1991, S. 424–440.

Modi, J. J.: *Who Were the Persian Magi, Who Influenced the Jewish Sect of the Essenes?* Festschrift Moritz Winternitz. Leipzig, 1933, S. 208–211.

Monier-Williams, M.: *Sanskrit-English Dictionary.* Oxford, 1889. (Repr. Delhi 1976).

Montfaucon, B. de: *Libre de Philon de la vie contemplative ... avec observations, où l'on fait voir que les Thérapeutes dont il parle étoient Chrestiens.* Paris, 1709.

Mookerji, R. K.: *Indian Shipping: A History of the Sea-Borne Trade and Maritime Activity of the Indians from the Earliest Times.* Bombay, 1957 (2. Aufl.).

Mukherjee, B. N.: *The Rise and Fall of the Kushana Empire.* Calcutta, 1988.

Müller, M.: On the Migration of Fables. *The Contemporary Review.* XIV, 1870, S. 572–598.

Mus, P.: *Barabudur. Esquisse d'une histoire de bouddhisme fondée sur la critique archéologique des textes.* Hanoi, 1935.

Mylius, K.: *Geschichte der altindischen Literatur.* Bern, München, 1988.

Nestle, W.: *Krisis des Christentums.* Stuttgart, 1947.

Neumann, K. E.: *Die letzten Tage Gotamo Buddhos. Aus dem großen Verhör über die Erlöschung Mahaparinibbanasuttam.* München, 1922.

Nguyen, Van-Tôt P.: *Le Bouddha et le Christ. Parallèles et ressemblances dans la littérature canonique et apocryphe chrétienne.* Roma, 1987.

Oppenheim, A. L.: The Seafaring Merchants of Ur. *Journal of the American Oriental Society,* 74, 1954, S. 6–17.

Osborne, R. E.: The Provenance of Matthew's Gospel. *Studies in Religion* 3, 1973/74, S. 220–235.

Overbeck, F.: *Christentum und Kultur.* Basel, 1919.

Pagels, E.: *Versuchung durch Erkenntnis. Die gnostischen Evangelien.* Frankfurt, 1981.

Pattabiramin, M. P. Z.: *Les Fouilles d'Arikamedu (Podouke).* Pondicherry, Paris, 1946.

Philonenko, M.: Un écho de la prédication d'Ashoka dans l'épître de Jacques. *Ex Orbe Religionum,* Studia Geo Widengren Oblata I. Leiden, 1972, S. 254–65.

Pigott, S.: Notes on Certain Metal Pins and a Macehead in the Harappan Culture. *Ancient India,* I, 1948, S. 26–40.

Piper, R. A.: *Wisdom in the Q-Tradition: The Aphoristic Teaching of Jesus.* Cambridge, 1989.

Plange, Th. J.: *Christus – ein Inder?* Stuttgart, 1906 (4. Aufl.).

Przyluski, M. J.: Les trois hypostases dans l'Inde et à Alexandrie. *Mélanges Franz Cumont,* 1937, S. 925–933.

Radhakrishnan, S.: *Die Gemeinschaft des Geistes.* Darmstadt, Genf, 1952.

Rahn, O.: *Kreuzzug gegen den Gral.* Freiburg, 1933.

Raychaudhuri, H.: *Political History of Ancient India.* Calcutta, 1953.

Reese, W.: *Die griechischen Nachrichten über Indien bis zum Feldzuge Alexanders des Großen.* Leipzig, 1914.

Rhys Davids, T. W.: *Buddhist Birth Stories.* Bd. 1, London, 1880.

–: The Sambodhi in Ashoka's Eighth Edict. *The Journal of the Royal Asiatic Society.* 1898, S. 619–622.

Rienecker, F.: *Das Evangelium des Markus.* Wuppertal, 1971.

Riesner, R.: *Jesus als Lehrer. Eine Untersuchung zum Ursprung der Evangelien-Überlieferung.* Tübingen, 1988 (3. Aufl.).

Riesner, R.: Jesus as Preacher and Teacher. In: Wansbrough, H. (Hrsg.): *Jesus and the Oral Gospel Tradition.* Sheffield, 1991, S. 185–210.

Robertson, A.: *Die Ursprünge des Christentums.* Stuttgart, 1965.

Robinson, J. M. und H. Koester (Hrsg.): *Trajectories Through Early Christianity.* Philadelphia, 1971.

Röhrborn, K. (Hrsg.): *Eine uigurische Totenmesse. Berliner Turfantexte II.* Berlin, 1971.

Roth, C.: *Geschichte der Juden.* Stuttgart, o. J.

–: *The Dead Sea Scrolls. A New Historical Approach.* Oxford, 1965.

Rückstuhl, E.: *Die Chronologie der Passion und des Letzten Mahles Jesu.* Einsiedeln, 1963.

Rudolph, K.: *Die Gnosis.* Göttingen, 1990 (3. Aufl.).

Salomon, R.: Epigraphic Remains of Indian Traders in Egypt. *Journal of the American Oriental Society* 111, 1991, S. 731–736.

Scheil, V. E.: Un nouveau sceau hindou pseudo-sumerien. *Revue d'Assyrologie et d'Archeologie Orientale,* 22, 1925, S. 55 f.

Schiffman, L.: The New Halakhic Letter (4QMMT) and the Origins of the Dead Sea Sect. *Biblical Archeologist,* 53, 1990, S. 64–73.

Schlumberger, D., L. Robert, A. Dupont-Sommer, E. Beneviste: Une bilingue gréco-araméenne d'Asoka. *Journal Asiatique,* 1958, S. 1–48.

Schmidt, I. J.: *Über die Verwandtschaft der Gnostisch-Theosophischen Lehren mit den Religionssystemen des Orients, vorzüglich dem Buddhismus.* Leipzig, 1828.

Schneider, C.: *Kulturgeschichte des Hellenismus.* Bd. 1. München, 1967, S. 898–901.

Schomerus, H. W.: *Ist die Bibel von Indien abhängig?* München, 1932.

Schroeder, L. v.: *Pythagoras und die Inder. Eine Untersuchung über die Herkunft und Abstammung der Pythagoreischen Lehren.* Leipzig, 1884.

Schumann, H. W.: *Der historische Buddha. Leben und Lehre des Gotama.* Köln, 1986.

–: *Mahayana-Buddhismus. Die zweite Drehung des Dharma-Rades.* München, 1990.

Schütze, A.: *Mithras: Mysterien und Urchristentum.* Stuttgart, 1972.

Schwarz, G.: *Jesus »der Menschensohn«. Aramaistische Untersuchungen zu den synoptischen Menschensohnworten Jesu.* Stuttgart, 1986.

–: *Wenn die Worte nicht stimmen. Dreißig Evangelientexte wiederhergestellt.* München, 1990.

–: *Fehler in der Bibel?* München, 1990.

–: *Die Bergpredigt – eine Fälschung?* München, 1991.

Schwarz, G., und J. Schwarz: *Das Jesus-Evangelium.* München, 1993.

Sedlar, J. W.: *India and the Greek World.* Totowa, 1980.

Seeberg, E.: Ammonios Sakas. *Zeitschrift für Kirchengeschichte,* LX, 1941.

Seydel, R.: *Das Evangelium von Jesu in seinen Verhältnissen zu Buddha-Sage und Buddha-Lehre.* Leipzig, 1882.

–: *Die Buddha-Legende und das Leben Jesu nach den Evangelien. Erneute Prüfung ihres gegenseitigen Verhältnisses.* Leipzig, 1884.

Smith, R.: *The Religion of the Semites.* London, 1894.

Snelling, J.: *Buddhismus.* München, 1991.

Sternbach, L.: Indian Wisdom and its Spread Beyond India. *Journal of the American Oriental Society,* 92, 1972, S. 97–123.

Streeter, B. H.: *The Buddha and the Christ.* London, 1932.

Talmon, S.: Die Bedeutung der Qumranfunde für die jüdische Religionsgeschichte. In: J. B. Bauer, J. Fink und H. D. Galter (Hrsg.): *Qumran. Ein Symposion.* Graz, 1993, S. 117–172.

Teicher, J. L.: Die Schriftrollen vom Toten Meer – Dokumente der jüdisch-christlichen Sekte der Ebioniten. *Zeitschrift für Religionswissenschaft und Geistesgeschichte,* 1951, S. 153–209.

Thundy, Z. P.: *Buddha and Christ.* Leiden, 1993.

Vendryes, J.: *La religion des Celtes.* Paris, 1948.

Vermes, G.: The Etymology of »Essene«. *Revue de Qumran,* 2, 1960, S. 427–444.

Volney, C. F. von: *Die Ruinen oder Betrachtungen über die Revolutionen der Reiche.* Braunschweig, 1860 (11. Aufl.).

Walhouse, M. J.: The Westward Spread of Some Indian Metaphors and Myths. *The Indian Antiquary, 8,* 1879, S. 162–164.

Wetering, J. van de: *Der leere Spiegel.* München, 1987.

Wheeler, M.: *The Indus Civilization.* Cambridge, 1968.

Winston, D.: The Iranian Component in the Bible, Apocrypha, and Qumran: A Review of the Evidence. *History of Religions,* 1966, S. 183–216.

Zürcher, E.: *The Buddhist Conquest of China.* Leiden, 1959.

Glossar

Indische Begriffe, die nicht als *Skt.* (Sanskrit) oder *Pali* gekennzeichnet sind, lauten in beiden Sprachen gleich.

Abhidhammapitaka (Pali): »Korb der Dogmatik [Metaphysik]«. Dritter Teil des Tripitaka mit Abhandlungen zu philosophischen Grundlagen.

Adi-Buddha (Skt.): Universeller »Ur-Buddha«, personifizierter Dharmakaya-Leib, ewiges, transzendentes Prinzip der Buddhaschaft.

Amitabha (Skt.): Buddha des unendlichen Lichts. Jenseitiger Dhyani-Buddha, durch den historischen Gautama Buddha im Diesseits verkörpert.

Anachoreten (griech.): Christliche Asketen, die im 3. Jh. in Syrien und Ägypten als Wüsteneinsiedler lebten.

Apokryphen (griech.): Gattung religiöser Literatur, die nicht in den Kanon hl. Texte aufgenommen wurde.

Arhat (Skt.): Pali *Arahant.* Heiliger, der zu Lebzeiten erleuchtet wurde und damit nach dem Tod direkt ins Nirvana eingeht. Höchstes Ideal im Hinayana (Theravada), im Gegensatz zum Bodhisattva des Mahayana.

Arier (Indoarier, Indo-Iraner): Indogermanisches Reiternomadenvolk, das die vedische Religion nach Indien brachte.

Atman (Skt.): Pali *Atta.* Im Hinduismus (Vedanta): Das ewige Selbst, Ich; Teil der Weltseele Brahman wie ein Tropfen im Ozean.

Avalokiteshvara (Skt.): »Der [mitleidvoll] herabschauende Herr«. Hüter des *Sukhavati*-Paradieses und Verkörperung der Barmherzigkeit. Populäre Bodhisattva-Gottheit im Buddhismus Ostasiens.

Avesta (altpers.): Sammlung der heiligen Schriften des Parsismus.

Bhikkhu (Pali): Skt. *Bhikshu* (weibl. *Bhikkhuni/Bhikshuni*). »Bettler«. Bezeichnung für buddhistische Mönche.

Bodhi: »Erleuchtung, Erwachen«.

Bodhisattva (Skt.): »Erleuchtungswesen«. Erleuchteter Heiliger, der aus Mitleid mit den leidenden Wesen auf das Verlöschen im Nirvana verzichtet. Höchstes Ideal im Mahayana (im Gegensatz zum Arhat des Hinayana).

Brahma (Skt.): Hindu-Gottheit. Weltschöpfer in der Götterdreiheit (*Trimurti*) Brahma-Vishnu-Shiva.

Brahman (Skt.): Im Hinduismus (Vedanta): Das Absolute, die Weltseele, der ewige Urgrund allen Seins.

Brahmanas (Skt.): Um 1000 v. Z. entstandene Anhänge des Veda. Opfer- und Ritualvorschriften und theologische Abhandlungen, die mit ersten metaphysischen Spekulationen die Periode des Brahmanismus einleiten.

Brahmanen: Oberste Schicht der arischen Kastengesellschaft: Priester und Gelehrte.

Brahmanismus: Entwicklungsstufe des orthodoxen Hinduismus (d. h. der Schulrichtungen, die die Offenbarungen des Veda und die Vorherrschaft der Priesterkaste der Brahmanen anerkennen), bei der die vedische Göttervielfalt in einem philosophischen System geordnet und das Prinzip des Brahman entwickelt wird. Etwa 600 v. Z. bis 400 n. Z.

Dhammapada (Pali): Skt. *Dharmapada.* Kapitel aus dem *Khuddakanikaya* des Suttapitaka. Literarisch kunstvolle Sammlung von Aussprüchen Buddhas in Versform, gilt als eine Art »Evangelium« des alten Buddhismus und des Theravada.

Dharma (Skt.): Pali *Dhamma.* Das ewige, universelle Gesetz, das den Kosmos zusammenhält und sich unter den Menschen als Moralgesetz und religiöse Lehre manifestiert. Im Buddhismus Synonym für die Lehre Buddhas.

Dharmachakra (Skt.): Pali *Dhammacakka.* Das achtspeichige »Rad der Lehre«. Symbol der Lehre Buddhas.

Dharmakaya (Skt.): Der universelle Körper Buddhas, der den Kosmos und alle persönlichen Buddhas enthält. Siehe Trikaya, Adi-Buddha.

Dhyani-Bodhisattva (Skt.): Bodhisattva, der als geistiger Reflex aus einem Dhyani-Buddha hervorgeht, z. B. Avalokiteshvara aus Amitabha.

Dhyani-Buddha (Skt.): Die fünf jenseitigen, in Meditation erfahrbaren Buddhas des Sambhogakaya-Leibs.

Diaspora (griech.): Die über die Welt verstreuten jüdischen Minderheiten außerhalb Palästinas.

Dighanikaya: Teil des Suttapitaka.

Dipavamsa: »Inselgeschichte«. Um 400 n. Z. zusammengestellte Chronik der Insel Sri Lanka. Auf ihr basiert das um 500 n. Z. von dem Mönch Mahanama verfaßte Geschichtsepos *Mahavamsa,* »die große Chronik«.

Draviden: Vorarische Bevölkerung Indiens mit einer hochentwickelten Kultur, von den Ariern nach Süden abgedrängt bzw. zu niederen Kasten erklärt. Dravidische Sprachen: Tamil, Telugu, Kannara, Malayalam u. a.

Eschatologie: Die Lehre von den letzten Dingen, d. h. vom Endschicksal der Welt.

Gandhari Dharmapada (Skt.): Siehe Dhammapada.

Gymnosophisten (griech.): Bezeichnung für die indischen Weisen in der griechisch-römischen Welt.

Hinayana: Das »kleine Fahrzeug«. Die konservativen Schulrichtungen des alten Buddhismus, die die Neuerungen des Mahayana ablehnten. Einzige noch bestehende Hinayana-Schule: Theravada.

Hitopadesa: Eine spätere Bearbeitung der Fabelsammlung Pañcatantra.

Indra (Skt.): Altindische Gottheit, in vedischer Zeit bedeutendster Gott des Pantheons.

Jainismus: Alte indische Erlösungsreligion, die von *Parshva* (8. Jh. v. Z.) und *Mahavira,* einem Zeitgenossen Buddhas, als Mönchsorden organisiert wurde. Entwickelte sich aus der anti-brahmanischen Asketenbewegung der *Sramanas.*

Jatakas: Frühbuddhistische Sammlung von Legenden über frühere Inkarnationen des Buddha.

349

Karma (Skt.): Pali *Kamma.* Das Gesetz der folgenwirkenden Tat, demzufolge jede Handlung (einschließlich Denken und Fühlen) das weitere Lebensschicksal und die nächste Geburt bestimmt.

Khuddakanikaya: Teil des Suttapitaka, der das Dhammapada enthält.

Koromandelküste: Südlicher Abschnitt der indischen Ostküste, heutiger Bundesstaat Tamil Nadu (Madras).

Krishna (Skt.): Populäre Volksgottheit im modernen Hinduismus, vor allem der *Bhakti*-Liebesmystik. Zentrale Gestalt der Bhagavadgita.

Kshatriya (Skt.): Pali *Khattiya.* Nach den Brahmanen die zweithöchste Kaste der Arier: Adlige und Krieger.

Lalitavistara (Skt.): Legendäre Erzählung vom Leben des Buddha, die den Erwachten als vom Himmel herabgestiegenen Erlöser schildert.

Lotos des guten Gesetzes (Lotos-Sutra): Skt. *Saddharmapundarika.* Aus dem 1. Jh. n. Z. stammendes Sutra des Mahayana, das den historischen Buddha als ewigen Gott und universellen Heilsbringer schildert.

Mahabharata (Skt.): Indisches Heldenepos, wichtigstes religiöses Dokument des Hinduismus. Besteht aus 18 Büchern (darunter die Bhagavadgita).

Mahaparinibbanasutta (Pali): Teil des Suttapitaka (Dighanikaya), der die letzten Tage des Buddha und seinen Tod schildert.

Mahaparinirvana (Skt.): Pali *Mahaparinibbana.* Der Tod als Eingang in das nachtodliche Nirvana.

Mahasanghika (Skt.): »Große Gemeinde«. Buddhistische Schulrichtung, Vorläufer des Mahayana.

Mahavagga: Das erste Buch des Vinayapitaka. Beinhaltet Regeln und Gebote für das Mönchsleben.

Mahavamsa: Siehe Dipavamsa.

Mahayana: »Großes Fahrzeug«. Bezeichnung für die buddhistischen Schulen, die die Befreiung aller leidenden Wesen anstreben, im Gegensatz zum »kleinen Fahrzeug« Hinayana, wo die Erlösung des Einzelnen im Zentrum der Lehre steht.

Maitreya (Skt.): Pali *Metteyya.* Der »Liebende«, der erwartete Buddha der Zukunft.

Majjhimanikaya: Teil des Suttapitaka.

Malabarküste: Südlicher Abschnitt der indischen Westküste. Heutiger Bundesstaat Kerala.

Manushi-Buddha (Skt.): »Menschlicher Buddha« im Nirmanakaya-Leib.

Mithras (griech.): Skt. *Mitra.* Gott aus dem indisch-iranischen Pantheon, der im Römischen Reich gleichzeitig mit dem Christentum zur Erlöserfigur eines weit verbreiteten synkretistischen Kultes wurde.

Mudra (Skt.): Symbolische Hand- und Fingerstellung mit mystischer Bedeutung.

Nidanakatha (Pali): Die vermutlich älteste zusammenhängende Lebensgeschichte Buddhas, die im 5. Jh. n. Z. von dem Mönch Buddhaghosa in Pali aufgezeichnet wurde.

Nirmanakaya (Skt.): Menschlicher Leib eines irdischen Buddhas (z. B. Gautama). Siehe Trikaya, Manushi-Buddha.

Nirvana (Skt.): Pali *Nibbana.* »Erlöschen, Verwehen«. Erleuchtung im Sinne der völligen Auslöschung von Gier, Haß und Verblendung.

Pali: Mittelindischer Dialekt (*Prakrit*), in dem die Theravada-Version des Tripitaka abgefaßt ist.

Pali-Kanon: Die in Pali verfaßte ceylonesische Version des Tripitaka, die von den Theravada-Buddhisten verwendet wird.

Pañcasila: Die fünf (*pañca*) auch für die Laienanhänger geltenden ethischen Grundregeln des Buddhismus: nicht töten, nicht stehlen, nicht unkeusch handeln, nicht lügen, keine berauschenden Getränke einnehmen.

Pañcatantra (Skt.): Indische Fabelsammlung aus den ersten Jahrhunderten n. Z., bis zum 11. Jh. in alle Teile der bekannten Welt verbreitet, in über 200 Versionen, in mehr als 50 Sprachen.

Patimokkha (Pali): Skt. *Pratimoksha.* Teil des Vinayapitaka. Ordenssatzung mit über 200 Vorschriften, die die Versammlung der Mönche alle zwei Wochen zum Zweck der Sündenbeichte rezitiert.

Prajña (Skt.): Pali *Pañña,* »Weisheit, Wissen, Vernunft«. Studium der Lehre Buddhas (siehe Trishiksha). Im Mahayana das tätige Mitgefühl als Weg zu Weisheit und Erleuchtung.

Prakrit: Vom Sanskrit abgeleitete mittelindische Volkssprachen, in der die Schriften der Theravada-Buddhisten (Pali-Kanon) und Jainas verfaßt sind.

Puranas (Skt.): Sammlung von mythischen, philosophischen und (pseudo-)historischen Erzählwerken.

Pythagoreer: Anhänger der im 6. Jh. v. Z. entstandenen, indisch geprägten Lehre des griechischen Philosophen Pythagoras.

Ramayana (Skt.): Nach dem Mahabharata das zweite große Nationalepos Indiens.

Rigveda (Skt.): Ältester noch erhaltener religiöser Text Indiens und erster Teil des Veda. Hymnen an die Götter.

Samadhi (Skt.): Versenkung, Meditation, geistige Sammlung.

Sambhogakaya (Skt.): Körper eines transzendenten, himmlischen Dhyani-Buddhas, Emanation aus dem universellen Dharmakaya.

Samkhya (Skt.): »Aufzählung«. Vorbuddhistische indische Philosophie. Lehrt einen kosmischen Gegensatz zwischen Geist (*Purusha*) und Materie (*Prakriti*).

Samsara (Skt.): Die leidvolle vergängliche Welt, das Rad der Wiedergeburten.

Sangha: Der buddhistische Mönchsorden. Triratna.

Sanskrit: Altindisch. Mit Latein und Griechisch verwandte Kultursprache des antiken Indien. Als Gelehrtensprache noch heute lebendig.

Shakyamuni: »Der Weise [aus dem Geschlecht] der Shakya«. Beiname des historischen Buddha.

Shiva (Skt.): Hindu-Gottheit, Teil der Götterdreiheit (*Trimurti*) Brahma-Vishnu-Shiva.

Shulvasutra (Skt.): Altindisches Lehrwerk über die Herstellung des Opferplatzes.

Sibylle (Lat. Sibylla): Im Altertum der Name weissagender Frauen.

Sila: Sittliches Wohlverhalten als Teil des buddhistischen Weges zur Erleuchtung. Siehe auch Trishiksha.

351

Sramana (Skt.): Pali *Samana*. Wandernder Asket. Mitglied eines anti-brahmanischen Mönchsordens bzw. Vertreter der altindischen Asketentradition.

Sthavira, Sthaviravada (Skt.): Siehe Thera, Theravada.

Stupa (Skt.): Pali *Thupa*. Aus dem altindischen Bergkult entstandener solider Kuppelbau über den Reliquien des Buddhas oder anderer Heiliger. Als Symbol des Universums ältester buddhistischer Sakralbau.

Sukhavati (Skt.): »Glücksland«. Das von Buddha Amitabha errichtete Paradies.

Sutra (Skt.): Pali *Sutta*. Buddhismus: Die dem Buddha zugeschriebenen Lehrreden. Hinduismus: Religiöse und philosophische Lehrbücher.

Suttapitaka (Pali): Skt. *Sutrapitaka*. »Korb der Lehrgespräche«. Zweiter Teil des Tripitaka mit Erläuterungen der Grundlagen der Lehre Buddhas. Besteht aus fünf Hauptteilen (*Nikaya*).

Swastika (Skr.): Das altindische Symbol des Hakenkreuzes.

Synkretismus: Vermischung verschiedener Religionen.

Synoptiker, synoptische Evangelien: Die Evangelisten Matthäus, Markus und Lukas.

Talmud (hebr.): »Lehre«. Sammlung der Gesetze und religiösen Überlieferungen des nachbiblischen Judentums.

Tamilen: Dravidischer Volksstamm Südindiens, dessen Sprache zu den ältesten geschriebenen Sprachen der Welt gehört.

Tanha (Pali): Skt. *Trishna*. »Durst« = Gier, Trieb, Begehren.

Thera (Pali): Skt. *Sthavira*. Älterer, erfahrener Mönch. Mönchsrang im Theravada-Buddhismus.

Theravada (Pali): Skt. *Sthaviravada*. »Die Lehre der Alten«. Konservative Richtung des »kleinen Fahrzeugs« Hinayana und dessen einzige noch heute bestehende Schule. In Südostasien verbreitet.

Thora (hebr.): »Lehre«. Die fünf Bücher Mosis, das mosaische Gesetz.

Trikaya (Skt.): »Der dreifache Körper«. Mahayana-Lehre von den drei Körpern der Buddhas: *Dharmakaya*, universeller Leib, *Sambhogakaya*, transzendenter Leib, *Nirmanakaya*, irdischer Leib.

Tripitaka (Skt.): Pali *Tipitaka*. »Dreikorb«. Der aus drei Teilen (*Sutta-, Vinaya-, Abhidhammapitaka*) bestehende Schriftkanon des klassischen Buddhismus.

Triratna (Skt.): Die »drei Juwelen«: *Buddha, Dharma, Sangha.*

Trishiksha (Skt.): Die »dreifache Disziplin« der buddhistischen Mönche: *Sila, Samadhi, Prajña.*

Upanishaden (Skt.): Mystisch-religiöse Abhandlungen der nachvedischen Zeit (ca. 1000–500 v. Z.), die mit ihren Spekulationen über Karma, Reinkarnation und die Einheit von Brahman und Atman die alte vedische Weltanschauung ablösen und die klassische Hindu-Philosophie begründen.

Upasakas: Laienanhänger des Buddhismus.

Varuna (Skt.): Altindischer (vedischer) Gott. Entspricht dem persischen Ahura Mazda und dem griechischen Zeus.

Veda (Skt.): »Wissen«. Gesamtheit der ältesten heiligen Schriften der Inder. Besteht aus *Rigveda* (Götterhymnen), *Samaveda* (Gesänge), *Yajurveda* (Opfersprüche) und *Atharvaveda* (Zauberlieder).

Vedanta (Skt.): »Veda-Ende«. Ursprünglich Bezeichnung für die Upanishaden.

Wurde im Mittelalter zum Sammelbegriff für eine Gruppe von metaphysischen Systemen, darunter der monistische *Advaita* (»Nicht-Zweiheit«) von Shankara (8. Jh. n. Z.).

Vihara: Buddhistisches Kloster.

Vinayapitaka: »Korb der Ordenszucht«. Erster Teil des Tripitaka mit den monastischen Regeln des buddhistischen Ordens.

Vishnu (Skt.): Hindu-Gottheit, Teil der Götterdreiheit (*Trimurti*) Brahma-Vishnu-Shiva. Monotheistischer Hochgott im vishnuitischen (*Vaishnava*) Hinduismus, wo er in seinen irdischen Erscheinungen (Avatar) Rama und Krishna verehrt wird.

Yajurveda (Skt.): Teil des Veda.

Yoga (Skt.): Mystischer Übungsweg. Ursprünge in vorarischer Zeit: Atemübungen, Körperhaltungen, Sinneskontrolle und Meditation, um die Befreiung der Seele zu erlangen.

Zarathustra (Zoroaster): Persischer Prophet, Begründer des Parsismus. Wirkte wahrscheinlich um 600 v. Z. in Ostiran.

Zen (japan.): Von Skt. *Dhyana* (chines. *Ch'an*), »Meditation«. Schulrichtung des Mahayana, bei der die Meditation im Mittelpunkt der Praxis steht.

Danksagung

Im Laufe unserer Untersuchungen waren uns viele Menschen behilflich, deren wertvolle Hinweise unsere Arbeit unterstützt haben. Unser besonderer Dank gilt Prof. Ahmad Hasan Dani, Prof. Florentino Garcia-Martinez, Prof. Hans-Joachim Klimkeit, Dr. Hans Wolfgang Schumann, Dr. Günther Schwarz, dem Centre Sèvres in Paris und der Handschriftenabteilung der Universitätsbibliothek Leipzig. Thomas Gotterbarm stellte uns Abschnitte über die Parallelen zwischen christlichen und buddhistischen Dreiheiten, Hinweise über neue Forschungen über die Geschichte der vedischen Arier, die Juden von Cochin und die Thomaslegende aus seinem Manuskript über kulturelle Traditionen und spirituelles Leben im modernen Indien zur Verfügung. Für das aufmerksame Korrekturlesen des Manuskripts bedanken wir uns bei Hannah und Claus Samtleben. Ein besonderer Dank gebührt Elmar R. Grubers Frau, Dagmar, für ihre unermüdlichen Ratschläge und konstruktiven Ideen, mit denen sie den Fortgang dieses Manuskripts gefördert hat.

Um in Zukunft die Forschungen zum historischen Jesus und seiner buddhistisch geprägten Lehren besser koordinieren und sinnvoller aktivieren zu können und um die Forschungsergebnisse Interessierten zugänglich zu machen, wurde inzwischen in Freiburg das *Nazarener-Institut* gegründet. Leser, die darüber nähere Informationen wünschen, können sich an folgende Adresse wenden:

Die Gesellschaft der Nazarener
c/o Holger Kersten
Postfach 961
79009 Freiburg

Personenregister

Sachregister

Abhidhammapitaka 32
Abhidharma 130, 257, 258
Achämeniden 74, 84, 85, 236, 253
Adi-Buddha 313
Ahimsa 96
Ahura Mazda 277, 308
Akkadier 240
Almug-Bäume 66
Amitabha 322–325
Ammoniter 60
Amri-Kultur 53, 57, 62
Anachoreten 304
Antigoniden 98
Aramäer 72
Arhat 106, 147, 182, 258, 307
Arthashastra 91
Assyrer 67
Atman 29, 130, 196, 197
Avalokiteshvara 322–325
Avesta 63, 64, 264

Babylonier 57, 74
Barlaam und Joasaph 319
Baveru-Jataka 71
Bergpredigt 21, 29, 134, 136, 162, 172, 180, 201, 239, 293, 298
Bhavisyat-Purana 45
Bodhi 310
Bodhibaum 27, 137
Bodhisattva 38, 62, 121, 215, 253, 257–259, 261, 262, 268, 302, 318, 322, 323, 325
Brahma 27, 45, 212
Brahman 29, 130, 197
Brahmanas 72
Brahmanen 22, 23, 33–36, 39, 43, 46, 70, 79, 80, 83, 90, 91, 94, 98, 108, 145, 176, 177, 190, 196, 219, 241, 254, 262, 315

Brahmanismus 43, 44, 212
Brahmi-Schrift 71

Cernunnos 61
Chakravartin 218
Chaldäer 69, 70, 72
Chassidim 264, 272, 273, 286

Dalai Lama 324
Damaskusschrift 275, 276, 286–288, 290, 297
Deuteronomium 64
Devanagari 72
Dhamma/Dharma 27, 32, 33, 36, 41, 70, 76, 94, 95, 97, 104, 105, 114, 132, 133, 175, 189, 194, 213, 233, 238, 239, 240, 254–256, 297, 313, 320–324, 327
Dhammapada/Dharmapada 95, 132–134, 137, 172, 174–177, 181, 193, 208, 217
Dharmakaya 313, 314
Dhyani-Bodhisattva 322
Dhyani-Buddha 313, 322
Diadochen 98
Diatesseron 18, 315
Dibbuk 127
Dighanikaya 139, 176
Dipavamsa 233
Divyavadana 145

Edomiter 60, 66
Elamiter 57–59
Enkratiker 315
Essener 262–269, 272–276, 279–282, 285, 289, 290, 303, 306
Evangelium nach Philippus 137

Feigenbaum 26, 90, 137

Ortsregister

364

*Die Wahrheit
über den
historischen
Jesus*

Langen Müller

Jesus lebte in Indien« –
eine zunächst ungeheuer
klingende Behauptung!
Doch was wissen wir wirk-
lich über den historischen
Jesus? Woher hatte er sein
erstaunliches Wissen und
seine wunderbaren Fähig-
keiten? Starb er wirklich am
Kreuz – oder vielmehr hoch-
betagt im fernen Indien?